FIVE YEARS
2009～2014

谨以此书纪念

中国林业信息化全面推进五周年

中国林业信息化丛书（Ⅱ）

中国林业信息化
绩效评估

PERFORMANCE EVALUATION
OF CHINA FORESTRY INFORMATIZATION

李世东 ▣ 主编

中国林业出版社

图书在版编目(CIP)数据

中国林业信息化绩效评估 / 李世东主编. —北京：中国林业出版社，2014. 10
(中国林业信息化丛书 . 第 2 辑)

ISBN 978-7-5038-7708-7

Ⅰ. ①中… Ⅱ. ①李… Ⅲ. ①林业 - 信息化 - 评估 - 中国 Ⅳ. ①F326. 2-39

中国版本图书馆 CIP 数据核字(2014)第 250683 号

中国林业出版社 · 生态保护出版中心

策划编辑：刘家玲

责任编辑：刘家玲　李　菁

出　版： 中国林业出版社(100009 北京西城刘海胡同 7 号)

E-mail：wildlife_ cfph@163. com　　电话：83225836

发　行： 新华书店北京发行所

印　刷： 北京中科印刷有限公司

版　次： 2014 年 11 月第 1 版

印　次： 2014 年 11 月第 1 次

开　本： 787mm × 1092mm　1/16

字　数： 500 千字

印　张： 23. 25

定　价： 70. 00 元

《中国林业信息化》丛书编纂委员会

《中国林业信息化绩效评估》编辑委员会

序

党的十八大做出了新型工业化、信息化、城镇化、农业现代化“四化”同步发展战略决策。2014年2月27日，习近平总书记在中央网络安全和信息化领导小组第一次会议上指出“没有信息化，就没有现代化”、“没有网络安全，就没有国家安全”，再次将信息化提升到前所未有的战略高度。

建设生态文明是林业的总目标，发展生态林业民生林业是林业的总任务。建设生态文明，迫切需要切实转变经济发展方式、优化调整产业结构，着力推进绿色发展、循环发展、低碳发展，这些都要依靠信息科技为支撑，实现更透彻的感知、更全面的互联、更深入的智能、更高效的利用、更科学的决策。发展生态林业民生林业，改善生态改善民生，迫切需要利用信息技术对林业各种资源要素和生产过程进行精细化、智能化控制，加强专业化、科学化管理，充分挖掘林地潜力，全面提升质量效益，为经济社会发展提供更多更好的生态产品、物质产品和生态文化产品。改善生态，我们必须加快信息化；改善民生，我们必须强化信息化；建设生态文明，我们必须依靠信息化。没有林业信息化，就没有林业治理能力现代化。

国家林业局高度重视林业信息化工作，将其作为创新发展的重要平台、提升效益的重要抓手、服务基层的重要途径、展示形象的重要窗口，重点部署、全面推进。各级林业部门按照“加快林业信息化，带动林业现代化”的总要求，认真落实《全国林业信息化建设纲要》，坚持五个统一，努力融合创新，秉承智慧引领，在迎接挑战中前行，在克服困难中成长，林业信息化取得了一系列重大突破，结出了一串串丰硕成果，呈现出全面提升的良好态势，整体水平位列部委先进行列，对提升林业地位和影响力发挥了重要作用，为生态林业民生林业发展做出了重要贡献。

2014年是林业信息化全面推进五周年，也是国家林业局信息化管理办公室成立五周年，为了更好地指导各地林业信息化建设，推广林业信息化优秀案例，提升林业信息化影响力，将五年来林业信息化建设各类成果进行了系统总结和全面梳理，编著了中国林业信息化丛书，包括《中国林业信息化政策解读》、《中国林业信息化标准规范》、《中国林业信息化示范建设》、《中国林业信息化绩效评估》、《中国林业信息化政策研究》等。相信丛书的出版，将为全国林业信息化建设提供有益借鉴，为发展生态林业和民生林业、建设美丽中国和生态文明做出新贡献。

全国绿化委员会副主任
国家林业局党组书记、局长

2014年11月15日

凝聚智慧　成就梦想
（代前言）

五年前的2009年1月，《全国林业信息化建设纲要》颁布实施，国家林业局信息办正式成立，掀开了林业信息化全面推进的新篇章。五年后的今天，我们满怀自豪地回顾一起走过的峥嵘岁月，共同展望令人向往的美好明天。

过去的五年，是充满艰辛和汗水的五年，是共享成功和喜悦的五年，是值得每一位林业信息人引以为荣的五年。五年激情岁月，我们共同走过；五年创业诗篇，我们共同谱写；五年辉煌成就，我们共同拥有！五年来，我们怀着光荣与梦想，在迎接挑战中奋进，在克服困难中成长，取得了“五大跨越”的骄人业绩，在林业现代化征程上谱写出精彩华章！

五年来，我们实现了从被动落后到部委领先的跨越。五年前，林业信息化默默无闻，鲜为人知，部委排序几十名以后，大家都在摸着石头过河，跌跌撞撞前行。五年来，我们先后印发了《建设纲要》、《技术指南》、《指导意见》等多个纲领性文件，连续召开了三届工作会议和三届主任会议，从上到下领导小组全面建立，专职机构日趋健全，标准制度接连出台，重点项目纷纷上马。尤其是我们打造了纵向到底、横向到边，集数千个子站于一体的中国林业网站群，2011年首次进入部委网站前十名，2012年首次进入部委网站前五名，2013年首次进入部委网站前三名，在发展水平上实现了从落后到领先的跨越，前来调研学习者络绎不绝，演讲台上林业人频频登场。

五年来，我们实现了从分散无序到集约统一的跨越。五年前，林业信息化网出多路、机房散乱，“烟囱”林立、各自为政，“信息孤岛”遍布、共享“堪比登天”。五年来，我们始终坚持“五个统一”，贯通内外、扬弃结合，以示范省建设和全国林业一张图建设为抓手，强力推进信息资源整合，大力完善信息基础设施，信息高速公路不断延伸，国家和省级统一平台成效显著，“平台上移、应用下移”、“统一开发、分级部署”等理念深入人心，互联互通局面显著改观，集中运维体系不断完善，信息化规模优势日益凸显，在建设方式上实现了整体加快推进、节约集约发展。

五年来，我们实现了从外围低端到核心高端的跨越。五年前，林业信息人的工作被认为是查网线、装电脑、搞维修，对管理和决策的显性支撑作用很小，可以说都是一些边边角角的工作。五年来，我们的工作重点转向了摸需求、搞设计、做系统、定标准、建制度上来，信息技术广泛渗透到各业务环节，森林、湿地、荒漠、野生动植物资源监管和营造林管理系统、林业灾害监测防控系统、林权管理系统等支撑林业核心业务的信息系统纷纷建成上线，信息化与林业核心业务实现了深度融合，服务功能得到了充分发挥，奏响了信息服务林业、信息支撑林业、信息改变林业的主旋律。

五年来，我们实现了从电子政务到“三位一体”的跨越。五年前，林业信息化仅局限于电子政务的部分零星应用，电子商务、电子林区只是一个模糊概念。五年来，我们在大力推进电子政务的同时，通过政策引导和资金扶持，林业电子商务实现了从无到有、从弱到强，涌现出了南方等林权交易市场、“义乌购”等林产品交易平台，信息技术应用已逐步拓展到林业种植养殖、林产品加工、林产品检疫追溯、森林旅游等产业领域。同时，在各级政府的支持下，电子林区建设取得了重要进展，也带动了相关产业的发展。在工作领域上，林业信息化实现了电子政务、电子商务、电子林区“三位一体”全面发展的新局面。

五年来，我们实现了从数字林业到智慧林业的跨越。五年前，数字化是林业信息化的建设主题，技术基础主要是计算机、互联网、数据库等现代信息技术。五年来，我们先后启动了智能林业物联网应用示范、云计算平台建设试点、电子标签等物联网应用、林木测土配方移动应用、移动办公系统、移动客户端、微博微信、在线植树、智慧果园、智慧花木、智慧旅游、中国信息林、中国林业数据库等项目建设，云计算、物联网、移动互联网、大数据、智慧城市等新一代信息技术广泛应用，显著改变着人们的思维方式和工作模式。以《中国智慧林业发展指导意见》发布和第三届工作会议召开为标志，林业信息化由“数字林业”步入“智慧林业”发展新阶段。

伟大的事业孕育伟大的精神，伟大的精神推动伟大的事业。林业信息化是破解林业发展难题、创新林业发展平台、转变林业发展方式、提升林业质量效益的突破口，没有林业信息化，就没有林业现代化。在推进林业信息化进程中，我们历尽艰辛，众志成城，凝聚了“雷厉风行，甘于奉献，坚持不懈，敢为人先，追求卓越”的林业信息化“五大精神”。

雷厉风行是我们实现五大跨越之要。五年前，林业信息化沉寂角落，群龙无首，百业待举，有限的条件能否突破困境？能否开创新局？这一切都是未知数。五年来，我们丢掉拖泥带水的陋习，树立立说立行的新风，完成了一个又一个看似无法完成的任务。我们不会忘记，用不到一年的时间，筹划、建设、培训、启用了OA系统，开创了林业无纸化办公新时代；用不到一月的时间，成功筹备、组织召开了首届工作会议，开启了林业信息化建设新阶段；用不到一周的时间，构思、制作、演出了《2020》精彩剧目，打造了一道靓丽的新风景。雷厉风行作风的历练与养成，使我们具备了强大的执行力，使我们用5年时间走完了通常需要10年甚至20年的征程，提前跨入了

“三步走”战略的第二阶段。

甘于奉献是我们实现五大跨越之源。林业信息化服务性强、技术性高、涉及面广、协调难度大，工作任务十分繁重，人手却普遍严重不足。五年来，我们默默承受、无私奉献、甘于寂寞、勇于担当，才撑起了这片蔚蓝的天空。我们不会忘记，夜晚长明的孤灯；我们不会忘记，假期加班的独影；我们不会忘记，家人心疼的抱怨；我们不会忘记，孩子期盼的目光。一路走来，我们对家人有太多的亏欠，对朋友有太多的愧疚，但为了信息大树的茁壮成长，我们义无反顾，无怨无悔。

坚持不懈是我们实现五大跨越之基。林业信息化的道路布满了荆棘和坎坷，如同登山探险，一山放过一山拦，一山更比一山高。五年来，我们经历了无数的困难，遭遇了无数的挫折，同时也清晰地认识到林业信息化巨大的发展潜力。正是这种对美好梦想的期待，对光辉未来的憧憬，对国家事业的责任，使我们始终坚信“沉舟侧畔千帆过，病树前头万木春”；正是我们坚持不懈的努力，百折不挠的开拓，持之以恒的奋进，才成就了今天的辉煌。

敢为人先是我们实现五大跨越之本。激情是创新的源泉，创新是发展的源泉。没有激情和创新，就不会有信息化。林业信息化是一个多学科交叉的领域，是一项极富开拓性的工作，激情无时不需、无人不需，创新无处不在、无时不在。五年来的实践证明，正是我们不断地唤醒每个人心底的创业激情，不断地激发每个人敢为人先的潜能，想别人没有想过的理，做别人没有做过的事，走别人没有走过的路，激情致力于创新驱动，才取得了几十项突破，获得了几十项第一。

追求卓越是我们实现五大跨越之魂。质量就是生命，细节决定成败，这是千百年来人类实践悟出的哲理。五年来，我们坚持“向质量要任务，向质量要效益”，把精益求精的理念深植于每人的心中，努力做到“凡事有章可循、凡事有人负责、凡事有人监督、凡事有据可查”，既实现了精品迭出，又培养了复合型人才。正是精益求精、质量至上、追求卓越，才使我们先后荣获了上百项殊荣，先后涌现出辽宁、北京、湖南、广东、浙江、江西、福建、湖北、四川、吉林、上海、河南、山东、内蒙古、甘肃等“全国林业信息化建设十佳单位”，福建、北京、上海、四川、湖北、江苏、广东、辽宁、湖南、浙江、河南、江西、甘肃、黑龙江、河北等“全国林业十佳网站”，以及众多单项荣誉，立起了林业信息化座座丰碑！

林业信息化“五大精神”，是以自强不息为核心的民族精神和以改革创新为核心的时代精神的有机融合和生动体现，是我们五年来披荆斩棘形成的最为宝贵的精神财富，是我们召之即来、来之能战、战之能胜的重要法宝，是我们继往开来、取之不尽、用之不竭的最大内生动力！

放眼21世纪的全球发展，一个不争的事实是：信息化是新世纪的主要特征，是推动经济社会变革的主要力量，是国家间竞争的主要阵地，是行业发展的强大动力。纵观“五个层面”的发展形势，信息革命已成为时代的最强音，信息化已成为时髦的代名词，信息人已成为时尚的领跑者，信息引领未来的趋势锐不可挡。

从全球层面看，人类已经进入信息社会。继原始社会、农业社会、工业社会之后，在信息革命的强力推动下，人类已进入充满希望的信息社会。在信息社会，信息资源正成为推动社会发展的第一资源，信息技术正成为促进社会进步的第一技术，信息产业正成为支撑社会成长的第一产业，信息文化正成为引领社会进步的第一文化，信息生产力正成为带动社会前进的第一生产力，信息工作者正成为担当社会繁荣的第一群体。抢占信息高地，建设信息社会，是时代的呼唤，人类的共鸣，历史的必然。

从全国层面看，信息化已成为核心发展路径。党的十八大做出了“新四化”、“五位一体”、“两个百年”的重大决策，把“信息化水平大幅提升”上升为国家战略。信息化是“四化同步”的节拍器，是“五位一体”的融合器，是实现“两个百年”目标的加速器，更是生态文明建设的金钥匙。加快推进信息化，是国家和民族的复兴之路，是实现中国梦的必由之路。

从行业层面看，信息化已成为林业“三大支柱”之一。当前，林业正处在加快发展方式转变、破除体制机制深层次矛盾、实现林业现代化的关键时期。信息化、科学化、机械化已成为林业发展的三大支柱，信息化又是切入点和突破口，如何正确理解信息化要义、科学把握信息化规律，是关系林业科学发展，尽早实现林业现代化的大问题。改善生态，我们必须加快信息化；改善民生，我们必须强化信息化；建设生态文明，我们必须依靠信息化。

从信息化层面看，现在已进入第六次信息革命新时代。回望历史，以语言产生为代表的第一次信息革命，以文字发明为代表的第二次信息革命，以造纸印刷术为代表的第三次信息革命，以电报电话电视为代表的第四次信息革命，以计算机和互联网为代表的第五次信息革命，先后推动了人类文明大踏步前进。今天，以“云物移大智”为代表的新一代信息技术，正以前所未有的力量推动全球进入大融合、大发展、大变革的新时期，形成第六次信息革命，“智慧”离我们已经越来越近、触手可及。

从自身层面看，林业信息化已进入智慧林业新阶段。云计算、物联网等智慧技术已经在林业多个领域得到应用，体系化、规模化、集成化的发展趋势不可阻挡。第三届工作会议发布的《中国智慧林业发展指导意见》，吹响了智慧林业建设的号角，智慧林业建设犹如离弦之箭。我们只有牢牢抓住这一战略机遇，求真务实，埋头苦干，不畏艰难，开拓创新，才能立足于不败之地，才能无愧于时代使命。

“雄关漫道真如铁，而今迈步从头越”。五年后的今天，智慧林业的大门已经打开，绚丽多彩的明天正向我们招手。今后五年，我们要紧紧围绕生态林业和民生林业，坚持“五个统一”，应用“五大技术”，建设“五大体系”，把握“五个环节”，突出“五项重点”，为建设生态文明和美丽中国，实现中华民族伟大复兴的中国梦做出新贡献。

在发展理念上，我们要坚持“五个统一”，形成强大发展合力。统一规划、统一标准、统一制式、统一平台、统一管理是林业信息化建设的基本原则，必须深刻认识，长期坚持，认真执行。一要坚持统一规划。突出共性、兼顾个性，构建有机衔接的规划体系，奠定全国一盘棋的根基。二要坚持统一标准。突出抓好标准立项，加快标准编制进程，搞好标准验收把关，加强标准宣贯施行。三要坚持统一制式。强化共性软件的统一开发与分级部署，减少重复建设，消除信息孤岛，增进业务协同。四要坚持统一平台。大力推进信息资源整合，着力打造国家和省级统一平台。五要坚持统一管理。努力完善体制机制，逐步推行CIO制度，着力构建权责对称、运转协调、激励有效、惩罚有力的运行机制。

在建设实践上，我们要应用“五大技术”，支撑智慧林业大厦。云计算、物联网、移动互联网、大数据、智慧城市是新一代信息技术的“杰出代表”，是智慧林业建设的“重要支柱”，必须充分应用，融会贯通。一要创新应用云计算技术。推进云管端建设，构建虚拟化、高可靠性、高可扩展性的林业信息基础设施和弹性服务模式。二要创新应用物联网技术。以“神经末梢”建设为重点，提高林业感知化、实时化、可视化、智能化水平。三要创新应用移动互联网技术。以服务对象为中心，促进林业业务流程再造和资源优化配置。四要创新应用大数据技术。充分发挥其“方法集”和“工具箱”的独特作用，挖掘林业数据“金矿”，推动林业管理决策科学化、精细化。五要创新应用智慧城市技术。加强集成创新应用，建立林业“智慧之魂”。

在重点任务上，我们要建设“五大体系”，实现完美转型升级。智慧林业是数字林业的升级版，必须以人性化的设计理念，在继承中构筑新的体系聚合体。一要建设智慧感知体系。统筹天、空、地、人资源，加快天、地、人、林四网建设，着力提高立体化的感知能力。二要建设智慧协同体系。推进林业云、网站群和智慧管理决策平台建设，着力提升一体化的管理服务水平。三要建设智慧生态体系。建立完善林业资源监管、营造林管理等核心业务系统，着力保护和改善生态。四要建设智慧民生体系。深化两化融合，扶持电子商务，建设智慧林区，着力发展绿色低碳经济。五要建设智慧保障体系。加强综合保障能力建设，着力消除不平衡、不协调、不可持续的发展顽疾。

在方法步骤上，我们要把握“五个环节”，开启新的文明之旅。从数字林业到智慧林业，是一场深刻的思想变革、技术变革和实践变革，是一轮新的信息文明之旅，必须抓好关键环节。一要抓好顶层设计。各省区市要贯彻《中国智慧林业发展指导意见》，尽快出台本地智慧林业发展规划或指导意见，挖掘潜力、调动智力、激发活力，为掀起新一轮建设高潮做好顶层设计。二要抓好动员部署。各省区市要积极筹备，尽快召开全省区市林业信息化工作会议，对智慧林业建设进行全面动员部署。三要抓好机构队伍。路线确定之后，干部是决定性因素。各省区市要按照《国家林业局关于进一步加快林业信息化发展的指导意见》，健全决策管理机构，配足配强工作人员，提高组织协调和综合服务能力。四要抓好项目建设。争取"金林工程"等重大项目尽早批复启动。各地在推进在建项目的同时，也要积极争取新的建设项目。五要抓好制度保障。要按照简洁实用、相互配套的原则，不断完善、着力构建适应智慧林业发展要求的制度体系。

在近期工作上，我们要突出"五项重点"，夯实科学发展基础。2014年是全面推进智慧林业建设的开局之年，贯彻全国林业厅局长会和第三届全国林业信息化工作会要求，除以上总体工作外，还要重点抓好五项工作。一要抓落实。加强调研，摸清实情，接地气、沾泥土，感受基层味道，倾听群众呼声。加强政策解读，细化工作安排，加强督促指导，确保工作落实。二要抓网站。实施中国林业网站群扩建和智慧化提升工程，努力打造规模最大、效率最高、影响最强的一流政府网站。三要抓示范。第一批示范省要巩固建设成果，推广成功经验，攀登新的高峰。第二批示范省和第一批示范市、示范县，要加快建设进度，争取早见成效。适时启动第二批示范市县和示范基地建设。四要抓培训。各省区市要尽快全面完成各级各类林业网站群培训，迅速扩大网站群规模。五要抓安全。开展信息安全检查，加强安全应急演练。出台安全定级指导意见，开展信息系统定级备案。

五年的光阴，1800多个日夜，时光带走了我们的稚嫩，岁月磨砺了我们的意志，年华增强了我们的信心；五年的故事，留下难忘的美好记忆；五年的历程，定格动容的精彩瞬间；五年的积累，奠定坚实的发展基础。

光荣已属过去，梦想催人奋进。今天，我们共同选择了智慧林业发展道路，站在新的历史起点，我们的事业崇高而神圣，我们的责任重大而光荣，我们的理想远大而明确。让我们在党的十八大精神指引下，紧紧围绕生态林业民生林业，抢抓机遇，凝聚智慧，真抓实干，奋勇前进，努力开创林业信息化更加灿烂的明天，铸就无愧于时代的新的辉煌！

李世东
2014年1月6日

目录
CONTENTS

序

凝聚智慧　成就梦想(代前言)

发展水平评测

2008～2009 年全国林业信息化发展水平评测报告 ………… 003

2010 年全国林业信息化发展水平评测报告 ………… 011

2011 年全国林业信息化发展水平评测报告 ………… 025

2012 年全国林业信息化发展水平评测报告 ………… 060

2013 年全国林业信息化发展水平评测报告 ………… 089

网站绩效评估

2010 年全国林业网站绩效评估报告 ………… 121

2011 年全国林业网站绩效评估报告 ………… 128

2012 年全国林业网站绩效评估报告 ………… 133

2013 年全国林业网站绩效评估报告 ………… 181

地方绩效评测

2011 年辽宁省林业网站评测 ………… 259

2012 年辽宁省林业网站评测 ………… 267

2013 年河南省林业信息化发展水平评测报告 ………… 277

2013 年河南省林业网站绩效评测报告 ………… 303

附　录
中国林业网网站管理办法
（林办发〔2010〕185 号　2010 年 7 月 8 日）………………………………… 343
全国林业网站绩效评估办法（试行）
（办信字〔2010〕187 号　2010 年 12 月 15 日）……………………………… 347
历年全国林业信息化发展水平评测结果一览表………………………………… 349
历年全国林业网站绩效评估结果一览表 ………………………………………… 351

后　记 ……………………………………………………………………………… 353

FIVE YEARS 2009~2014

发展水平评测

FAZHAN SHUIPING PINGCE

林业信息化
Forestry Informatization

2008～2009年全国林业信息化发展水平评测报告

一、评测目的意义

林业信息化是我国现代林业建设的重要组成部分，是推动林业快速发展的重要支柱。"十一五"期间，国家林业局和各地各单位对林业信息化建设高度重视，投入大量资金和人力物力，积极开展林业信息化建设，取得了一系列可喜成绩，已成为当前发展现代林业、建设生态文明、推动科学发展的一大亮点。国家林业局将林业信息化发展水平作为一项重要指标，纳入现代林业发展水平考核范畴，充分体现了林业信息化在现代林业发展中的重要地位和作用。

为了从整体上把握全国各地林业信息化发展变化情况，指导"十二五"时期林业信息化建设工作，实现以评促建和以评促用，推动现代林业建设又好又快发展，国家林业局组织开展了首次全国林业信息化发展水平评测工作，对2008年和2009年各地林业信息化发展水平进行了综合评测。

二、评测方法步骤

(一)制定评测标准

以《全国林业信息化建设纲要》和《全国林业信息化工作管理办法》为指导，按照全国林业信息化工作领导小组对林业系统信息化工作的有关要求，结合当前全国各地林业信息化发展的实际情况，按照"建设、应用、保障"3个方面，制定了能够真实反映全国各地林业信息化发展水平的指标体系，包括3个一级指标，16个二级指标，46个三级指标(表1)。

表 1 全国林业信息化发展水平评测标准表

一级指标	二级指标	分值
林业信息化建设水平(40 分)	林业专网覆盖情况	7.0
	机房建设情况	5.5
	电脑普及情况	5.5
	数据库建设情况	7.0
	应用系统建设情况	7.0
	内外网网站建设情况	8.0
林业信息化应用水平(30 分)	已建成数据库的使用情况	6.0
	已建成应用系统的使用情况	6.0
	数据库和应用系统支撑核心业务情况	6.0
	OA 系统使用情况	5.0
	内外网使用情况	7.0
林业信息化保障水平(30 分)	机构建设情况	6.0
	队伍建设情况	6.0
	信息化投资额	6.0
	制度标准建设情况	6.0
	信息安全保障情况	6.0

(二)确定评测范围

评测范围包括全国 31 个省区市、4 个森工(林业)集团、新疆生产建设兵团和 5 个计划单列市，共计 41 个单位。

(三)评测数据采集与整理

2011 年 1 月，国家林业局向各省区市①印发了《“十一五”林业信息化建设基本情况调查表》、《全国各省区市 2008 ~2009 年林业信息化发展水平调查表》等。3 月 15 日前，各地报送了本次调查的数据。3 月 16 日至 4 月 10 日，国家林业局组织对各地报送的数据进行审核，并对照评测标准，对各省区市上报的调查表进行了综合评分，评测结果报有关专家和领导审定后，得出了 2008 年和 2009 年全国林业信息化水平评测结果。

① “省区市”在本书中包括全国各省、自治区、直辖市、森工(林业)集团，以及新疆生产建设兵团和各计划单列市。

三、评测结果

（一）总体评测结果

2008 年全国各地林业信息化水平平均总得分 58.76 分，最高得分 91.60 分（湖南），最低得分 20.36 分（西藏）。排名前 10 名的省区市分别为湖南、辽宁、北京、福建、山东、广东、浙江、江西、吉林森工集团和河南；排名后 10 名的省区市分别为西藏、内蒙古森工集团、甘肃、新疆生产建设兵团、云南、贵州、天津、龙江森工集团、宁波和海南，信息化水平得分在 60 分以上的有 18 个省份，达到了 43.9%（表 2）。

表 2　2008 年全国林业信息化水平评测结果

省区市	排名	总得分	省区市	排名	总得分
湖　南	1	91.60	深　圳	22	58.28
辽　宁	2	87.84	大　连	23	57.99
北　京	3	87.56	河　北	24	56.50
福　建	4	79.37	江　苏	25	55.45
山　东	5	77.26	广　西	26	54.27
广　东	6	77.09	黑龙江	27	51.16
浙　江	7	75.37	安　徽	28	50.64
江　西	8	74.96	新　疆	29	50.60
吉林森工集团	9	73.73	重　庆	30	50.39
河　南	10	70.63	厦　门	31	49.61
陕　西	11	70.08	海　南	32	46.62
山　西	12	68.00	宁　波	33	44.85
内蒙古	13	67.80	龙江森工集团	34	44.84
上　海	14	62.70	天　津	35	44.40
湖　北	15	61.76	贵　州	36	41.88
宁　夏	16	60.93	云　南	37	40.25
吉　林	17	60.90	新疆生产建设兵团	38	38.70
大兴安岭林业集团	18	60.20	甘　肃	39	33.64
青　海	19	59.82	内蒙古森工集团	40	32.98
四　川	20	59.10	西　藏	41	20.36
青　岛	21	58.95	**平　均**		**58.76**

2009 年全国各地林业信息化水平平均得分 61.28 分，比 2008 年增长 2.52 分，最高分 93.09 分（辽宁），最低分 22.00 分（西藏）。排名前 10 名的省区市分别是辽宁、湖南、北京、福建、广东、浙江、山东、江西、吉林森工集团和河南。排名后 10 位的分别是西藏、内蒙古森工集团、甘肃、新疆生产建设兵团、海南、天津、贵州、宁波、厦门和新疆。信

息化发展水平得分在60分以上的有20个省份，比2008年增加2个，达到48.8%（表3）。

表3　2009年全国林业信息化水平评测结果

省区市	排名	总得分	省份	排名	总得分
辽　宁	1	93.09	四　川	22	59.60
湖　南	2	92.71	青　岛	23	58.95
北　京	3	87.80	黑龙江	24	56.88
福　建	4	86.00	青　海	25	56.54
广　东	5	81.61	广　西	26	54.82
浙　江	6	80.51	安　徽	27	54.64
山　东	7	79.76	江　苏	28	53.45
江　西	8	76.00	龙江森工集团	29	52.61
吉林森工集团	9	74.80	重　庆	30	52.53
河　南	10	74.52	云　南	31	51.75
陕　西	11	74.27	新　疆	32	51.61
山　西	12	69.80	厦　门	33	49.61
内蒙古	13	69.54	宁　波	34	45.85
上　海	14	66.20	贵　州	35	43.90
吉　林	15	64.10	天　津	36	43.56
深　圳	16	63.82	海　南	37	43.05
湖　北	17	63.74	新疆生产建设兵团	38	42.60
宁　夏	18	62.43	甘　肃	39	38.73
大　连	19	61.41	内蒙古森工集团	40	37.72
河　北	20	60.04	西　藏	41	22.00
大兴安岭林业集团	21	59.90	**平　均**		**61.28**

2009年与2008年相比，大部分省区市的林业信息化发展水平稳步推进，各区市平均分增长4.29%。从图1中可以看出，有34个省区市的信息化水平呈现出进步态势，其中黑龙江、云南、甘肃、内蒙古森工集团、龙江森工集团和新疆生产建设兵团的进步幅度较大，两年得分差值均在10%以上。详见2008~2009年全国各地林业信息化水平评测对比(图1)。

(二)分项评测结果

在分项指标评测方面，2009年与2008年相比，大部分地区的三大指标项得分都有所提高，特别是加大了信息化建设力度，全国信息化建设水平平均分值增加了1.34分，得分率增加3.3个百分点。

1. 2008年分项评测结果。林业信息化建设情况。2008年林业信息化建设平均得分21.35分，得分率为53.4%，排名前三的省区市为湖南、辽宁和北京。在具体指标项中，

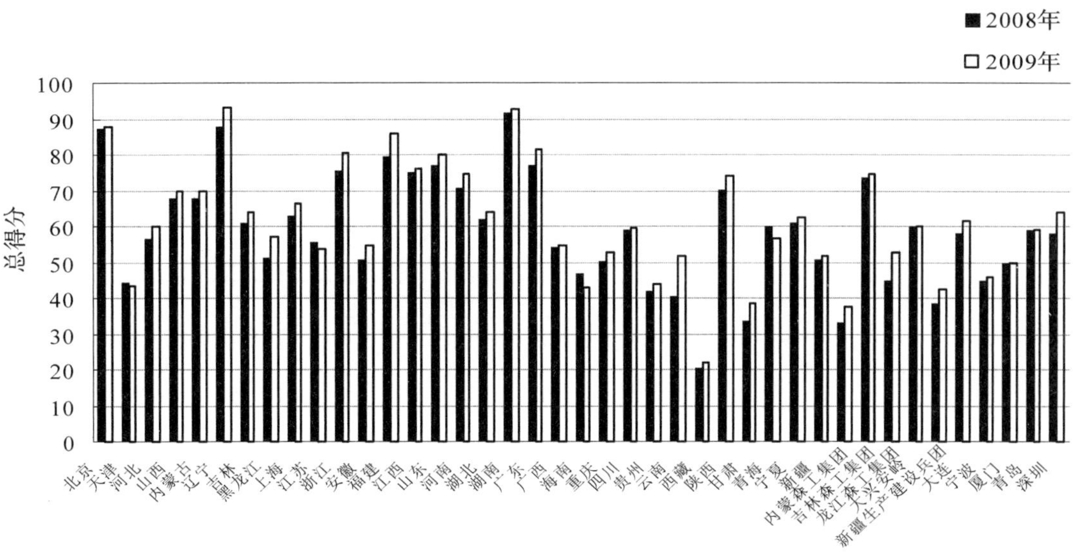

图 1　2008 ~ 2009 年全国各地林业信息化水平评测对比图

10 个省区市的专网建设较好，得分在 5 分以上，基本覆盖了地市级或县级林业局，27 个省区市实现了内外网物理隔离。37 个省区市建有独立的机房，但机房面积在 50 平方米以下的居大多数。各地区配备外网电脑数量情况比较乐观，29 个省区市外网电脑数量大于等于在职人员数量，但内网专用电脑的使用情况还未大范围推开。在数据库和林业应用系统建设方面，全国各省区市普遍比较重视，特别是林业重点省份，结合重点工程建设，建成了多个数据库和应用系统，其中湖南省的建设数量已经达到了指标项的满分要求。在网站建设方面，除了西藏自治区和甘肃省，其余省区市都已建成了自己的林业门户网站，许多地级市或县级林业局也建设有自己的门户网站。

林业信息化应用情况。2008 全国林业信息化应用水平平均得分 21. 03 分，得分率相对较高，为 70. 1%，山东、湖南和福建的应用情况评测结果排名靠前，其中山东省的信息化应用情况良好，基本达到了评测标准的最高分。各省区市数据库和应用系统的使用情况普遍较好，已建数据库和应用系统都能够良好应用的省区市达到 73. 2%。在支撑业务方面，有 12 个省份在数据库和应用系统支撑业务领域方面达到了 10 个以上，几乎涉及林业主体业务的各个方面，但也有近 30% 的省份支撑业务领域范围较窄。在 OA 系统应用方面，辽宁等 16 个省区市实现无纸化办公，并能够将绝大部分文件的办理在网上流转，但各地应用情况差距较大。在外网使用方面，95% 以上的门户网站信息更新及时到位，但普遍存在在线办事和互动交流较少的问题。

林业信息化保障情况。2008 全国林业信息化保障水平平均得分 16. 38 分，平均得分率为 54. 6%，保障水平排名前三的省市分别是北京、湖南和辽宁。广东等 25 个省区市设有独立工作的信息化机构和人员队伍，占评测总数的 61%。2/3 以上的省份用于信息化工作的经费投入连年增加。北京、辽宁、浙江等省区市制度健全、运行规范。系统和网络安全运行的意识和措施较强，保障了信息化成果稳定运行和良好使用。2008 年分项得分前 10 名的单位见表 4。

表 4　2008 年分项得分前 10 名的单位

建设水平(满分 40 分)		应用水平(满分 30 分)		保障水平(满分 30 分)	
省区市	得分	省区市	得分	省区市	得分
湖　南	34.42	山　东	30.00	北　京	29.00
辽　宁	34.24	湖　南	29.18	湖　南	28.00
北　京	30.65	福　建	28.87	辽　宁	27.00
福　建	30.50	北　京	27.91	深　圳	27.00
吉林森工集团	29.73	辽　宁	26.60	广　东	26.50
浙　江	29.24	广　东	26.59	吉林森工集团	23.00
河　南	28.13	浙　江	26.13	江　西	21.50
陕　西	28.08	江　西	26.00	山　东	20.50
内蒙古	27.80	青　岛	25.35	山　西	20.50
江　西	27.46	青　海	24.97	福　建	20.00

2. 2009 年分项评测结果。2009 年，各地加大了林业信息化建设与应用的力度，建设、应用和保障三大指标项的得分，较 2008 年相比显著提高。信息化在支撑林业主体业务、推进现代林业科学发展方面的作用日益凸现。

林业信息化建设情况。2009 年林业信息化建设向纵深发展，平均得分 22.69 分，得分率为 56.7%，辽宁、湖南和福建排名靠前。专网建设在 2008 年的基础上，有更多的省区市连通至市县级，实现内外网物理隔离的省区市有所增加，达到 28 个。39 个省区市拥有独立机房，达到全部评测单位的 95.1%，云南等部分省区市的机房面积有所扩大。平均外网和内网电脑普及率进一步提高。在国家或省区市信息化工程的带动下，北京、上海、湖南、内蒙古等省区市数据库和林业信息系统建设水平大幅度提高。网站建设成为政府对外交流的窗口，越办越好。许多地市或县级林业局高度重视门户网站建设，林业网站数量显著增加。

林业信息化应用情况。2009 全国林业信息化应用水平平均得分 21.91 分，得分率达到 72.9%，应用情况排名前三的省份分别是福建、山东和湖南。江西、陕西、河南等省份加大了数据库和林业信息系统的应用力度，在林业资源监管等重大事项管理中，积极使用已经建成的数据库，数据库和应用系统支撑林业主体业务能力明显增强，56.1% 的省区市得分达到了满分。在 OA 系统应用方面，上海、厦门等 16 个省区市基本上实现了无纸化办公，但全面使用的省份依旧不多。在外网使用方面，以网站为平台的政府信息公开继续被各级林业主管部门重视，信息发布较 2008 年明显增加，在线办事和互动交流引起各方面重视。

林业信息化保障情况。2009 全国林业信息化保障水平平均得分 16.68 分，平均得分率为55.6%，较2008年略有提高。排名前三的省市分别是辽宁、湖南和北京。与2008年相比，信息化保障情况变化不太明显。2009年分项得分前10名的单位见表5。

表5 2009年分项得分前10名的单位

建设水平（满分40分）		应用水平（满分30分）		保障水平（满分30分）	
省区市	得分	省区市	得分	省区市	得分
辽宁	37.39	福建	30.00	辽宁	29.00
湖南	35.29	山东	30.00	湖南	28.00
福建	35.00	湖南	29.42	北京	28.00
浙江	32.36	浙江	28.15	广东	26.50
北京	31.67	北京	28.13	吉林森工集团	23.00
吉林森工集团	29.80	广东	27.10	深圳	23.00
河南	29.47	辽宁	26.70	山东	22.00
内蒙古	29.04	江西	26.50	江西	21.50
陕西	28.27	陕西	26.50	福建	21.00
广东	28.01	青岛	25.35	上海	21.00

四、评测结果分析

（一）林业信息化发展特点

从评测结果来看，全国各地认真贯彻落实首届全国林业信息化工作会议精神，严格按照《全国林业信息化建设纲要》和《全国林业信息化建设技术指南》的有关要求，不断扩展信息化建设范围，逐步提升林业信息化综合能力，在机构建设、工程实施、经费投入和制度建设等方面取得了显著成绩。

1. 各级领导高度重视。随着全球信息时代的发展与推进，林业信息化得到了各级领导的高度重视。各省区市林业厅（局）以全国林业信息化工作会议精神为指导，纷纷召开本省区市林业信息化工作会议，86%以上成立了以厅（局）长为组长的林业信息化工作领导小组，60%以上组建了林业信息化专门机构，80%以上增加了林业信息化专项经费和基建投入，并将信息化工作业绩纳入中层干部的考核指标。

2. 基础建设不断加强。与2008年相比，北京、辽宁、上海等60%的地区2009年对本地区的网络设施进行了扩容和升级改造。福建、深圳等39个省区市建立了独立的计算机房，云南等地扩大了机房面积和网络服务器等。各地电脑普及程度大大提高，70%以上的省份外网电脑使用数量多于在职人员总数，内网专用电脑数量比2008年平均多出10%，林业信息化基础建设得到进一步加强。

3. 数据库和应用系统建设不断深化。这两年来，各省区市以信息化工程建设带动数据库和应用系统建设向林业主体业务的各个方面扩展，数据库和应用系统数量逐年增加，建设质量不断提升。辽宁、北京、湖南等信息化发展领先的省份，建立了综合信息平台、资源目录管理系统、网上办公系统、网上审批系统、财务集中管理系统、决策信息服务平台等10多个应用系统和数据库，将建设成果应用在森林、湿地、荒漠资源和生物多样性监管，森林防火、森林病虫害防治等应急管理，林业资金、人才和档案管理等各个方面，并将林业资源数据整合在统一平台上，实现了在线办公、在线办证、在线审批等多项行政业务的网上办理，为社会各界提供了及时、准确的信息服务。

4. 信息化队伍不断壮大。随着林业信息化建设任务的不断加大和信息化重要地位的不断提高，从事林业信息化工作的人数逐年增加，学历和能力不断提高。80%以上的人员拥有本科学历，75%以上的人员获得了中级以上职称。高素质的人才队伍对于高科技的信息化建设，是基础中的基础，也是信息化发展水平提高的原动力。

5. 制度规范和安全管理不断完善。为了有力监控林业信息化建设，规范信息化管理，各地相继制定了一系列管理制度、技术规范、建设标准和安全防范对策等，大部分地区设有网络安全防火墙以及网络防病毒安全网关，许多省份设有信息安全专职人员，对机房等进行7×24小时值班，保障了信息网络和仪器设备安全运行和正常使用。

（二）林业信息化发展不足

通过本次评测可以看出，全国各地林业信息化发展取得了显著成绩，但还存在许多不足之处。

1. 区域信息化发展差距较大。2009年评测得分高与低的最大差距达到了71.09分。经济发达地区，如北京、辽宁、福建、湖南等地，林业信息化综合水平明显高于经济欠发达地区。西藏、甘肃等西部地区计算机使用尚未全面普及，发展速度缓慢。

2. OA办公系统普及度普遍不高。目前只有北京、湖南、上海、福建、浙江、山东等10多个省区市的OA办公系统能够良好应用，其他地区的OA系统使用并未成为在职人员主要的办公方式，对纸质办公依赖程度较高，制约了林业信息化发展。

3. 林业专网延伸不够。多数省份没有将林业专网延伸至县级林业单位，文件或信息传递到省级单位后难以快速下发，无法全面实现在线办事和在线技术指导。

4. 资金投入增长缓慢。从本次评测情况来看，尽管大多数省份的信息化投入在逐年增长，但每年财政和基建资金用于林业信息化所占的比重并不高，许多省份没有林业信息化专项事业费，信息化发展的资金渠道不够多元化，难以满足信息化建设需要。

2010 年全国林业信息化发展水平评测报告

随着信息化的快速发展，信息化建设绩效评估和发展水平评测成为促进发展的重要举措。林业信息化是我国现代林业建设的重要组成部分，是推动林业快速发展的重要支柱。为进一步加快我国林业信息化建设步伐，国家林业局组织开展了 2010 年全国林业信息化发展水平评测工作。这项工作经历了文件印发、数据采集、专家评测、结果分析、报告撰写等五大阶段，历时 3 个多月。评测报告从林业信息化建设水平、应用水平和保障水平 3 个方面，多角度、多视点地分析了各项指标的得分情况以及各地信息化发展影响分析。从评测结果来看，总体水平较高的 10 个省区市分别是：辽宁、湖南、北京、福建、浙江、广东、山东、安徽、上海和河南。2010 年全国各地林业信息化发展的特点是：党政领导高度重视，基础建设稳步推进，机构队伍明显加强，信息化应用全面展开，经费投入快速增加，筹资渠道明显拓宽。

一、评测目的

“十一五”期间，是林业信息化快速发展的重要时期，各地各单位高度重视，严格按照“加快林业信息化，带动林业现代化”的总体思路，认真贯彻《全国林业信息化建设纲要》，全面落实首届全国林业信息化工作会议精神，各项工作取得了显著成效。2011 年初，国家林业局组织开展了首次全国林业信息化发展水平评测工作，对 2008 年、2009 年各地林业信息化发展水平进行了综合评测，并将林业信息化发展水平指标纳入现代林业综合评价指标体系。评测结果公布后，引起了各省区市对林业信息化发展的关注与重视。之后，各地各单位以评测指标和评分标准为依据，对林业信息化建设、应用、保障等多个方面进行了整改和强化，推动全国林业信息化工作全面提升。为此，国家林业局考虑将此项评测工作作为信息化管理的日常工作，以便从整体上把握各地信息化发展情况，为“十二五”时期林业信息化建设决策提供依据。基于以上，国家林业局组织开展第二次全国林业信息化发展水平评测工作，对 2010 年各地林业信息化发展水平进行综合评测。

二、评测步骤

（一）修订评测标准

为了保持与上年度评测结果的可比性，本次评测的指标体系基本上遵循了 2008 年和 2009 年的评测指标设定，即按照建设、应用和保障 3 个方面设定指标，包括 3 个一级指标，17 个二级指标，57 个三级指标（表 1）。

表 1　2010 年全国林业信息化发展水平评测标准表

一级指标	二级指标	分值
林业信息化建设水平（40 分）	网络建设	7.0
	机房建设	5.5
	电脑等终端建设	5.5
	数据库建设	7.0
	应用系统建设	7.0
	网站建设	8.0
林业信息化应用水平（30 分）	数据库应用	6.0
	应用系统使用	6.0
	数据库和应用系统支撑核心业务	6.0
	OA 系统应用	5.0
	内外网应用	7.0
林业信息化保障水平（30 分）	机构保障	10.0
	队伍保障	4.0
	资金保障	6.0
	制度标准保障	4.0
	信息安全保障	4.0
	管理保障	2.0

（二）确定评测范围

评测范围包括全国 31 个省区市、4 个森工（林业）集团、新疆生产建设兵团和 5 个计划单列市，共计 41 个单位。

（三）评测数据采集与整理

2011 年 7 月，国家林业局办公室以办信字〔2011〕100 号文件向各省区市印发了《2010 年度各地林业信息化发展水平调查表》。8 月 30 日前，各省区市报送本次调查的评测数据。9 月 1～15 日，国家林业局信息办组织 10 多名工作人员对各省区市报送的数据进行审核，并对照评测标准，对各省区市上报的调查表进行综合评分，评测结果报有关专家和领导审定后，得出 2010 年全国林业信息化发展水平评测结果，并对各省区市的分项指标得分情况进行认真分析。9 月 15 ~25 日，编写评测报告。

三、评测结果

(一)总体评测结果

2010 年全国各地林业信息化发展水平平均总得分 62.01 分，最高得分 95.19 分(辽宁)，最低得分 24.88 分(西藏)。排名前 10 名的省区市分别为辽宁、湖南、北京、福建、浙江、广东、山东、安徽、上海和河南；排名后 10 名的省区市分别为西藏、新疆生产建设兵团、甘肃、厦门、天津、内蒙古森工集团、贵州、重庆、青岛和深圳，信息化发展水平得分在 60 分以上的有 24 个省份，达到 58.5%(表 2)。

表 2　2010 年全国林业信息化发展水平评测结果表

省区市	排名	总得分	省区市	排名	总得分
辽　宁	1	95.19	四　川	22	63.95
湖　南	2	94.05	江　苏	23	63.09
北　京	3	92.00	宁　夏	24	62.97
福　建	4	87.93	海　南	25	56.69
浙　江	5	86.53	大　连	26	55.03
广　东	6	83.19	新　疆	27	51.04
山　东	7	80.39	云　南	28	50.11
安　徽	8	78.10	龙江森工集团	29	49.96
上　海	9	75.12	广　西	30	48.41
河　南	10	74.63	黑龙江	31	48.40
陕　西	11	73.91	深　圳	32	47.08
江　西	12	73.89	青　岛	33	45.98
内蒙古	13	73.24	重　庆	34	44.94
大兴安岭	14	71.85	贵　州	35	41.46
吉林森工集团	15	71.18	内蒙古森工集团	36	40.87
湖　北	16	70.64	天　津	37	34.81
河　北	17	69.73	厦　门	38	33.54
吉　林	18	69.69	甘　肃	39	30.85
青　海	19	69.00	新疆生产建设兵团	40	26.32
宁　波	20	66.67	西　藏	41	24.88
山　西	21	65.30	**平　均**		**62.01**

(二)分项评测结果

1. 林业信息化建设情况。2010 年林业信息化建设平均得分 25.01 分，得分率为

62.5%，排在前三名的为湖南、辽宁和北京，得分率分别达到88.6%、92.8%和86.3%。35个省区市建设有独立的机房，大多数地区机房面积扩展到50平方米以上。福建省和上海市基本连通了其管辖范围内的市、县、乡(镇)级林业单位网络。还有20个省区市的专网覆盖情况较好，得分在5分以上。各省区市的外网计算机数量大于在职人员数量，达到人均1.08台，内网专用计算机数量也较前两年有所增加。在林业数据库和应用系统建设方面，湖南、辽宁、北京三个地区的建设情况达到了满分要求标准。在网站建设方面，除了西藏自治区和甘肃省林业网站正在建设外，其余各省区市的省级门户网站建设质量逐步提高，网站功能明显增强。市级林业网站数量由2009年的257个增加到370个，增幅达到44%。2010年各省区市信息化建设水平得分见表3。

表3　2010年各省区市信息化建设水平得分表(满分40分)

省区市	得分	省区市	得分	省区市	得分
湖　南	37.12	大兴安岭	27.80	广　西	21.08
辽　宁	35.44	海　南	27.65	重　庆	20.64
北　京	34.50	吉　林	27.49	云　南	20.61
浙　江	34.23	上　海	27.12	新　疆	19.04
福　建	33.43	江　苏	27.09	深　圳	18.80
陕　西	31.91	河　北	26.16	贵　州	18.06
吉林森工集团	30.75	山　西	25.95	青　岛	17.99
广　东	30.69	宁　夏	25.57	黑龙江	17.50
湖　北	30.64	宁　波	25.39	厦　门	16.54
山　东	30.27	大　连	25.33	天　津	16.31
江　西	29.89	内蒙古	25.04	甘　肃	15.85
安　徽	28.66	内蒙古森工集团	23.37	西　藏	10.38
青　海	28.61	四　川	22.95	新疆生产建设兵团	9.82
河　南	28.13	龙江森工集团	21.65	**平均得分**	**25.01**

2. 林业信息化应用情况。2010年全国林业信息化应用水平平均得分17.66分，得分率为58.90%。在应用方面，辽宁、北京和福建的应用水平相对较高，得分率分别达到99.2%、93.1%和95%。各省区市数据库和应用系统的使用情况普遍较好，已建数据库和应用系统都能够完全实现良好应用的省区市有9个。在线办公系统(OA系统)使用进一步扩展，山东等13个省区市将无纸化办公进行了全面推广与应用。但也有近40%的地区还未实现真正意义上的办公自动化。数据库和应用系统支撑业务领域达到10个以上的省区市有20个，几乎涉及林业主体业务的各个方面。在外网使用方面，95%以上的门户网站信息更新及时，信息质量显著提高，但普遍存在在线办事和互动交流较少的问题。2010年各省区市信息化应用水平得分见表4。

表4　2010年各省区市信息化应用水平得分表(满分30分)

省区市	得分	省区市	得分	省区市	得分
辽　宁	29.75	吉林森工	20.43	大　连	14.70
北　京	29.50	宁　夏	19.90	新　疆	13.50
福　建	28.50	青　海	19.39	云　南	12.50
安　徽	27.94	宁　波	19.28	重　庆	10.30
湖　南	27.93	湖　北	19.00	天　津	10.00
浙　江	26.30	陕　西	18.50	厦　门	10.00
山　东	26.12	海　南	18.04	内蒙古森工	9.00
广　东	24.50	河　南	18.00	黑龙江	8.90
上　海	24.50	深　圳	17.28	广　西	8.83
内蒙古	22.70	四　川	17.00	贵　州	7.40
江　苏	22.00	山　西	16.35	甘　肃	6.00
江　西	21.50	青　岛	15.49	新疆兵团	5.50
河　北	21.07	吉　林	15.20	西　藏	5.50
大兴安岭	21.05	龙江森工	14.81	**平均得分**	**17.66**

注：大兴安岭为大兴安岭林业集团，吉林森工为吉林森工集团，龙江森工为龙江森工集团，新疆兵团为新疆生产建设兵团，以下各表中同。

3. 林业信息化保障情况。2010年全国林业信息化保障水平平均得分19.34，平均得分率为64.5%，辽宁、湖南和河南信息化保障水平较高。吉林、河北、山西等32个省区市拥有独立的信息化机构和人员队伍，占78%。其中18个省区市信息化机构单批编制，具有独立法人资格。各地专职从事林业信息化工作的人员数量也在不断增加，平均人数由2009年的5.76人增加到6.54人。在经费保障方面，2010年林业信息化经费投入在1000万以上省区市达到13个，占31.7%，年均增长率大于10%。在信息化制度规范和标准保障方面，各地在不断完善有关制度和运行规范，基本达到评测标准指标要求的省区市个数不断增加，标准化工作逐步加强。在信息安全保障方面，85%以上的省区市设有网络防火墙和网络防病毒安全网关，43.9%的省区市对软件系统和网络安全的保障措施较为有效，保障了信息化建设成果稳定运行和良好使用，减少了网络风险。2010年各省区市信息化保障水平得分见表5。

表5　2010年各省区市信息化保障水平得分表(满分30分)

省区市	得分	省区市	得分	省区市	得分
辽　宁	30.00	山　西	23.00	大　连	15.00
湖　南	29.00	江　西	22.50	江　苏	14.00

（续）

省区市	得分	省区市	得分	省区市	得分
河　南	28.50	河　北	22.50	重　庆	14.00
北　京	28.00	宁　波	22.00	龙江森工	13.50
广　东	28.00	黑龙江	22.00	青　岛	12.50
吉　林	27.00	安　徽	21.50	海　南	11.00
福　建	26.00	湖　北	21.00	深　圳	11.00
浙　江	26.00	青　海	21.00	新疆兵团	11.00
内蒙古	25.50	吉林森工	20.00	甘　肃	9.00
山　东	24.00	新　疆	18.50	西　藏	9.00
四　川	24.00	广　西	18.50	内蒙古森工	8.50
上　海	23.50	宁　夏	17.50	天　津	8.50
陕　西	23.50	云　南	17.00	厦　门	7.00
大兴安岭	23.00	贵　州	16.00	**平均得分**	**19.34**

四、评测结果分析

（一）整体得分情况分析

2010 年，各地林业信息化发展水平逐步提高，信息化发展平均得分 62.01 分，较 2009 年提高 0.73 分，最高分与最低分相差 70.31 分。80 分以上的省区市 7 个，70～79 分的 9 个，60～69 分的 8 个，50～59 分的 4 个，40～49 分的 8 个，40 分以下的 5 个。2010 年各省区市林业信息化总体得分分布情况如图 1 所示。

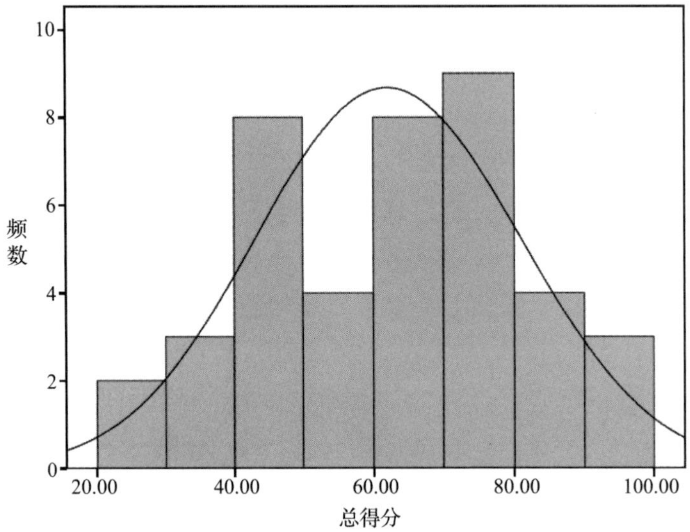

图 1　总体得分频数分布

从图1看出，分数居于40～50分、60～80分的省区市数量居多，而其他分数段的省区市数量相对较少。具体见各分数段省区市个数图2。

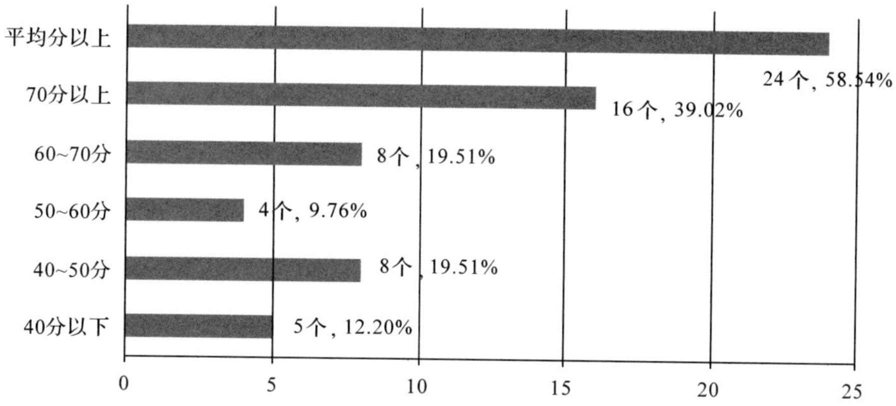

图2　各分数段省区市个数

（二）各省区市林业信息化水平离散程度

各省区市林业信息化发展水平差异较大，尤其是信息化应用水平差异程度比较明显，离差值达到1。各地信息化建设水平和保障水平得分高的占多数，离差值较小。各地林业信息化发展水平离散程度分析如图3所示。

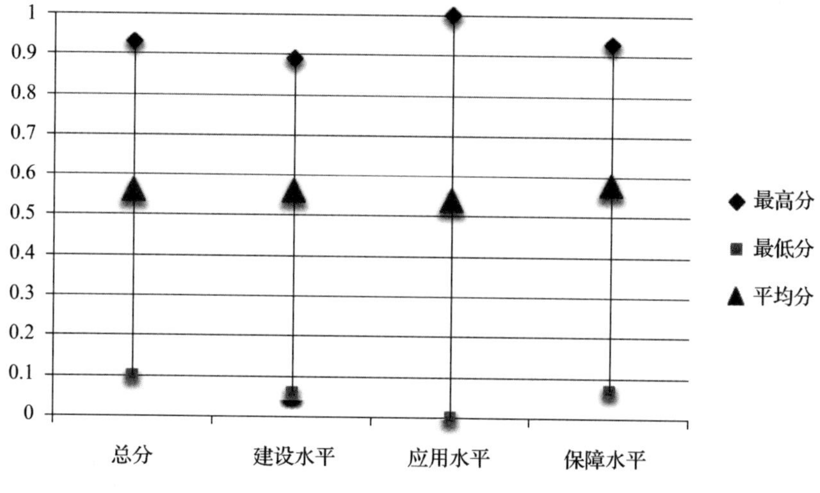

图3　各省区市林业信息化发展水平离散程度分析

注：线条长度表示离散程度，线条越长，离差越大，离散程度越高，发展水平差距越大。离差＝最高绩效指数－最低绩效指数。

（三）不同区域林业信息化发展水平比较

评估结果显示，东部地区林业信息化发展水平平均绩效指数为0.68，中部地区为0.58，西部地区为0.47。受区域经济水平、思想认识、人员素质、技术水平等常规发展因素制约，不同区域的得分指数差距较大。广东、福建、山东、浙江、上海等东南部沿海地区的发展水平明显好于内陆省份，西部地区明显落后于中东部地区。不同区域林业信息化发展水平表现如图4所示。

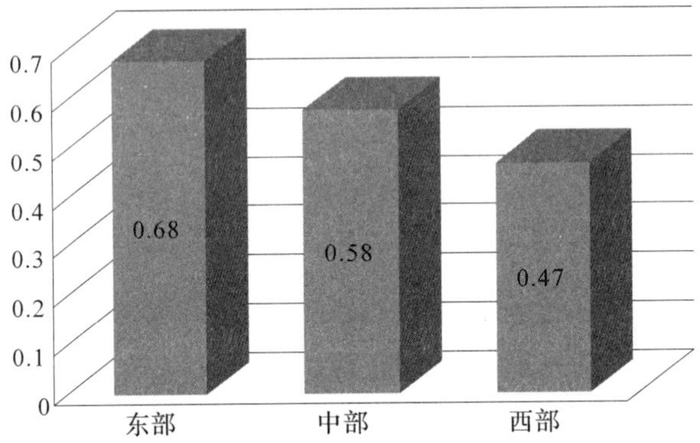

图4　不同区域平均绩效

将评测结果按照科学的系统聚类方法，运用专业的数学统计工具，综合三大指标的得分情况，将41个单位聚为3类，聚类结果见表6。

表6　41个评测单位得分聚类结果表

类别	省区市
第一类	辽宁、湖南、北京、福建、浙江、广东、山东、安徽、上海、河南、陕西、江西、内蒙古、大兴安岭、吉林森工、湖北、河北、吉林、青海、宁波、山西、江苏，计22个。
第二类	四川、宁夏、海南、大连、新疆、云南、龙江森工、广西、黑龙江、深圳、青岛、重庆，计12个。
第三类	贵州、内蒙古森工、天津、厦门、甘肃、新疆兵团、西藏，计7个。

第一类，以辽宁、湖南、北京为代表的22个省区市，该类中的多数地处我国东部和中部地区，区域经济较为发达，信息化建设基础比较扎实，管理系统和数据库应用程度较高，每个指标项都得到了较高的分值。因此，该地区的信息化综合水平较高，处于全国上游水平。

第二类，以四川、宁夏、海南为代表的12个省区市，其信息化建设和保障水平相对较好，网站建设情况处于中下等水平，林业信息化应用程度不够，尤其是OA办公系统发展缓慢。因此，该类地区在巩固现有建设成果、稳定保障水平的基础上，应积极推进信息化应用，提高信息系统和数据库的使用效率，扩大林业电子政务的应用领域。

第三类，该类地区林业信息化基本处于起步阶段，除了天津和厦门，其余都是由于区域经济基础薄弱，信息化投入不足，机构队伍没有保障。因此，该类地区林业信息化整体水平较低，只有加倍努力、快速推进，才能达到支撑现代林业发展的目标要求。

（四）分项指标分析

1. 建设水平分析。建设水平的平均得分 25. 01 分，略低于中间数 25. 95 分，信息化建设的总体水平偏低，最大差值达到 27. 30 分，占总分的 68. 3%，地区之间差异明显。从图 5 显示的频数分布情况看，分值在 25 ~30 分的单位个数较多，分布情况比较分散。其中湖南、辽宁得分在 35 分以上，西藏和新疆生产建设兵团的得分在 15 分以下。

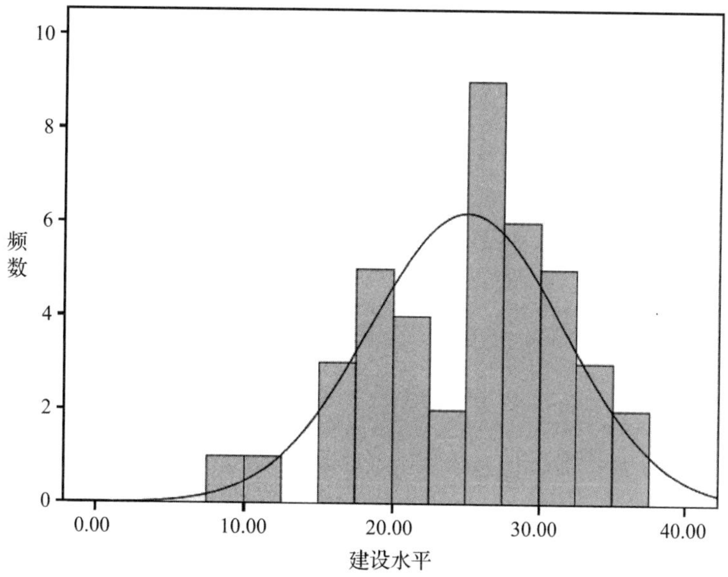

图 5 建设水平得分频数分布

在建设水平的各项指标中，机房建设水平比较理想，得分率达到了 83. 15%，网站建设与系统建设相对较好，而数据库、终端和网络建设水平相对较低，得分率低于 60%。2010 年林业信息化建设情况如图 6 所示。

2. 应用水平分析。应用水平的平均得分 17. 66 分，低于中间数 18. 04 分，最大差值达到 24. 25 分，占总分的 80. 8%，地区之间差异十分显著。

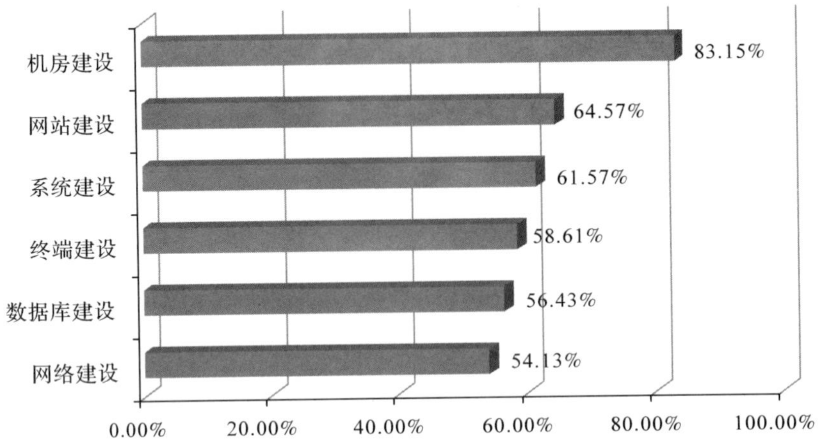

图6　建设水平各项指标得分率

从图7应用水平频数分布情况看，频数在各个数据段的分布较为均匀，主要集中在12～22分之间。甘肃、西藏和新疆生产建设兵团应用水平较差，得分在7分以下。安徽、北京等5个省区市的信息化应用水平良好，得分在27分以上。

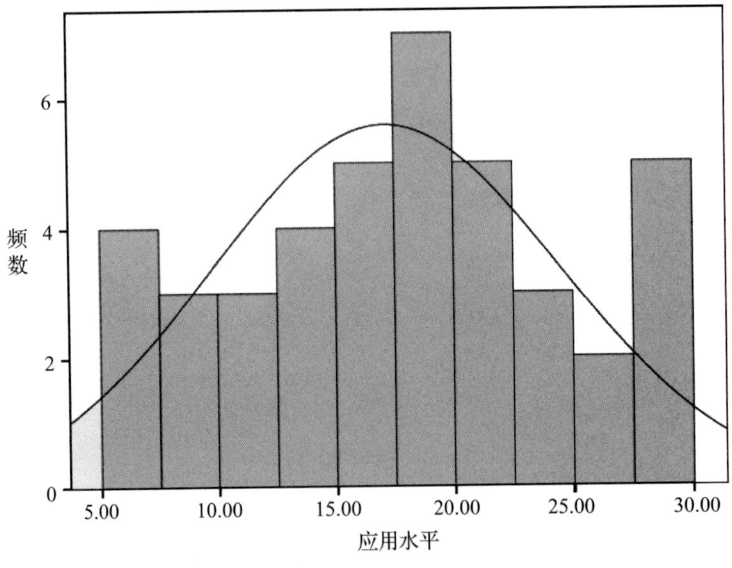

图7　应用水平得分频数分布

应用水平各指标项得分情况如图8所示，应用系统使用情况较好，数据库应用水平次之，而数据库和应用系统支撑核心业务情况以及内外网应用情况略低于及格线，OA系统使用情况最不理想，得分率仅为37.97%，反映出各省区市林业主管部门强化OA系统应用的任务十分艰巨。

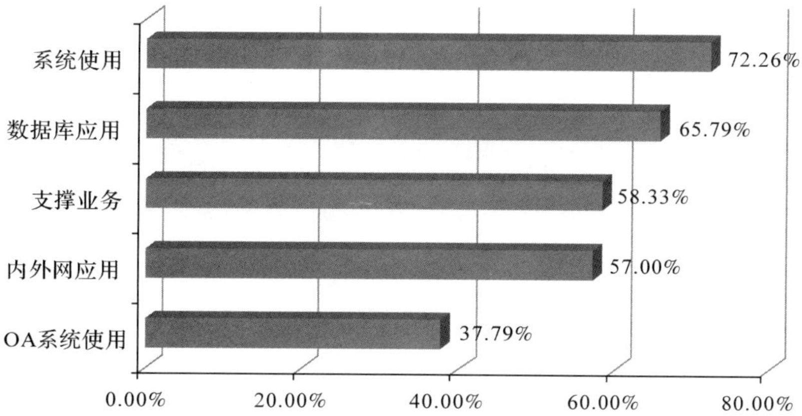

图8　应用水平各项指标得分率

3. 保障水平分析。保障水平指标中，平均得分19.66分，高于信息化的应用水平得分，略低于中间数21.00。最大差值达到23.00分，占总分的76.7%，地区之间差异较为显著。

从各分段的频数分布(图9)来看，分数值在20～25分之间的省区市数量居多，达到14个。低分段频数较少，厦门市的信息化保障水平得分低于7分。其余在各个分段的频数分布较为均匀。吉林、广东等6个省区市的保障水平较为良好，得分在27分以上。

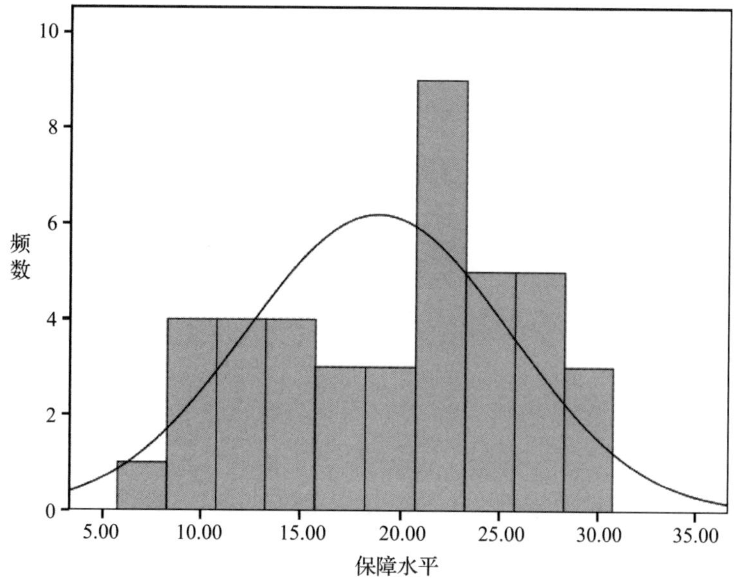

图9　保障水平得分频数分布

保障水平的各项指标得分情况如图10所示，各个指标的得分情况较为平均，无明显的差异。相对来说，管理保障和队伍保障情况良好，得分率达到70%以上，安全保障和机构保障次之，制度和资金保障情况略低。说明各省区市对国家林业局的信息化建设比较支持，响应度较高，各地信息化人员队伍较为有保障，需要进一步加强制度建设，加大资金投入力度。

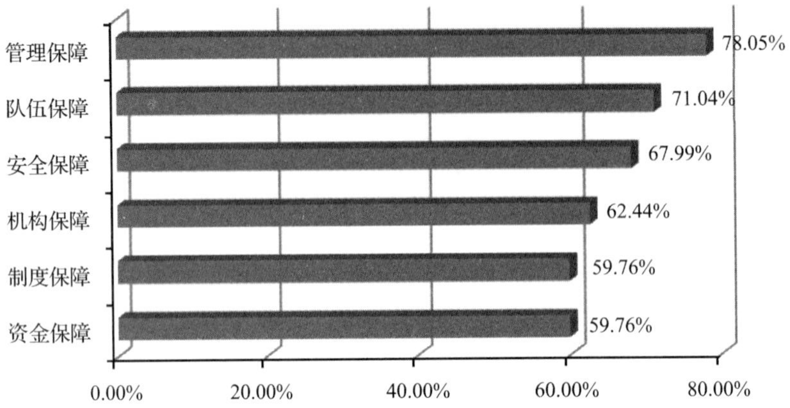

图 10　保障水平各项得分率

五、2010 年林业信息化发展特点

从 2010 年的评测结果来看，全国各地认真贯彻落实全国林业信息化工作会议精神，不断提高建设水平，不断扩大应用范围，逐步强化管理措施，林业信息化综合能力显著提高。与 2008 年和 2009 年相比，2010 年全国林业信息化建设取得了全方位的进步与发展。主要体现在以下几个方面。

(一)党政领导高度重视，总体水平全面提升

信息化工作的发展与进步，关键在于领导重视和支持。2010 年全国林业信息化各省区市平均总得分为 62.01 分，较 2009 年的 61.28 分提升 1.2%，较 2008 年的平均分 58.76 提升 5.5%，全国各地林业信息化总体水平全面提升。

(二)基础建设稳步推进，机构队伍明显加强

2010 年的信息化基础建设在 2008 年与 2009 年的基础上，逐步对软硬件设备、网络设施、技术力量以及运行环境等进行了全面扩建和完善。吉林、浙江、厦门、上海等地专网覆盖面大大增加。青海、宁波等 7 省区市的机房面积扩大 40% 以上。35 个省区市建立有独立的计算机房，在外网电脑数量达到人均 1.08 台的基础上，内网电脑的配备率比 2009 年提高 12%。60% 以上的省区市对本地网络设施进行了扩容和升级改造，基础建设到位，网络运行良好，为林业信息化应用奠定了较好的基础。

（三）信息化应用全面展开，覆盖领域快速扩展

数据库和应用系统的覆盖面较前两年明显扩展，渗透到林业业务管理的各个领域。在营造林管理、林业资源监管、重点工程管理、林业应急处置等10多个业务领域广泛使用。湖南开发研建了测土配方管理信息系统，实现了计算机辅助营造林和森林采伐设计。河南等地将林业视频会议系统延伸至全省。90%以上的省区市利用电子公文传输系统顺利实现了公文、简报和有关信息的远程传输，13个省区市实现了无纸化办公，市县级网站数量明显增加，网上办事逐步推进，互动交流成为政府为民服务的重要内容。

（四）经费投入快速增加，筹资渠道明显拓宽

从本次评测来看，全国各省区市林业信息化资金较快增长。2008年各省区市信息化资金投入平均241万元，该项平均得分2.48分；2009年各省区市信息化资金投入平均271万元，平均得分2.52分，两年投入额差距较小。2010年各省区市信息化资金投入平均748万元，较2009年投资增长率达到了176%，13个省区市投资超过1000万元。2010年平均得分达到3.61分，比2009年增长了43.3%。财政和基建资金用于林业信息化的比重有所增加。其中，上海市投资4685万元，用于上海市网格化管理系统建设；吉林森工投资4200万元，用于经济运行指挥中心、物联网应用和木材营销管理电子商务平台等；广东省投资2953万元，用于森林防火信息化基础设施和应用系统建设。各地信息化发展的资金渠道开始多元化，部分省区市还增设了信息化专项事业经费。这一切，为林业信息化发展提供了较好的资金保障。

从评测结果来看，2010年全国林业信息化建设取得了较好的成绩，但是对照林业信息化工作的总体要求，还存在一些不足：一是省区市林业信息化发展差异较大。受地域差异、经济条件、思维观念、技术力量等多个因素制约，综合条件较好的省区市发展较快，而经济和自然等条件较差的省区市发展缓慢。长期以来，导致省区市之间林业信息化发展差异越来越大。二是林业信息化基础设施建设仍需加强。目前，全国多数省级林业网络基础设施建设已经基本完成，但只有少数省份随着信息技术的快速发展对已有设备进行了更换，而大部分省份还是十多年前的设施没有更新，特别是市县级网络基础和终端设备比较落后，需要加快建设。三是外网三大功能利用不平衡。经统计，各地外网在信息发布方面逐年加强，但网站在线办事和互动交流的功能没有充分发挥，影响了政府为民服务和效能型政府建设。同时，外网信息公开的深度和广度不够，需要拓展和加强。四是经费投入仍需提高。多数省份的信息化建设资金缺乏，成为制约信息化发展水平提高的重要瓶颈。应加大各级财政对林业信息化建设专项经费的支持力度，建立多渠道、多形式、多层次的林业信息化资金投入机制，加强林业信息化建设的资金保障。

为进一步提高全国林业系统信息化发展水平，确保林业信息化发展目标顺利实现，提

出如下建议：一是进一步提高认识，适应形势发展的要求，积极推动各区域、各层级和各方面的林业信息化协调发展；二是在“五个统一”原则下，狠抓资源整合和共享共建，形成全行业一盘棋；三是要认真落实《全国林业信息化发展“十二五”规划(2011～2015年)》，努力完成各项建设任务；四是完善信息化发展的体制机制，确保资金投入，继续加强机构和人员队伍建设；五是要建立绩效考核机制，将信息化发展情况纳入干部考核范畴，全面调动积极性。

2011年全国林业信息化发展水平评测报告

摘 要

2011年全国林业信息化发展水平评测按照林业信息化建设、应用和保障3个方面设定指标，采用散点图、正态分布、频数分布、聚类分析、离散系数、极差、几何平均等数理统计方法，对全国林业信息化发展水平进行分析测评。

通过对分项指标评测结果与全国整体得分情况分析，各省区市林业信息化水平差异分析，不同区域林业信息化发展水平对比分析以及建设、应用、保障3类指标分析，分项指标与整体水平关系的探究，先进省区市亮点分析，年度结果对比分析，结果表明：总体水平全面提升，步入良性发展轨道，近4年的信息化发展总水平在不断攀升，2011年已跨上新的台阶，信息化发展水平平均总得分达到66.59分，呈现逐步上升趋势；中部地区具有后发优势，已经赶超领先地区，中部地区林业信息化发展水平绩效指数为0.73，较2010年(0.58)增加0.15，而东部仅提升0.03，中部地区发展水平已略超过东部；应用水平发展最快，支撑能力显著提升，应用水平绩效指数在0.9以上的省区市占21.95%，较2010年提升近一半；建设水平稳步提高，信息安全更受重视，尤其是专网覆盖和电脑普及指标提升明显，较2010年分别提升7.2%、16.03%；示范省区成绩突出，继续保持领先地位，2批13家示范省中有11家的名次稳中有升，而排名前4位的仍为辽宁、湖南、北京、福建4家示范省。

根据全国林业信息化发展水平的评测和分析，报告提出了提高思想认识，坚持“五个统一”；加强资源整合，促进资源共享；抓好示范建设，发挥引领作用；完善工作机制，确保资金投入；强化机构建设，提供支撑保障；完善绩效考核，发挥评测作用；加强云计算、物联网等前沿技术的应用等7点建议。

引 言

随着信息时代的到来，信息技术在国家经济建设与社会发展中发挥着越来越重要的作用。充分利用信息技术，开发利用信息资源，促进信息交流和知识共享，提高经济增长质量，推动经济社会发展转型已成为时代潮流。2011 年是我国全面实施“十二五”规划的开局之年，伴随着中国经济社会的持续发展，信息化在中国现代化进程中所扮演的角色更加重要而显著。

林业信息化是现代林业建设的重要组成部分，是提高林业科技含量，提升林业管理水平，增加林业建设内涵，促进林业科学发展的重要支撑和保障，是关系林业工作全局的战略举措。加快推进林业信息化，有利于逐步建立起覆盖各级林业主管部门、功能齐备、互通共享、高效便捷、稳定安全的林业信息化体系，促进林业决策科学化、办公规范化、监督透明化、服务便捷化，为建设现代林业奠定扎实基础。

2011 年，第二届全国林业信息化工作会议的成功召开，全面总结了“十一五”林业信息化工作，确立了“五个统一”的基本原则，安排部署了“十二五”林业信息化工作；“加快林业信息化建设步伐”在 2011 年全国林业厅局长会上被着重提出；《全国林业信息化发展“十二五”规划》绘就了林业信息化发展蓝图。经过一系列科学谋划、决策部署，林业信息化工作取得了整体推进和快速发展。

2011 年，在前几年工作的基础上，国家林业局和各级林业主管部门认真贯彻落实“加快林业信息化，带动林业现代化”的总体思路，坚持“五个统一”的基本原则，重点加强了战略谋划、工程建设、上下联动等工作，取得了多项新突破，为林业信息化可持续发展奠定了坚实基础，使林业信息化步入规范化、整体化发展的新阶段，为发展现代林业和服务全局工作作出了重要贡献。在 2011 年中国政府透明度报告中，国家林业局信息公开在中央部委中名列第二。国家林业局政府网在中央部委排名中，由 2006 年的第 23 名一直跃升至 2011 年的第 10 名。

当前，信息化发展水平评测工作得到很多地区和部门的重视，评测为政府信息化工作不断改进提供持续动力，也是政府促进电子政务发展的抓手。从管理和运营的角度来看，每年工作结果如何，也必须要通过评测这个环节来体现。

采用定量分析方法对政府信息化发展水平进行测评，可以客观地揭示不同部门或地区信息化发展的状况，以及同一部门或地区不同时期信息化发展的程度，从统计学角度总结信息化发展的一般规律和趋势，为政策的进一步深化创造基础条件。

3 年来，国家林业局已经连续开展了林业信息化绩效评估和发展水平评测，评测工作认清了现状，总结了经验，分析了差距，提出了对策，大力促进了各地林业信息化工作。为准确把握 2011 年度全国林业信息化发展变化情况，科学评估 2011 年度林业信息化发展水平，推动全国林业信息化快速、健康、持续发展，在前几年全国林业信息化发展水平评测取得成功经验的基础上，国家林业局组织开展了 2011 年度全国林业信息化发展水平评测工作。

第一章 评测方法

一、评测目的

全国林业信息化发展水平评测将林业信息化发展水平指标纳入现代林业综合评价指标体系，评测工作引起了各地对林业信息化发展的关注与重视。各地以评测指标和评分标准为依据，对林业信息化建设、应用、保障等多个方面进行了整改和强化，推动全国林业信息化工作全面提升。2011 年度全国林业信息化发展水平评测，主要是对 2011 年各地林业信息化发展水平进行综合评测，目的是从整体上把握各地信息化发展情况，为“十二五”时期林业信息化建设决策提供依据。

二、评测过程

(一) 确定评测标准

为了保持与上年度评测结果的可比性，本次评测的指标体系遵循了以往评测指标的设定，即按照林业信息化的建设、应用和保障 3 个方面设定指标，包括 3 个一级指标，17 个二级指标，57 个三级指标(表 1)。

表 1 2011 年全国林业信息化发展水平评测标准

一级指标	二级指标	分值
林业信息化建设水平(40 分)	网络建设	7
	机房建设	5.5
	电脑等终端建设	5.5
	数据库建设	7
	应用系统建设	7
	网站建设	8
林业信息化应用水平(30 分)	数据库应用	6
	应用系统使用	6
	数据库和应用系统支撑核心业务	6
	OA 系统应用	5
	内外网应用	7

（续）

一级指标	二级指标	分值
林业信息化保障水平(30分)	机构保障	10
	队伍保障	4
	资金保障	6
	制度标准保障	4
	信息安全保障	4
	管理保障	2

(二)确定评测范围

评测范围包括全国31个省区市、4个森工(林业)集团、新疆生产建设兵团和5个计划单列市，共计41个单位。

(三)评测数据采集与整理

2012年2月3日，下发《国家林业局信息办关于开展2011年全国林业信息化发展水平评测工作的通知》(信站发〔2012〕7号)；

2012年2~3月，各省区市报送本次调查数据；集中收集整理各省区市调查数据，并对数据进行审核；

2012年3~4月，对照评测标准，对各省区市的调查数据进行综合评分，评测结果报有关专家和领导审定后，得出2011年全国林业信息化发展水平评测结果，并对各省区市的分项指标得分情况进行认真分析；

2012年5~6月，编写评测报告。

第二章　结果分析

一、总体评测结果

2011年全国各地林业信息化发展水平平均总得分66.59分，比2010年全国各地林业信息化发展水平平均得分高出4.58分。最高得分为95.20分(辽宁)，最低得分为32.00分(西藏)。信息化发展水平得分在60分以上的有24个单位，与2010年持平，得分率达到58.5%(表2)。

排在前10位的省区市分别为辽宁、湖南、北京、福建、浙江、广东、江西、河南、上海、内蒙古。其中，辽宁、湖南、北京、福建连续4年保持前5名；江西和内蒙古上升至前10名。

排在后10位的省区市分别为西藏、内蒙古森工、新疆兵团、厦门、重庆、云南、贵州、天津、新疆、龙江森工、深圳。其中，新疆兵团、内蒙古森工、西藏等地信息化发展缓慢，云南、新疆、龙江森工信息化发展水平不够稳定。

表 2　2011 年全国林业信息化发展水平评测结果

排名	单位	总得分	排名	单位	总得分
1	辽　宁	95.20	22	宁　夏	67.10
2	湖　南	94.20	23	宁　波	66.80
3	北　京	93.90	24	大兴安岭	66.50
4	福　建	88.80	25	青　岛	57.10
5	浙　江	87.20	26	广　西	56.80
6	广　东	83.50	27	大　连	56.74
7	江　西	82.50	28	海　南	56.70
8	河　南	82.10	29	甘　肃	54.80
9	上　海	81.70	30	黑龙江	53.60
10	内蒙古	81.20	31	深　圳	52.30
11	陕　西	80.90	32	龙江森工	51.70
12	吉　林	80.60	33	新　疆	51.44
13	山　东	80.50	34	天　津	51.30
14	安　徽	78.70	35	贵　州	50.90
15	吉林森工	74.20	36	云　南	50.23
16	河　北	72.10	37	重　庆	45.10
17	湖　北	71.38	38	厦　门	41.90
18	青　海	71.10	39	新疆兵团	41.20
19	四　川	69.20	40	内蒙古森工	40.97
20	江　苏	68.60	41	西　藏	32.00
21	山　西	67.80		**平　均**	**66.59**

二、分项指标评测结果

(一)林业信息化建设水平

建设水平总分为40分，平均得分为27.1分，绩效指数为0.68，略低于中数0.69。35分以上的省市有4个，分别是湖南、辽宁、北京、陕西，这4个省市均为信息化示范省，可以看出示范工作对信息化建设起到的积极作用，陕西、吉林森工、吉林、山东等省区在建设方面做得较为突出，而未达到及格水平的省区市尚有14个，所占比例为34.15%。41个省区市电脑普及情况良好，排名前10位省区市人均配备电脑数量均在1~2台，内网专用的电脑配备情况相对较差，仅湖南和辽宁100%配备了电脑；数据库和应用系统建设越来越全面，并且多数省区市均能整合到省林业厅统一平台；从内外网的建设情况来看，网站群整合的力度较弱，多数省区市未实现网站群整合，OA系统的建设力度不够，部分省区市尚未建设OA系统。2011年各省区市信息化建设水平得分情况见表3。

表3　2011年全国林业信息化建设水平得分(满分40分)

排名发	单位	得分	绩效指数	排名	单位	得分	绩效指数
1	湖　南	39.80	0.99	22	大　连	26.92	0.67
2	辽　宁	39.30	0.98	23	宁　波	26.00	0.65
3	北　京	39.30	0.98	24	海　南	26.00	0.65
4	陕　西	35.60	0.89	25	河　北	25.40	0.64
5	福　建	34.80	0.87	26	广　西	24.70	0.62
6	浙　江	34.60	0.87	27	四　川	24.20	0.61
7	吉林森工	34.40	0.86	28	青　岛	23.00	0.58
8	吉　林	32.70	0.82	29	深　圳	22.20	0.56
9	山　东	32.30	0.81	30	龙江森工	22.00	0.55
10	内蒙古	32.20	0.81	31	天　津	21.10	0.53
11	河　南	32.10	0.80	32	贵　州	20.70	0.52
12	江　西	32.00	0.80	33	新　疆	20.10	0.50
13	广　东	30.50	0.76	34	厦　门	20.00	0.50
14	安　徽	30.20	0.76	35	重　庆	19.90	0.50
15	大兴安岭	30.00	0.75	36	云　南	19.70	0.49
16	宁　夏	29.10	0.73	37	黑龙江	18.73	0.47
17	江　苏	28.80	0.72	38	内蒙古森工	18.70	0.47
18	上　海	28.60	0.72	39	甘　肃	18.40	0.46
19	湖　北	28.38	0.71	40	新疆兵团	18.20	0.46
20	青　海	28.20	0.71	41	西　藏	14.90	0.37
21	山　西	27.50	0.69		**平　均**	**27.1**	**0.68**

(二)林业信息化应用水平

应用水平总分为30分，平均得分为21分，绩效指数为0.70，略高于中数0.68。应用水平绩效指数在0.9以上的省区市有9个。安徽、河北、山东在信息化应用方面做得相对较为突出。应用水平区域性差异明显，排名在前列的多数为东部沿海地区。数据库和应用系统有部分省区市的使用情况较差，存在数据未能及时更新、应用系统建设不完整、设备陈旧、无法与国家相应系统对接等多种原因；信息发布方面，全年外网发布量最高达 76226 条，全年内网信息发布量达到 32453 条；全年在线办事最高达到 8 万件；互动交流方面，做得较好的为河北省，全年公众留言最高，为 1600 条，并能全部回复，开展访谈的次数也达到了 12 次，基本保持每月开展一次。2011 年各省区市信息化应用水平得分见表 4。

表 4　2011 年全国林业信息化应用水平得分(满分 30 分)

排名	单位	得分	绩效指数	排名	单位	得分	绩效指数
1	辽　宁	29.80	0.99	22	宁　夏	20.50	0.68
2	湖　南	29.70	0.99	23	吉林森工	20.30	0.68
3	北　京	29.60	0.99	24	山　西	20.30	0.68
4	安　徽	29.00	0.97	25	青　岛	20.20	0.67
5	上　海	28.60	0.95	26	海　南	19.20	0.64
6	福　建	28.50	0.95	27	大　连	17.02	0.57
7	浙　江	27.60	0.92	28	甘　肃	16.90	0.56
8	河　北	27.20	0.91	29	云　南	16.53	0.55
9	广　东	27.00	0.90	30	新　疆	16.34	0.54
10	山　东	26.20	0.87	31	广　西	16.20	0.54
11	江　西	26.00	0.87	32	龙江森工	15.70	0.52
12	江　苏	25.30	0.84	33	贵　州	15.20	0.51
13	青　海	24.90	0.83	34	深　圳	15.10	0.50
14	吉　林	24.40	0.81	35	黑龙江	14.87	0.50
15	河　南	24.00	0.80	36	天　津	14.70	0.49
16	内蒙古	24.00	0.80	37	重　庆	13.70	0.46
17	陕　西	23.80	0.79	38	厦　门	12.40	0.41
18	大兴安岭	22.50	0.75	39	内蒙古森工	11.77	0.39
19	宁　波	22.30	0.74	40	西　藏	11.10	0.37
20	湖　北	22.00	0.73	41	新疆兵团	10.00	0.33
21	四　川	20.50	0.68		**平　均**	**21.00**	**0.70**

(三)林业信息化保障水平

保障水平总分为 30 分，平均得分为 18.49 分，绩效指数为 0.62，略低于中数 0.65。保障水平普遍偏低；队伍保障和资金保障较为薄弱，高级职称以上的人员所占比例较小，而资金保障各省区市未能保证年度增长 10% 以上。保障水平区域性差异明显，排在前列的多数为东部沿海地区。2011 年各省区市信息化保障水平得分见表 5。

表 5　2011 年全国林业信息化保障水平得分(满分 30 分)

排名	单位	得分	绩效指数	排名	单位	得分	绩绩效指数
1	辽　宁	26.00	0.87	22	宁　波	18.50	0.62
2	广　东	26.00	0.87	23	青　海	18.00	0.60
3	河　南	26.00	0.87	24	宁　夏	17.50	0.58
4	福　建	25.50	0.85	25	广　西	15.90	0.53
5	北　京	25.00	0.83	26	天　津	15.50	0.52
6	浙　江	25.00	0.83	27	深　圳	15.00	0.50
7	内蒙古	25.00	0.83	28	新　疆	15.00	0.50
8	湖　南	24.50	0.82	29	贵　州	15.00	0.50
9	江　西	24.50	0.82	30	江　苏	14.50	0.48
10	上　海	24.50	0.82	31	大兴安岭	14.00	0.47
11	四　川	24.50	0.82	32	龙江森工	14.00	0.47
12	吉　林	23.50	0.78	33	云　南	14.00	0.47
13	山　东	22.00	0.73	34	青　岛	13.90	0.46
14	陕　西	21.50	0.72	35	新疆兵团	13.00	0.43
15	湖　北	21.00	0.70	36	大　连	12.80	0.43
16	山　西	20.00	0.67	37	海　南	11.50	0.38
17	黑龙江	20.00	0.67	38	重　庆	11.50	0.38
18	安　徽	19.50	0.65	39	内蒙古森工	10.50	0.35
19	吉林森工	19.50	0.65	40	厦　门	9.50	0.32
20	河　北	19.50	0.65	41	西　藏	6.00	0.20
21	甘　肃	19.50	0.65		**平　均**	**18.49**	**0.62**

三、整体得分情况分析

(一)整体分布

2011 年全国各地林业信息化发展水平持续升高，平均得分达到了 66.59 分，较 2010 年提高 4.58 分。但是全国各地林业信息化整体发展水平依旧不平衡，最高分与最低分相差 60 多分；从图 1 可以看出，分布点存在跳跃性，离趋势线的距离差距较大，表明了发展的不平衡。

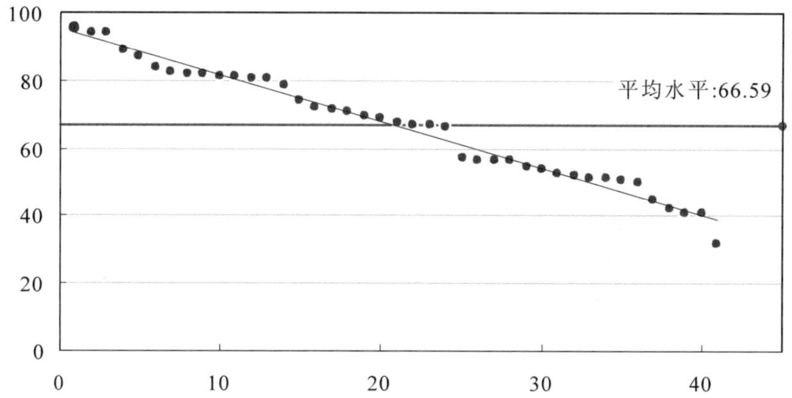

图 1　2011 全国各地林业信息化发展水平分布图

(二)频数分布

从图 2 频数分布可以看到，50 ~ 60 分和 80 ~ 90 分的频数较高，而 60 ~ 70 分和 70 ~ 80 分的频数较少。通过专业统计工具对总体得分做正态性检验，本次得分情况基本服从正态分布(偏度 -0.081[标准误 0.369]，峰度 -0.955，显著性指标 sig 值 0.074 >0.05)，具体各分数段所占的百分比见图 3。

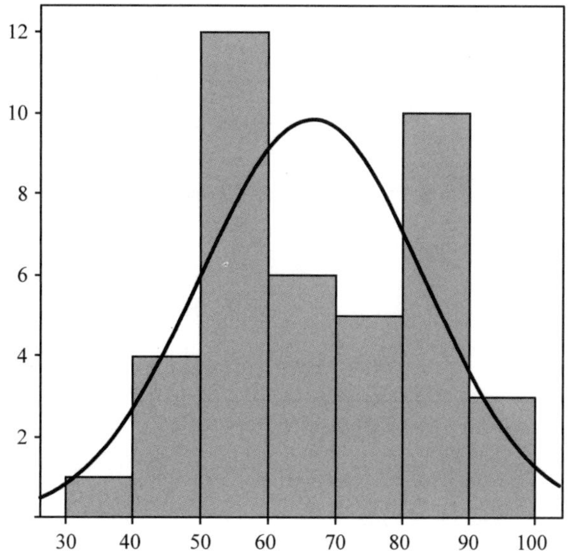

图 2　2011 全国各地林业信息化发展水平总体得分频数分布

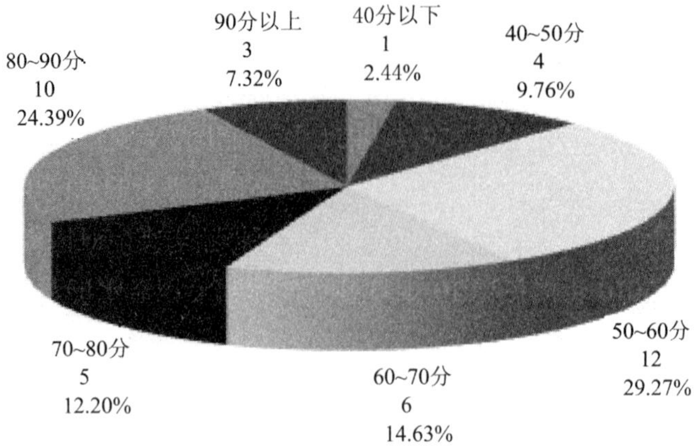

图3　2011全国各地林业信息化发展水平各分数段分布比例

(三)聚类分析

运用专业的统计分析工具，采用科学的系统聚类法，结合三大指标得分情况，将评测结果进行聚类分析，将41个单位分为4类，第一类为75分以上的单位，共计14个；第二类为60分以上的单位，共计10个；第三类为40分以上的单位，共计16个；第四类为40分以下的单位，共计1个单位(表6)。

表6　2011全国各地林业信息化发展水平评测结果分类

类　别	省区市	
	数量(个)	名　称
第一类(75分以上)	14	辽宁、湖南、北京、福建、浙江、广东、江西、河南、上海、内蒙古、陕西、吉林、山东、安徽
第二类(60分以上)	10	吉林森工、河北、湖北、青海、四川、江苏、山西、宁夏、宁波、大兴安岭
第三类(40分以上)	16	青岛、广西、大连、海南、甘肃、黑龙江、深圳、龙江森工、新疆、天津、贵州、云南、重庆、厦门、新疆兵团、内蒙古森工
第四类(40分以下)	1	西藏

第一类，此类地区的信息化发展水平处于全国前列，多数处于东部地区或为示范省，这些地区经济发展较快，信息化建设基础扎实，应用水平较高，是林业信息化发展的标杆单位。

第二类，此类地区信息化应用水平已经上了一个台阶，但建设水平和保障水平发展较慢，其信息化整体发展处于中等水平。

第三类和第四类，此类地区信息化综合水平较弱，各地区应快速推进林业信息化建设，尤其是东部经济发达地区，更应发挥有利因素，加速发展。

四、各省区市离散分析

各省区市林业信息化发展水平离散程度较 2010 年已有所缩小(2010 年离散系数为 0.30)，但依旧存在较大差异，总体水平、建设水平、应用水平与保障水平的离散系数分别为 0.25、0.24、0.27 和 0.29，其中保障水平的离散系数最大，表明其离散程度最明显。总体水平和三类分项指标绩效指数极差分别为 0.63、0.63、0.67、0.67，图 4 直观地反映了离散程度。整体上看，总体水平与三类分项指标离散系统相关不足 0.05，离散程度处于同一水平。

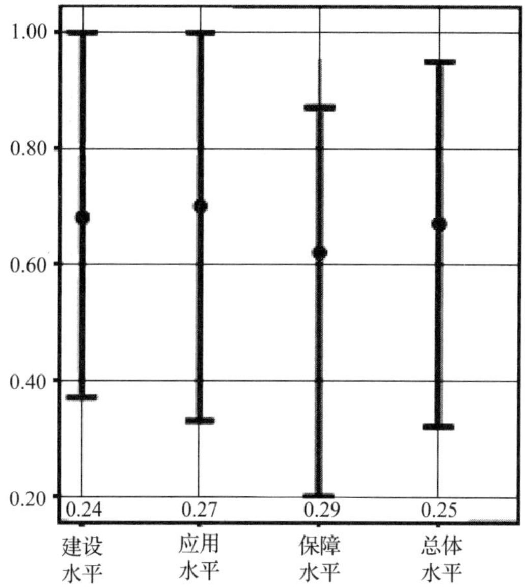

图 4　2011 全国各地林业信息化发展水平离散程度分析

注：线条长度表示绩效指数极差，中间圆点表示平均绩效指数，小数表示离散系数。

极差 = 最高绩效指数 - 最低绩效指数；离散系数 = 标准差/平均分。

五、不同区域对比分析

受区域经济水平、思想认识、人员素质、技术水平等发展因素制约，不同区域的绩效指数依旧存在差距，尤其是西部与东中部的差距大，而中部林业信息化发展相对较快，发展水平已经略超过东部地区(图 5)，由于中部地区发展相对均衡，未达到及格水平的单位明显少于东部，而东部地区发展不平衡因素较为明显。其中，东中西部地区的平均绩效指数分别为 0.71、0.73、0.57。

东部地区发展不均衡问题比较严重，处于第一类和第三类的省区市均占比例较大。东部沿海地区有比较强的经济优势，林业信息化发展滞后的地区应当充分发挥各方面优势，力争上游。

中部地区林业信息化发展呈上升趋势，处于第一类的省区市增多，而处于第三类的仅2个。

西部地区目前处于第三类和第四类的省区市居多，处于第一类的内蒙古和陕西为信息化示范省，西部地区多为经济欠发达地区，在发展信息化的过程中，缺乏资金和人力的支持，因此应当加大对这些地区的扶持力度(表7)。

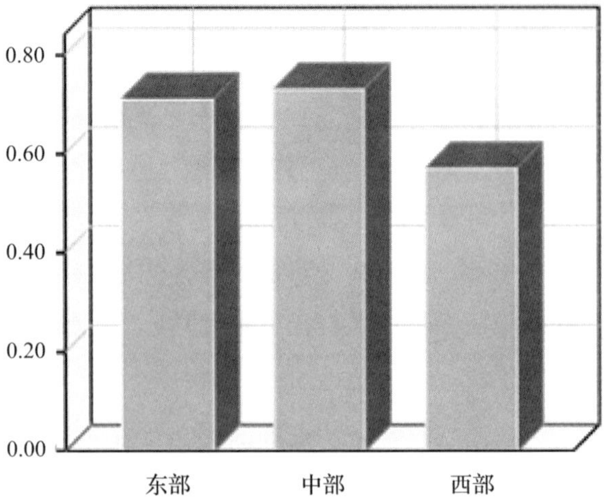

图5　2011不同区域林业信息化发展水平对比

表7　不同区域林业信息化发展水平分类对比

分类	东部		中部		西部	
	数量(个)	省区市名称	数量(个)	省区市名称	数量(个)	省区市名称
第一类	7	辽宁、北京、福建、浙江、广东、上海、山东	5	湖南、江西、河南、吉林、安徽	2	内蒙古、陕西
第二类	3	河北、江苏、宁波	4	吉林森工、湖北、山西、大兴安玲	3	青海、四川、宁夏
第三类	6	青岛、大连、海南、深圳、天津、厦门	2	黑龙江、龙江森工	8	广西、甘肃、新疆、贵州、云南、重庆、新疆兵团、内蒙古森工
第四类	0		0		1	西藏

六、三类指标分析

(一)建设水平分析

从图6显示的各分数段频数分布情况看，处于中间位置的20～30分的频数较高，处于两端的15分以上及35分以上的频数较低。其中，湖南、辽宁、北京、陕西得分在35分以上，西藏得分在15分以下。通过专业统计工具对建设水平得分做正态性检验，本次得分情况基本服从正态分布(偏度0.166[标准误0.369]，峰度－0.811，sig值0.200>0.05)。

建设水平的各项指标均达到了及格水平，机房建设水平比较理想，得分率达到了

80.58%，其中，已有39个省区市设立独立机房；27个省区市为省厅统一机房；大部分省区市的机房面积在80m²以上。

电脑终端建设和网站建设相对较好，其中，电脑终端建设较2010年(58.61%)有明显提升。在电脑终端建设中，外网和内网电脑配备均能达到人均1台的省区市有3个，分别为辽宁、湖南和广东，福建和辽宁外网电脑普及率最高，内网电脑配备率最高的为福建；与外网普及率相比，内网的电脑配备数量相对较少。在网站建设中，省厅本级、市(州)、县(市)3级林业主管部门均建站，厅本级外网网站、省市县3级网站均整合为网站群，厅本级已建设内网且内外网物理隔离的省区市有5个，分别为辽宁、湖南、北京、吉林和吉林森工，与2010年相比，网站建设的提升速度较慢，各省区市应加强这方面的建设。

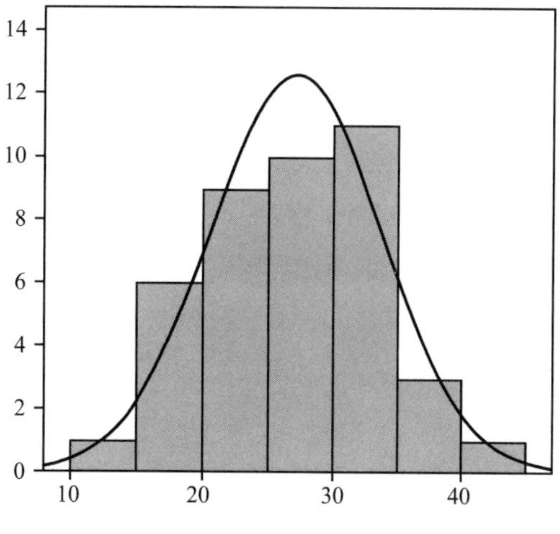

图6　2011全国各地林业信息化建设水平频数分布

处于建设水平平均得分率(67.77%)之下的有3项指标，分别是网络建设、数据库建设、应用系统建设。与2010年相比，这3项指标均有小幅提升。网络建设中市(州)、县(市)、乡(镇)专网覆盖率均达到100%的省区市有2个，为湖南和北京；林业专网覆盖情况整体较弱，尤其是基层乡(镇)(图7)。

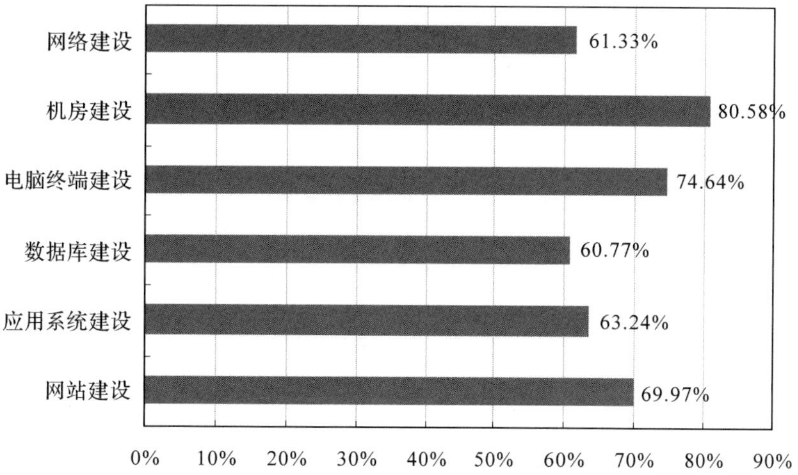

图7　建设水平各项指标得分率

数据库建设中，已建成的数据库数量在15个以上、在省林业厅统一平台上整合5个以上、并建有省级基础地理信息数据库的省区市共5个，分别为辽宁、湖南、北京、福建、安徽。其中，湖南已建成数据库个数最多，为33个；能够整合在省林业厅统一平台上的省区市有12个；建有省级基础地理信息数据库的省区市有29个；比例尺最小已经达到了1:2000(北京)，卫星影像分辨率最高也达到了0.2米(北京)。可以看出，数据库建成的数量和整合省林业厅统一平台是数据库建设的薄弱环节。

应用系统建设中，已经建成或正在建设的应用系统数量在10个以上、并在省林业厅统一平台上整合5个以上的省区市有辽宁、湖南、北京、浙江，其中湖南最多，为38个。

数据表明，硬件及网站建设已经基本普及，但网络覆盖及数据库等难度较大的信息化指标建设实现程度仍较低。

(二)应用水平分析

从图8显示的各分数段频数分布情况看，频数分布较均匀，曲线比较平坦，处于20～25分的频数略高。各省区市得分均达到了10分以上，较2010年有明显进步。通过专业统计工具对应用水平得分做正态性检验，本次得分情况基本服从正态分布(偏度 -0.123［标准误0.369］，峰度-1.156，sig值0.159>0.05)。

应用水平整体较2010年有明显进步，其各项指标中，应用情况较好的仍然是数据库和应用系统使用，OA系统应用进步较快，但仍略低于及格水平，OA系统使用仍需进一步强化(图9)。

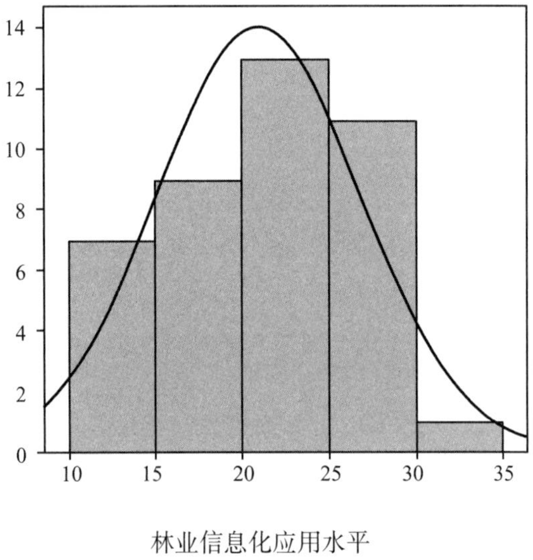

图8　2011全国各地林业信息化应用水平频数分布

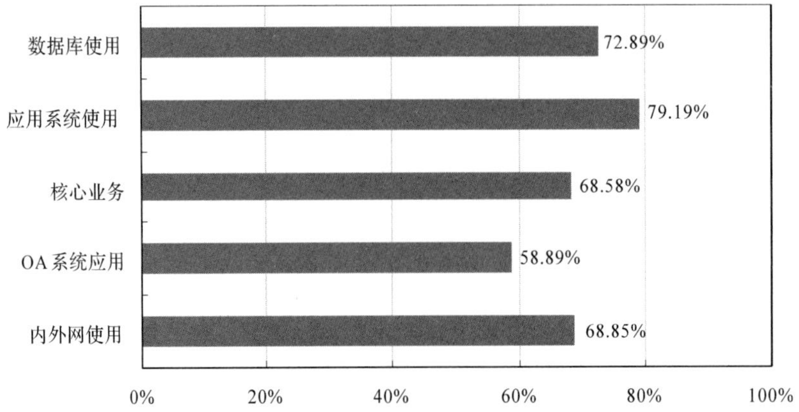

图9　应用水平各项指标得分率

数据库使用情况良好的省区市有 9 个，而数据库数量低于 5 个的却有 19 个；应用系统使用情况良好的省区市有 17 个，13 个省区市应用系统数量低于 5 个。湖南的数据库使用和应用系统使用数量最多，分别为 33 个和 37 个，可见数据库和应用系统使用的整体情况较好，但不平衡性较为明显，各省区市的差距显著。

OA 系统应用较 2010 年(37.79%)增长约 11 个百分点，应用情况良好的省区市有 6 个，分别为辽宁、北京、福建、上海、安徽、江苏，其中，OA 系统应用人数最多、办结文件最多、办文总量最多的均为湖南，约有 25000 人，办结件达到 54456 件，办文总量达到 55532 件；尚有 7 个省区市未启用 OA 办公系统(图 9)。

核心业务和内外网使用较 2010 年均增长约 10 个百分点，有 9 个省区市已建数据库支撑和已建应用系统支撑的业务领域均在 8 个以上，应用领域最多的为辽宁，达到了 25 个。内外网使用达到满分要求的省区市有 7 个，省区市间差距依然存在。

(三)保障水平分析

从图 10 显示的各分数段频数分布情况看，处于 10～25 分的频数较高。处于两端的 25 分以上的频数为 7，10 分以下的为 2，分别是厦门和西藏。通过专业统计工具对保障水平得分做正态性检验，本次得分情况基本服从正态分布(偏度 -0.216［标准误 0.369］，峰度 -0.915，sig 值 0.055 >0.05)。

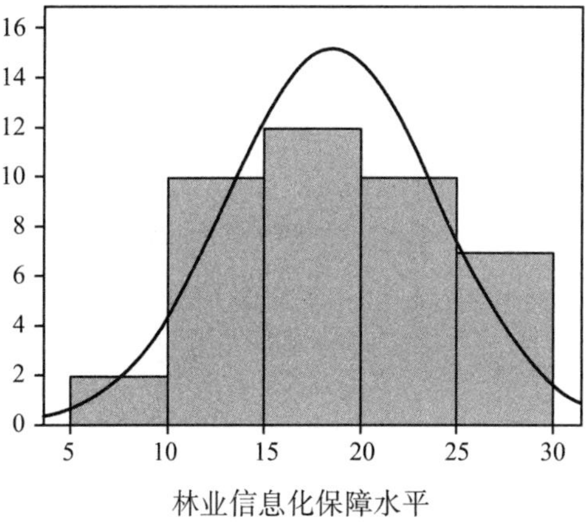

图 10　2011 全国各地林业信息化保障水平频数分布

保障水平的各项指标中，信息安全保障指标得分率最高，进步最快，反映出各省区市对信息安全的重视。而队伍保障和资金保障的得分率最低，表明人力和财力的匮乏制约了信息化的整体发展。

信息安全保障较 2010 年增长约 10 个百分点，达到考核要求的省区市有 10 个，设有防火墙、防病毒安全网关、信息安全专职人员、入侵检测系统、有网络安全审计系统、安装 VPN、设有漏洞扫描系统、通过网络信息安全等级保护备案的省区市个数分别为 39 个、33 个、32 个、30 个、26 个、26 个、26 个和 24 个，其中后 4 项设置情况稍差，尤其网络信息安全等级保护备案未得到足够的重视。

队伍保障较 2010 年得分率(71.04%)有所降低，约降低 11 个百分点。信息中心或信息办定编人数最多的为辽宁(14 人)，中级以上职称最多的为北京(8 人)。资金保障中投资比例最高的为基建投入，资金总额最高的为辽宁(2337 万元)，各省区市年均增长均未达到 10%。

机构保障中，设有林业信息化工作领导小组及办公室的省区市有 18 个，信息中心或信息办为独立单位的省区市有 33 个，经正式批复的有 27 个。可见，不足半数的省区市设置领导小组，对林业信息化工作重视程度有待加强。

制度保障较 2010 年增长约 10 个百分点，保障情况良好的省区市有 10 个，制度制定最全面的为辽宁。各省区市对制度保障较为重视，能够制定不同种类的制度，但整体水平还有待提升(图 11)。

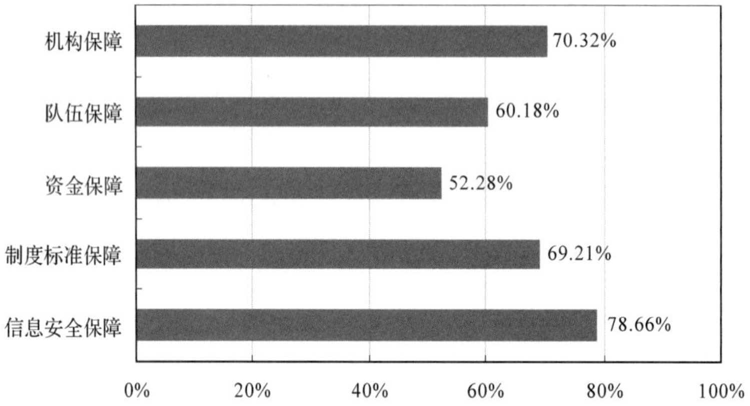

图 11　保障水平各项指标得分率

七、分项指标与整体水平关系分析

(一)一级指标与整体水平的关系

图 12 显示，各分项指标的绩效指数与整体水平相差不大，说明 3 类分项指标发展比较均衡，林业信息化建设水平、应用水平、保障水平的绩效指数分别为 0.68、0.70、0.62。应用水平绩效指数略高于其他指标，而保障水平较其他指标略低，说明各省区市对林业信息化的应用越来越重视，而对保障仍未引起足够重视。

(二)二级指标与整体水平的关系

从图 13 可以看出，各二级指标的绩效指数较高的为机房建设、应用系统使用和信息安全保障，指数分别为 0.81、0.79、0.79，机房建设共有 13 个省区市达到评测标准，应用系统使用共有 17 个省区市达到评测标准。

绩效指数较低的网站建设、数据库建设、OA 系统应用、队伍保障、资金保障分别为 0.61、0.61、0.59、0.60、0.52。其中队伍保障、资金保障未出现满分，不难看出，这两项保障条件制约了林业信息化的发展，尤其是数据库建设和 OA 系统的应用，对人力和财力的要求均较高，因此这两大保障是当前需要解决的关键问题。

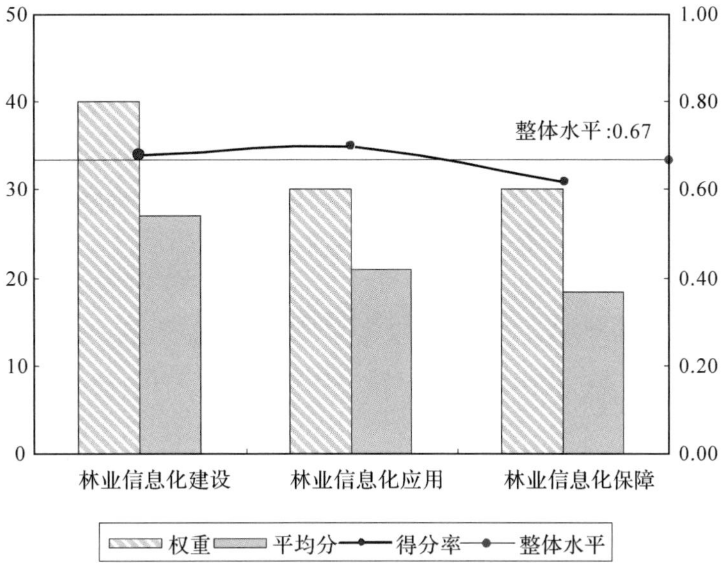

图12　2011全国各地林业信息化分项指标对比情况

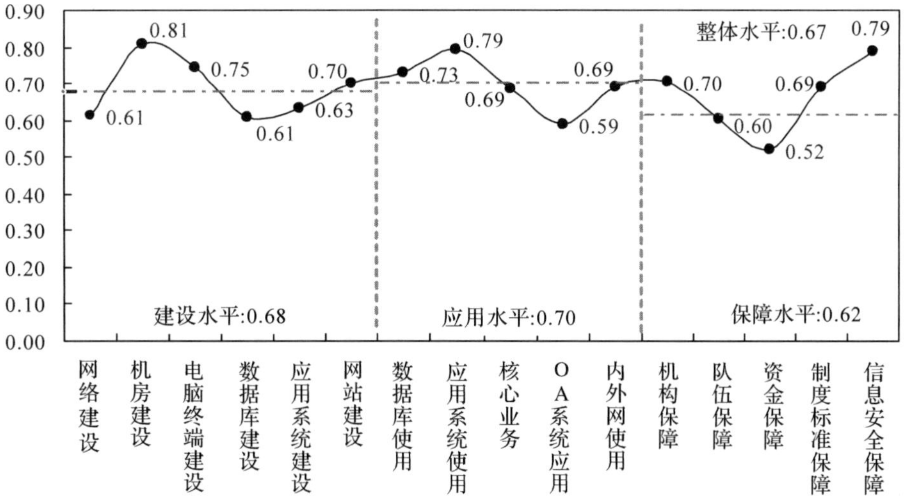

图13　二级指标与整体水平关系分析

八、先进省区市亮点分析

(一)辽宁省

辽宁省在本次评测中以95.20分的成绩蝉联第一名，辽宁省重视信息化的建设、应用和保障，使得信息化水平能够全面发展。其在信息化建设、应用、保障方面做得均较突出，尤其表现在电脑终端普及率最高；在信息化应用方面，建设难度较大的核心业务涉及的领域最广，共涉及了25个领域；在队伍、资金、制度保障方面做得最好，其中定编人员及高级职称的人数最多，分别为 14 人和 6 人，在信息化方面投入的资金额度最大，为 2337 万元，制定的制度最全面、数量最多，为其信息化的发展奠定了基础。目前辽宁林业信息化主要成效表现在：第一，四横两纵框架基本形成，为现代林业建设提供了重要支撑。基础设施方面，全面完成省、市、县三级林业专网建设。建设了以省厅中心机房为主的省、市、县三级机房，以省厅指挥中心为主的省、市、县三级防控灾害指挥体系。数据库方面，完成了公共基础数据库，林业基础数据库，林业专题数据库和林业综合数据库建设。应用支撑方面，建设了辽宁“数字林业”核心平台。应用系统方面，完成了全省森林资源管理系统、协同办公系统等大型应用软件开发，建设了重点林区远程监控点和省、市、县三级视频会议系统。标准规范体系方面，制定了多项辽宁“数字林业”系列标准。安全与综合管理体系方面，基本实现了物理安全、数据安全、系统安全、应用安全，并建立了各项规章制度。这些为辽宁现代林业建设提供了有力支撑；第二，应用领域快速拓展，林业经济效益显著提升。全省森林资源年度变档、三维立体显示、网上公文流转、档案网络化管理、网上审批办证、造林作业设计、火灾监控辅助决策指挥、视频会议等多个应用系统已在全省推广使用，每年减少各种支出上千万元；第三，门户网站群作用凸显，公共服务能力迅速提高。全省已形成了由一个主站、100 多个子站组成的门户网站群。通过创新发展模式、丰富网站内容、理顺体制机制等措施，将门户网站群建成了全方位展示辽宁林业的重要窗口、林业部门与社会沟通的重要桥梁、促进林业产业平稳较快发展的重要平台，有效提升了林业部门的公共服务能力，在建设服务型政府中迈出了坚实的步伐。第四，管理体系日臻完善，信息化保障能力稳步增强。成立信息中心和以主要领导为组长的信息化建设领导小组，各市县也成立了信息化建设领导小组，形成了省、市、县三级信息化管理体系。

辽宁林业信息化建设的 4 点做法：一是强化领导，不断加大林业信息化投入；二是科学规划，大力整合林业信息化资源；三是强化培训，快速提升林业队伍信息化素质；四是典型推动，加快林业信息化示范省建设步伐。

（二）湖南省

湖南省以 94.00 分的成绩位居第二名，其林业信息化建设成绩突出，尤其是数据库和应用系统的建设数量最多，分别为 33 个和 38 个，并且建成的数据库均得到了良好的应用。OA 系统应用效果最为理想，使用 OA 的人数达到 25000 人，办结文件达到 54456 件，办文总量也达到了 55532 件。湖南省各级林业主管部门按照“加快林业信息化，带动林业现代化”的总体思路，开拓创新，扎实工作，林业信息化建设取得显著成绩：全省内外网实现互联互通，林业信息化基础不断夯实；测土配方信息查询、应用公文处理等林业信息化应用不断拓展；建立数据共享机制，林业信息化整合不断推进；网络办理公文和证件、召开视频会议等林业信息化效益不断提升；“湘林杯”考核机制、召开信息化应用培训班等林业信息化保障不断加强。尤其是全国首个林木测土配方系统备受媒体瞩目，全省林业信息化建设成为发展现代林业的重大亮点和支撑，有力提升了林业的地位和影响力。总体来看，湖南省林业信息化基础扎实，各系统的应用效果也较好，但保障水平未跟上信息化发展的步伐。

（三）北京市

北京市以93.90分的成绩位居第三名，其信息化应用成绩突出，建设的17项数据库和17项应用系统中，除1个数据库部分数据未及时更新，其他应用均表现良好，支撑核心业务11项，首都林业综合数据库包括4个子相关的数据库群，分别是林业资源数据库、林业工程数据库、林业产业数据库和林业管理数据库，建设完成林业资源、林业工程、林业产业和林业管理等各类数据库，主要建设了林业政务信息平台、林业产业信息平台、首都林业资源信息平台等，林业政务信息平台主要是办局机关内部办公网络、办公系统软件建设、政务网站建设等内容，重点是实现办公自动化、政务公开，行政审批，林业产业信息平台主要为社会提供林业相关产业的政策服务、技术服务、市场信息服务等，其构成了产品与客户间无形的纽带，建设了林木种苗信息网、果树产业信息网、花卉信息网、森林旅游网等专业网站信息平台，首都林业资源信息平台已经建成首都绿化管理信息系统、森林防火监测指挥信息系统、古树名木管理信息系统、隔离带绿化管理信息系统、防沙治沙管理信息系统、野生动物救护网等信息化工程；内外网的应用也比较到位，全年信息发布26266条，全年在线办事和审批3695件。专网覆盖率已达到100%，覆盖全部159个乡镇；省级基础地理信息数据库的覆盖范围已达到100%，精确度最高，基础地理信息比例尺为1:2000，卫星影像分辨率达到了0.2米(郊区0.6米)，大大提高了监管能力。

（四）福建省

福建省信息化保障成效显著，机构建设到位，定编人数8人，其中高级职称3人，投资总额也达到了500万元以上，为662.68万元；安全保障方面，仅VPN尚未安装。电脑终端普及率达到100%，内网专用电脑配备率最高；OA系统应用及内外网使用情况较好，其中OA系统使用人数为296人，全年OA系统办结件达到2498件，全年内外网信息发布总量达到30173条。通过办公自动化系统建设和运行，实现了信息资源共享，增强了各部门之间协同工作的能力，提高了工作效率，节省了办公运作时间及成本，并增强了管理层对组织的控制力；实现了采伐限额、伐区规划设计、采伐审批、运输办证、经营加工、征占用林地等网上办理，全年在线办事和审批事项5217件，节约了办事成本和时间，互动交流渠道设置完善，大大拓展了公众与部门的交流方式。

（五）浙江省

浙江省林业信息化工作领导重视，基础设施、门户网站、应用系统等各方面建设工作得以稳步推进，值得肯定，已建成的应用系统 31 个，在建系统 1 个，同时均已经整合到省厅的统一平台上，并得到了良好的使用。对核心业务的支撑情况较好，已建成的数据库和应用系统支撑的业务领域达到 12 项；积极推动全省林业无纸化办公，内外网使用情况较好，信息发布总量达到 15702 条，全年在线办事数量达到 1562 件，在线审批量为 832 件，大大提高了办事效率，互动交流渠道设置也较为完善，拓展了与公众交流的方式；同时，积极做好林业信息化顶层设计，发布了《浙江省林业信息化建设“十二五”规划》和《浙江省林业信息化建设技术指南》，为统一全省林业信息化的建设奠定了基础；制定了《浙江省林业厅门户网站信息管理办法（试行）》等信息化建设相关管理制度，为进一步强化信息安全，促进林业信息管理规范化建设提供了制度保障。

（六）广东省

广东省信息化保障工作效果明显，机构建设到位，定编人数 15 人，其中高级职称以上 11 人，财政投资 1120 万元，信息安全保障工作到位，制度建设也较为全面，结合广东省林业系统的实际，省林业局制定了《广东省林业局网络管理暂行规定》、《计算机信息系统安全保护管理暂行规定》、《计算机软件资产管理制度》等管理制度、建设标准、技术规定共计 32 条。此外对核心业务的支撑情况较好，已经建成的数据库和应用系统支撑的业务领域达到 14 项，包括办公自动化系统、邮件系统、办证系统、视频会议系统、林业综合办公电子传输系统、林业政策法规数据库查询、林地籍管理信息、生态公益林管理信息、森林病虫害防治管理信息、林业地理信息、森林资源林政管理、森林防火信息管理、林火监测信息等，改进了林业管理模式，提高了林业行政效能和管理水平，促进了林业信息资源整合与共享。

（七）江西省

江西省信息化保障工作取得了很大成绩，投资总额也达到了 500 万元以上，为 600.88 万元，同时管理制度、建设标准、技术规定等相关文件编制全面，信息安全保障方面，网络安全审计系统、VPN、漏洞扫描系统等安全性措施尚未安装。另外网在线办事功能较强，在线办理率达到了 100%，建立了一个运转高效的信息化和电子政务体系，确保网络高效、通畅运行。分别建立了办公自动化系统、网上办证系统、林业门户网站群、应用系统整合平台、视频会议系统、地理信息系统、邮件系统和 VOIP 语音系统、森林资源管理系统、森林防火管理信息系统、森林病虫害防治管理信息系统、生态公益林管理信息系统、造林工程管理信息系统、野生动植物保护与自然保护区管理信息系统、国有林场及森林公园管理信息系统、林业产业发展管理信息系统、计划财务管理信息系统、林业人才和科技管理信息系统和古树名木管理信息系统等林业应用系统和数据库，实现全省林业所有业务的网上存储、查询、办理。

（八）河南省

河南省较为突出的是信息化保障建设，成立了"河南省林业厅信息化工作领导小组"及其办事机构，设立了厅信息中心，定编人员 25 人，高级以上职称 4 人，投资总额达到了 1210 万元，制定和完善了林业电子政务安全管理制度，出台了《2011 年度全省林业信息化工作绩效考核办法》、《河南林业信息化工程建设管理制度》、《河南林业信息网管理办法》等各项信息化管理制度，信息安全保障工作得到充分重视，工作全面，考核的安全措施均能达到要求。内外网在线办事功能较强，一是业务应用软件系统覆盖林业管理全过程，建成并投入使用了全省森林资源数据库管理系统、营造林作业设计系统等林业业务应用系统，这些管理软件的使用，从根本上改变了林业传统手工操作管理模式，林业管理逐步迈向信息化，大大提高了管理效率，为林业建设提供了强有力支撑；二是林业行政水平和工作效率大幅提高，逐步完善林业专网上的省、市、县三级联网的视频会议系统、电子公文传输系统，开发完成野生动植物保护林业行政许可网上审批系统，林业管理逐步向网上办公和网络化管理迈进，提高了工作效率，规范了行政程序；三是制定了一些资源整合的方案，实现了全厅的各个部门资源数据和基础地理信息数据的共享，已有木材采伐证办证系统的办证结果数据在内网进行依申请性的数据共享，共享给林业行政执法与监督综合管理平台使用。

（九）上海市

上海市坚持统筹协调，以城乡一体化建设和服务民生为根本，以"整合、集约、共享、协同"为主线，积极发挥绿化林业信息化的促进和支撑作用，建设"覆盖广、反应快、技术优、效益好"的"数字绿化林业"框架体系，整合：基本建成上海绿化林业行业开展综合管理和应急处置的数字指挥中心；共享：继续完善绿化林业资源空间数据和业务管理数据为核心的数据资源中心；集约：将有害生物测报管理、绿化林业视频监控等行政业务管理集成于统一的应用综合平台，实现市、区（县）和科（署）三级互联互通、高效协同，切实提高管理、完善服务；协同：优化网上办事和信息服务功能，拓展网上行政审批的内容，提高职能部门的办事效率，建设全市领先的门户网站，实现"一站式"的信息公开和行政审批服务。上海市已建成的各项数据库使用情况良好，内外网的使用情况较好，全年信息发布量达到 29587 条，全年在线办理总量为 2225 件，全年在线审批总量为 1328 件，大大提高了工作效率，互动交流渠道设置全面、完善，为公众与部门交流提供了良好的条件。此外，OA 系统的使用人数达到 300 人，全年办结件数为 3000 件，有效降低了办公成本。

（十）内蒙古自治区

内蒙古自治区在信息化保障建设方面做了很多工作，全年总投资额达到2000万元，防火墙、防病毒安全网关、网络安全审计系统、VPN、入侵检测系统、漏洞扫描系统均有设置，同时通过等级保护备案，设有专门的安全保障专职人员，并在2011年申请成立全额拨款事业单位——林业信息化管理办公室，实行“一套人马，两块牌子”运作，组成了由“一把手”厅长任组长，相关单位负责同志参加的林业信息化工作领导小组，但是在制度保障方面还需要进一步完善；同时，在数据库及应用系统使用方面效果较好，通过林业资源监管系统建设，完成了全区基础地理信息数据库、森林资源数据库的改造与入库，组织完成以森林资源数据监测、林木采伐、征占用林地、造林核查等为主要功能的森林资源管理应用系统开发。

九、年度结果对比分析

（一）各年度评测结果整体对比分析

对比2008~2011年的评测数据（表8），可以看出：全国林业信息化水平持续4年保持了稳步提升，从最高分、最低分、中数等参数分析来看，最高分由2008年的91.60分上升为95.20分；最低分由2008年的20.36分上升为32分；中数由2008年的58.95分上升至及格水平以上，为67.8分。可见，最高分的上升幅度最低，为3.6分，最低分上升12分（2011年上升幅度最大），中数上升8.85分，信息化发展水平较高的省区市已接近饱和，提升幅度不大，而中间水平和较低水平的省区市可发展的空间较大。

几何平均数由2008年的56.45分上升至64.45分，年均增长14.16%，其中2011年增长幅度最大，说明全国林业信息化发展的步伐正在加快，发展势头强劲。

表8　各年度统计参数对比

分类	2008年	2009年	2010年	2011年
最高分	91.60	93.09	95.19	95.30
最低分	20.36	22.00	24.88	32.00
中　数	58.95	59.90	65.30	67.80
几何平均	56.45	59.08	58.83	64.45
极　差	71.24	71.09	70.31	63.30
标准差	15.63	15.76	18.62	16.39
离散系数	0.27	0.26	0.30	0.25

从极差、离散系数等参数来看，极差由2008年71.24分缩小至63.30分；离散系数由

2008 年的 0. 27 缩小至 0. 25，各省区市的差异性正在缩小，但是缩小的幅度不大，差异水平仍然较高。

相对落后省区市主要存在信息化建设水平低、应用程度不高、保障能力弱的情况。因此，应进一步强化领导，加大对林业信息化投入，重视科学规划，大力整合林业信息化相关资源，同时强化培训，快速提升林业信息化队伍素质，积极出台相关制度文件，为本地区林业信息化的快速良性发展提供有力保障。

（二）各年度评测结果排名对比分析

从发展较快省区市排名对比图（图 14）可以看出，进步最快的省区市为安徽、宁波和甘肃。其中，安徽省在 2010 年进步最快，前进 19 个名次，而在 2011 年却下滑 6 个名次，未能保持在前 10 位；宁波市在 2010 年也进步最快，前进 14 个名次，而在 2011 年却下滑 3 个名次；主要是信息化建设后劲不足，且未能及时出台相关林业信息化保障措施；甘肃省在 2011 年出现跳跃式发展，前进 10 个名次；上海、河北发展平稳，吉林、江苏保持上升趋势。

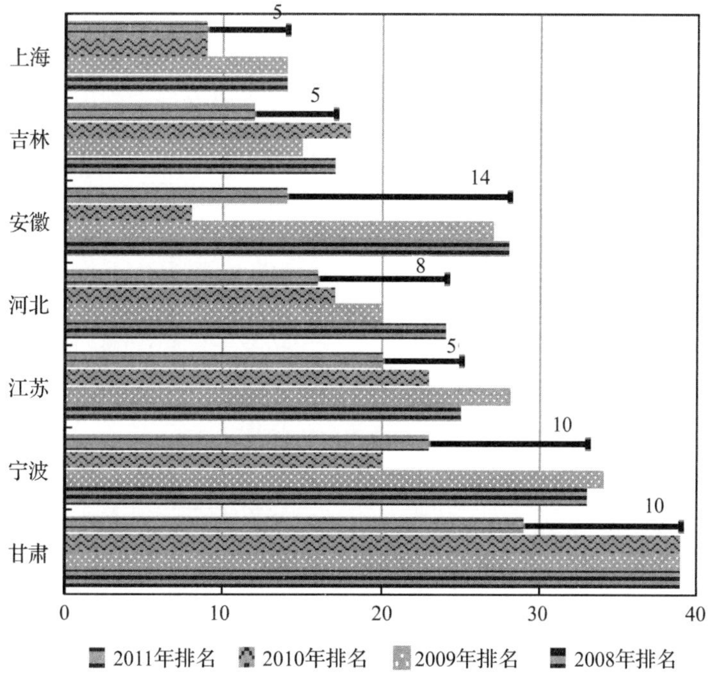

图 14　进步较快省区市排名对比

值得关注的是，部分省区市存在连续下滑趋势，主要原因：一是认识不到位，领导重视不够；二是各自为政，低水平重复建设；三是投入不足，基础设施落；四是标准制度与网络安全问题突。各有关省区市林业主管部门应当认真查找原因，分析现阶段存在的主要问题，积极学习先进省区市林业信息化的建设经验，寻求快速发展的新途径，努力提升本地区林业信息化水平。

(三)各年度建设水平对比分析

1. 2008～2010 年建设水平前 10 名对比分析。据全国各省区市 2008～2010 年林业信息化建设平均水平前 10 名对比分析图(图 15)，近 3 年林业信息化建设水平稳步提升，由 2008 年的 75.06%、2009 年的 79.08% 提高到了 2010 年的 82.25%，提高了近 7 个百分点，表明全国先进地区林业信息化的建设水平正在不断地提高，努力在向更高发展阶段迈进。

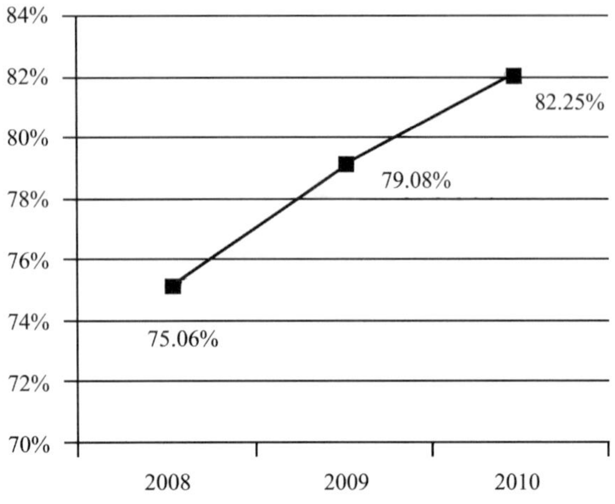

图 15　2008～2010 年建设水平前 10 名平均得分率对比

表 9 为 2008～2010 年建设水平前 10 名对比表，湖南、辽宁两地区的林业信息化建设水平较高，连续 3 年位居前两名；北京、福建、吉林森工、浙江、陕西 5 个地区的林业信息化建设水平持续 3 年保持在前 10 名之内；同时也可以看出，2010 年全国林业信息化前 10 名的建设水平较高，得分均在 30 分以上(满分 40 分)。

表 9　2008～2010 年建设水平前 10 名对比

2008 年		2009 年		2010 年	
省区市	得分	省区市	得分	省区市	得分
湖　南	34.42	辽　宁	37.39	湖　南	37.12
辽　宁	34.24	湖　南	35.29	辽　宁	35.44
北　京	30.65	福　建	35.00	北　京	34.50
福　建	30.50	浙　江	32.36	浙　江	34.23
吉林森工	29.73	北　京	31.67	福　建	33.43
浙　江	29.24	吉林森工	29.80	陕　西	31.91
河　南	28.13	河　南	29.47	吉林森工	30.75
陕　西	28.08	内蒙古	29.04	广　东	30.69
内蒙古	27.80	陕　西	28.27	湖　北	30.64
江　西	27.46	广　东	28.01	山　东	30.27

2. 2010 年与 2011 年建设水平对比分析。从表 10 可以看出，2011 年全国各省区市林业信息化建设平均得分达到了 27.1 分(满分 40 分)，而 2010 年为 25.01 分(满分 40 分)，提高了 2.09 分；另外，在全国 41 个省区市中有 33 个地区的信息化建设水平较 2010 年有所

提升，其中吉林、内蒙古、青岛、新疆生产建设兵团4个地区的分数提高均在5分以上，提升较为明显。

表10 2010年与2011年建设水平对比

省区市	2011年	2010年	提高	省区市	2011年	2010年	提高
湖　南	39.80	37.12	2.68	大　连	26.92	25.33	1.59
北　京	39.30	34.50	4.80	海　南	26.00	27.65	-1.65
辽　宁	39.30	35.44	3.86	宁　波	26.00	25.39	0.61
陕　西	35.60	31.91	3.69	河　北	25.40	26.16	-0.76
福　建	34.80	33.43	1.37	广　西	24.70	21.08	3.62
浙　江	34.60	34.23	0.37	四　川	24.20	22.95	1.25
吉林森工	34.40	30.75	3.65	青　岛	23.00	17.99	5.01
吉　林	32.70	27.49	5.21	深　圳	22.20	18.80	3.40
山　东	32.30	30.27	2.03	龙江森工	22.00	21.65	0.35
内蒙古	32.20	25.04	7.16	天　津	21.10	16.31	4.79
河　南	32.10	28.13	3.97	贵　州	20.70	18.06	2.64
江　西	32.00	29.89	2.11	新　疆	20.10	19.04	1.06
广　东	30.50	30.69	-0.19	厦　门	20.00	16.54	3.46
安　徽	30.20	28.66	1.54	重　庆	19.90	20.64	-0.74
大兴安岭	30.00	27.80	2.20	云　南	19.70	20.61	-0.91
宁　夏	29.10	25.57	3.53	黑龙江	18.73	17.50	1.23
江　苏	28.80	27.09	1.71	内蒙古森工	18.70	23.37	-4.67
上　海	28.60	27.12	1.48	甘　肃	18.40	15.85	2.55
湖　北	28.38	30.64	-2.26	新疆兵团	18.20	9.82	8.38
青　海	28.20	28.61	-0.41	西　藏	14.90	10.38	4.52
山　西	27.50	25.95	1.55	**平均得分**	**27.10**	**25.01**	**2.10**

（四）各年度应用水平对比分析

1. 2008～2010年应用水平前10名对比分析。根据近3年对比分析来看（图16），全国各地区林业信息化应用水平前10名由2008年、2009年的90%以上降到了2010年的89.25%，表明林业信息化的整体应用水平发展不够稳定，部分地区林业信息化的应用还有待进一步加强。

从表11可以看出，福建省林业信息化应用水平在2008～2010年连续位于前3名，应用水平较为稳定，广东、北京、辽宁、浙江、湖南、福建6个地区的林业信息化应用也较为平稳，应用水平较高。

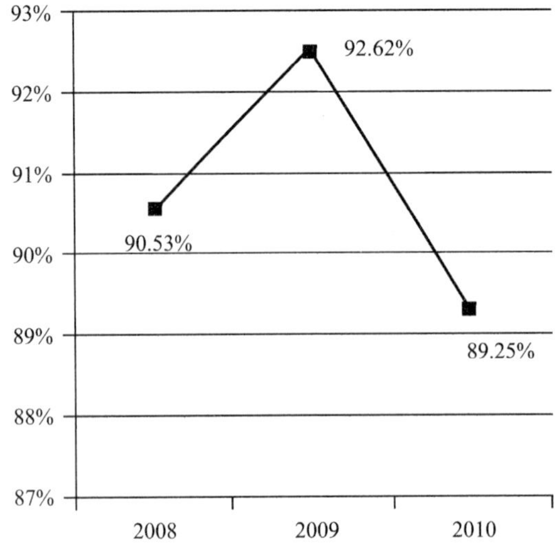

图 16　2008～2010 年应用水平前 10 名平均得分率对比

表 11　2008～2010 年应用水平前 10 名对比

2008 年		2009 年		2010 年	
省区市	得分	省区市	得分	省区市	得分
山　东	30. 00	福　建	30. 00	辽　宁	29. 75
湖　南	29. 18	山东	30. 00	北　京	29. 50
福　建	28. 87	湖　南	29. 42	福　建	28. 50
北　京	27. 91	浙　江	28. 15	安　徽	27. 94
辽　宁	26. 60	北　京	28. 13	湖　南	27. 93
广　东	26. 59	广　东	27. 10	浙　江	26. 30
浙　江	26. 13	辽　宁	26. 70	山　东	26. 12
江　西	26. 00	江　西	26. 50	广　东	24. 50
青　岛	25. 35	陕　西	26. 50	上　海	24. 50
青　海	24. 97	青　岛	25. 35	内蒙古	22. 70

2. 2010 年与 2011 年应用水平对比分析。从表 12 对 2010 年与 2011 年应用水平对比分析可以看出，2011 年全国林业信息化应用平均得分 21 分（满分 30 分），较 2010 年的 17. 66 分提高了 3. 34 分，吉林森工和深圳林业信息化应用水平略有下降，其他地区的信息化应用水平均有不同程度的提升，由此表明，2010～2011 年我国各地区林业的信息化应用水平正在不断提高，信息技术在林业管理工作中发挥着越来越重要的作用。

表 12　2010 年与 2011 年应用水平对比

省区市	2011 年	2010 年	提高	省区市	2011 年	2010 年	提高
辽　宁	29.80	29.75	0.05	宁　夏	20.50	19.90	0.60
湖　南	29.70	27.93	1.77	山　西	20.30	16.35	3.95
北　京	29.60	29.50	0.10	吉林森工	20.30	20.43	-0.13
安　徽	29.00	27.94	1.06	青　岛	20.20	15.49	4.71
上　海	28.60	24.50	4.10	海　南	19.20	18.04	1.16
福　建	28.50	28.50	0	大　连	17.02	14.70	2.32
浙　江	27.60	26.30	1.30	甘　肃	16.90	6.00	10.90
河　北	27.20	21.07	6.13	云　南	16.53	12.50	4.03
广　东	27.00	24.50	2.50	新　疆	16.34	13.50	2.84
山　东	26.20	26.12	0.08	广　西	16.20	8.83	7.37
江　西	26.00	21.50	4.50	龙江森工	15.70	14.81	0.89
江　苏	25.30	22.00	3.30	贵　州	15.20	7.40	7.80
青　海	24.90	19.39	5.51	深　圳	15.10	17.28	-2.18
吉　林	24.40	15.20	9.20	黑龙江	14.87	8.90	5.97
内蒙古	24.00	22.70	1.30	天　津	14.70	10.00	4.70
河　南	24.00	18.00	6.00	重　庆	13.70	10.30	3.40
陕　西	23.80	18.50	5.30	厦　门	12.40	10.00	2.40
大兴安岭	22.50	21.05	1.45	内蒙古森工	11.77	9.00	2.77
宁　波	22.30	19.28	3.02	西　藏	11.10	5.50	5.60
湖　北	22.00	19.00	3.00	新疆兵团	10.00	5.50	4.50
四　川	20.50	17.00	3.50	**平均得分**	**21.00**	**17.66**	**3.34**

（五）各年度保障水平对比分析

1. 2008～2010 年保障水平前 10 名对比分析。由图 17 可以看出，2008～2010 年我国林业信息化保障水平处于上升发展阶段，由 2008 年、2009 年的 81.00% 提高到了 2010 年的 90.67%，提高了近 10 个百分点，提升较为明显，表明林业信息化先进省区市的保障体系建设逐步得到加强。

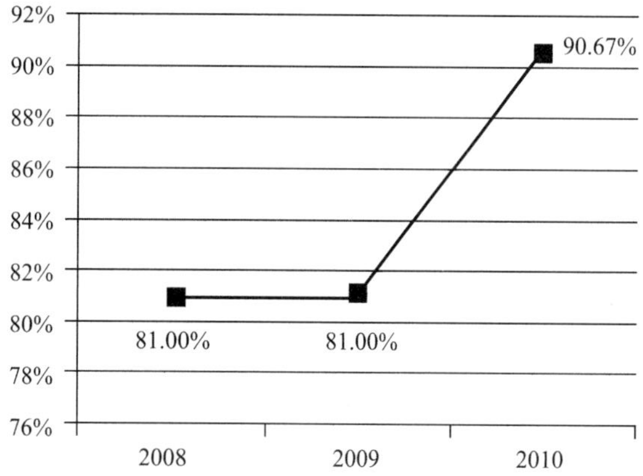

图 17　2008～2010 年保障水平前 10 名平均得分率对比

由表 13 可以看出，2010 年全国林业信息化保障水平前十名中的最高分和最低分均有所提升，辽宁省和湖南省林业信息化保障水平连续3年位于前3名，山东、广东、北京和福建4个地区连续3年排名位于前10名，说明信息化保障水平稳步提升。

表13　2008～2010年保障水平前10名对比

2008年		2009年		2010年	
省区市	得分	省区市	得分	省区市	得分
北　京	29.0	辽　宁	29.0	辽　宁	30.0
湖　南	28.0	湖　南	28.0	湖　南	29.0
辽　宁	27.0	北　京	28.0	河　南	28.5
深　圳	27.0	广　东	26.5	北　京	28.0
广　东	26.5	吉林森工	23.0	广　东	28.0
吉林森工	23.0	深　圳	23.0	吉　林	27.0
江　西	21.5	山　东	22.0	福　建	26.0
山　东	20.5	江　西	21.5	浙　江	26.0
山　西	20.5	福　建	21.0	内蒙古	25.5
福　建	20.0	上　海	21.0	山　东	24.0

2. 2010年与2011年保障水平对比分析。从表14可以看出，2011年全国林业信息化保障平均得分为18.49分，较2010年的19.34分略有下降，表明2010～2011年林业信息化保障水平的发展需要进一步加强，各级领导需要更加重视林业信息化建设工作，并为其发展提供资金、人员及相关制度方面的保障。

经过多年建设与考核，林业信息化建设取得了一些成绩，但还存在不足，很多方面有待于提高和完善。我们要高起点规划，高标准建设林业信息技术网络，培养高质量林业信息技术人才，高水平管理林业信息，高效率应用，解决重复建设、人才缺乏、管理不够、应用不足等问题，逐步建立完善的林业信息技术体系，全面推进林业信息化建设，为现代林业的发展奠定坚实的基础。

表14　2010年与2011年保障水平对比

省区市	2011年	2010年	提高	省区市	2011年	2010年	提高
广　东	26.0	28.0	-2.0	宁　波	18.5	22.0	-3.5
辽　宁	26.0	30.0	-4.0	青　海	18.0	21.0	-3.0
河　南	26.0	28.5	-2.5	宁　夏	17.5	17.5	0.0
福　建	25.5	26.0	-0.5	广　西	15.9	18.5	-2.6
内蒙古	25.0	25.5	-0.5	天　津	15.5	8.5	7.0
北　京	25.0	28.0	-3.0	贵　州	15.0	16.0	-1.0
浙　江	25.0	26.0	-1.0	深　圳	15.0	11.0	4.0

（续）

省区市	2011年	2010年	提高	省区市	2011年	2010年	提高
上　海	24.5	23.5	1.0	新　疆	15.0	18.5	-3.5
四　川	24.5	24.0	0.5	江　苏	14.5	14.0	0.5
江　西	24.5	22.5	2.0	大兴安岭	14.0	23.0	-9.0
湖　南	24.5	29.0	-4.5	云　南	14.0	17.0	-3.0
吉　林	23.5	27.0	-3.5	龙江森工	14.0	13.5	0.5
山　东	22.0	24.0	-2.0	青　岛	13.9	12.5	1.4
陕　西	21.5	23.5	-2.0	新疆兵团	13.0	11.0	2.0
湖　北	21.0	21.0	0.0	大　连	12.8	15.0	-2.2
山　西	20.0	23.0	-3.0	重　庆	11.5	14.0	-2.5
黑龙江	20.0	22.0	-2.0	海　南	11.5	11.0	0.5
甘　肃	19.5	9.0	10.5	内蒙古森工	10.5	8.5	2.0
吉林森工	19.5	20.0	-0.5	厦　门	9.5	7.0	2.5
安　徽	19.5	21.5	-2.0	西　藏	6.0	9.0	-3.0
河　北	19.5	22.5	-3.0	**平均得分**	**18.49**	**19.34**	**-0.85**

第三章　总体结论

随着信息技术的快速发展，近年来我国林业信息化呈现出持续快速发展、全面健康推进的良好态势，各地高度重视林业信息化工作，认真贯彻落实全国林业信息化工作会议精神，按照“十二五”时期林业信息化建设的总体目标要求，围绕“发展现代林业、建设生态文明、推动科学发展”这个中心和“加快林业信息化，带动林业现代化”的总体思路，以全国林业信息化示范省建设为契机，全面推进林业信息化建设，各方面均取到了明显成效。

一、总体水平全面提升，步入良性发展轨道

全国林业信息化发展势头良好，近4年的信息化发展总水平在不断攀升，2011年已跨上新的台阶，信息化发展水平平均总得分达到66.59分，呈现逐步上升趋势，这突出体现了各地领导机构对林业信息化建设的重视，也展示了全国林业信息化建设的丰硕成果。

2011年全国林业信息化发展遵循正态分布，发展平稳，最高分、最低分、中数均有所提升。从信息化发展水平三大指标来看，信息化应用水平指数值最高，为0.70，依次为信息化建设水平指数0.68，信息化保障水平指数0.62，各项指标均衡发展、齐头并进。其中，信息化建设水平和信息化应用水平2个指标上升明显，得分率分别提升8.4%、18.91%，信息化建设水平和信息化应用水平较好的地区最高已达到了100%的拥有率，如

湖南、辽宁，湖南建成了省、市、县、乡镇四级专网，全省1∶25万、1∶5万、1∶1万的不同比例尺基础地理数据库、1∶1万林相图数据库、TM遥感影像数据库、营造林管理数据库、森林公安、森林防火专题数据库以及各种文档型数据库等公共数据库已初步建成，各类应用系统均在公共基础数据库上运行，这一切表明我国林业信息化在基础建设方面取得可喜进展。辽宁森林资源年度变档、三维立体显示、网上公文流转、档案网络化管理、网上审批办证、造林作业设计、火灾监控辅助决策指挥、视频会议等应用系统已在全省推广使用，取得了良好效果，这证明我国林业信息化应用领域快速拓展，大部分省区市的指标水平也都在60%~90%之间，一些西部地区信息化应用水平较差，如新疆生产建设兵团目前还仅仅只有0.33，不到40%。

从全国整体情况来看，几何平均数由2008年的56.45分上升至64.45分，年均增长14.16%，其中2011年增长幅度最大，提升近10个百分点，说明近年来全国林业信息化发展水平保持了稳定的发展趋势。

二、中部地区后发优势，已经赶超领先地区

2011年东部地区林业信息化发展水平绩效指数为0.71，而中、西部地区分别为0.73和0.57，其差距较大。中部地区省区市林业信息化发展迅速，较2010年(0.58)增加0.15，而东部仅提升0.03，中部地区发展水平已略超过东部。从整体看，中部地区发展较均衡，75分以上的省区市有5个，而未达到及格水平的仅2个。其中，2011年全国林业信息化发展水平最快的省区市为中部地区安徽，信息化发展水平指数为78.7，较2008年提升了14个名次。

从2008~2011年的发展看，虽然中西部地区由于历史和经济等综合因素影响，信息化发展水平暂时落后，但近年来随着林业信息化发展速度的加快，使东中西部发展差距缩小，主要原因一是实施西部大开发战略，西部省份正在快速发展；二是部分信息化发展水平较低的地区因起点低，发展趋势凸显。

三、应用水平发展最快，支撑能力显著提升

随着林业信息化建设步伐加快，全国各地林业信息化应用水平各项指标较2010年均有不同程度的提升，应用水平绩效指数在0.9以上的省区市占21.95%，较2010年提升近一半。主要表现在林业信息化基础不断夯实，数据库、应用系统使用水平持续增强，国家林业局和省级林业主管部门相继建立了森林、湿地、荒漠生态系统和生物多样性监测、林业产业等基础数据库，天然林资源保护、退耕还林、森林防火和有害生物防治等专题数据库，林业科学数据库等综合数据库等。林业信息化组织机构建设得到加强，OA系统使用效果逐步明显，得分率大幅增加21.10%。各级林业主管部门积极加快办公内网建设，内部网络联通率显著提高。国家林业局完成办公内网升级改造，实现与互联网的物理隔离、

京内外各单位的互联互通。吉林等 16 个省级林业主管部门已建成内网，实现了内部联通。为确保大力提升林业信息化应用水平，在组织机构保障上，各省级林业主管部门均成立了信息化工作领导小组，加强了对信息化工作的领导。北京、河北、辽宁等 2/3 的省区市成立了专门的林业信息化管理机构。大多数省区市配备了信息化专门工作人员，统筹、协调信息化建设工作。

四、建设水平稳步提高，信息安全更受重视

2011 年全国林业信息化建设水平稳步提高，尤其专网覆盖和电脑普及指标提升明显，较 2010 年分别提升 7.2%、16.03%。国家林业局连接省级林业主管部门的主干网建成运行，省级以上林业主管部门基本建成办公局域网。国家林业专网联通全国各省级林业行政主管部门、各森工集团、新疆生产建设兵团林业局、各计划单列市林业局和国家林业局各直属单位共计 70 多个节点。地方林业主管部门也积极开展林业信息化基础设施建设。河北、辽宁、江苏、河南、湖南、陕西 6 个省级林业主管部门及大兴安岭、吉林 2 个森工(林业)集团建设了林业专网，其中辽宁、大兴安岭和吉林森工(林业)集团等已延伸至县级林业主管部门，江西、湖南等省区完善了省、市、县、乡四级联网的林业政务内网体系；北京、上海、福建、江西等利用本地电子政务网，将林业专网延伸至县级林业主管部门，福建省已延伸至重点乡镇。青海、湖北、广西等 3 省区建有政务网络。内蒙古等省区对原有的网络线路进行了带宽扩充和向下延伸；云南省投入 700 多万元建设了新机房。这些建设项目有力地促进了林业信息化的全面快速发展。另外，在信息化发展的过程中，信息安全逐步得到重视，安全保障指标由 2010 年的 67.99% 提升至 78.66%，提升 10.67%。我国现有的林业信息化网络大多数配备防火、防盗、防雷、防辐射、防泄密等硬件设施，提高物理载体安全。同时在内、外网配置防火墙，在重要边界部署安全网关，加强防病毒、防入侵、防篡改等网络安全防御设施建设，使得林业信息安全防护水平逐渐提高。

五、示范省区市成绩突出，继续保持领先地位

在首批示范省建设的基础上，2011 年国家林业局启动实施了第二批全国林业信息化示范省建设，确定了北京、山西、内蒙古、江西、山东、河南、广东、陕西、沈阳为示范省区市。各示范省区市按照要求成立了主要负责同志任组长、有关部门负责同志参加的工作领导小组，并加大了资金、政策、技术、人才等方面的扶持力度，取得一批示范成果。从整体排名来看，除不在评测范围的 1 家外，2 批 13 家示范省中有 11 家的名次稳中有升；而排名前 4 位的仍为辽宁、湖南、北京、福建 4 家示范省区市，在与 2010 年的排名保持一致的情况下，整体得分均有所增加。示范省建设在国家林业局信息化建设中发挥了积极作用，认真贯彻落实了局党组关于“加快林业信息化，带动林业现代化”的重要部署，科学谋划、系统部署，坚持“五个统一”、进行全面推进，重点加强了战略谋划、工程建设、上

下联动、基础管理、队伍建设等工作。示范省的信息化工作具有标杆意义，也将进一步带动全国林业信息化建设工作。

第四章　工作建议

国家林业局连续开展的全国林业信息化发展水平评测，实现了以评促建和以评促用，成效显著，推动林业信息化全面、深入发展。通过评测，全面地了解林业系统信息化建设的总体情况、现状和存在的问题，发挥了评测工作的导向功能，产生示范效应，为下一步信息化决策工作提供了支持。

一、提高思想认识，坚持“五个统一”

林业信息化建设要按照现代林业建设的总体部署，以全面实现林业信息化为目标，以电子政务建设为重点，以信息资源开发利用和核心业务信息化为中心，以资源整合和信息共享为突破口，以完善体制机制为保障，统一规划、统一标准、统一制式、统一平台、统一管理，尽快形成布局科学、高效便捷、先进实用、稳定安全的全国林业信息化格局，为发展现代林业、建设生态文明、推动科学发展做出新贡献。

信息化是一场技术变革，更是一场思想变革。各级林业主管部门领导干部，特别是主要领导同志，要解放思想，切实提高对林业信息化工作的认识，把林业信息化作为“一把手”工程，使其真正成为带动林业现代化的关键和突破口，加强对林业信息化工作的领导，坚持“五个统一”的基本原则，打破条块分割，扎实有效推进林业信息化工作。

二、加强资源整合，促进资源共享

信息共享和业务协同是信息化持续发展的关键，各地林业主管部门应以信息共享和业务协同为抓手，提供统一的共享服务平台，为全国各级林业系统的信息共享和协同办公提供统一的应用支撑服务，实现公共的基础性的数据集中式管理、公共服务式发布和应用导向式共享。

根据当前林业信息化的实际情况，基于林业信息化建设基础平台，以资源共享为核心，打破资源分散、封闭和垄断状况。充分利用和整合已有的信息资源，加速基础性林业专题数据的标准化改造，加强中国林业数据库、中国林业数字图书馆的建设，防止再次出现重复建设，促进互联互通，有效调控增量资源，优化信息资源配置，实现信息共享，提高信息资源效益。

由于信息资源的敏感性和保密性，林业信息化建设必须从三方面构建全方位的安全防范体系，确保信息快速运行。在管理上，制定信息资源共享交换制度与标准规范，保证信息资源在采集、存储、交换、发布等过程中的安全。建立林业信息网络安全系统，保障网络的规范、安全运行。在技术上，强化林业信息安全技术创新应用，加大电子政务自主安全可控软硬件产品研制力度，重点推进自主安全可控软硬件产品在林业中应用，建立应用评估机制。在组织上，提高公务人员的信息和网络安全意识，定期开展系统的安全宣传、安全培训、安全检查和处理等工作。

三、抓好示范建设，发挥引领作用

通过试点示范，充分发挥先进典型的示范引领作用，全面加快林业信息化建设步伐，大力提升现代林业科学发展管理水平，探索科学的技术路线，积累经验，少走弯路，减少风险，提高效率。各示范省要采取有效措施，抓好各项工作落实，努力为全国林业信息化建设大胆探索，创经验、出成果，努力保持荣誉，真正起到示范带头作用，引领全国林业信息化迈上新台阶，为全面推进林业信息化建设做出更大贡献。

各地区间应加强学习和交流，落后地区要主动学习和借鉴优秀地区的成功经验，以优秀地区为发展标杆，加强林业信息化建设和投入力度；此外应加强对信息化建设相关的培训和学习，不断提升业务人员专业水平，强化信息化建设管理技能，给林业信息化的健康发展提供坚实的保障。可邀请业内专家做专题培训，使信息化管理人员及时了解行业发展动向，强化认识，提升信息化管理人员的专业水平。

在林业信息化建设中，应结合基层林业管理部门的实际需求，加大对基层信息人员的培养力度，从而全面提高其林业信息技术的运用能力。应结合各地区林业发展和信息化建设的现状，有针对性地开展基层林业信息人员的专业技能培训，不断提高他们的信息素养。

四、完善工作机制，确保资金投入

林业信息化是一项长期的系统工程，必须建立长效的经费投入和使用机制，加大投资力度，确保信息化建设所需。加强经费使用管理和监督，建立科学、规范的管理制度，提高资金使用效率。各级林业主管部门要主动协调，积极争取将林业信息化建设纳入本级信息化总体规划，并在同级发展改革、财政部门设立林业信息化建设专项，形成长期稳定的投资渠道。在现有林业建设项目总投资中，力争拿出 1% 左右的经费，集中用于信息化建设。加大现有林业建设项目中信息化投资整合力度，实行统一管理，统筹安排，专款专用，确保资金落到实处。在市场效益明显的领域，积极吸纳社会投资，加快推进林业信息化建设步伐。同时，要逐步扩大林业自身在信息化建设中的资金投入，各级林业管理部门应将信息采集设备、器材的采购、维护等费用纳入到日常开支范围，独立进行预算，从而不断扩展资金的来源渠道。

林业信息化工作机制建设的规范化与标准化，可以进一步提升林业信息化水平。各地林业主管部门需建立一套较完整齐全的林业信息化制度体系，包括项目建设管理制度、网络管理制度、应用推广制度、绩效考评制度、应急管理制度、运维制度和激励制度等，使各项工作运转规范有序。

五、强化机构建设，提供支撑保障

各地要加强林业信息化管理机构的组建，切实承担起林业信息化的具体职责。已经建立信息化管理机构的省级林业主管部门，要进一步充实加强人员，履行好管理职责；尚未独立组建信息化管理机构的，要加大与当地编办的沟通协调力度，争取尽早成立。要重视西部和困难地区的队伍建设，不断充实工作力量，改善工作环境和条件。要结合实际组织开展培训工作，不断提高专业技术人员服务能力。

领导应重视林业信息化的建设与运维，可建立直接领导负责制，亲自检查重点工作落实情况。成立有主要负责同志任组长、有关单位负责同志参加的林业信息化工作领导小组，统一领导本地区的林业信息化工作，切实加强对本地区林业信息化工作的领导。建立独立的林业信息化建设管理机构，切实承担起林业信息化建设的具体职责，并配备不少于5人的专职工作人员。

各地区领导需高度关注信息化建设情况，并提出指导性建议与意见。整体状况相对较好的地区，应进一步关注并推进信息化建设工作，优化信息化管理和建设团队，力争信息化工作更上一层楼；整体状况处在中等及以下水平的网站，应加大支持力度，针对现阶段存在主要问题，加强指导、制定目标。

六、完善绩效考核，发挥评测作用

评测工作要以《全国林业信息化建设纲要(2008～2020年)》、《全国林业信息化发展“十二五”规划(2011～2015年)》为指导，准确把握“十二五”林业信息化总体要求，采取典型示范、整体推进的措施，将信息化发展情况纳入干部考核范畴，全面调动积极性，不断优化林业信息化发展水平评测指标体系和评估方法，提高评测的科学性。

继续做好林业信息化发展水平评测工作，是引导林业信息化健康快速发展的关键环节，通过开展持续的评测工作来强化对林业信息化的建设与使用效果，使林业信息化发展水平评测工作成为制度化、常态化工作，让评测成为信息化发展的助推器，推动信息化各方面的发展。

有效利用林业信息化发展水平评测结果，对信息化发展给予具体的指导，要在加强评测工作力度的同时，还要充分利用信息化评测结果，及时下发评测报告、评测说明等具体评测结果文档，使评测结果真正能应用到信息化的建设中，并能使各地区充分认识信息化建设中存在的问题，进而进行有针对性的改进，实现对症下药的效果；同时使被评地区充分认识到评测工作的重要性，体验到国家林业局对各地区林业信息化建设的具体指导。

七、加强云计算、物联网等前沿技术的应用

加快林业信息化建设，科技创新是动力，强化应用是关键。各地各单位要坚持产学研结合，加大林业信息技术应用与创新力度，建立健全林业信息化应用推广机制，加快推进物联网、云计算等先进技术在林业建设中的应用，尽快探索出一批示范成果。

依据《物联网“十二五”发展规划》积极研究云计算、物联网等前沿技术模式在林业信息化发展中的作用，全面分析新技术对林业信息化发展的影响，充分发挥既有资源的作用和新一代信息技术潜能，加快林业信息化发展创新，减少重复浪费、避免各自为政、信息孤岛等问题。鼓励各地林业主管部门采用新技术，降低林业信息化建设和运维成本，提高信息化发展质量，增强信息化安全保障能力。

2012 年全国林业信息化发展水平评测报告

摘 要

林业信息化是我国现代林业建设的重要组成部分，是推动林业快速发展的重要力量。对林业信息化发展水平进行科学的评估和分析，有助于把握林业信息化的发展现状，促进林业信息化科学发展。2012 年全国林业信息化发展水平评测按照林业信息化建设、应用和保障三个方面设定指标，采用散点图、聚类分析等数理统计方法，对全国林业信息化发展水平进行了科学的分析评测。

通过对评测结果、年度对比、先进省区市亮点等多维度、全方位的分析，结果显示：湖南、辽宁、北京、浙江、福建、广东、湖北、吉林、四川、上海、江西、河南林业信息化发展水平处于全国领先水平，甘肃、云南、四川、湖北发展速度较快，进步较大；与 2011 年相比，数据库建设、网站建设、管理保障、数据库应用、应用系统使用、数据库和应用系统支撑核心业务几项指标的得分率呈明显增长趋势。林业信息化建设整体呈现出“管理体制不断完善，人才队伍逐渐充实，基础设施扎实推进、信息化应用凸显，信息安全、自主技术创新等工作不断受到重视”等特点。

引 言

21 世纪是信息化的世纪，迅猛发展的信息技术，已经并将更为深刻地影响人类社会，更为剧烈地改变整个世界。党的十八大报告中，有 19 处提及信息化、信息技术、信息网络、信息公开等关键词，并明确要求“信息化水平大幅提升”、“四化”同步发展，充分体现了信息化的影响力，充分反映了党和国家对信息化发展的高度重视。加快信息化是时代发展的必然趋势，是建设中国特色社会主义现代化国家的战略选择。

林业信息化是现代林业建设的重要组成部分，是促进林业科学发展、推动林业现代化的重要手段，是提高林业科技含量、提升林业管理水平、增加林业建设内涵的重要支撑和保障，是关系林业工作全局的战略举措。加快推进林业信息化，有利于促进林业决策科学化、办公规范化、监督透明化、服务便捷化，为林业建设奠定扎实基础。

2012年，国家林业局和各级林业主管部门认真贯彻落实"加快林业信息化，带动林业现代化"的总体思路，坚持"五个统一"的基本原则，服务林业大局、服务业务工作、服务基层单位、服务林农群众，科学谋划、周密部署，扎实推进各项工作，为发展生态林业和民生林业做出了重要贡献。

国家林业局十分重视林业信息化的建设和管理工作，2008、2009、2010、2011年连续4年开展了全国林业信息化发展水平评测，对提升林业信息化发展水平起到了重要的推动作用。为准确把握2012年度全国林业信息化发展变化情况，国家林业局组织开展了2012年度全国林业信息化发展水平评测工作，旨在定量分析林业"信息化"程度，及时发现建设过程中出现的问题，找出地区间的差距，使各级林业主管部门对信息化建设过程及结果做出客观的评判，优化解决方案，使资源得到有效利用，推动全国林业信息化快速、健康、持续发展。

第一章　评测方法

一、评测目的

更好地适应当前我国林业科学发展的需要，加快推进林业信息化建设，提升林业信息化整体水平。通过评测，全面客观地了解我国林业信息化发展现状，包括优势、特点和不足，为做好"十二五"后半期林业信息化工作提供决策依据。

二、评测范围

本次评测包括全国31个省(区、市)、4个森工(林业)集团、新疆生产建设兵团和5个计划单列市，1个示范市(新增)，共计42个单位(表1)。

表1　2012全国年林业信息化发展水平评测范围

类　别	单位名称
省(区、市)(31个)	北京、天津、河北、山西、内蒙古、辽宁、吉林、黑龙江、上海、江苏、浙江、安徽、福建、江西、山东、河南、湖北、湖南、广东、广西、海南、重庆、四川、贵州、云南、西藏、陕西、甘肃、青海、宁夏、新疆
森工(林业)集团(4个)	内蒙古森工、吉林森工、龙江森工、大兴安岭
新疆兵团(1个)	新疆兵团
计划单列市(5个)	大连、宁波、厦门、青岛、深圳
示范市(1个)	沈阳

三、评测标准

为了保持与各年度评测结果的可比性，本次评测的指标体系遵循了以往评测指标的设定，即按照林业信息化的建设、应用和保障3个方面设定指标，包括3个一级指标18个二级指标（表2），新增了1个二级指标，即信息技术自主创新/技术保障。

表2　2012年林业信息化发展水平评测指标体系

一级指标	二级指标	分值
林业信息化建设水平（40分）	网络建设	7.0
	机房建设	5.5
	电脑等终端建设	5.5
	数据库建设	7.0
	应用系统建设	7.0
	网站建设	8.0
林业信息化应用水平（30分）	数据库应用	6.0
	应用系统使用	6.0
	数据库和应用系统支撑核心业务	6.0
	OA系统应用	5.0
	内外网应用	7.0
林业信息化保障水平（30分）	机构保障	8.0
	队伍保障	4.0
	资金保障	6.0
	制度标准保障	4.0
	信息安全保障	4.0
	管理保障	2.0
	信息技术自主创新/技术保障	2.0

四、评测过程

2012年9月，确定评测范围及评测标准等。

2012年10月，印发《国家林业局信息办关于做好近期林业信息化几项具体工作的通知》（信综发〔2012〕75号）。

2012年11月，各省区市报送本次调查数据；集中收集整理各省区市调查数据，并对数据进行审核。

2012 年 11 ~ 12 月，对照评测标准，对各省区市的调查数据进行综合评分，评测结果报有关专家和领导审定后，得出 2012 年全国林业信息化发展水平评测结果，并对各省区市的分项指标得分情况进行认真分析，编写评测报告。

第二章　评测结果

一、总体评测结果

2012 年全国各地林业信息化发展水平平均得分 69.2 分，比 2011 年提高 2.6 分，其中得分在 60 分以上的有 29 个单位，达到 69.05%，比 2011 年提升了近 12 个百分点(表 3)。

表 3　2012 年全国林业信息化发展水平评测结果

排名	单位	总得分
1	湖　南	97.0
2	辽　宁	95.3
3	北　京	94.2
4	浙　江	90.2
5	福　建	86.0
6	广　东	84.6
7	湖　北	83.6
8	吉　林	82.7
9	四　川	81.9
10	上　海	81.0
10	江　西	81.0
10	河　南	81.0
13	内蒙古	78.3
14	甘　肃	76.2
15	吉林森工	76.1
16	陕　西	76.0
17	青　海	74.7
18	山　东	73.0
19	江　苏	72.2
20	沈　阳	71.1

（续）

排名	单位	总得分
21	广　西	71.0
22	安　徽	70.3
23	宁　波	70.1
24	云　南	70.1
25	河　北	64.8
26	青　岛	63.0
27	深　圳	61.0
28	山　西	60.3
28	黑龙江	60.3
30	宁　夏	58.9
31	天　津	57.8
32	大　连	57.3
33	龙江森工	57.0
34	海　南	56.4
35	大兴安岭	55.7
36	新疆兵团	55.1
37	新　疆	54.8
38	贵　州	54.1
39	厦　门	52.9
40	重　庆	51.2
41	内蒙古森工	35.0
42	西　藏	33.6

排在前10位的省区市分别为湖南、辽宁、北京、浙江、福建、广东、湖北、吉林、四川、上海、江西、河南（上海、江西、河南并列第十），其中，湖南、辽宁、北京、福建连续5年保持前4名；湖北、吉林、四川上升至前10名。排在后10位的省区市分别为龙江森工、海南、大兴安岭、新疆兵团、新疆、贵州、厦门、重庆、内蒙古森工、西藏。对比林业信息化排名前后10名图表，可明显看出前后10名在林业信息化建设、应用和保障方面均存在较大差距（图1和图2）。

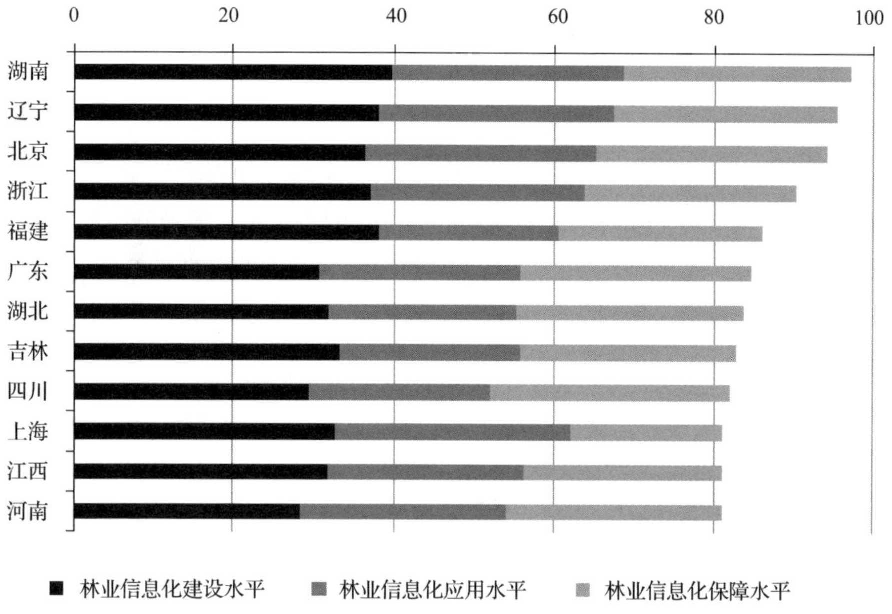

图 1　2012 年林业信息化发展水平排名前 10 名

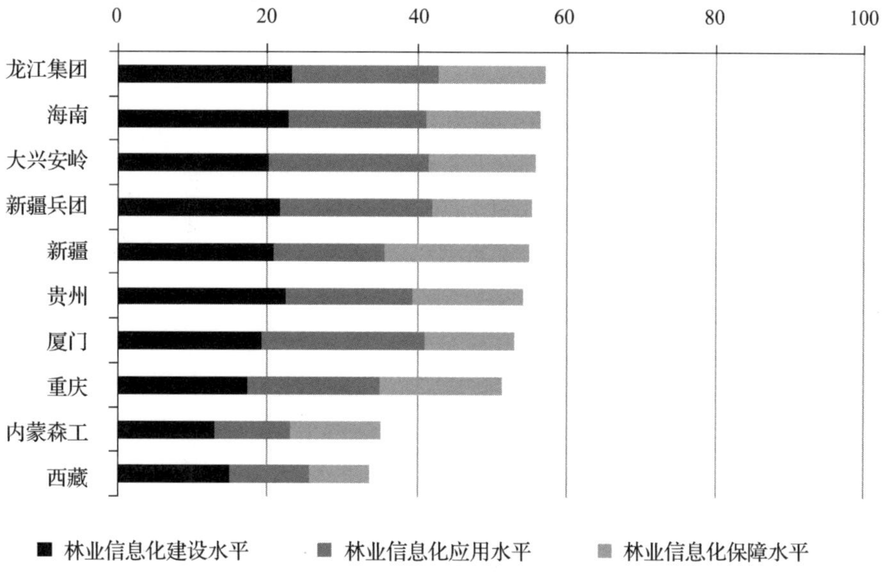

图 2　2012 年林业信息化发展水平排名后 10 名

二、整体得分情况分析

(一)整体分布

2012 年全国各地林业信息化发展水平持续升高，平均得分达到 69.2 分，比 2011 年提高 2.6 分。但是全国各地林业信息化整体发展水平依旧不平衡，最高分与最低分相差 63.4 分；从图 3 可以看到，处于平均水平以上的较多，40 分以下的仅有 2 个单位，分布点存在跳跃性，离趋势线的距离差距较大，表明了全国林业信息化发展水平不平衡，差距较大。

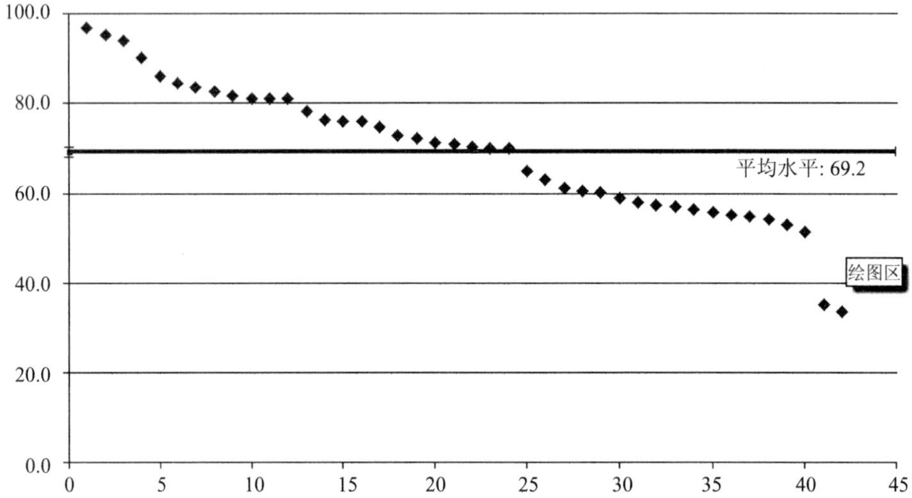

图 3　2012 年全国各地林业信息化发展水平分布图

(二)聚类分析

运用专业的统计分析工具，采用科学的系统聚类法，结合三大指标得分情况进行聚类分析，将 42 个单位分为 3 个阶段，即总体领先阶段、应用发展阶段和建设起步阶段。总体领先阶段，为 75 分以上的单位，共计 16 个，占总数量的 38.10%；应用发展阶段为60～75 分的单位，共计 13 个，占总数量的 30.95%；建设起步阶段为 60 分以下的单位，共计 13 个，占总数量的 30.95%(表 4 和图 4)。由此可见，林业信息化整体水平较去年有所提升。

总体领先阶段，此类省区得分高于 75 分，信息化发展水平较高，处于全国前列。其中多数省区位于经济发展速度较快的东部沿海地区，同时也有多个中部地区发展势头较快，跨入领先阶段。另外，此类地区信息化的基础建设工作较为完善，为信息化应用提供了有利支撑，信息化工作得到了高度重视，在各项保障机制建设及人才资金投入方面力度较大，林业信息化总体建设较为均衡且发展态势良好。

表 4　2012 年全国各地林业信息化发展水平评测结果分类

阶段	省区市	
	数量(个)	名　称
总体领先阶段 (75 分以上)	16	北京、内蒙古、辽宁、吉林、上海、浙江、福建、江西、河南、湖北、湖南、广东、四川、陕西、甘肃、吉林森工集团
应用发展阶段 (60 ~ 75 分)	13	河北、山西、黑龙江、江苏、安徽、山东、广西、云南、青海、宁波、青岛、深圳、沈阳
建设起步阶段 (60 分以下)	13	天津、海南、重庆、贵州、西藏、宁夏、新疆、内蒙古森工集团、龙江森工集团、大兴安岭林业集团、新疆生产建设兵团、大连、厦门

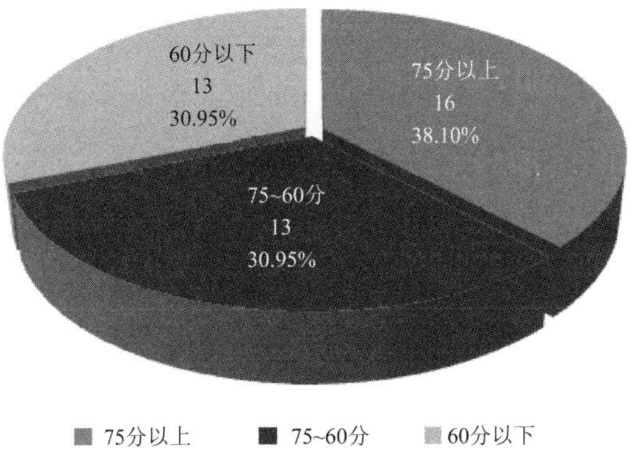

图 4　2012 年全国各地林业信息化发展水平各分数段分布比例

应用发展阶段，此类地区得分介于 60 ~ 75 分之间，信息技术能够与各项林业工作有效结合，在林业信息化应用方面快速发展。此类地区信息化建设基础有待完善，信息化保障体系发展缓慢，难以对快速发展的信息化应用提供支撑和保障，整体信息化发展水平尚不均衡。

建设起步阶段，此类地区得分低于 60 分，信息化综合水平较弱。其中部分东部地区在信息化建设、应用和保障方面仍需加速推进，充分发挥区位优势，其他地区应结合地区特点并积极借鉴其他城市发展经验，不断提升信息化应用能力。

三、一级指标评测结果

由图 5 可见，各分项指标的绩效指数与整体水平相差不大，三类分项指标发展比较均衡，林业信息化建设水平、应用水平、保障水平的得分率分别为 68.06%、71.82%、68.14%，应用水平得分率略高于建设水平和保障水平的得分率，由此可见，全国林业信息化应用水平发展情况较好，信息化应用受到重视。

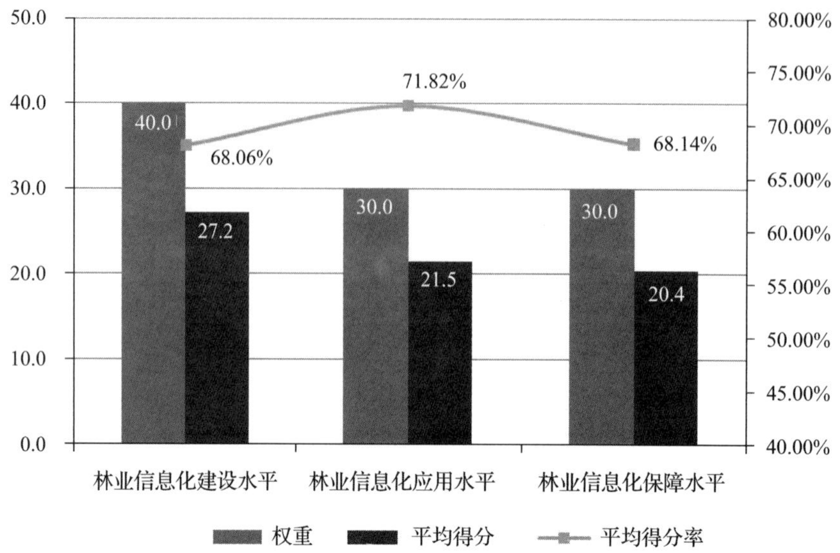

图5　2012年全国各地林业信息化分项指标对比情况

（一）林业信息化建设水平

林业信息化建设水平分析。2012年全国林业信息化建设水平总分40分，平均得分27.2分，较2011年平均分提升了0.1分，平均得分率为68.06%，得分率低于60%的仍有13个地区，所占比例为30.95%，尽管比2011年下降了3.2%，但仍占较大比例。其中，湖南、福建、辽宁、浙江、北京位居前5位，得分率均高于90%。总体看来，在职人员的数量和电脑配备情况较好，内网专用电脑区域之间差距较大，仍有9.5%的地区没有设置内网专用电脑；对数据库和应用系统建设的重视程度逐渐提升，已有35.71%的地区能够将数据库整合在省级统一平台上；技术支撑力度不断加大，已有76.19%建有省级基础地理信息数据库；网站群整合的力度较弱，多数省区市未实现网站群整合，23.81%尚未建立OA系统，显示出各单位内部信息化工作支撑力度仍然不足。2012年各省区市信息化建设水平得分情况见表5。

表5　2012年林业信息化建设水平得分（满分40分）

排　名	单　位	得　分	得分率
1	湖　南	39.5	98.8%
2	福　建	38.0	95.0%
3	辽　宁	37.9	94.9%
4	浙　江	37.1	92.6%
5	北　京	36.3	90.8%
6	吉　林	33.0	82.6%

（续）

排　名	单　位	得　分	得分率
7	上　海	32.6	81.6%
8	沈　阳	32.5	81.3%
9	青　海	32.0	80.1%
10	湖　北	31.8	79.4%
11	江　西	31.6	79.0%
12	吉林森工	31.5	78.8%
13	陕　西	31.0	77.5%
14	广　东	30.5	76.3%
15	甘　肃	30.3	75.9%
16	安　徽	30.2	75.4%
17	四　川	29.3	73.2%
18	江　苏	29.2	72.9%
19	河　南	28.4	70.9%
20	宁　波	27.6	69.1%
21	云　南	27.6	69.0%
22	青　岛	26.8	67.1%
23	内蒙古	26.8	67.0%
24	山　东	26.5	66.2%
25	天　津	25.5	63.8%
26	河　北	25.3	63.2%
27	广　西	25.1	62.7%
28	山　西	24.2	60.5%
29	宁　夏	24.1	60.3%
30	龙江森工	23.3	58.2%
31	大　连	23.2	57.9%
32	海　南	22.8	57.1%
33	贵　州	22.6	56.6%
34	新疆兵团	21.6	54.1%
35	黑龙江	21.0	52.5%
36	深　圳	20.8	52.1%
37	新　疆	20.8	52.0%
38	大兴安岭	20.3	50.7%
39	厦　门	19.3	48.1%
40	重　庆	17.4	43.6%
41	西　藏	15.0	37.5%
42	内蒙古森工	13.0	32.5%

林业信息化建设水平各项指标得分率分析。2012 年林业信息化建设水平各项指标得分率为：网络建设 50.89%、机房建设 81.17%、电脑等终端建设 75.67%、数据库建设 71.21%、应用系统建设 56.63%、网站建设 76.09%（图 6），其中，数据库建设与网站建设得分率比 2011 年（2011 年数据库建设得分率为 60.77%、网站建设得分率为 61.33%）进步明显，得分率分别高出 10 个百分点和 14 个百分点；网络和应用系统建设均低于平均水平，需不断加大建设力度。

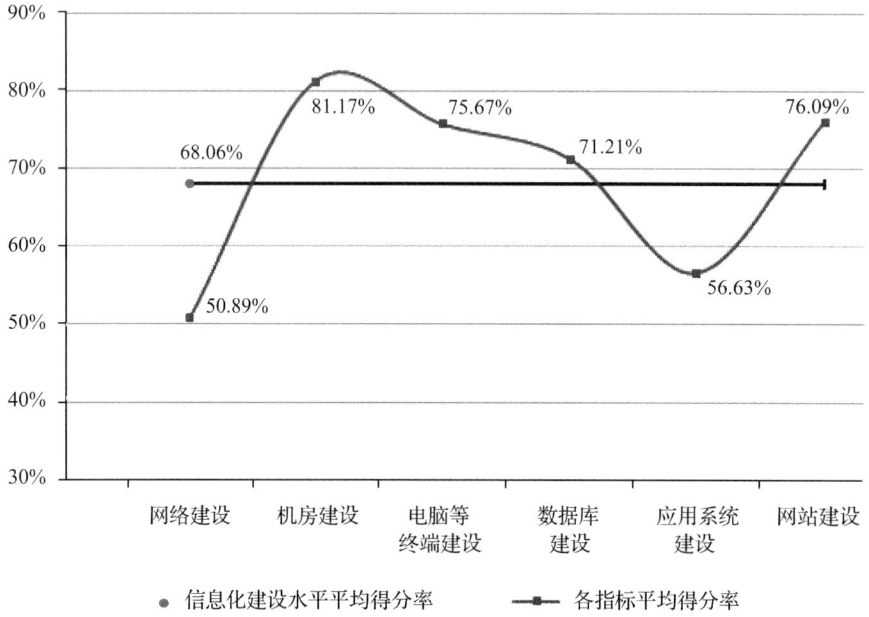

图 6　2012 年林业信息化建设水平各项指标得分率

（二）林业信息化应用水平

林业信息化应用水平分析。应用水平总分 30 分，平均得分 21.5 分，得分率为 71.82%。应用水平得分率在 90% 以上的省市有 4 个。辽宁、上海、湖南和北京在信息化应用方面相对较为突出。应用水平区域性差异也较为明显，排名前列的多数为东部沿海地区。数据库和应用系统有部分省区市的使用情况较差，存在业务协同和共享意识不强、数据格式及标准不统一、数据未能及时更新、应用系统建设不完整、设备陈旧、无法与国家相应系统对接、缺少建设资金、系统开发和后期维护难以开展等多种原因。信息发布方面，全年外网发布量最高达 80017 条，内网达 61792 条，在线办事达 650000 件。湖南省在互动交流方面成绩突出，全年公众留言 1240 条，回复 1100 条；领导信箱来信 1210 条，并全部回复；开展访谈 14 次，在线调查 26 次。2012 年各省区市信息化应用水平得分（表 6）。

表6　2012年林业信息化应用水平得分(满分30分)

排　名	单　位	得　分	得分率
1	辽　宁	29.4	98.0%
2	上　海	29.4	98.0%
3	湖　南	29.0	96.6%
4	北　京	28.9	96.2%
5	浙　江	26.6	88.8%
6	河　南	25.5	85.0%
7	广　东	25.1	83.7%
8	陕　西	25.0	83.3%
9	山　东	24.9	83.1%
10	江　西	24.4	81.3%
11	江　苏	24.2	80.7%
12	青　岛	23.9	79.7%
13	内蒙古	23.9	79.7%
14	宁　波	23.7	78.9%
15	云　南	23.4	78.0%
16	湖　北	23.4	77.8%
17	广　西	23.3	77.7%
18	吉　林	22.6	75.5%
19	四　川	22.6	75.3%
20	安　徽	22.6	75.3%
21	福　建	22.5	75.0%
22	甘　肃	22.3	74.2%
23	吉林森工	22.1	73.7%
24	厦　门	21.6	72.1%
25	大兴安岭	21.1	70.4%
26	黑龙江	20.5	68.3%
27	新疆兵团	20.2	67.3%
28	深　圳	19.9	66.3%
29	大　连	19.8	66.1%
30	沈　阳	19.8	66.0%
31	龙江森工	19.4	64.8%
32	河　北	18.9	63.0%
33	青　海	18.7	62.2%
34	海　南	18.2	60.7%
35	重　庆	17.5	58.3%

（续）

排　名	单　位	得　分	得分率
36	宁　夏	17.2	57.3%
37	贵　州	16.7	55.5%
38	天　津	15.8	52.7%
39	山　西	15.6	51.8%
40	新　疆	14.7	49.1%
41	西　藏	10.6	35.3%
42	内蒙古森工	10.0	33.3%

林业信息化应用水平各项指标得分率分析。应用水平整体较2011年有明显进步，其中数据库应用得分率为84.30%，比2011年数据库应用得分率高出12个百分点，应用系统使用得分率为84.84%，比2011年得分率高出5个百分点，数据库和应用系统支撑核心业务得分率为70.83%，比2011年得分率高出2个百分点，但OA系统使用得分率为57.73%，内外网应用得分率为60.86%，OA系统仍略低于及格水平，需进一步强化OA系统使用(图7)。

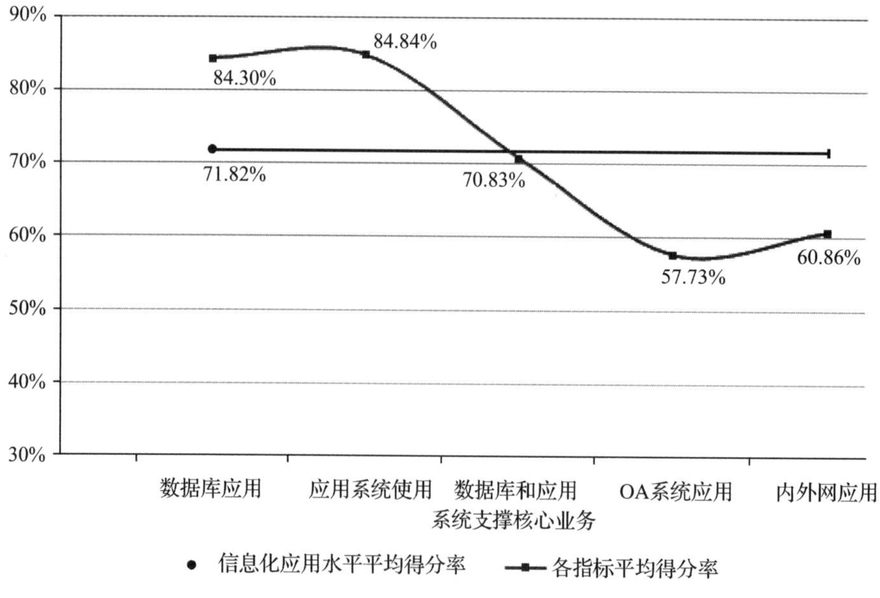

图7　2012年林业信息化应用水平各项指标得分率

(三)林业信息化保障水平

林业信息化保障水平分析。保障水平总分30分，平均得分20.4分，比2011年提升了6.51%，平均得分率为68.14%，提升幅度较大。其中，得分率在90%以上的占

21.43%，得分率在60%以下的占33.33%（表7）。目前，河北、辽宁、黑龙江、浙江、湖北、广东高级以上职称在编工作人员均占工作人员总数的50%以上，队伍保障不断完善；52.38%的单位在资金保障方面得分低于3分，资金保障力度仍需不断加大；26.19%的单位建立了较为完善的制度标准；就信息安全保障、管理保障、信息技术自主创新3个方面的得分情况来看，四川、北京、广东、湖北、内蒙古5个省区表现较为突出。

表7　2012年林业信息化保障水平得分(满分30分)

排　名	单　位	得　分	得分率
1	四　川	30.0	100.0%
2	北　京	29.0	96.7%
3	广　东	29.0	96.7%
4	湖　南	28.5	95.0%
5	湖　北	28.5	95.0%
6	辽　宁	28.0	93.3%
7	内蒙古	27.6	92.0%
8	河　南	27.1	90.3%
9	吉　林	27.0	90.0%
10	浙　江	26.5	88.3%
11	福　建	25.5	85.0%
12	江　西	25.0	83.3%
13	青　海	24.0	80.0%
14	甘　肃	23.6	78.7%
15	广　西	22.6	75.3%
16	吉林森工	22.5	75.0%
17	山　东	21.6	72.0%
18	河　北	20.6	68.7%
19	山　西	20.6	68.7%
20	深　圳	20.3	67.7%
21	陕　西	20.0	66.7%
22	新　疆	19.3	64.3%
23	云　南	19.1	63.7%
24	上　海	19.0	63.3%
25	沈　阳	18.8	62.7%
26	江　苏	18.8	62.7%
27	宁　波	18.8	62.7%
28	黑龙江	18.8	62.7%
29	宁　夏	17.6	58.7%

（续）

排　名	单　位	得　分	得分率
30	安　徽	17.5	58.3%
31	天　津	16.5	55.0%
32	重　庆	16.3	54.3%
33	海　南	15.3	51.0%
34	贵　州	14.8	49.3%
35	龙江森工	14.3	47.7%
36	大　连	14.3	47.7%
37	大兴安岭	14.3	47.7%
38	新疆兵团	13.3	44.3%
39	青　岛	12.3	41.0%
40	厦　门	12.0	40.0%
41	内蒙古森工	12.0	40.0%
42	西　藏	8.0	26.7%

林业信息化保障水平各项指标得分率分析。2012 年林业信息化保障水平各项指标得分率为：机构保障 76.64%，队伍保障 74.11%，资金保障 49.01%，制度标准保障 69.70%，信息安全保障 77.08%，管理保障 85.12%，信息技术自主创新/技术保障 41.67%（图 8）。其中，资金保障和信息技术自主创新/技术保障得分率均低于平均水平，而管理保障得分率明显高出平均水平，说明各单位在评测工作、信息安全检查、信息安全培训等方面能够不断提升重视程度并开展落实工作，而在新技术的开发应用以及资金投入方面仍需加大力度。

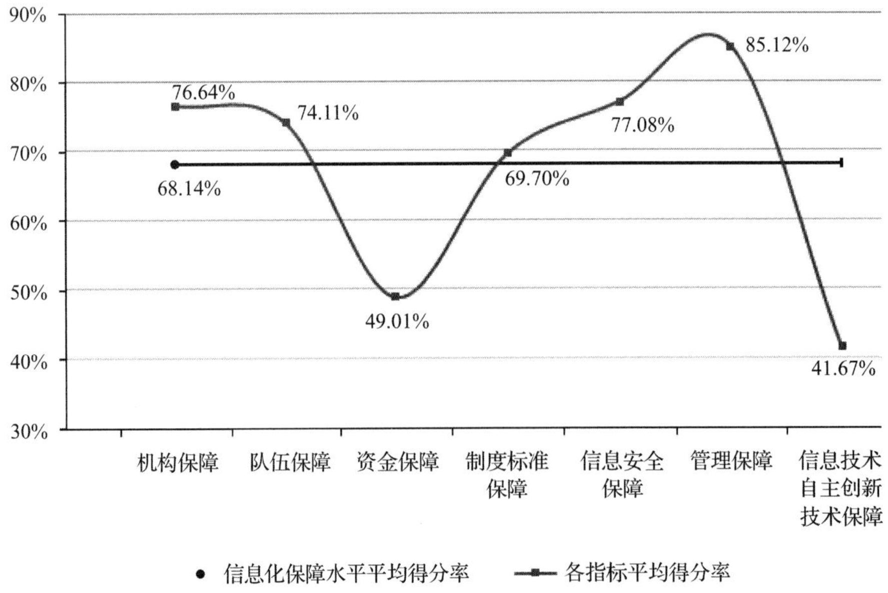

图 8　2012 年林业信息化保障水平各项指标得分率

四、各省区市离散分析

由表8可见，全国林业信息化发展总体水平、建设水平、应用水平与保障水平的离散系数分别为0.21、0.23、0.21和0.28，各省区市林业信息化发展水平离散程度较2011年已有所缩小(2011年离散系数为0.25)，其中保障水平的离散系数最大，表明其离散程度最明显。整体上看，总体水平与三类分项指标离散系数相差仅0.07，由此可见，全国林业信息化发展水平各项指标离散程度处于同一水平。

表8　2012年全国各地林业信息化发展水平离散程度分析

指　标	林业信息化建设水平	林业信息化应用水平	林业信息化保障水平	总体水平
平均分	27.22	21.55	20.44	69.21
标准差	6.18	4.43	5.63	14.73
离散系数	0.23	0.21	0.28	0.21

五、不同区域对比分析

评估结果显示，东部地区林业信息化发展水平得分率为72.41%，较2011年提升了2个百分点，中部地区为73.18%，较2011年提升了0.1个百分点，西部地区为62.21%，较2011年提升了5个百分点，由此可见，各区域的林业信息化水平均有提升，但受区域经济发展水平、思想认识水平、人员素质水平、技术水平等发展因素制约，不同区域的绩效指数依旧存在差距，尤其是西部与中东部的差距大，而中部林业信息化发展相对较快，发展水平已经略超过东部地区(表9)。

表9　2012年不同区域林业信息化发展水平对比

区域	2012总得分率	2011总得分率	2012信息化发展水平得分情况		
			信息化建设水平得分率	信息化应用水平得分率	信息化保障水平得分率
东部	72.41%	70.27%	72.30%	77.00%	67.90%
中部	73.18%	73.03%	71.50%	74.60%	74.00%
西部	62.21%	57.34%	60.10%	63.30%	63.90%

东部地区发展不均衡问题比较严重，处于总体领先阶段和应用发展阶段的省区市均占比例较大。东部沿海地区拥有较强的经济优势，林业信息化发展相对滞后的地区应当充分发挥各方面优势，不断追赶总体领先阶段地区的林业信息化建设步伐。

中部地区林业信息化发展呈上升趋势，处于总体领先阶段的省区市增多，而处于建设起步阶段的单位仅2家。由于中部地区发展相对均衡，未达到及格水平的单位明显少于东部和西部。

西部地区目前处于建设起步阶段的省区市较多，处于总体领先阶段的有4个，包括四川、内蒙古、甘肃和陕西。西部地区多为经济基础薄弱地区，在发展信息化的过程中，信息化投入不足，机构队伍保障不够，因此，该地区林业信息化整体水平相对较低(表10)。

表10　不同区域林业信息化发展水平分类对比

阶段	东部		中部		西部	
	数量（个）	省区市	数量（个）	省区市	数量（个）	省区市
总体领先阶段	6	北京、辽宁、上海、浙江、福建、广东	6	吉林、江西、河南、湖南、湖北、吉林森工	4	内蒙古、四川、陕西、甘肃
应用发展阶段	7	河北、江苏、山东、宁波、青岛、深圳、沈阳	3	山西、黑龙江、安徽	3	广西、云南、青海
建设起步阶段	5	天津、海南、宁夏、大连、厦门	2	龙江森工、大兴安岭	6	重庆、贵州、西藏、新疆、内蒙古森工、新疆兵团

六、年度结果对比分析

(一)各年度评测结果整体对比分析

通过2008~2012年的评测数据(表11)，从最高分、最低分、中数等参数可以看出：全国林业信息化发展水平5年来始终保持稳步提升，且2012年提升幅度明显。

表11　各年度统计参数对比

分　类	2008年	2009年	2010年	2011年	2012年
最高分	91.60	93.09	95.19	95.30	97.00
最低分	20.36	22.00	24.88	32.00	33.60
中　数	58.95	59.90	65.30	67.80	70.60
几何平均	56.45	59.08	58.83	64.45	67.50
极　差	71.24	71.09	70.31	63.30	63.40
标准差	15.63	15.76	18.62	16.39	14.70
离散系数	0.27	0.26	0.30	0.25	0.20

到2012年，全国林业信息化发展水平评测最高分由2008年的91.6分上升到97.0分；最低分由2008年的20.36分上升到33.6分，分值增长较快；信息化发展水平领先地区不

断创优，落后地区信息化建设意识也越来越高，并不断赶超。中数由2008年的58.95分上升到2012年的70.6分，可见大部分地区信息化发展水平相对较高，得分率均达到及格水平以上。从极差、离散系数等参数来看，极差由2008年71.24分缩小至63.4分；离散系数由2008年的0.27缩小至0.2，各省区市的差异在不断地缩小，全国林业信息化发展共识越来越强，但受区域经济水平等因素制约，不同区域的得分指数差距仍然较大。

几何平均数到2012年，由2008年的56.45分上升到67.5分，增幅达16.4%，可见全国林业信息化发展这5年来取得了显著的成绩；但今后仍需不断提升全国林业信息化建设、应用、保障水平。

（二）各年度评测结果排名对比分析

从2008～2012年各地区林业信息化发展水平排名情况看（图9），湖南、辽宁、北京3省市5年来一直占据着全国林业信息化发展的领先地位，其中辽宁3次夺得榜首，湖南2次夺得榜首，北京紧追其后，处于第三名。甘肃、四川、云南、湖北进步迅猛，其中，甘肃2010年以前处于39名的位置，在2011年出现跳跃式发展，前进10个名次；在2012年再次大跨越15个名次，位居14名；湖北、四川、云南等省区分别从2011年的17名、19名、36名前进至2012年的7名、9名和23名，均取得了10个名次及以上的突破。

（三）各年度指标对比分析

通过5年来全国林业信息化发展水平三大指标评测来看，全国林业信息化建设水平得分率逐年递增，从2008年的53.40%逐步提升到2012年的68.06%，得分率增幅达14.66%；说明我国林业信息化在基础建设方面不断加强，各地区逐步对软硬件设备、网络设施、技术力量以及运行环境等进行了全面扩建和完善；同时，随着各级领导对林业信息化重视程度的提高，5年来全国林业信息化保障水平得分率大幅提升，从2008年的54.60%提升到2012年的68.14%，得分率增幅达13.54%（表12）。

表12　各年度各项指标得分率对比

分　类	2008年	2009年	2010年	2011年	2012年
信息化建设水平得分率	53.40%	56.70%	62.50%	68.00%	68.06%
信息化应用水平得分率	70.10%	72.90%	58.90%	70.00%	71.82%
信息化保障水平得分率	54.60%	55.60%	64.50%	62.00%	68.14%

通过图10不难发现，这5年来全国林业信息化应用水平的增幅在三大类指标中是最小的，这是因为我们对林业信息化应用有了更深层次的认识，在评测中也不断要求各地林业信息化应用手段要多样化，服务范围要广泛化。

2008年 排名	省份	总得分	2009年 排名	省份	总得分	2010年 排名	省份	总得分	2011年 排名	省份	总得分	2012年 排名	省份	总得分
1	湖南	91.6	1	辽宁	93.09	1	辽宁	95.19	1	辽宁	95.30	1	湖南	97.00
2	辽宁	87.84	2	湖南	92.71	2	湖南	94.05	2	湖南	94.20	2	辽宁	95.35
3	北京	87.56	3	北京	87.8	3	北京	92.00	3	北京	93.90	3	北京	94.17
4	福建	79.37	4	福建	86	4	福建	87.93	4	福建	88.80	4	浙江	90.20
5	山东	77.26	5	广东	81.61	5	浙江	86.53	5	浙江	87.20	5	福建	86.01
6	广东	77.09	6	浙江	80.51	6	广东	83.19	6	广东	83.50	6	广东	84.62
7	浙江	75.37	7	山东	79.76	7	山东	80.39	7	江西	82.50	7	湖北	83.61
8	江西	74.96	8	江西	76	8	安徽	78.10	8	河南	82.10	8	吉林	82.69
9	吉林森工	73.73	9	吉林森工	74.8	9	上海	76.12	9	上海	81.70	9	四川	81.87
10	河南	70.63	10	河南	74.52	10	河南	74.63	10	内蒙	81.20	10	上海	81.03
11	陕西	70.08	11	陕西	74.27	11	陕西	73.91	11	陕西	80.90	10	江西	81.02
12	山西	68	12	山西	69.8	12	江西	73.89	12	吉林	80.60	10	河南	80.98
13	内蒙古	67.8	13	内蒙古	69.54	13	内蒙	73.24	13	山东	80.50	13	内蒙古	78.30
14	上海	62.7	14	上海	66.2	14	大兴安岭	71.85	14	安徽	78.70	14	甘肃	76.22
15	湖北	61.76	15	吉林	64.1	15	吉林森工	71.18	15	吉林森工	74.20	15	吉林森工	76.10
16	宁夏	60.93	16	深圳	63.82	16	湖北	70.64	16	河北	72.10	16	陕西	76.00
17	吉林	60.9	17	湖北	63.74	17	河北	69.73	17	湖北	71.38	17	青海省	74.72
18	大兴安岭	60.2	18	宁夏	62.43	18	吉林	69.69	18	青海	71.10	18	山东	73.00
19	青海	59.82	19	大连	61.44	19	青海	69.00	19	四川	69.20	19	江苏	72.15
20	四川	59.1	20	河北	60.04	20	宁波	66.67	20	江苏	68.60	20	沈阳	71.10
21	青岛	58.95	21	大兴安岭	59.9	21	山西	65.30	21	山西	67.80	21	广西	70.99
22	深圳	58.28	22	四川	59.6	22	四川	63.96	22	宁夏	67.10	22	安徽	70.27
23	大连	57.90	23	青岛	58.95	23	江苏	63.09	23	宁波	66.80	23	宁波	70.11
24	河北	56.5	24	黑龙江	56.88	24	宁夏	62.97	24	大兴安岭	66.50	23	云南	70.10
25	江苏	55.45	25	青海	56.54	25	海南	56.69	25	青岛	57.10	25	河北	64.80
26	广西	54.27	26	广西	54.82	26	大连	55.03	26	广西	56.80	26	青岛	63.03
27	黑龙江	51.16	27	安徽	54.64	27	新疆	51.04	27	大连	56.74	27	深圳	61.04
28	安徽	50.64	28	江苏	53.45	28	云南	50.11	28	海南	56.70	28	山西	60.34
29	新疆	50.6	29	龙江森工	52.61	29	龙江森工	49.96	29	甘肃	54.80	28	黑龙江	60.30
30	重庆	50.30	30	重庆	52.53	30	广西	48.41	30	黑龙江	53.60	30	宁夏	58.91
31	厦门	49.61	31	云南	51.75	31	黑龙江	48.40	31	深圳	52.30	31	天津	57.80
32	海南	46.62	32	新疆	51.61	32	深圳	47.08	32	龙江森工	51.70	32	大连	57.31
33	宁波	44.85	33	厦门	49.61	33	青岛	45.98	33	新疆	51.44	33	龙江集团	57.01
34	龙江森工	44.84	34	宁波	45.85	34	重庆	44.94	34	天津	51.30	34	海南	56.36
35	天津	44.4	35	贵州	43.9	35	贵州	41.46	35	贵州	50.90	35	大兴安岭	55.69
36	贵州	41.88	36	天津	43.56	36	内蒙森工	40.87	36	云南	50.23	36	新疆兵团	55.13
37	云南	40.25	37	海南	43.05	37	天津	34.81	37	重庆	45.10	37	新疆	54.81
38	新疆兵团	38.7	38	新疆兵团	42.6	38	厦门	33.54	38	厦门	41.90	38	贵州	54.09
39	甘肃	33.64	39	甘肃	38.73	39	甘肃	30.85	39	新疆兵团	41.20	39	厦门	52.88
40	内蒙森工	32.98	40	内蒙森工	37.72	40	新疆兵团	26.32	40	内蒙森工	40.97	40	重庆	51.23
41	西藏	20.36	41	西藏	22	41	西藏	24.88	41	西藏	32.00	41	内蒙森工	35.00
												42	西藏	33.61
	平均	58.76		平均	61.28		平均	62.01		平均	66.60		平均	69.20

图 9　2008～2012 年各省区市林业信息化发展水平排名情况

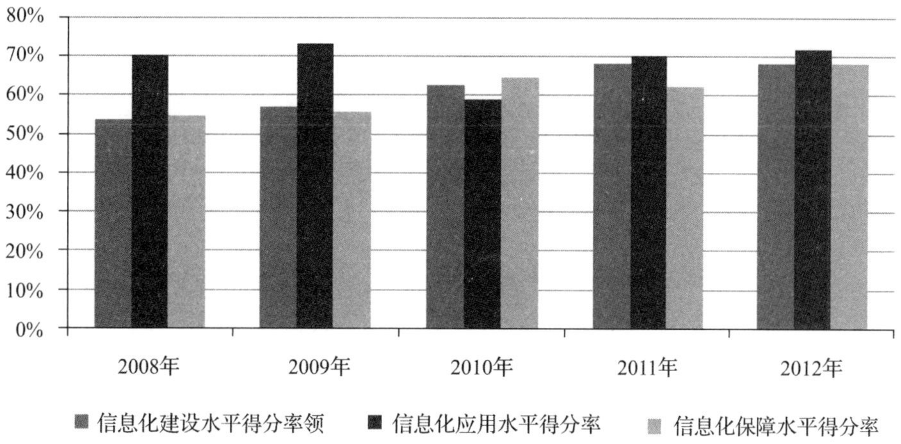

图 10　各年度各项指标得分率对比

(四)各年度建设水平对比分析

据各省区市 2008～2012 年林业信息化建设水平得分率对比分析图来看(图 11)，近 5 年林业信息化建设水平稳步提升，全国林业信息化建设水平得分率由 2008 年的 53.4%、2009 年的 56.7%、2010 年的 62.5%、2011 年的 68%，到 2012 年，提高到了 68.06%，表明我国各地区林业信息化的建设水平正在不断地提高，努力向更高发展阶段迈进。同时对比各年度信息化建设水平，不难发现 2012 年度林业信息化建设水平提升幅度不大，在当前信息技术快速发展的形势下，各地区还需进一步认识信息化建设基础工作的重要性，不断创新和优化信息化建设环境。

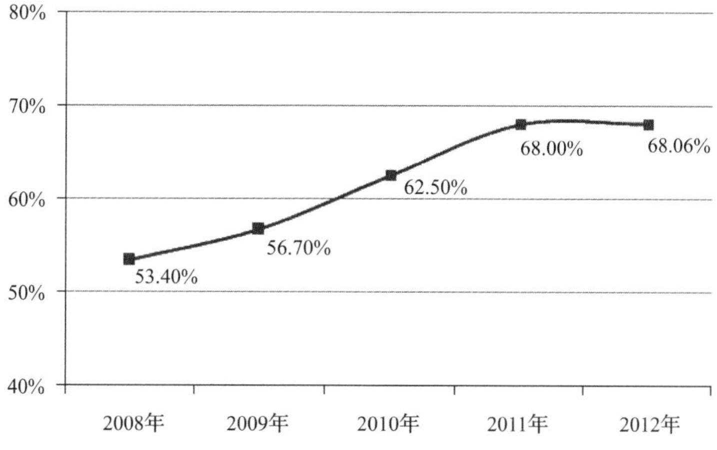

图 11　2008～2012 年信息化建设水平得分率对比分析图

(五)各年度应用水平对比分析

从各省区市 2008 ~ 2012 年林业信息化应用水平得分率对比分析图可以看出(图 12),近 5 年全国各地区林业信息化整体应用水平变化并不明显,全国林业信息化应用水平得分率由 2008 年的 70.1%、2009 年的 72.9%、到 2010 年降到 58.9%,再到 2011 年的 70%,2012 年的 71.82%。但是,由于林业信息化应用水平要求逐年提高,所以这两年林业信息化应用水平的深度和能力相比过去还是有所提升的,在实效性方面取得了很大的进展。

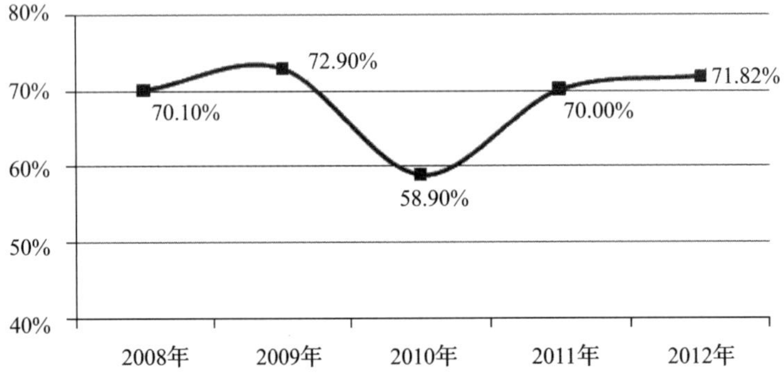

图 12　2008 ~ 2012 年信息化应用水平得分率对比分析图

(六)各年度保障水平对比分析

从各省区市 2008 ~ 2012 年林业信息化保障水平得分率对比分析图可以看出(图 13),近 5 年全国各地区林业信息化整体保障水平处于逐步上升阶段,全国林业信息化保障水平得分率由 2008 年的 54.60%、2009 年的 55.60%、2010 年的 64.50%、2011 年的 62.00%,2012 年提高到了 68.14%,表明全国林业信息化队伍不断壮大,制度规范和安全管理不断完善,保障体系建设逐步得到加强。

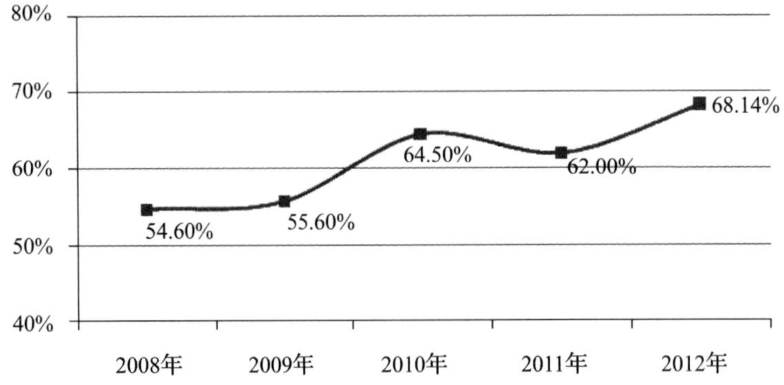

图 13　2008 ~ 2012 年信息化保障水平得分率对比分析图

七、先进省区市亮点分析

（一）湖南省

湖南省在本次评测中以 97 分的成绩位列榜首。湖南省历年来十分重视林业信息化工作，全省林业信息化水平不断提高。尤其在林业信息化建设和应用方面，成绩突出。信息化建设方面，机房建设和电脑终端使用情况良好，内外网建设情况良好，数据库和应用系统的建设数量最多，分别为 34 个和 44 个，且建成的数据库均得到了良好的应用，各个应用系统都整合在了省厅的统一平台上。信息化应用方面，OA 系统应用效果最为理想，使用 OA 的人数达到 3000 人，全年 OA 系统办结文件数量达到 105153 件，全年通过各种形式办文总量达到了 156202 件。内外网建设和信息发布情况均较好。信息化保障方面，机构、队伍、制度、管理和信息技术自主创新保障方面均做得较好，设立了林业信息化领导小组和办公室，并经过省编制管理部门正式批复，2012 年林业信息化投资 2200 万元，并制定了完善的信息化制度、标准、规定，其中包括湖南省林业厅机关报废信息化设备处置实施细则、湖南省林业厅机关信息化设备管理暂行规定、湖南省林业厅网络机房管理制度、湖南林业电子政务网林业政务信息考核办法等。总体来看，湖南省能够科学规划，整合林业信息化资源；强化领导，不断加大林业信息化投入；强化培训，快速提升林业队伍信息化素质，不断加快林业信息化示范省建设步伐。

（二）辽宁省

辽宁省以 95.3 分的成绩位居第三名，其信息化应用水平尤为突出，在 42 个省市中排名第一。已建成 17 项数据库和 18 项应用系统，建设难度较大的核心业务共涉及了 25 个领域；内外网的应用到位，全年内外网信息发布总量为 98233 条，全年在线办事和审批 181342 件，在线办理率高达 100%；互动交流效果理想，能够对公众提交的公众留言、领导信箱信件给予 100% 回复。此外，信息保障成绩显著，机构建设到位；定编人数为 14 人，其中中高级职称人数为 11 人，占定编人员的 78.6%；在制度保障与安全保障方面做得最好，制定的制度最全面、数量最多，为其信息化的发展奠定了良好基础。

（三）北京市

北京市以 94.2 分的成绩位居第三名，其信息化应用和保障方面成绩突出。建设的 18 个数据库和 18 个业务系统均整合到了市统一的平台上，并得到了良好的应用，主要建设了北京市园林绿化局综合信息平台、报表系统、综合数据库系统、门户网站系统等 18 个系统，基础地理信息数据库的覆盖范围已达到 100%，基础地理信息比例尺为城区 1∶2000（郊区 1∶10000），卫星影像分辨率达到了 0.2 米（郊区 0.6 米），大大提高了监管能力。内外网的应用也比较到位，外网网站总访问量达到 2224.50 万人次，全年信息发布 11462 条，全年在线办事和审批 3911 件。专网覆盖率已达到 100%，覆盖全部 159 个乡镇；在信息技术保障方面，北京开通了政务微博，且增加了智能手机客户端应用服务。

（四）浙江省

浙江省林业信息化总体水平良好。在信息化建设、应用与保障方面的工作值得肯定，较为突出的是信息化建设，已建设数据库数量 5 个，省级基础地理信息数据库的覆盖范围已达到 100%；已建成的应用系统 31 个，在建系统 1 个，同时均已经整合到省厅的统一平台上，并得到了良好的使用；内外网使用情况较好，全年信息发布总量达到 18504 条，全年在线办事数量达到 1110 件，在线审批量为 992 件，在线办理率为 91.1%，办事效率高；省厅机构建设情况较好，有林业信息化工作领导小组及其办公室，并经过省编制管理部门正式批复。制度建设情况较为理想，结合浙江省林业系统的实际，制定了浙江省林业信息化管理办法、浙江省林权信息化建设规范、浙江省森林灾害远程视频预警监控系统技术规范等管理制度、建设标准、技术规定共 18 项；信息化保障工作取得了很大成绩，投资总额达到了 1334 万元，对全省林业信息化建设提供了支撑。

（五）福建省

福建省林业信息化建设水平较高，专网覆盖率较好，已连通的市县均为 100%。有省厅统一的独立机房，电脑普及率较高，内外网电脑配备率最高，人均一台，OA 系统应用及内外网使用情况较好，其中 OA 系统使用人数为 300 人，全年 OA 系统办结件达到 1983 件。已建成数据库建设均整合在了省厅的统一平台上，已建成的福建省林政管理业务应用系统、森林资源监测管理应用系统、林权管理业务应用系统、林业厅内部办公系统、森林防火综合管理信息系统、森林公安综合管理系统、综合造林管理系统、有害生物防控管理系统、森林资源地理信息系统等。福建省信息化保障成绩突出，机构建设到位，定编人数 8 人，其中中高级职称 7 人，投资总额达到了 3103 万；全年在线办事和审批事项 3541 件，在线办理率达到 100%，节约了办事成本和时间，互动交流渠道设置完善，大大拓展了公众与部门的交流方式。

（六）广东省

广东省林业信息化保障能力突出。机构建设到位，定编人数 15 人，其中中高级职称人数达到 100%，财政投资 1136 万元，为信息化建设提供了有利支撑；管理制度、建设标准、技术规定等相关文件编制较为全面，共编制相关文件 33 件，其中管理制度包括广东省林业厅信息系统设备安全管理制度、机房安全管理制度、网络管理暂行规定、计算机信息系统安全保护管理暂行规定、计算机软件资产管理制度等。信息安全保障方面，采用了防火墙、防病毒安全体系、网络安全审计系统、VPN、入侵检测系统及漏洞扫描系统等安全性措施；设有专门的安全保障专职人员，能够定期进行安全检查及开展信息安全教育培训；在信息技术创新方面，建设广东省林业厅云计算中心，开展林业云终端等创新应用，开通省林业厅微博、移动门户网站等。

（七）湖北省

湖北省高度重视林业信息化建设，经过近两年的努力，全省林业信息化在应用和保障方面均取得显著成效，尤其在信息化保障方面，成绩较为突出。设立了信息化工作领导小组和办公室，并经过省编制管理部门正式批复。年信息化投资额达到 2714 万元，为信息化基础设施建设提供了资金保障。管理制度、建设标准、技术规定等相关文件编制较为全面，共出台 18 项管理制度。信息安全保障工作扎实，采用了防火墙、防病毒安全体系、网络安全审计系统、VPN 和漏洞扫描系统等安全保障措施，而且在管理中能够对重要信息系统等级保护备案以及开展相应的信息安全检查，设有安全保障专职人员。在新技术保障方面，湖北省林业厅使用了 OA 综合移动办公平台、移动门户网站、门户网站 RSS 阅读等先进技术。

（八）吉林省

吉林省林业信息化在建设和保障方面成绩很好。专网已 100% 连通所有的市县，有省厅统一的独立机房，数据库建设覆盖范围为 100%，基础地理信息的比例尺为1∶25000，卫星影像数据的分辨率为 2.5 米。已建成的应用系统有综合办公系统、公文传输系统、地理信息系统、远程教育培训系统、三北工程营造林管理信息系统、木材运输管理系统、林业统计报表管理平台、林业检疫签证系统、林业工作站数据管理系统、重点公益林管理系统等。在信息化保障方面，吉林省林业厅年信息化投资额 500 多万元，且具有持续性，能够较好地支撑全省林业信息化基础建设。出台管理制度、建设标准及技术规定 24 项，制度包括中心机房管理办法、林业专网管理办法、电子公文传输管理办法、信息安全管理办法、办公内网管理办法和吉林林业网管理办法；标准包括应用系统开发集成规范、安全与单点登录标准、林业地理信息数据库及系统建设管理技术规范、森林区划规范及视频会议系统标准等；规定包括视频会议室建设技术规定、内网综合布线技术规定、数据处理技术规定和信息报送采编规范等，为全省林业信息化保持良好发展态势提供了强大的基础保障。

（九）四川省

四川省林业信息化保障水平相当突出，得分率达到 100%，排名第一。全省林业信息化定编人员为 12 人，中级以上职称人数比例达到 100%。2012 年全年信息化投资额高达 5621 万元，在所有省区市中投资力度最大。信息安全保障方面，采用了防火墙、防病毒安全体系、网络安全审计系统、VPN、入侵检测系统及漏洞扫描系统，实行等级保护备案制，同时设有专门的安全保障专职人员。在管理保障方面，定期进行信息安全检查，开展信息安全教育培训等工作。

(十)上海市

上海市林业信息化在数据库、应用系统建设和应用方面成绩突出。已建数据库和在建数据库数量占应建数据库的100%，且所有已建数据库和应用系统均能够得到良好应用，已建成数据库和应用系统支撑的业务领域数量较多，包括森林资源监管、野生动物资源监管、营造林管理、资金监管、湿地资源监管、野生植物资源监管、森林病虫害应急管理、野生动物疫源疫病应急管理；OA系统使用良好，使用人数达500人，实现本级单位所有文件通过OA系统办理。在资金保障方面，2012年共投入566万元，为林业信息化发展提供了强大支撑。

(十一)江西省

江西省林业信息化建设，应用和保障方面均取得了明显的成绩。信息化建设方面，内外网站建设良好，建成了省厅门户网站，内外网能够完全物理隔离。信息化应用方面，所有数据库和应用系统均得到良好应用，已建成的应用系统主要包括育林基金系统、厅邮件系统、博思票据系统、视频会议系统、公益林地理信息系统、林权交易系统、林产品网上商城、森林防火指挥辅助决策系统、森林防火信息系统、森林防火跟踪定位系统、森林火险预警监测系统、森林公安OA系统、森林公安邮件系统、森林公安被装系统、森林公安刑事案件系统、中德合作江西造林项目信息管理系统、鄱阳湖国家级自然保护区实时监测调度系统等。信息化保障方面，机构建设到位，定编人数为7人，其中中高级职称人数为6人，占定编人员的85.7%，为信息化发展提供了重要保障。

(十二)河南省

河南省在林业信息化保障建设方面成绩突出。全年总投资达3390万元，充分体现出对信息化工作及其作用的高度重视。在安全保障方面，设置有防火墙、防病毒安全体系、网络安全审计系统、VPN、入侵检测系统、漏洞扫描系统等，注重信息系统等级保护备案，设有专门的安全保障专职人员。在制度保障方面，制定了机房管理制度、机房值班制度、河南林业信息网管理办法、计算机安全网络管理规定、计算机操作人员守则、计算机保密工作责任书、视频会议系统管理办法、综合办公电子传输系统管理办法、林业厅电子公文收发管理制度、办公自动化系统管理办法、林业信息化建设项目管理办法、林业信息化建设规范、信息化建设项目验收办法等。已建成的数据库和应用系统均得到良好的应用。

第三章　总体结论

一、管理统筹力度加大，以评促建效果凸显

2012年全国林业信息化紧紧围绕林业中心工作，认真贯彻落实国家林业局“加快林业信息化，带动林业现代化”的战略部署，坚持“五个统一”的基本原则，科学谋划、周密部署，扎实推进各项工作。在管理制度、建设标准、技术规定等方面不断出台相关规范，为信息化工作提供了可靠依据和坚实基础。评测评估工作连续5年的持续推进促进了林业信息化工作的不断提升，2012年全国林业信息化发展水平评测结果显示：多项指标得分率明显提升，尤其是在数据库建设、网站建设、管理保障、数据库应用四个方面的得分率较2011年有较为明显的增长。

二、基础建设扎实推进，应用发展态势良好

2012年，全国林业信息化基础设施建设稳步推进，评测结果显示：目前已有39家单位建立了独立的机房；在职人员的数量和电脑配备情况较好，90.5%的地区设置了内网专用电脑。同时，对数据库和应用系统建设的重视程度逐渐提升，已有35.71%的省区能够将数据库整合在省厅的统一平台上；并且技术支撑力度不断加大，已有76.19%建有省级基础地理信息数据库。其中，2012年甘肃省完成全省林业中心机房和网络改造工程，购置了核心交换机等信息处理和存储设备，并对厅机关网络系统进行了升级。

各项应用开发取得阶段性成果，野生动植物资源监管、森林防火应急管理、森林病虫害应急管理、野生动物疫源疫病应急管理、集体林权制度改革、林业重大工程管理、物联网应用护林员监管、温湿度预警等系统投入应用，成效显著。

三、技术保障不断完善，自主创新助力发展

随着新一代信息技术的迅猛发展，林业信息化发展不断拓展思路，将技术研发应用与具体工作落实结合起来，为林业信息化发展提供动力，提升整体信息化水平。评测结果显示：湖南、北京、广东、湖北、吉林、深圳等地林业主管部门不断开拓创新，如开通政务微博、增加智能手机客户端应用服务、建设林业云计算中心、开展林业云终端、OA综合移动办公平台、移动门户网站、门户网站RSS阅读等创新应用。但仍有52.38%的省区仍未能充分地利用新技术，需不断转变观念，开展林业信息技术产品研发与应用推广，积极鼓励和推动林业信息技术领域的产学研结合，加快林业信息技术成果转化和信息产品研发，通过政策引导和资金扶持，提升林业信息化发展空间，助力林业信息化发展。

四、信息安全得到重视，具体工作得到落实

随着林业信息化发展水平的不断提升，信息安全逐渐得到各地的重视，多数省区均采用了防火墙、防病毒安全体系、网络安全审计系统、VPN 和漏洞扫描系统等安全保障措施，并能够对重要信息系统等级保护备案以及相应的信息安全进行检查，有 80.95% 的省区设有安全保障专职人员，并能进行相应的信息安全检查，有 52.38% 的省区开展了年度信息安全教育培训。

五、人才队伍不断充实，智力支撑逐渐增大

随着林业信息化建设任务的不断加大和信息化地位的不断提高，林业信息化建设工作越来越需要智力支持，人才队伍的不断充实为各单位的信息化工作提供有力支撑。2012 年全国林业信息化发展水平评测结果显示，从事林业信息化工作的人数逐年增加，学历和能力不断提高，40.48% 的省区中级职称以上工作人员拥有率占到 50% 以上，其中河北、广东、内蒙古森工、青海 4 个省区中级职称以上工作人员占到 100%，同时还有 14.29% 的单位拥有 50% 以上的中高级工作人员，但也有 30.95% 的单位缺乏中高级人才，仍需在现有基础上通过多种渠道招贤纳士，不断充实人才队伍。

第四章　工作建议

林业信息化是现代林业建设的重要组成部分，是实现林业科学发展的重要支撑，是关系林业工作全局的战略举措和当务之急。国家林业局连续开展的全国林业信息化发展水平评测，实现了以评促建和以评促用，成效显著，推动了林业信息化全面、深入发展。通过评测，全面地了解林业系统信息化建设的总体情况和存在的问题，发挥了评测工作的导向功能，为信息化科学决策提供了支撑。今后，必须持之以恒，采取强有力的措施，加强统筹规划，全面加快林业信息化建设步伐。

一、提高思想认识，适应形势发展

深入贯彻落实党的十八大和全国林业厅局长会议精神，紧紧围绕建设生态林业和民生林业，按照“加快林业信息化，带动林业现代化”的总体思路和“五个统一”的基本原则，突出建设、应用、运维 3 个重点，坚持强化基础、提升水平、拓展领域、深化合作、规范管理，推动林业信息化发展阶段由互联网向物联网推进，建设领域由电子政务向电子商务拓展，技术手段由现代信息技术向下一代信息技术提升，应用服务由局部向整体延伸，努力使林业信息化实现新的突破。结合全国林业信息化工作实际，认真总结分析“十二五”前期工作，深化认识，统一思想，研究部署“十二五”后期工作，为服务林业全局工作做出重

要贡献。

二、统一标准规划，促进资源共享

林业信息化是一项复杂的系统工程，其内部关系相互交织，建设程序环环相扣，实际应用互联互通，整体性、系统性都很强。各地要在国家林业局统一指导下开展工作，立足全局，通盘考虑，统一规划，分步实施，从基础建设向应用推进，从简单应用向主体业务推进，建设一个成功一个，切实发挥应有作用。要实行统一标准，使林业信息化实现互联互通、资源共享。标准不统一，必然形成“信息孤岛”，造成林业信息的破碎化。必须统一数据采集规范，统一交换模式，为实现基础平台、应用系统的互联互通奠定基础。

三、加强队伍建设，深化支撑保障

在国家、省、市、县四级林业主管部门均设立专门的信息化管理机构，负责本地区、本单位林业信息化建设的组织、协调、指导、监督、管理。逐步推行政府首席信息官(CIO)制度，提高信息化管理机构在林业发展决策中的参政议政水平。为信息化管理配备强有力的工作人员，努力实行公务员制度管理。加强信息化培训，提高从业人员的信息化意识、业务素质和创新能力。充分利用网络、多媒体等技术，创新培训方式、丰富培训内容、扩大受众范围，按照分类培训、按需培训等原则，举办高级研修班、专题研修班、信息技术培训班等。选派优秀人员出国培训，造就一批具有国际化视野的高级信息化人才。

四、建立有效机制，保障资金投入

研究建立林业信息化建设经费保障长效机制。在各级政府财政预算中设立林业信息化建设专项资金，确保年度投入稳中有升。在育林基金、生态效益补偿金等长期性林业建设投资中，设立林业信息化建设专项，提取一定比例的资金专门用于信息化建设与应用。加强林业建设项目审查和预算管理，确保信息化建设内容和资金投入的延续性。坚持项目带动原则，以重大林业信息化建设项目，带动各级林业部门加大对信息化的资金投入。加强林业信息化建设资金统一管理、统筹协调和审计监督，切实提高投资效益。充分发挥市场在资源配置中的基础性作用，在经济效益明显的领域，积极吸收社会投资。

五、注重试点先行，实现稳步推进

全面加快林业信息化建设步伐，选择条件比较成熟的省份和单位先行试点示范，取得经验后，逐步推广应用。通过试点示范，探索科学的技术路线，积累经验，指导全国，少走弯路，减少风险，提高效率。各示范单位要采取有效措施，抓好各项工作落实，努力为全国林业信息化建设大胆探索，创经验、出成果，真正起到示范带头作用，引领全国林业信息化迈上新台阶，为全面推进林业信息化做出更大贡献。

六、加强交流合作，促进互利共赢

各地区间应加强学习和交流，落后地区要主动学习和借鉴优秀地区的成功经验，以优秀地区为发展标杆，加大林业信息化建设和投入力度，完善信息化人员轮岗制度、借调制度、基层锻炼制度、对口支援制度等，促进林业系统内信息化部门和人员之间的交流与合作。完善信息化专家咨询制度，充分发挥专家智囊团和桥梁纽带作用。通过举办林业信息化论坛、专家讲座、调研座谈、合作研究、调研考察、服务外包等，深化与国家部委、先进行业、先进地区、教学科研单位、优秀 IT 企业、发达国家等之间的交流与合作，学习先进经验，促进互利共赢。

七、加强新一代信息技术的应用

积极研究云计算、物联网、大数据等前沿技术在林业信息化发展中的作用，全面分析新技术对林业信息化发展的影响，积极建设中国林业云、中国林业物联网，大力推动发射中国林业星，努力做好北斗卫星应用示范等工程建设，促进物联网、云计算、IPv6、新一代移动通信等信息技术在林业行业的普及应用，大幅提升林业信息化的建设和应用水平。充分发挥既有资源的作用和新一代信息技术潜能，加快林业信息化发展创新，减少重复浪费、避免各自为政、信息孤岛等问题。鼓励各地林业部门采用新技术，降低林业信息化建设和运维成本，提高信息化发展质量，增强信息化安全保障能力。紧紧抓住信息化从“互联时代”向“物联时代”发展的良好契机，组织实施智能林业物联网应用示范项目，科学制定林业物联网发展规划，积极推进物联网建设，从“数字林业”到“智慧林业”，使林业尽快实现物联世界。

2013 年全国林业信息化发展水平评测报告

摘　要

全国林业信息化发展水平评测已走过 6 个年头，2013 年全国林业信息化发展水平评测指标主体延续林业信息化建设、应用和保障 3 个方面，在总结前 5 年工作的基础上，结合 2013 年评测研究发展的新趋势，完善与时俱进的指标体系，采用聚类分析、离散分析等统计方法，对采集的数据进行了科学的统计和分析，形成本次评测结果。通过对评测结果做年度对比及先进省区市等多维度、全方位的分析，可以看出辽宁、北京、湖南、广东、吉林、浙江、湖北、四川、江西、福建、河南、甘肃等处于领先发展阶段，而河北、大兴安岭、广西等单位取得长足发展；与 2012 年相比，2013 年成为近年来林业信息化增长最快的一年，包括网络建设、应用系统建设、OA 系统应用、内外网应用、资金保障在内的多项指标取得重大突破。2013 年作为智慧林业建设的元年，林业信息化基础设施建设日益成熟，保障体系稳步推进，建设重心向应用效益转移，林业信息化整体更上一个台阶，为智慧林业发展奠定一个良好开局。

引　言

2013 年，是信息化巨变的一年，信息化理念、信息化技术、信息化应用都取得了前所未有的成就，云计算、大数据、移动互联网、物联网等成为社会热点，并逐渐融入到日常的工作生活中。截至 2013 年 6 月 30 日，我国网民规模达 5.91 亿人，互联网普及率 44.1%，为信息化发展打下了坚实的基础。2013 年 8 月国务院印发《关于促进信息消费扩大内需的若干意见》，信息消费被提高到了国家战略。十八届三中全会决议也提出了加强行业信息化建设助力改革深化，加快信息化建设成为助力改革的重要手段，是建设有中国特色社会主义的战略选择。

2013 年 8 月，国家林业局印发了《关于进一步加快林业信息化发展的指导意见》，这是林业系统贯彻党的十八大关于推进新型工业化、信息化、城镇化、农业现代化同步发展要求的重要举措，是落实《国务院关于促进信息消费扩大内需的若干意见》的重要行动。将信息化融入林业建设全局，进一步加快发展步伐，是顺应世界信息时代发展潮流，构建国际竞争新优势的必然选择；是贯彻落实党的十八大等一系列中央决策部署、开创林业发展新局面的重要举措；是建设生态林业和民生林业，实现林业现代化的迫切需要。

《中国智慧林业发展指导意见》的印发标志着我国林业信息化由“数字林业”步入了“智慧林业”发展的新阶段。国家林业局十分重视林业信息化的建设和管理工作，2008～2012年连续5年开展了全国林业信息化发展水平评测，有效推动了林业信息化的建设和发展，对提升林业信息化发展水平起到了重要的推动作用。为全面准确地把脉2013年度全国林业信息化发展状况，国家林业局组织开展了2013年度全国林业信息化发展水平评测工作，旨在通过定性分析及定量分析，掌握林业信息化发展新动向，查检林业信息化发展过程中的问题，矫正不足之处，总结林业信息化建设优秀地区的先进经验，为各地林业信息化主管部门科学决策提供参考依据或优化建议，进一步促进林业信息化向“智慧林业”的目标持续迈进。

第一章　评测方法

一、评测目的

为更好地适应当前我国林业科学发展的需要，加快推进林业信息化建设，提升林业信息化整体水平，国家林业局组织开展了2013年全国林业信息化发展水平评测。通过评测，全面客观地了解我国林业信息化发展现状，包括优势、特点和不足，为下一阶段林业信息化建设制定科学计划和重点突破领域提供依据。

二、评测范围

本次评测包括全国31个省区市、4个森工(林业)集团、新疆生产建设兵团和5个计划单列市，1个示范市，共计42个单位(表1)。

表1　2013年全国林业信息化发展水平评测范围

类　别	单位名称
省区市(31个)	北京、天津、河北、山西、内蒙古、辽宁、吉林、黑龙江、上海、江苏、浙江、安徽、福建、江西、山东、河南、湖北、湖南、广东、广西、海南、重庆、四川、贵州、云南、西藏、陕西、甘肃、青海、宁夏、新疆
森工(林业)集团(4个)	内蒙古森工、吉林森工、龙江森工、大兴安岭

（续）

类　别	单位名称
新疆兵团(1 个)	新疆兵团
计划单列市(5 个)	大连、宁波、厦门、青岛、深圳
示范市(1 个)	沈阳

三、评测标准

为了保持与各年度评测结果的可比性，本次评测的指标体系遵循了以往评测指标体系的设定，即按照林业信息化的建设、应用和保障 3 个方面设定指标，在保持一级指标不变的基础上，新增微博/移动门户新技术应用、物理安全保障、协同管理保障 3 个二级指标，调整技术保障/信息技术自主创新二级指标的考核要点，同时将二级指标进一步细化，形成 39 个三级指标。本套评测体系共包括 3 个一级指标，19 个二级指标(表 2)。

表 2　2013 年林业信息化发展水平评测指标体系

一级指标	二级指标	分　值
林业信息化建设水平(40 分)	网络建设	7
	机房建设	5
	电脑等终端建设	5
	数据库建设	7
	应用系统建设	7
	网站建设	9
林业信息化应用水平(30 分)	数据库应用	5
	应用系统使用	5
	数据库和应用系统支撑核心业务	6
	OA 系统应用	5
	内外网应用	6
	微博/移动门户新技术应用	3
林业信息化保障水平(30 分)	机构队伍保障	6
	资金保障	5
	制度标准保障	4
	信息安全保障	4
	管物理安全保障	4
	协同管理保障	4
	技术保障/信息技术自主创新	3

四、评测过程

2013 年 6 ~9 月，确定评测范围，制定评测标准体系。

2013 年 9 月，下发全国林业信息化评测通知。

2013 年 10 月，各省区市报送本次调查数据，集中收集整理各省区市调查数据，并对部分数据进行核实查证。

2013 年 11 ~12 月，对照评测标准体系，对各省区市的调查数据进行综合评分，评测结果报有关专家和领导审定后，得出 2013 年全国林业信息化发展水平评测结果，并对各省区市的分项指标得分情况进行分析，编写评测报告。

第二章　结果分析

一、总体评测结果

排在前 10 名的单位分别是辽宁、北京、湖南、广东、吉林、浙江、湖北、四川、江西、福建、河南、甘肃(福建、河南、甘肃并列第 10 名)，前 3 名处于 90 分以上，其余 9 名在 80 ~90 分之间，其中第一名(辽宁)与第十名(福建、河南、甘肃)相差 10 分左右，前三名单位的信息化建设及保障水平明显高于其他单位。前 10 名单位的信息化发展水平在

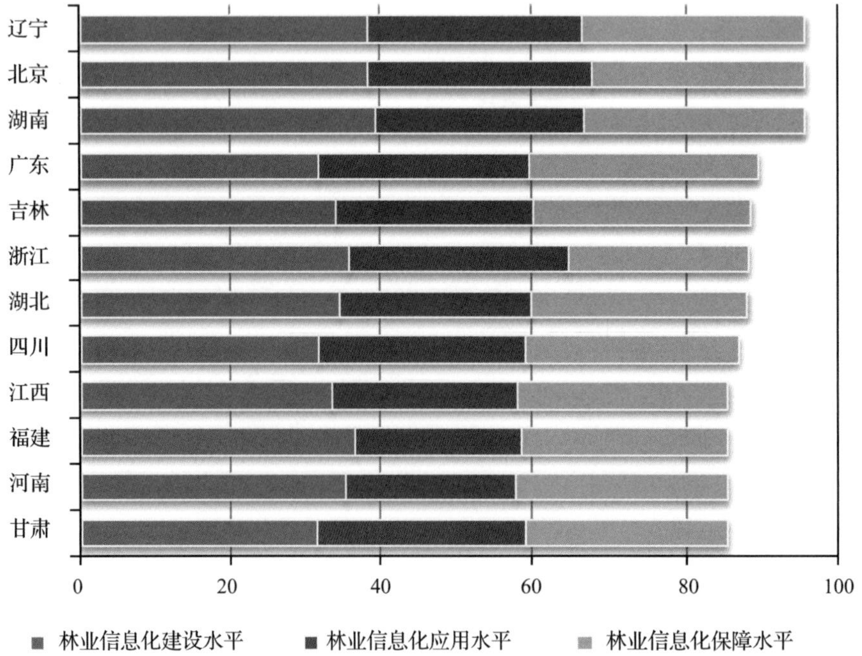

图 1　2013 年林业信息化发展水平排名前 10 名图表

不同层面上存在差距(图1)。

2013年全国各地林业信息化发展水平平均得分74.30分，在指标要求有所提高的情况下较2012年提高5分左右。辽宁以95.6分位居第一，90分以上的单位共3个，80~90分的单位有13个，60~80分的单位有18个，低于及格水平的单位有8个。最高分(95.6)与最低分(32.5)相差63.1分。可以看出，各单位信息化发展水平差异仍然较大(表3)。

表3 2013年全国林业信息化发展水平评测结果

排名	单位	总得分
1	辽宁	95.6
2	北京	95.5
3	湖南	95.4
4	广东	89.1
5	吉林	88.3
6	浙江	87.9
6	湖北	87.9
8	四川	86.7
9	江西	85.3
10	福建	85.2
10	河南	85.2
10	甘肃	85.2
13	吉林森工	84.1
14	河北	83.4
15	上海	83.1
16	广西	80.5
17	山东	79.7
18	内蒙古	78.3
19	大兴安岭	78.2
20	沈阳	76.4
21	安徽	76.1
22	云南	75.5
22	陕西	75.5
24	青海	75.4
25	山西	74.8
26	江苏	73.7
27	黑龙江	73.4

（续）

排　名	单　位	总得分
27	大　连	73.4
29	龙江森工	72.0
30	深　圳	71.6
31	贵　州	70.8
32	青　岛	65.8
33	宁　波	67.1
34	厦　门	64.0
35	天　津	59.1
36	新疆兵团	57.0
37	宁　夏	56.6
38	新　疆	51.9
39	海　南	51.8
40	西　藏	49.1
41	重　庆	42.1
42	内蒙古森工	32.5

二、整体得分情况分析

（一）整体分布

2013 年全国各地林业信息化发展水平持续提高，各地在林业信息化发展方面做了很多工作，成绩值得肯定。但是整体发展水平依旧不平衡，最高分与最低分相差 63.1 分；从图 2 可以看出，各分布点跳跃性较明显，离趋势线的距离差距较大。其中，前 3 名的水平相当，而最后几名离趋势线甚远，离整体水平存在较大差距，再次表明全国林业信息化发展的不平衡性。

（二）聚类分析

运用专业的统计分析工具，采用科学的系统聚类法，结合三大指标得分情况进行聚类分析，将 42 个单位分为 3 个阶段，即总体领先阶段（75 分以上）、应用发展阶段（60～75 分）和建设起步阶段（60 分以下）。处于总体领先阶段的单位有 24 个，占总数的 57.14%；应用发展阶段的单位有 10 个，占总数的 23.81%；建设起步阶段有 8 个，占总数的 19.05%（表 4）。可见，通过评测，全国各地林业信息化发展水平在不断提升，并促进各单位向更高的阶段迈进。

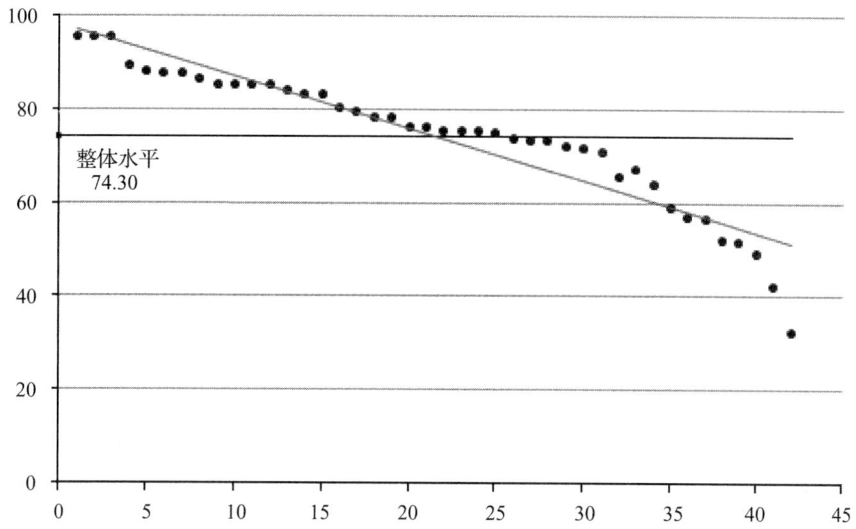

图 2　2013 年全国各地林业信息化发展水平分布图

表 4　2013 年全国各地林业信息化发展水平评测结果分类

阶段	省区市	
	数量(个)	名称
总体领先阶段 (75 分以上)	24	辽宁、北京、湖南、广东、吉林、浙江、湖北、四川、江西、福建、河南、甘肃、吉林森工、河北、上海、广西、山东、内蒙古、大兴安岭、沈阳、安徽、云南、陕西、青海
应用发展阶段 (60～75 分)	10	山西、江苏、黑龙江、大连、龙江森工、深圳、贵州、青岛、宁波、厦门
建设起步阶段 (60 分以下)	8	天津、新疆兵团、宁夏、新疆、海南、西藏、重庆、内蒙古森工

处于总体领先阶段的单位得分均在 75 分以上，此类单位信息化发展水平高，已成为全国林业信息化发展的标杆。其中多数单位位于经济发展速度较快的东部沿海地区，同时也有少数单位位于中西部地区。此类单位信息化建设基础扎实，应用效果较好，保障机制基本到位，整体发展态势良好。

处于应用发展阶段的单位得分在 60～75 分之间，此类单位信息化发展为中等水平，信息化应用上了一个台阶，但基础工作不够扎实，保障机制不健全，整体信息化发展水平需进一步提升。

处于建设起步阶段的单位得分低于 60 分，信息化整体发展水平较低，在信息化建设、应用及保障等方面均存在较多问题。因此，此类单位需更加重视信息化的发展，积极学习其他单位发展经验，不断提升信息化发展水平(图 3)。

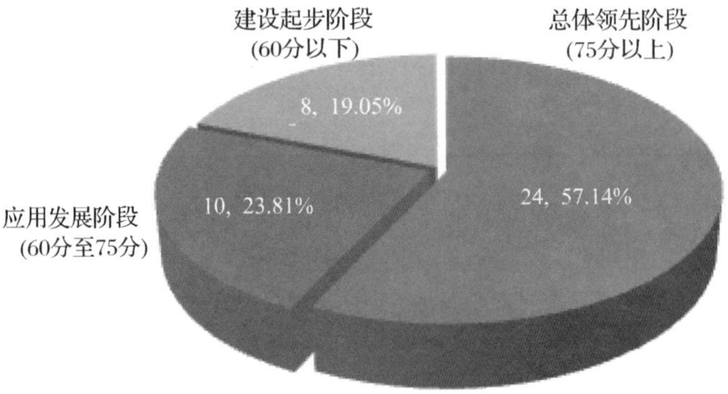

图 3　2013 年全国各地林业信息化发展水平各分数段分布比例

三、一级指标评测结果

通过对一级指标的得分情况进行对比分析(图 4)，3 类一级指标发展整体趋势较为均衡，得分率分别为 73.28%、76.53%、73.44%，较 2012 年而言(2012 年 3 类分项得分率为 68.06%、71.82%、68.14%)，林业信息化建设水平、应用水平及保障水平均得到了提升，尤其是建设能力得到有效强化，成为增长最快的指标，而林业信息化建设水平与保障水平依旧未及信息化应用水平。下一阶段，需要继续加大建设投入力度，为林业信息化应用提供坚实的基础，进而使得全国林业信息化发展水平得到良性发展。

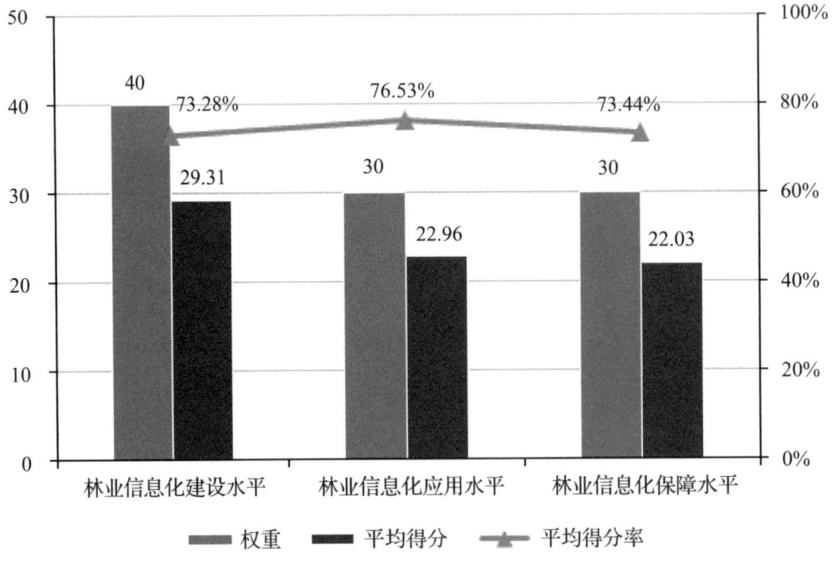

图 4　2013 年全国各地林业信息化一级指标对比情况

(一)林业信息化建设水平

1. 林业信息化建设水平分析。2013年林业信息化建设水平指标分值为40分，平均得分为29.31分，平均得分率为73.28%，较2012年有所提升(2012年得分为27.2分，平均得分率为68.06%)。其中得分率超过90%的仅湖南、辽宁、北京、福建4个省份，较2012年(5个单位)略有下滑，主要原因是机房建设考查尺度加大。得分率低于60%有7个单位，约占16.67%，与2012年相比下降了约14个百分点。可见各单位在信息化基础设施方面的投入力度不断加强(表5)。

表5　2013年林业信息化建设水平得分(满分40分)

排　名	单位名称	得　分	得分率
1	湖　南	39.2	98.07%
2	辽　宁	38.3	95.66%
3	北　京	38.2	95.56%
4	福　建	36.5	91.16%
5	浙　江	35.5	88.75%
5	内蒙古	35.5	88.75%
7	河　南	35.1	87.87%
8	湖　北	34.3	85.75%
8	青　岛	34.3	85.75%
10	吉　林	34.0	84.92%
11	江　西	33.3	83.28%
12	上　海	33.1	82.74%
13	大　连	32.0	79.89%
14	四　川	31.7	79.15%
15	广　东	31.5	78.64%
16	甘　肃	31.4	78.49%
17	龙江森工	31.2	77.95%
18	吉林森工	31.1	77.79%
19	山　东	31.0	77.44%
20	安　徽	30.3	75.82%
21	沈　阳	29.7	74.13%
22	云　南	28.9	72.27%
23	大兴安岭	28.7	71.67%
24	广　西	28.4	71.00%
24	陕　西	28.4	71.00%
26	江　苏	27.9	69.76%
27	河　北	27.4	68.44%
28	深　圳	27.3	68.34%
29	山　西	27.0	67.40%

（续）

排 名	单位名称	得 分	得分率
30	宁 夏	26.8	67.05%
31	黑龙江	26.1	65.33%
32	贵 州	25.8	64.57%
33	厦 门	25.5	63.75%
34	西 藏	24.5	61.14%
35	宁 波	24.1	60.19%
36	青 海	23.8	59.57%
37	重 庆	23.7	59.31%
38	天 津	22.2	55.53%
39	新疆兵团	21.1	52.87%
40	新 疆	20.3	50.70%
41	海 南	19.8	49.45%
42	内蒙古森工	16.2	40.57%

具体而言，在林业信息化网络建设方面，约九成单位实现了市州级林业专网全覆盖，57.14%的单位实现了县市级林业专网全覆盖，湖南与北京两家实现了乡镇林业专网全覆盖，建设林业系统四级网络互联互通已初具雏形；机房建设及电脑终端建设方面，95%的单位建设了独立机房，69.05%的单位实现了省厅统一机房，在职人员电脑配备率达到97.33%，内网电脑配备率为51.77%，林业信息化硬件基础投入在持续增长；数据库及应用系统建设方面，林业信息化软件基础建设得到了长足发展，其中应用系统建设尤为突出，应用系统建设率达到90.77%，系统整合率为60.71%；网站建设方面，整体情况不容乐观，市县两级的网站建站率为68.82%，其中市州建站率为86.41%，与全国97%的地市级政府建站率相比存在一定差距①，网站群整合工作尚有待进一步提升，市县两级的整合率64.17%，多数单位整合到市级，未整合或仅整合较少县级网站。

2. 林业信息化建设水平各项指标得分率分析。2013年林业信息化建设水平各项指标的得分率为：网络建设65.71%，机房建设82.62%，电脑终端建设79.10%，数据库建设73.79%，应用系统建设77.89%，网站建设66.75%（图5）。其中，机房建设、电脑终端建设大致与2012年持平，波动较小；网络建设、应用系统建设与2012年相比得到了长足发展；而网站建设水平出现下滑，主要原因在于网站群的整合力度不足。此外，网络建设水平落后于其他指标，说明基础设施的网络普及率仍未取得进展，应着力加大网络建设的投入，使省地市3级互联互通，同时加强网站群建设的重视程度，不断夯实林业信息化建设基础，为林业信息化快速发展提供充足条件。

① 数据来自《2013年中国政府网站发展研究报告》（国脉互联）

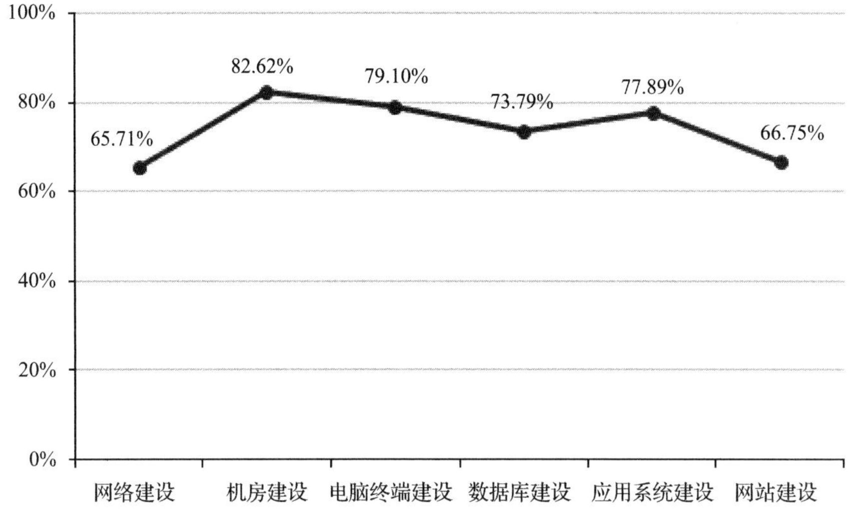

图 5　2013 年林业信息化建设水平各项指标得分率

(二)林业信息化应用水平

1. 林业信息化应用水平分析。2013 年林业信息化应用水平指标分值为 30 分，平均得分为 22.96 分，平均得分率为 76.53%，同比 2012 年有所提升(2012 年平均得分率为 71.82%)。其中，得分率超过 90% 有 12 个单位，相较于 2012 年(4 个单位)，有较大突破；同时，两极分化亦愈发明显，区域差异仍未得到缓解，应用水平较高的单位仍集中在东部沿海地区，但甘肃、青海 2 个单位进步较快，成为西部地区林业信息化应用的新星。

具体而言，数据库应用、应用系统使用、数据库和应用系统支撑核心业务平均得分率均超过 80%，而新增指标“微博/移动门户新技术应用”得分情况较差，开通微博的单位个数为 15 个，移动门户开通的单位为 10 个(得分率 23.81%)，成为得分率最低的指标之一(表 6)。

表 6　2013 年林业信息化应用水平得分(满分 30 分)

排　名	单位名称	得　分	得 分 率
1	北　京	29.5	98.24%
2	浙　江	28.9	96.32%
3	河　北	28.2	93.86%
3	上　海	28.2	93.86%
5	辽　宁	28.0	93.33%
6	广　东	27.8	92.76%
7	大兴安岭	27.7	92.48%
8	甘　肃	27.5	91.67%

（续）

排　名	单位名称	得　分	得分率
9	湖　南	27.4	91.35%
10	青　海	27.3	91.04%
11	宁　波	27.2	90.67%
11	四　川	27.2	90.67%
13	江　苏	27.0	89.92%
13	安　徽	27.0	89.92%
15	黑龙江	26.5	88.26%
16	吉　林	26.1	86.87%
17	陕　西	25.8	86.00%
18	湖　北	25.3	84.17%
19	大　连	25.1	83.57%
19	山　西	25.1	83.57%
21	广　西	24.8	82.74%
22	江　西	24.5	81.67%
23	吉林森工	23.7	79.00%
24	沈　阳	23.5	78.24%
25	内蒙古	23.3	77.54%
25	山　东	23.3	77.54%
27	深　圳	23.0	76.52%
28	云　南	22.8	76.00%
29	厦　门	22.7	75.67%
29	贵　州	22.7	75.67%
31	河　南	22.6	75.26%
32	福　建	21.9	73.12%
33	青　岛	21.7	72.33%
34	新疆兵团	20.1	66.97%
35	龙江森工	20.0	66.72%
36	天　津	15.1	50.24%
37	海　南	14.7	49.06%
38	西　藏	14.3	47.67%
39	新　疆	10.8	36.00%
40	重　庆	10.6	35.33%
41	宁　夏	10.0	33.22%
42	内蒙古森工	5.5	18.33%

2. 林业信息化应用水平各项指标得分率分析。林业信息化应用水平得到一定的拓展。其中，数据库应用、应用系统使用大体上与 2012 年持平，趋于成熟；数据库和应用系统支撑核心业务得分率达到 87.50%，比 2012 年同比增长了约 17 个百分点；OA 系统应用指标得分率为 77.14%，较之 2012 年增长约 19 个百分点，增长迅猛，内外网应用指标得分率为 73.87%，较 2012 年增长约 13 个百分点(2012 年数据库和应用系统支撑核心业务指标、OA 系统应用指标、内外网应用指标得分率分别为 70.83%、57.73%、60.86%)。新增指标微博/移动门户新技术应用的得分率仅为 31.75%。因此，下一阶段林业信息化应用在稳步推进数据库及应用系统使用外，应加快 OA 系统的应用，积极加强新技术应用研究，加快信息化新技术的融合应用，为向智慧林业迈进奠定基础(图 6)。

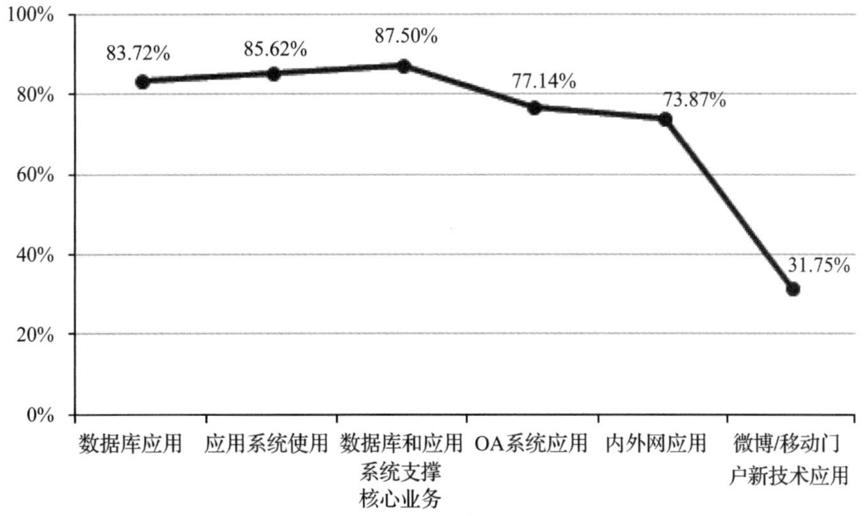

图 6　2013 年林业信息化应用水平各项指标得分率

(三)林业信息化保障水平

1. 林业信息化保障水平分析。2013 年林业信息化保障水平指标分值为 30 分，平均得分为 22.03 分，平均得分率为 73.44%，与 2012 年相比(平均得分率为 68.14%)进步较快。整体得分率超过 90% 的单位有 12 个。得分率在 60% 以下的单位占 21.43%，同比 2012 年下降约 12 个百分点，林业信息化保障水平总体得到较大的提升。组织机构、资金投入、标准制度等方面，均有所提高。其中，40.48% 的单位建设了完备的制度标准，较 2012 年(26.19%)有较大提升。新增指标物理安全保障、协同管理保障指标的得分率分别为 88.10% 和 72.62%，多数单位都能按照国家相关标准实现机房的物理安全保障，制定林业信息化或智慧林业顶层规划。技术保障/信息技术自主创新得分率仍徘徊在 30% 左右，成为得分率最低的指标之一，自主创新能力普遍较弱(表 7)。

表7　2013年林业信息化保障水平得分(满分30分)

排　名	单位名称	得　分	得分率
1	广　东	29.8	99.33%
2	辽　宁	29.3	97.67%
2	吉林森工	29.3	97.67%
4	湖　南	28.8	96.00%
5	吉　林	28.3	94.33%
5	湖　北	28.3	94.33%
7	北　京	27.8	92.67%
7	四　川	27.8	92.67%
7	河　北	27.8	92.67%
10	江　西	27.5	91.67%
10	河　南	27.5	91.67%
12	广　西	27.3	91.00%
13	福　建	26.8	89.33%
14	甘　肃	26.3	87.67%
15	山　东	25.5	85.00%
16	青　海	24.3	81.00%
17	云　南	23.8	79.33%
18	浙　江	23.5	78.33%
19	沈　阳	23.3	77.67%
20	山　西	22.8	76.00%
21	贵　州	22.3	74.33%
22	上　海	21.8	72.67%
22	大兴安岭	21.8	72.67%
22	天　津	21.8	72.67%
25	陕　西	21.3	71.00%
25	深　圳	21.3	71.00%
27	黑龙江	20.8	69.33%
27	龙江森工	20.8	69.33%
27	新　疆	20.8	69.33%
30	宁　夏	19.8	66.00%
31	内蒙古	19.5	65.00%
32	安　徽	18.8	62.67%
32	江　苏	18.8	62.67%
34	海　南	17.3	57.67%
35	大　连	16.3	54.33%
36	宁　波	15.8	52.67%

（续）

排　名	单位名称	得　分	得分率
36	厦　门	15.8	52.67%
36	新疆兵团	15.8	52.67%
39	内蒙古森工	10.8	36.00%
40	西　藏	10.3	34.33%
41	青　岛	9.8	32.67%
42	重　庆	7.8	26.00%

2. 林业信息化保障水平各项指标得分率分析。2013年林业信息化保障水平指标具体得分率为：机构队伍保障72.02%，资金保障81.67%，制度标准保障68.75%，信息安全保障85.00%，物理安全保障88.10%，协同管理保障72.62%，技术保障/信息技术自主创新34.92%。机构队伍保障、制度标准保障得分率与2012年基本持平；在资金保障上有了更多的投入，而经过调整的技术保障/信息技术自主创新成为得分率最低的指标，因此下一阶段林业信息化的发展尤其要注重“创新驱动发展”（图7）。

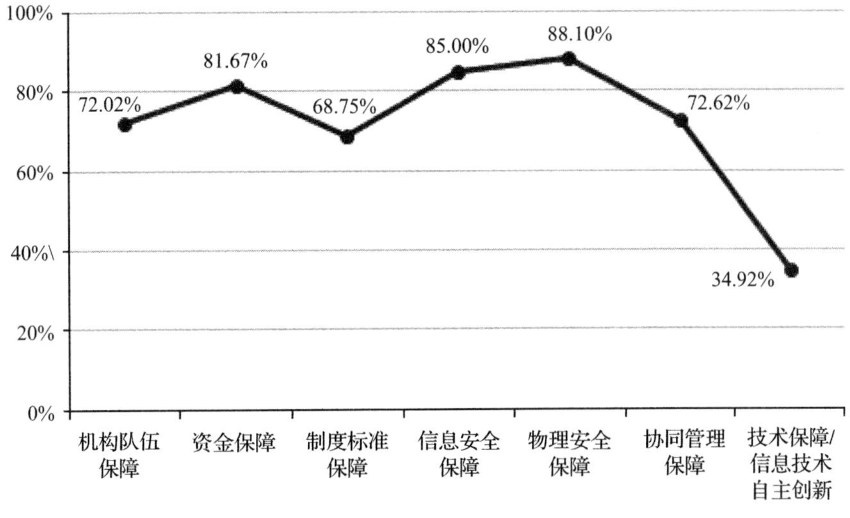

图7　2013年林业信息化保障水平各项指标得分率

四、各省区市离散分析

对各单位的信息化发展水平做箱线图（图8）进行分析，最小值为42.1分，下四分位数为65.8，中数为75.8，上四分位数为85.2，最大值为95.6，异常值为32.5。从图中可以看出，此次成绩为负偏态分布。其中，上四分位数与最大值相差10.4分，下四分位数与最小值（异常值除外）相差23.7分，四分位差为19.4分。可见，排名靠前的单位差异化水平较小，而排名靠后的单位差异化水平较大，处于中间水平的单位差异化水平适中。说明各单位之间排名越靠前差异化水平越小，排名越靠后差异化水平越大。而异常值32.5分为内蒙古森工，离中数(75.8分)的距离超过四分位距的1.5倍，得分较低，信息化建设、应用、保障三大发展水平均较弱，在各方面均需大幅提升，提高信息化整体发展水平。

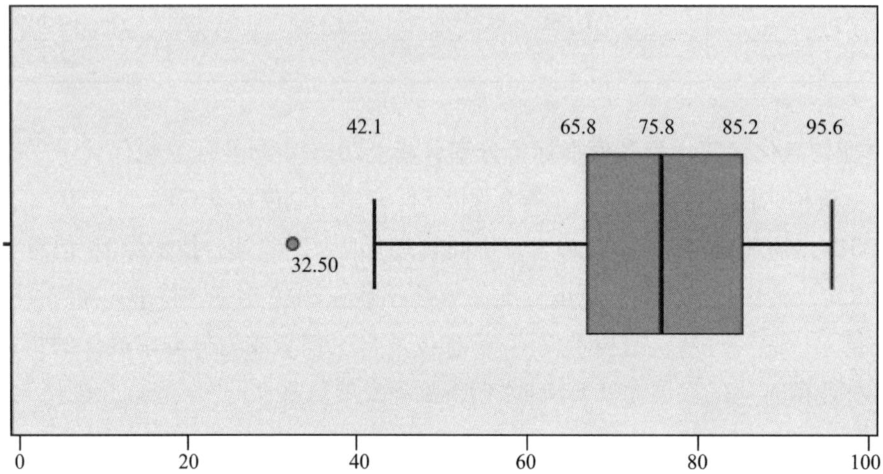

图8　2013年各省区市林业信息化发展水平箱线图

由表8可见，2013年度全国林业信息化发展的建设水平、应用水平、保障水平和总体水平离散系数分别为0.18、0.25、0.26和0.19，总体差异(0.19)较2012年度(0.21)有所缩小。通过标准差、极差、四分位差、离散系数等差异量数的综合比较，信息化发展水平三项指标中保障水平的差异化较大，而建设水平的差异化正在缩小，说明各单位信息化的基础设施、数据库/应用系统、网站等建设工作正在有续开展，建设水平差距逐渐缩小，但对各信息化应用的保障措施远未赶上建设的步伐，使得保障水平差异化水平逐渐拉大，保障水平也因此成为衡量信息化发展水平的重要指标。

表8　2013年全国各地林业信息化发展水平离散程度分析

差异量数	林业信息化 建设水平(40)	林业信息化 应用水平(30)	林业信息化 保障水平(30)	总体水平 (100)
标准差	5.32	5.74	5.72	14.36
极　差	23.00	23.97	22.20	63.04
四分位差	7.50	5.30	8.70	19.40
离散系数	0.18	0.25	0.26	0.19

五、不同区域对比分析

通过对比 2012 年与 2013 年中东西部不同区域林业信息化发展水平，可以得出各区域林业信息化的各项指标均得到提高。从时间纵向而言，2013 年林业信息化发展水平取得了一定的成绩，其中信息化应用水平得分率达到了 80% 以上，林业信息化应用趋向成熟；从区域横向而言，中部地区整体发展比较均衡，中部地区总得分率已经突破 80%，远远领先于西部地区，同时也拉大了与东部地区的差距，呈现“一枝独秀”的态势，反映出林业信息化发展水平区域差异进一步拉大(表 9)。

表 9　2013 年不同区域林业信息化发展水平对比表

区 域	2013 年总得分率	2012 年总得分率	2013 信息化发展水平得分情况		
			信息化建设水平得分率	信息化应用水平得分率	信息化保障水平得分率
东部	76.62%	72.41%	75.60%	81.53%	73.08%
中部	81.90%	73.18%	74.63%	81.37%	72.78%
西部	65.51%	62.21%	73.63%	80.98%	72.49%

整体来看(图 9)，东中西部在总体领先阶段的数量差距不明显，分布较为均衡，而建设起步阶段分布差异最大，应用发展阶段主要集中在东部和中部。具体单位所处的阶段详见表 10。

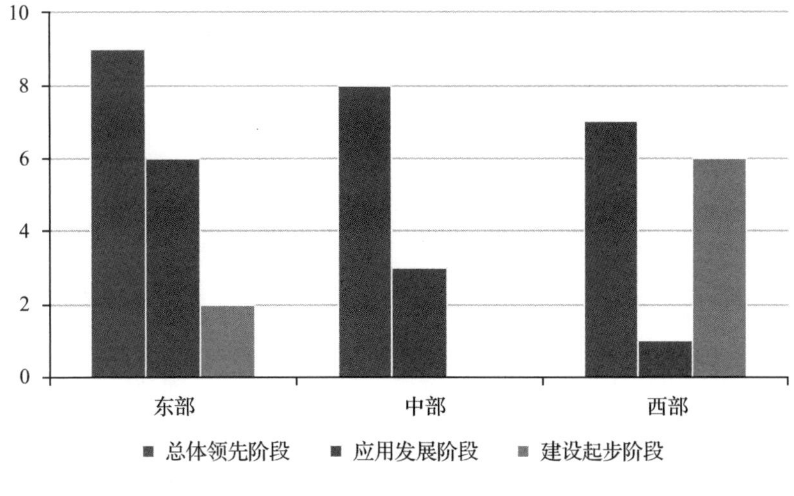

图 9　2013 年不同区域林业信息化发展水平对比图

东部地区林业信息化发展大体上与全国林业信息化发展水平相当，多数集中于总体领先阶段及应用发展阶段。下一阶段东部林业信息化的发展应当借助先进地区的经济能力、技术实力，重点突破。

中部地区林业信息化成长较快，在整体上其发展水平已超越东部，明显高于西部，其中2/3以上的单位居于总体领先阶段，所占比例最大，横向比较，所占比例最小。

西部地区林业信息化发展受限于认知程度、经济水平、技术实力等因素，发展较为缓慢，接近半数的单位处于建设起步阶段，仅贵州处于应用发展阶段，从图9中可以看出，西部的发展最不均衡，两极分化现象严重。此外，与2012年对比变化较小，下一阶段要着重强化林业信息化建设的意识，加大林业信息化的投入，借鉴学习中东部地区的先进经验，促进西部地区林业信息化快速发展(表10)。

表10　不同区域林业信息化发展水平分类对比表

阶段	东部		中部		西部	
	数量(个)	省区市	数量(个)	省区市	数量(个)	省区市
总体领先阶段	9	北京、辽宁、上海、浙江、福建、广东、河北、山东、沈阳	8	吉林、江西、湖南、湖北、河南、吉林森工、安徽、大兴安岭	7	四川、甘肃、广西、青海、内蒙古、云南、陕西
应用发展阶段	6	江苏、宁波、深圳、大连、青岛、厦门	3	山西、黑龙江、龙江森工	1	贵州
建设起步阶段	2	天津、海南	0		6	重庆、宁夏、西藏、新疆、新疆兵团、内蒙古森工

六、年度结果对比分析

(一)各年度评测结果整体对比分析

通过2008~2013年的评测数据进行分析(表11)，从几何平均数和中数等参数可以看出：全国林业信息化发展水平6年来始终保持稳步提升。

几何平均数由2008年的56.45分提高到72.63分，中数由58.95分提升到75.81分，2013年增幅较高，表明全国林业信息化发展6年来取得了可喜成绩，增长速度逐渐加快，发展势头良好。

从极差、离散系数等参数的变化情况来看，极差由2008年的71.24分缩小到2013年63.04分，离散系数由2008年的0.27缩小到2013年的0.19，可见整体上差异化水平正在缩小，两极分化的情况正在改善。但自2010年后，差距减弱的趋势越来越小，尤其是2013年差距缩小的幅度不大，差异水平仍然较高。

由此可见，全国林业信息化发展共识越来越强，但受区域经济水平、领导重视程度、基础设施等因素制约，不同区域的发展差距仍然较大(表11)。

表 11　各年度统计参数对比

参　数	2013 年	2012 年	2011 年	2010 年	2009 年	2008 年
几何平均	72.63	67.50	64.45	58.83	59.08	56.45
中　数	75.81	70.60	67.80	65.30	59.90	58.95
极　差	63.04	63.40	63.30	70.31	71.09	71.24
离散系数	0.19	0.21	0.25	0.30	0.26	0.27

(二) 各年度评测结果排名对比分析

从 2008 ~2013 年全国各地区林业信息化发展水平排名情况来看，辽宁、北京、湖南 3 省市连续 6 年来一直保持全国林业信息化发展的领先地位，分别位居前三位，得分均在 90 分以上。2013 年信息化评测中进步最快的省区市为大兴安岭、河北、贵州。其中大兴安岭在 2013 年度发展最为迅猛，前进了 16 个名次；河北和贵州分别由 2012 年的 25 名、38 名提升到 14 名、31 名，分别提升了 11 个、7 个名次，广西、大连、厦门也提升了 5 名。进步较快的省区市重视信息化应用水平，在人力、财力方面投入较大，同时在新增指标(微博/移动门户新技术应用、物理安全保障、协同管理保障)中表现较为突出。但也有部分省区市出现下滑的现象，如宁波、宁夏、江苏、青海、青岛、陕西、福建、上海、内蒙古、海南均下降了 5 名以上。出现下滑的主要原因是在数据库建设和应用、人员队伍等方面有所降低，且新增指标失分较为严重。因此，这些单位应重点加强林业信息化发展的重视程度，找准问题，并积极学习先进省区市林业信息化的建设经验，努力提升林业信息化发展水平(图 10、图 11)。

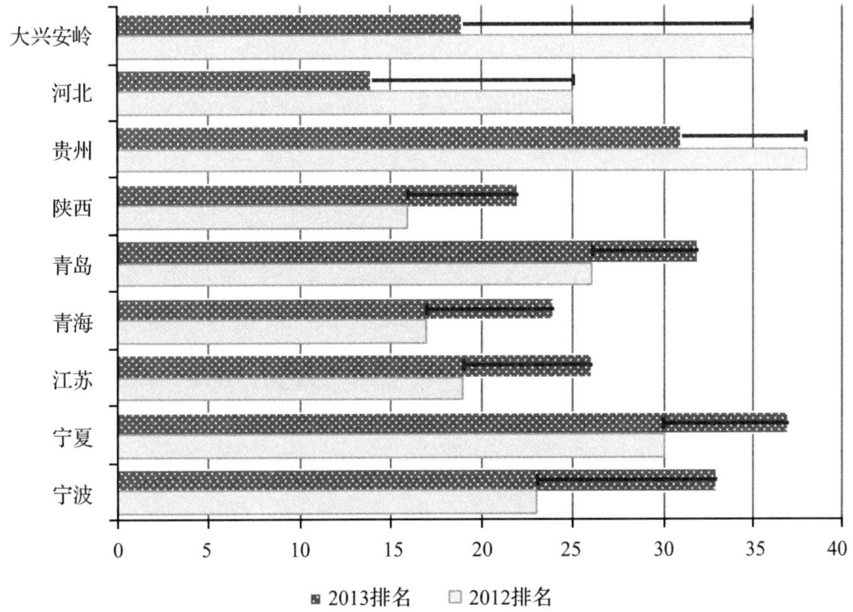

图 10　2008 ~2013 年度各省区市林业信息化发展水平对比情况

2008年			2009年			2010年			2011年			2012年			2013年		
排名	省份	总得分	排名	省份	总得分	排名	省份	总得分	排名	省份	总得分	排名	省份	总得分	排名	省份	总得分
1	湖南	91.6	1	辽宁	93.09	1	辽宁	95.19	1	辽宁	95.30	1	湖南	97.00	1	辽宁	95.6
2	辽宁	87.84	2	湖南	92.71	2	湖南	94.05	2	湖南	94.20	2	辽宁	95.35	2	北京	95.5
3	北京	87.56	3	北京	87.8	3	北京	92.00	3	北京	93.90	3	北京	94.17	3	湖南	95.4
4	福建	79.37	4	福建	86	4	福建	87.93	4	福建	88.80	4	浙江	90.20	4	广东	89.3
5	山东	77.26	5	广东	81.61	5	浙江	86.53	5	浙江	87.20	5	福建	86.01	5	吉林	88.3
6	广东	77.09	6	浙江	80.51	6	广东	83.19	6	广东	83.50	6	广东	84.62	6	浙江	87.9
7	浙江	75.37	7	山东	79.76	7	山东	80.39	7	江西	82.50	7	湖北	83.62	6	湖北	87.9
8	江西	74.96	8	江西	76	8	安徽	78.10	8	河南	82.10	8	吉林	82.69	8	四川	86.7
9	吉林森工	73.73	9	吉林森工	74.8	9	上海	75.12	9	上海	81.70	9	四川	81.87	9	江西	85.3
10	河南	70.63	10	河南	74.52	10	河南	74.63	10	内蒙	81.20	10	上海	81.03	10	福建	85.2
11	陕西	70.08	11	陕西	74.27	11	陕西	73.91	11	陕西	80.90	10	江西	81.02	10	河南	85.2
12	山西	68	12	山西	69.8	12	江西	73.89	12	吉林	80.60	10	河南	80.98	10	甘肃	85.2
13	内蒙古	67.8	13	内蒙古	68.54	13	内蒙	73.24	13	山东	80.50	13	内蒙古	78.30	13	吉林森工	84.1
14	上海	62.7	14	上海	66.2	14	大兴安岭	71.85	14	安徽	78.70	14	甘肃	76.22	14	河北	83.4
15	湖北	61.76	15	吉林	64.1	15	吉林森工	71.18	15	吉林森工	74.20	15	吉林森工	76.10	15	上海	83.1
16	宁夏	60.93	16	深圳	63.82	16	湖北	70.64	16	河北	72.10	16	陕西	76.00	16	广西	80.5
17	吉林	60.9	17	湖北	63.74	17	河北	69.73	17	湖北	71.38	17	青海省	74.72	17	山东	79.7
18	大兴安岭	60.2	18	宁夏	62.43	18	吉林	69.69	18	青海	71.10	18	山东	73.80	18	内蒙古	78.3
19	青海	59.82	19	大连	61.41	19	青海	69.00	19	四川	69.20	19	江苏	72.15	19	大兴安岭	78.2
20	四川	59.1	20	河北	60.04	20	宁波	66.67	20	江苏	68.60	20	沈阳	71.10	20	沈阳	76.4
21	青岛	58.95	21	大兴安岭	59.9	21	山西	65.30	21	山西	67.80	21	广西	70.99	21	安徽	76.1
22	深圳	58.28	22	四川	59.6	22	四川	63.05	22	宁夏	67.10	22	安徽	70.21	22	云南	75.5
23	大连	57.99	23	青岛	58.95	23	江苏	63.09	23	宁波	66.80	23	宁波	70.11	22	陕西	75.5
24	河北	56.5	24	黑龙江	56.88	24	宁夏	62.97	24	大兴安岭	66.50	23	云南	70.10	24	青海	75.4
25	江苏	55.45	25	青海	56.54	25	海南	56.69	25	青岛	57.10	25	河北	64.80	25	山西	74.8
26	广西	54.27	26	广西	54.82	26	大连	55.03	26	广西	56.80	26	青岛	63.03	26	江苏	73.7
27	黑龙江	51.16	27	安徽	54.64	27	新疆	51.04	27	大连	56.74	27	深圳	61.01	27	黑龙江	73.4
28	安徽	50.64	28	江苏	53.45	28	云南	50.11	28	海南	56.70	28	山西	60.34	27	大连	73.4
29	新疆	50.6	29	龙江森工	52.61	29	龙江森工	49.96	29	甘肃	54.80	28	黑龙江	60.30	29	龙江森工	72.0
30	重庆	50.39	30	重庆	52.63	30	广西	48.41	30	黑龙江	53.60	30	宁夏	58.91	30	深圳	71.6
31	厦门	49.61	31	云南	51.75	31	黑龙江	48.40	31	深圳	52.30	31	天津	57.60	31	贵州	70.8
32	海南	46.62	32	新疆	51.61	32	深圳	47.08	32	龙江森工	51.70	32	大连	57.31	32	青岛	65.8
33	宁波	44.85	33	厦门	49.61	33	青岛	45.98	33	新疆	51.44	33	龙江集团	57.01	33	宁波	67.1
34	龙江森工	44.84	34	宁波	45.85	34	重庆	44.94	34	天津	51.30	34	海南	56.36	34	厦门	64.0
35	天津	44.4	35	贵州	43.9	35	贵州	41.46	35	贵州	50.90	35	大兴安岭	55.69	35	天津	59.1
36	贵州	41.88	36	天津	43.56	36	内蒙森工	40.87	36	云南	50.23	36	新疆兵团	55.13	36	新疆兵团	57.0
37	云南	40.25	37	海南	43.05	37	天津	34.81	37	重庆	45.10	37	新疆	54.81	37	宁夏	56.6
38	新疆兵团	38.7	38	新疆兵团	42.6	38	厦门	33.54	38	厦门	41.90	38	贵州	54.09	38	新疆	51.9
39	甘肃	33.64	39	甘肃	38.73	39	甘肃	30.85	39	新疆兵团	41.20	39	厦门	52.88	39	海南	51.8
40	内蒙森工	32.98	40	内蒙森工	37.72	40	新疆兵团	26.32	40	内蒙森工	40.97	40	重庆	51.23	40	西藏	49.1
41	西藏	20.36	41	西藏	22	41	西藏	24.88	41	西藏	32.00	41	内蒙森工	35.00	41	重庆	42.1
												42	西藏	33.61	42	内蒙森工	32.5
	平均	58.76		平均	61.28		平均	62.01		平均	66.60		平均	69.20		平均	74.3

图 11　2008～2013 年度各省区市林业信息化发展水平排名情况

(三)各年度一级指标对比分析

由 6 年来全国林业信息化发展水平一级指标得分率可以看出，各单位对软硬件设备、网络设施、技术力量等基础建设方面逐步完善，但应用效果进步较慢(图 12)。

1. 各年度建设水平对比分析。由 2008～2013 年信息化建设水平得分率对比分析图 13 可以看出，近 6 年全国各地林业信息化建设水平呈稳步提升态势，信息化建设水平仍是信息化发展中较为薄弱的环节。因此，各地需认识到信息化建设的重要性，重点加强基础工作的建设，从而为信息化发展创造良好的环境。

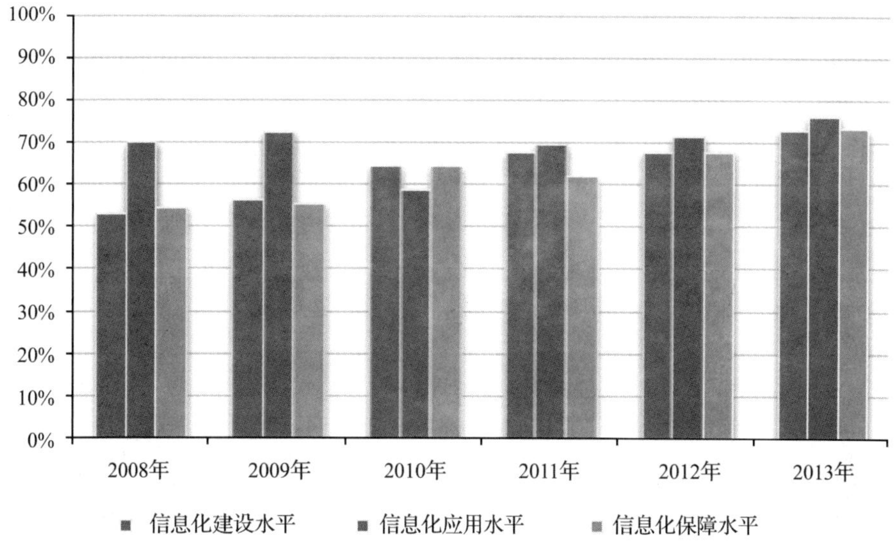

图 12　各年度一级指标得分率对比

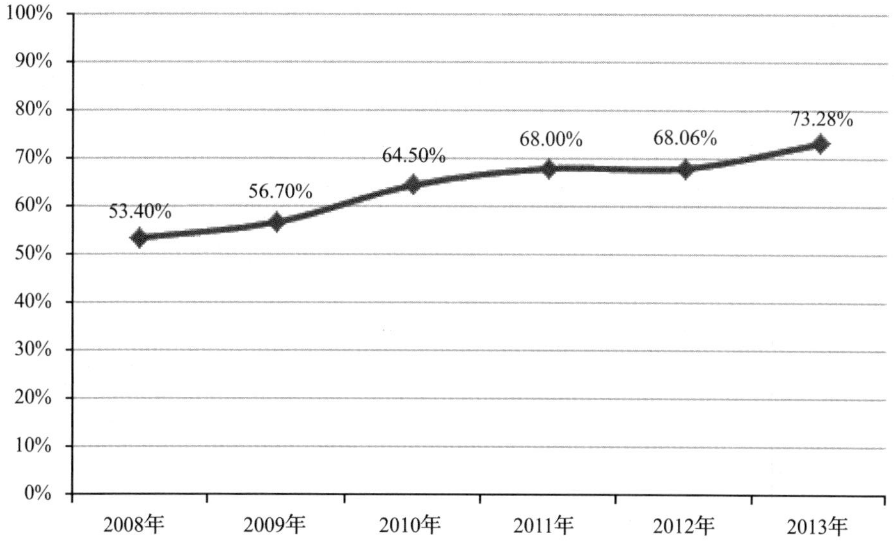

图 13　2008 ~ 2013 年信息化建设水平得分率对比分析图

2. 各年度应用水平对比分析。由 2008 ~ 2013 年信息化应用水平得分率对比分析图 14 可以看出，近 6 年全国各地林业信息化应用水平波动幅度较大，整体增长速度较慢。2010 ~ 2012 年应用水平较 2008 年、2009 年有所下降，特别是 2010 年应用水平未能达到及格。2013 年在评测指标要求有所提高的情况下，得分率较其他年度略有提升，说明各单位在信息化应用方面做了很多的工作；与此同时，各单位在信息化应用方面还需进一步加大建设力度，力争在 2014 年有更大的突破。

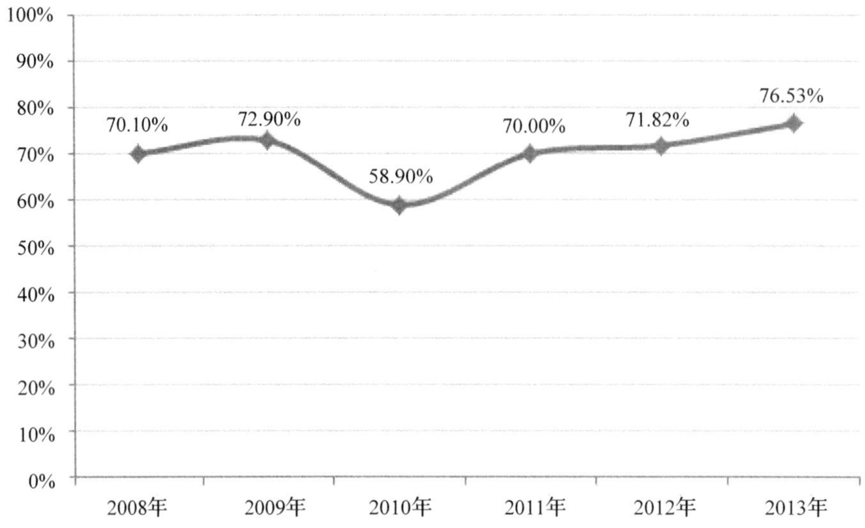

图 14　2008～2013 年信息化应用水平得分率对比分析图

3. 各年度保障水平对比分析。由 2008～2013 年信息化保障水平得分率对比分析图 15 可以看出，近 6 年全国各地林业信息化保障水平基本处于逐年递增的态势，2008～2013 年提升了近 19 分，特别是 2013 年，提升幅度较大，得分率达 73.44%。经过多年的建设与考核，林业信息化在保障方面取得了一些成绩，人才资金、制度安全保障力度逐步加强；但信息化保障水平仍有提升空间，特别是在信息技术自主创新和协同管理方面需进一步加大力度。

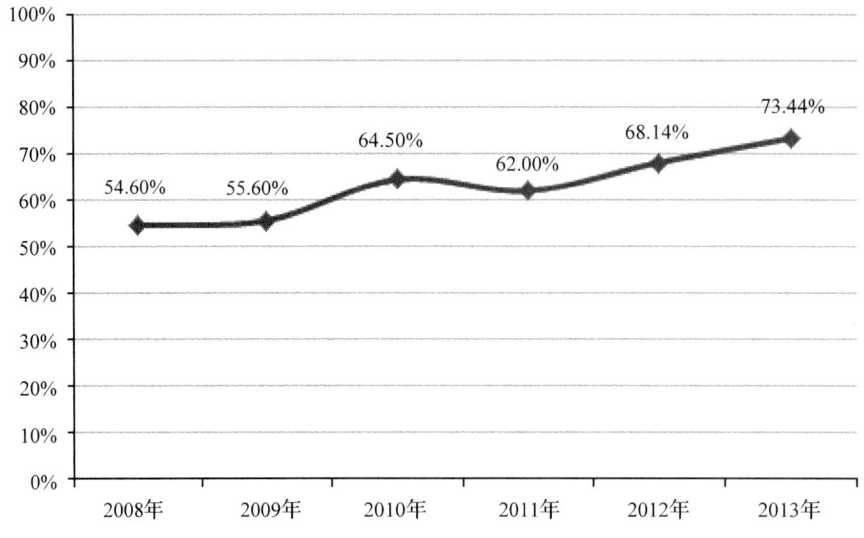

图 15　2008～2013 年信息化保障水平得分率对比分析图

七、先进省区市亮点分析

（一）辽宁省

辽宁省以95.6分的成绩位居第一名，其信息化应用建设水平突出，总体成绩名列前茅。其中，已建成数据库22项、应用系统20项，与2012年相比，分别增加5项和2项，且各数据库和应用系统均能被充分应用，以省厅门户网站为核心的网站群已初具规模。信息化应用水平方面，内外网应用基本到位，全年在线办结事项和审批235745件，较2012年增加23%；移动门户建设遥遥领先于其他单位，较好地融合了信息化新技术应用。信息化保障水平方面，人力、财力、物力投入较为充分；制定《辽宁省林业信息化发展“十二五”规划》、《辽宁省智慧林业建设项目规划》等林业信息化顶层规划，并按照国家相关规定制定了管理制度14项、技术标准10项、安全标准10项，形成了较为完善的制度保障体系；此外，信息技术自主创新建设亦较为突出。

（二）北京市

北京市以95.5分的成绩位居第二名。信息化应用水平建设相当突出，建设的19项数据库和19项应用系统中均表现良好，支撑核心业务12项，包括森林资源监管、湿地资源监管、荒漠资源监管、野生动物资源监管、林业重大工程管理、集体林权制度改革、森林防火应急管理、营造林管理、野生动物疫源疫病应急管理、资金监管、森林病虫害应急管理、野生植物资源监管等各类数据库；内外网应用效果最为理想，使用OA的人数为730人，办结文件达到3020件，办文总量也达到了4100件，全年信息发布5000条，图片信息为630张，视频信息450分钟；信息公开专栏建设情况良好，提供了信息公开制度、指南、目录、依申请公开平台及信息公开年报；全年在线办事总量达2911件；互动交流渠道设置也较为完善，拓展了与公众交流的方式；新技术应用到位，开设了官方微博和移动客户端，为公众提供了更加方便快捷的信息服务。

（三）湖南省

湖南省林业信息化建设水平在本次评测中仍保持领先地位，林业信息化建设被高度重视，投入力度不断加大，持续推动湖南林业由数字林业向智慧林业迈进。信息化建设水平尤为突出，林业信息化专网已经实现了全覆盖，省、市、县、乡四级互联互通；机房建设、数据库建设已形成规模，其中各类数据库建成个数达到35个，且各数据库及应用系统均整合到省厅统一平台，为湖南省林业信息化建设奠定了良好的基础。信息化应用水平在已有的基础上，不断加强新技术的融合与应用，移动门户的应用表现突出；此外，数据库及应用系统使用状态良好，能够较好地支持核心业务开展。信息化保障水平方面，在

2012年的基础上加大了对林业信息化的人力、财力、物力的投入，其中财力投入增加约500万元；制度、标准、规范建设按照国家相关规定，结合湖南省林业信息化实际情况，编制了《湖南省林业发展"十二五"林业信息化建设专项规划》、《湖南省智慧林业发展规划》等顶层规划，制定安全管理制度21项、技术标准4项、安全规范7项，为湖南省林业信息化发展提供了良好的保障机制。

（四）广东省

广东省林业信息化总体建设水平良好，在信息化建设、应用与保障方面的工作值得肯定。机构队伍建设情况较好，设立林业信息化工作领导小组、办公室及其信息中心，并通过省政府编制管理部门正式批复；人员队伍建设不断壮大，定编人数达到15人，中高级职称人数达到27人，并能定期开展相关信息化知识和技能培训。资金保障到位，投资总额达到了2263万元，对省林业信息化建设提供有力支撑；重视顶层设计，制定了本省林业信息化中长期发展规划及其他专项规划，能够深入落实第三届全国林业信息化工作会议精神，定期召开全省会议部署林业信息化工作。制定信息化管理制度、技术标准、安全规范共计33项；防火墙、防病毒安全体系、网络安全审计系统、VPN、入侵检测系统、漏洞扫描系统均有设置；能够每天对数据进行备份，并设有专门的安全保障专职人员，对机房内相同类型资产进行安全区域划分，采取接地、防雷措施、内外网物理隔离等保障其安全。在信息技术自主创新方面，研制了基于平板电脑的林业二类调查信息采集系统，并已推广应用到全省林业二类调查等业务中，成效显著，提高了工作效率。

（五）吉林省

吉林省在林业信息化发展方面做了比较充分的工作，其下级林业主管部门外网建设共计51个，均已加入中国林业网站群，形成了吉林省林业厅网站群。积极做好林业信息化顶层设计，结合省厅工作实际印发《吉林省林业信息化发展"十二五"规划(2011～2015年)的通知》，为规范全省林业信息化的建设奠定了基础；制定的信息化制度、标准、规定共计24项，涵盖中心机房管理办法、林业专网管理办法、电子公文传输管理办法、应用系统开发集成规范、视频会议室技术规定等。为更好的保障信息安全，设置防火墙、防病毒安全体系、VPN、入侵检测系统等防护措施，并设有专门的安全保障专职人员，每周对数据进行备份；对机房内相同类型资产进行安全区域划分，采取接地、防雷、内外网物理隔离等措施保障机房安全。在信息技术自主创新方面，自主研发了虚拟现实技术，并应用推广在龙湾保护区旅游查询信息系统。

（六）浙江省

浙江省以87.9分的成绩位居第六名，在林业信息化发展水平中信息化应用方面表现最为突出，建设的5个数据库和32个业务系统均整合到了省统一的平台上，并得到了良好的应用，数据库和应用系统支撑森林资源监管、湿地资源监管、野生动物资源监管、林业重大工程管理、集体林权制度改革、森林防火应急管理、营造林管理、野生动物疫源疫病应急管理、资金监管、森林病虫害应急管理、野生植物资源监管及生态公益林管理等24项核心业务。另外，应用比较到位的还有内外网建设，全年外网信息发布总量13366条，图片信息数量为196张，视频信息数量为401分钟；信息公开专栏建设情况良好，提供了信息公开制度、指南、目录、依申请公开平台及信息公开年报，全年在线办理率高达100%；开通了官方微博，加入中国林业微博发布厅。信息化建设水平方面，林业专网覆盖率较好，均已连通市(州)、县(市)及乡镇；省级基础地理及空间信息数据库覆盖范围已达到100%，基础地理信息比例尺为万分之一，卫星影像分辨率达到了2.5米，大大提高了监管能力。

(七)湖北省

从近年评估情况来看，湖北省林业信息化发展水平呈逐年递增的态势，2013年以87.9分的成绩位居第六名。尤其在信息化保障方面，成绩较为突出。设立林业信息化工作领导小组及其办公室专门负责信息化管理工作；省厅信息化投资额为2952万元，能够较好的支撑全省林业信息化基础建设；重视顶层设计，制定了《湖北省林业信息化建设“十二五”规划》及《湖北省智慧林业发展规划》；深入落实第三届全国林业信息化工作会议精神，定期召开全省会议部署林业信息化工作；制定信息化管理制度、技术标准、安全规范共计28项，为省信息化建设提供了良好的制度保障；信息安全保障方面，采用了防火墙、防病毒安全体系、网络安全审计系统、VPN、入侵检测系统及漏洞扫描系统等防护措施，设有安全保障的专职人员，对机房内相同类型资产进行安全区域划分，采取接地、防雷措施、内外网物理隔离等保障其安全。在信息技术自主创新方面，自主研发了GIS影像低层数据自动对比技术，并通过省、市、县一体化行政审批平台在全省各级林业部门中广泛应用。

(八)四川省

四川省林业信息化建设优势突出，信息化保障基本到位，积极创新驱动发展。四川省林业厅信息中心设立专门的林业信息化领导小组作为信息化领导机构，定编人数达到12人，每年平均开展5次信息化相关知识或技能的培训，2013年四川省投入了4500万元用于林业信息化建设。在技术创新方面，一是开通了四川省林业厅官方微博，并加入国家林业局微博发布厅，目前微博已具备一定影响力；二是积极推动自主创新，研发“微信四川林业平台”、开展《四川省林业生态建设与保护北斗应用系统示范实施方案》、《四川温江花木物联网技术监控系统》、《智慧林业管理体系》等研究工作，并逐步向下级林业主管部门推广自主研发(研究)成果，推进四川省林业信息化建设持续发展。

(九)江西省

江西省林业信息化建设在全国林业信息化建设中一直处于较为领先的位置。江西省林业厅党组十分重视林业信息化建设工作，在2013年更是大幅增加林业信息化投入力度，除200多万元的预算运维原有网络和应用系统外，同时投入了1000万元的专项资金全面启动以“一平台五系统”为核心的数字林业建设。截至目前，在编制《江西数字林业总设计》和《江西省智慧林业规划》、制定《江西数字林业标准规范》的基础上，基本完成了公共基础平台这“一平台”的搭建；在“五系统”建设中，升级改造了南方林权交易系统、全省网上审批与电子监察系统，开发了办公自动化系统，推进了森林资源管理地理信息系统建设。2013年底省厅向信息中心追加600万元建设资金，真正体现了省厅党组对林业信息化的重视和支持。在不断加大投入的情况下，林业信息化应用已初见成效，尤其是外网应用，较充分地发挥电子政务的价值，全年外网信息发布总量达到10580条，全年在线办结事项达到246002件，全年交流条目数量130条，开展意见征集活动222次，外网已成为四川省林业厅信息发布、在线办事的主要平台，政民互动交流的重要渠道，电子政务价值得到了充分发挥，也凸显了林业信息化的经济效益与社会效益。

(十)福建省

福建省林业信息化建设发展速度有所放缓，但信息化建设整体水平依旧保持领先，各项系统建设得到有效推进，信息化应用成效逐步凸显。在信息化建设水平方面，林业信息化专网已经实现了县(市)全覆盖，75%的乡镇已经连通林业专网，四级互联互通专网格局已初具雏形；硬件设施建设，已经建成超过300平方米的省厅独立机房，人均电脑配备达到1.5台，各类数据库及应用系统建设分别达到24和10个，且部分数据库及应用系统仍在不断拓展建设中，林业信息化基础设施建设已形成一定的规模。信息化应用方面，数据库及应用系统多数能发挥实效，对核心业务提供有力支撑。此外，省厅外网应用较为突出，全年信息发布总量达到9755条、在线办事总数量达到4026件，办结率为100%，全年互动交流条目数达到527条，同时开设移动门户作为门户网站的有力支撑。信息化保障水平方面，投入大量的人力、物力、财力以保障信息化的全面发展，年度信息化资金投入达到1850万元；各项物理安全保障、协同管理保障、制度标准建设基本到位，安全系数得到加强，为林业信息化稳步推进奠定了良好基础。

(十一)河南省

河南林业信息化在基础建设方面起步较早，投入较大，林业信息化保障体系日渐成熟。河南省林业网站群建设已初见成效，省市县三级网站整合形成河南林业信息网，且全省 18 个市(州)林业网站均加入了中国林业网站群。组织人员建设方面，已形成专门的领导小组。在安全保障方面，设置防火墙、防病毒安全体系、网络安全审计系统、VPN、入侵检测系统、漏洞扫描系统等防护措施，设置安全保障专职人员，并通过国家等级保护备案。在管理制度保障方面，制定了《机房管理制度》、《机房值班制度》、《河南林业信息网管理办法》、《计算机操作人员守则》、《计算机保密工作责任书》、《河南林业视频会议系统管理办法》、《河南林业综合办公电子传输系统管理办法》、《河南省林业厅电子公文收发管理制度》、《河南省林业厅办公自动化系统管理办法》等 15 项管理制度、技术标准和安全规范。成熟的安全保障体系及制度保障体系为河南省林业信息化建设提供了稳固的保障，也为其他单位提供了学习的样本。

(十二)甘肃省

甘肃省在林业信息化应用方面表现较为突出。森林资源监管、野生植物资源监管、森林病虫害应急管理、荒漠资源监管、野生动物疫源疫病应急管理等数据库得到良好的应用。内外网应用到位，使用 OA 的人数为 147 人，办结文件及总量均为 164 件，全年外网信息发布 20000 条，图片信息为 8782 张，视频信息 2100 分钟。信息公开专栏建设情况较为理想，提供了信息公开制度、指南、目录、依申请公开平台及信息公开年报。其中，依申请公开平台受理数量为 1098；在线办理能力较为突出，在线办理率高达 100%；互动交流渠道设置较为完善，开设有互动交流、公众留言、意见征集、领导信箱、在线调查等与民互动的渠道；开通了官方微博，并得到了良好的应用。

第三章　评测结论

一、总体建设稳步推进，为智慧林业奠定基础

2013 年国家林业局发布《中国智慧林业发展指导意见》，标志着中国林业信息化开始迈向智慧林业建设阶段。2013 年作为智慧林业建设元年，林业信息化工作坚持以统一思想为前提，以应用需求为导向，以融合创新为动力，以重点工程为抓手，以新一代信息技术为支撑，全面开启智慧林业的建设。从本次全国林业信息化发展水平评测结果清晰得出，2013 年的林业信息化为智慧林业建设奠定了良好的开局。在评测指标要求不断提高的前提下，总体平均成绩达到 74.30 分，较 2012 年提高了 5.08 分，是近年来提升最快的一年。林业信息化建设、应用和保障方面都有全新的突破，尤其是应用系统建设、内外网应用、数据库和应用系统支撑核心业务、资金保障、制度标准建设等发展较为迅速，平均得分率同比增长约 10 个百分点。新增指标物理安全保障、协同管理保障平均得分率分别达到 88.10%、72.62%，显示出林业信息化建设已具备良好的基础保障。

二、基础设施投入持续加大，专网互联互通初具雏形

2013年林业信息化建设基础设施投入力度持续加大，为林业信息化进入快速成长通道、建设智慧林业提供了良好的软硬件环境。网络建设方面，市州级林业专网覆盖率达到95.24%，57.14%的单位实现了县市级林业专网全覆盖，已有湖南与北京2个单位实现了乡镇林业专网全覆盖，建设林业系统四级专网互联互通已初具雏形；机房建设与电脑终端配备有了进一步的完善，其中职员人均电脑配备达到0.97台，此外，各单位的应用系统建设突飞猛进，平均得分率较2012年增长约13个百分点。

三、信息化发展环境趋于成熟，应用水平取得成效

经过多年的建设，林业信息化已积淀良好的基础，基础设施建设日益完备，保障体系日益完善，发展重点亦逐步趋向林业信息化应用。从2013年全国林业信息化发展水平评测结果可以得出，林业信息化应用取得了一定成效，提升接近5个百分点，一方面得益于林业信息化基础设施与保障体系的良好基础，另一方面在于林业信息化应用意识的提升和初步成效凸显的示范效应。林业信息化应用突出表现在内外网应用、数据库和应用系统支撑核心业务及OA系统应用上，其中内外网应用及数据库和应用系统支撑核心业务分别增长13、17个百分点，外网应用逐渐成为各单位林业管理部门信息发布、在线办事、互动交流的重要平台。

四、保障体系日益成熟，资金投入持续提升

随着互联网的发展，信息化技术和新应用层出不穷，与此同时，林业信息化保障体系面临的挑战亦愈发严峻，如何保证林业信息化的可持续发展，是一项艰巨的任务。2013年全国林业信息化发展水平评测，大幅调整了林业信息化保障水平的考查指标体系，提升了考查要求，而从最终的评测结果可以看出林业信息化保障体系日益成熟，有力支撑了林业信息化的发展。突出表现在资金的投入力度以及制度标准的建设。其中，11个单位林业信息化建设投入达到千万元，约80%的单位资金投入超过百万元，而制度标准建设方面则成为本次评测的一大亮点，依据国家相关政策制定本土化标准制度达到80.95%。顶层设计上，超过半数的单位制定了中长期规划，湖南、辽宁、湖北等单位还编制了智慧林业相关专项规划。其次，新增加的物理安全保障与协同管理保障指标得分率分别达到了88.10%、72.62%。

第四章 工作建议

一、重视评测结果发布，强化以评促进的效果

从根本上讲，林业信息化实施评测就是为了林业信息化建设，评测本身不是目的，而是要以评测为抓手，提高信息化发展水平。因此，应当特别注重评测结果的运用。正式发布评测结果，让各单位了解自身发展现状，为拟制下阶段林业信息化发展计划提供依据。有效的激励机制是推动林业信息化建设的有力措施。组织正式并公开的结果发布会会使各单位愈加重视信息化评测工作、重视林业信息化发展。可通过召集各单位分管领导及主要工作人员召开评测结果发布会，根据评测结果对优秀单位等予以表彰奖励，通过表彰激发各单位间你追我赶的工作氛围，强化对信息化建设的重视程度。

二、总结先进经验，适度推广成熟做法

林业信息化发展呈现参差不齐的发展态势，说明不同单位在信息化发展的认识与管理上，存在一定程度的差距。因此，各单位间应加强学习和交流，落后地区要主动学习和借鉴优秀地区的成功经验，以优秀地区为发展标杆，形成正式的学习借鉴材料；同时，国家林业局可以组织研究小组，针对林业信息化发展较快、较好地区的先进经验进行论证，在条件适宜地区进行适度推广。

三、加大教育培训力度，强化认识程度

随着互联网的发展，信息化新技术不断创新和应用，对人们的生活产生深刻的影响，加快林业信息化发展是林业现代化的必要途径。林业信息化经过多年的建设已经取得了显著的成绩，但是部分单位的林业信息化尚未得到应有的重视，尤其是相关主管领导的认识。建议在推行林业系统政府CIO制度的前提下，扩大林业信息化年度会议，举行各单位主要领导的林业信息化专项会议，宣讲林业信息化建设的重要性，同时展示先进单位林业信息化建设带来的各方效益，进一步深化林业信息化的认识。

四、研究信息化趋势，制定年度发展指导文件

信息技术的发展异常迅猛，更新迭代极为迅速，应加强研究如何在快速变革的互联网发展环境中，保持林业信息化的理念领先，技术系统及应用可持续发展。国家林业局发布了《全国林业信息化发展“十二五”规划》、《中国智慧林业发展指导意见》等文件，作为全国林业信息化的指导性纲领性文件。为更加精确地把脉信息化发展趋势，应借助自身对林业信息化的全局把握以及信息化发展深厚研究实力，着重研究年度信息化发展趋势，制定

年度全国林业信息化发展的重点方向的建议性文件，为林业信息化沿着信息化发展大趋势稳步推进提供“步步为营”的指导。

五、持续加大投入力度，向边远地区提供对口支援

当前林业信息化发展水平差异化仍未得到有效缓解。究其原因，不仅存在观念意识的重视程度不够，还存在经济及技术实力的限制；其次，就当前林业信息化整体水平而言，基础建设方面的投入增长一直较为缓慢，一定程度上约束了林业信息化的发展。下一阶段林业信息化建设需要进一步加大基础建设的投入力度，包括人力、资金、系统应用投入力度。同时针对边远地区、少数民族地区等经济不发达地区，经济、技术等限制性因素，一方面予以政策上倾斜，给予适度支持；另一方面可以抽调骨干力量进行实地指导，或鼓励先进地区与落后地区进行对口支援。

六、坚持“创新驱动发展”战略，提升自主创新能力

新技术融合是信息化建设的重要主题，林业信息化亦需要不断吸纳融合信息化新技术。从本次评测结果可以看出，新技术的融合以及技术的自主创新成为评测结果得分率最低的指标，成为当前林业信息化的薄弱环节。下一阶段林业信息化的发展需要着重加强新技术的融合，保持林业信息化系统的持续发展；其次，党的十八大明确提出“科技创新是提高社会生产力和综合国力的战略支撑，必须摆在国家发展全局的核心位置”。“创新驱动发展”已上升为国家发展战略，各单位应立足当前实际，开拓创新，不断提高自主创新能力。

七、重点强调信息化应用，突出林业信息化效益

林业信息化发展最终落脚点在于“改造优化林业建设流程，提升林业发展的效益”。当前林业信息化经过多年的发展已奠定了初步基础，已具备部分应用的能力。下一阶段应逐步重视林业信息化应用，无论是对传统林业建设的优化改造还是衍生全新的林业产业或林业建设系统，不断产生林业信息化的经济效益、生态效益以及社会效益，促进林业信息化建设逐步向效益提升阶段迈进。

FIVE YEARS 2009~2014

网站绩效评估

WANGZHAN JIXIAO PINGGU

林业信息化
Forestry Informatization

2010年全国林业网站绩效评估报告

2010年，是全国林业信息化建设至关重要的一年，是全国林业网站快速发展、发挥重要作用、取得较大成绩的一年。根据《全国林业网站绩效评估标准（试行）》和《全国林业网站绩效评估办法（试行）》（办信字〔2010〕187号），结合全年网站运行管理和信息更新情况，2010年12月5～25日，国家林业局组织网站运行管理的技术人员和有关专家，对国家林业局各司局、各直属单位子站和全国各省（区、市）林业厅（局）网站的建设和运行维护情况进行了绩效评估和综合考核（附表1、附表2），现将有关情况报告如下。

一、国家林业局政府网主站建设运行情况

国家林业局政府网于2010年初进行了全面改版，建立了国家林业局首个政府网站群，打造了林业系统第一门户和统一信息发布平台，实现了中国林业网、国家林业局政府网和国家生态网一网3名，在2010年全国政府网站绩效评估中取得历史最好成绩，位列73个参评部委级网站的第11名，较2009年名次前进3名，并获得“优秀政府网站”、“政府网站领先奖”、“政府网站品牌栏目奖”等。主要有以下特点。

（一）实现了政府网站四大功能。中国林业网在保持原有信息发布功能的基础上，强化了网站在线办事、互动交流功能，增设了网上展示功能，形成了信息发布、在线办事、互动交流三大模块和网上展示功能区，全面体现了政府网站建设的主体功能和目标定位。

（二）整合了国家林业信息资源。在国家林业局原网站的基础上，整合了自然保护、森林防火、森林公园等50多个司局网站，整合了林业种苗、植树造林、森林采伐等多个行政审批事项的网上办理，对全部省厅级林业网站、地县级林业网站以及相关林业网站进行了友情链接。构建了林业信息查询的统一信息平台。

（三）完善了林业信息公开。结合贯彻落实《中华人民共和国政府信息公开条例》，调整了信息公开栏目设置，丰富了信息公开内容，实现了政府公开信息目录的点击浏览和索引查询。增加了人事管理、规划计划、重大项目、机构设置等重点公开的栏目。强化了世

界林业和国际合作等信息发布，提高了社会各界对林业的关注度。

（四）突出了林业重点热点。网站首页开辟森林生态系统、荒漠生态系统、湿地生态系统、生物多样性、林业产业、生态文化等栏目，使人们进入首页就能了解林业的业务特点、布局及进展情况，发挥了网站主流媒体的作用。同时，网站结合社会热点和重大活动，开辟了全国林业厅局长会议、全国集体林权制度改革百县经验交流会、玉树地震、全国爱鸟周、上海世博会等专题，着力报道林业重大活动和社会关注的热点，极大地调动了社会各界关注林业的积极性。

（五）增建了英文版和繁体中文版。新版网站以简体中文版、繁体中文版、英文版 3 种文字形式，展现了现代林业建设概貌，扩大了网站浏览群体，增加了国外林业信息，全世界每天有 1 万多境外人员访问中国林业网。

（六）增强了网站服务与互动性。开设了公众留言、征求意见、在线调查等栏目，提升了在线直播、在线访谈、网络电视等互动功能。能够及时反馈网友意见和建议，针对热点焦点工作进行访谈或直播，使广大网友有机会发表意见，零距离接触领导或专家，发挥了网络第一传媒的作用。

（七）增强了网站搜索和监控功能。新版网站增加了信息全文检索和网站智能分析监管系统，可以方便地进行站内信息搜索，实时监控网站运行情况，进行点击量或浏览量排名，进行信息访问量统计，网站管理能力进一步增强。

（八）丰富了网站信息表现形式。新版网站增加了网上展厅、林业地图等展示功能，加强了图片信息和网络视频信息的加载，提供了文字、图片和视频等多种展现形式，便于浏览者快速浏览和查询办事。同时，研建了林业专家数据库、林业标准数据库、林业科技成果数据库、野生动物博物馆、树木博览园、网络森林医院等，提高了网站的应用性。

总体上看，国家林业局政府网按照政府网站群建设的技术规范和绩效评估指标体系，结合现代林业建设需要，坚持统一架构、突出重点、整合资源、促进共享的原则，实现了国家林业局网站资源的有效整合，突出了林业主体业务布局，推进了政府信息公开和在线服务。据网站监控系统数据，网站开通第一天，点击量达到 992 万次，访问量达到 12 万次，分别比改版前增长了 1090% 和 1060%。截止到 12 月中旬，网站访问者人数超过 1.5 亿人次，共发布信息 10 多万条（其中主站信息 5 万多条，子站信息 4 万多条），发布政府文件 500 多件，在线办结和公示行政许可结果 2850 件以上，组织在线访谈活动 20 余次，开展会议现场直播 10 多次，回复网站留言 150 多条，征集网友意见 5000 余条。其中，新开设的“网络森林医院”服务栏目，实现了在线“就医问药”和“网络诊病”，得到了评估专家组的好评。网站运行各项指标稳定，未出现重大运行问题和责任事故。

二、各司局、各单位子站评估情况

随着国家林业局政府网站群建设的不断完善，各司局、各单位子站建设在《全国林业信息化建设纲要》和《全国林业信息化建设技术指南》指导下，遵循统一技术规范和技术标准，搭建了统一运行平台和网络环境，达到了整合资源、强化管理和信息共享的目的，为进一步深化应用和服务办事、进一步完善政府网站运行维护工作机制等奠定了基础。从2010年的绩效评估结果来看，主要有以下特点。

(一)子站设计风格统一、页面布局清晰简洁。新版子站设计减少了不必要的加载，维护了中国林业的整体形象，保障了子站运行速度。

(二)栏目设置与工作需要紧密结合。子站栏目的优化设计，使子站成为政务信息发布的重要窗口，增强了子站浏览量和信息加载者的积极性。

(三)网站信息公开范围不断拓展。信息更新量较原来有所增加，信息质量和展现形式有所提高。特别是许多重要活动的图片信息能够快速及时地在网上发布。

(四)网站管理责任心明显提高。绝大部分司局和单位子站设有固定的管理者和运行维护人员，能够保证大量政务信息及时上网，领导活动及时公开，重要会议精神及时发布。

(五)网上办事和便民服务意识有所提高。部分子站公布了行政许可办事指南、项目申报指南、项目管理制度、业务表格下载、应用系统登录等办事和便民服务，促进了效能型和服务型政府建设。

从各司局、各直属单位子站评分结果来看，列入前10名的优秀子站分别是："国家林业局信息化管理办公室"子站、"国家林业局调查规划设计院"子站、"国家林业局野生动植物保护与自然保护区管理司"子站、"中国森防信息网"子站、"国家林业局林业工作站管理总站"子站、"国家林业局农村林业改革发展司"子站、"中国林业出版社"子站、"中国花卉协会"子站、"国家林业局森林公安局"子站、"国家林业局林业基金管理总站"子站。

三、各省(区、市)林业厅(局)网站绩效评估情况

2010年，全国各地认真贯彻落实全国林业信息化工作会议精神，积极完善政府门户网站三大功能，不断扩展网站信息发布范围，逐步提升在线办事服务能力，在网站运行管理等各个方面取得了显著成绩。主要表现在：

(一)网站组织管理明显增强。各省(区、市)林业厅(局)网站都确定了网站管理领导和网站管理者，有2~3名网站信息采编报送人员。厅领导随时过问网站信息报送情况并督促指导，信息报送人员能够及时向国家林业局主站报送本单位的政务信息，并及时跟踪所报信息的采用情况，随时和信息办沟通网站建设情况。

(二)网站信息发布和政务公开范围不断扩大。通过本次绩效评估，各省级林业网站的

信息发布数量明显增多，政务公开范围不断扩展。许多网站公开了省厅人事任免、省级林业发展规划、政府文件等重要信息，网站每天平均更新各类信息 20 条以上。河南省林业厅网站信息发布范围涉及林业工作的方方面面，并将全省地市级林业局信息报送采用情况在网上通报，促进了网站内容建设和政务公开。

（三）网站在线办事和便民服务快速拓展。上海、北京、福建、江西等 2/3 以上的网站在首页显要位置设置了在线办事大厅和便民服务事项，列举了行政审批、工程竣工验收等许多重要办事事项，开设了网上投诉、便民问答等多个服务类别，增强了网站办事和服务功能。

（四）网站公众参与和互动交流得以重视。浙江省林业厅网站开设了格言短信征集平台、建言献策、问计于民、民意调查等互动栏目，搭建了政民互动、共建绿色家园的交流互动平台，为浙江林业快速发展发挥了重要作用。辽宁省林业厅网站积极开展在线访谈和网络电视展播活动，湖南省林业厅网站设立了局长论坛，为群众了解林业政策和改革思路提供了政府声音。其他许多网站都有各自的公众参与和互动交流举措，大大增强了省级林业网站的互动性。

（五）网站页面设计与特色服务有所创新。各省级林业厅局网站设计水平较 2009 年相比，在页面风格、栏目布局、网站功能、特色服务等多个方面普遍提高并有所创新，基本上达到了政府网站的设计要求和有关技术规定，体现了信息发布、在线办事和互动交流三大功能定位，突出了网站应用和办事服务，推动我国林业政府网站整体水平快速发展。

从各省级林业厅局网站评分结果来看，列入前 10 名的优秀网站分别是：上海市林业局网站、首都园林绿化政务网、福建省林业厅网站、浙江林业网、辽宁省林业厅网站、广东林业网、河北林业网、湖南林业信息网、河南省林业厅网站、江西省林业厅网站。

四、全国林业网站存在的主要问题

通过 2010 年的绩效评估，对照国家林业局颁发的《全国林业网站绩效评估标准（试行）》，以及国家电子政务管理部门对政府网站建设的有关要求，国家林业局政府网和各省级林业厅局网站还存在许多需要改进的地方。一是在线办事服务功能不强。大多数网站内容以信息发布为主，在线办事缺乏办事流程和具有实际意义的在线提交功能，许多事项只有办事指南和信息咨询。在线服务的针对性和有效性不强。二是信息公开力度不够。对群众关心的规划计划、资金使用、产权交易、市场供需等信息发布不够，影响了人们借助网站获取政府信息的积极性。三是互动栏目管理薄弱。网站设立的局长信箱、网上信访等互动栏目，是百姓与政府交流的重要渠道，由于对问题的答复不及时，使得许多简单问题复杂化，影响了政府的公信力。

附件：1. 2010 年国家林业局政府网各司局、各直属单位子站绩效评估表

2. 2010 年各省(区、市)林业厅(局)网站绩效评估表

附件 1　2010 年国家林业局政府网各司局、各直属单位子站绩效评估表

一级指标及分值 / 子站简称	总　分	信息公开 (50)	在线办事 (10)	公众参与 (10)	网站管理 (20)	网站设计 (10)	排　名
信息办	72.7	44.6	3.2	2.1	16.6	6.2	1
规划院	66.5	40.4	3.6	2.1	14.6	5.8	2
自然保护	65.9	39.6	4.5	2.1	14.6	5.1	3
森防总站	64.5	38.2	4.8	2.1	14.5	4.9	4
林业工作站	63.6	36.9	3.8	2.1	16.0	4.8	5
林业改革	62.3	36.0	3.6	2.1	15.6	5.0	6
林业出版	61.8	35.7	3.5	2.1	15.5	5.0	7
花卉协会	61.1	34.7	3.3	2.1	16.2	4.8	8
森林公安	60.9	35.1	3.5	2.1	15.0	5.2	9
林业基金	60.1	35.0	3.1	2.1	15.5	4.4	10
退耕还林	59.8	34.5	3.2	2.1	14.9	5.1	11
东航中心	56.6	33.1	2.4	2.1	14.5	4.5	12
西北院	54.3	30.6	2.5	2.1	14.5	4.6	13
林干院	53.6	30.1	3.1	2.1	14.2	4.1	14
森林资源	51.7	29.0	2.4	2.1	13.8	4.4	15
西航总站	51.0	28.0	2.1	2.1	14.0	4.8	16
林业碳汇	48.2	26.1	2.2	2.1	13.5	4.3	17
设计院	47.5	26.2	1.5	2.1	13.5	4.2	18
华东院	46.3	25.4	1.5	2.1	12.8	4.5	19
营造林质量	45.2	25.3	1.3	2.1	11.6	4.9	20
森林公园	42.6	23.8	1.9	2.1	10.4	4.4	21
昆明院	41.2	23.2	1.0	2.1	10.4	4.5	22
经研中心	40.8	21.5	1.2	2.1	11.8	4.2	23
绿色人才	39.9	22.9	1.1	2.1	9.9	3.9	24
林学会	39.2	22.5	0.9	2.1	9.3	4.4	25
中南院	39.0	22.0	1.2	2.1	9.4	4.3	26
南京警院	38.8	22.0	1.1	2.1	9.9	3.7	27
荒漠化防治	38.3	21.5	0.8	2.1	10.1	3.8	28

（续）

一级指标及分值 / 子站简称	总　分	信息公开 (50)	在线办事 (10)	公众参与 (10)	网站管理 (20)	网站设计 (10)	排　名
国际合作	37.9	22.0	0.8	2.1	9.2	3.8	29
规划资金	37.3	18.4	0.9	2.1	12.3	3.6	30
濒危物种	36.8	21.0	0.9	2.1	9.2	3.6	31
生物质能与能源	36.4	20.6	1.0	2.0	8.9	3.9	32
林木种苗	36.2	20.3	1.0	2.1	9.0	3.8	33
林业科技	35.9	20.5	0.9	2.1	8.8	3.6	34
世行中心	34.6	19.9	0.8	2.1	8.4	3.4	35
森林防火	34.4	19.2	0.6	2.1	8.6	3.9	36
天然林保护	33.9	18.8	0.9	2.1	8.3	3.8	37
林科院	32.4	17.5	0.8	2.1	8.5	3.5	38
林业执法	31.1	16.8	0.6	2.1	8.4	3.2	39
森林健康	30.4	16.4	0.6	2.0	7.6	3.8	40
三北局	30.2	16.0	0.6	2.1	7.8	3.7	41
国有林场	30.1	16.5	0.7	2.1	7.2	3.6	42
关注森林	29.5	15.6	0.5	2.1	7.8	3.5	43
国土绿化	27.5	14.1	0.6	2.1	7.6	3.1	44
新品种保护	27.3	13.9	0.5	2.1	7.4	3.4	45
湿地中国	25.8	13.3	0.5	2.1	6.7	3.2	46
竹藤中心	25.1	12.8	0.4	2.1	6.8	3.0	47
中动协	24.8	12.9	0.4	2.1	6.4	3.0	48
绿化基金	24.0	12.4	0.3	2.1	6.2	3.0	49
林业产业	23.9	12.2	0.2	2.1	6.3	3.1	50
经济林信息	23.5	11.9	0.3	2.1	6.1	3.1	51

附件2　2010年各省(区、市)林业厅(局)网站绩效评估表

一级指标及分值 / 单位名称	总　分	信息公开 (45)	在线服务 (20)	公众参与 (20)	网站管理 (10)	特色服务 (5)	排　名
上海市林业局	73.7	34.3	16.5	13.9	6.0	3.0	1
北京市园林绿化局	71.3	34.8	16.5	12.2	6.8	1.0	2
福建省林业厅	68.9	29.5	16.1	14.6	5.7	3.0	3
浙江省林业厅	68.6	30.9	15.2	12.4	6.6	3.5	4
辽宁省林业厅	66.7	30.1	15.2	11.7	6.7	3.0	5
广东省林业厅	66.4	30.1	14.4	14.3	6.1	1.5	6
河北省林业厅	64.5	29.2	14.8	13.0	6.5	1.0	7

（续）

一级指标及分值 / 单位名称	总　分	信息公开（45）	在线服务（20）	公众参与（20）	网站管理（10）	特色服务（5）	排　名
湖南省林业厅	64.0	30.3	15.5	11.0	6.2	1.0	8
河南省林业厅	62.8	27.3	13.8	13.5	6.2	2.0	9
江西省林业厅	60.9	24.6	13.7	13.0	6.6	3.0	10
吉林省林业厅	60.8	25.0	14.3	13.5	6.0	2.0	11
江苏省林业局	60.5	29.3	13.5	11.2	5.5	1.0	12
湖北省林业厅	57.1	23.8	13.1	11.7	6.0	2.5	13
重庆市林业局	56.9	23.6	13.1	13.2	6.0	1.0	14
云南省林业厅	53.9	22.9	13.1	10.5	5.4	2.0	15
陕西省林业厅	53.8	24.7	13.2	10.1	4.8	1.0	16
四川省林业厅	53.3	21.1	12.9	11.6	5.7	2.0	17
吉林森工集团	49.3	17.0	12.0	11.8	6.0	2.5	18
安徽省林业厅	47.6	21.8	12.9	7.4	4.5	1.0	19
山西省林业厅	45.8	18.1	12.9	7.5	5.3	2.0	20
黑龙江省林业厅	45.5	19.7	11.6	7.7	5.5	1.0	21
青海省林业厅	44.1	15.8	11.8	10.5	5.0	1.0	22
山东省林业厅	42.5	17.4	11.6	6.0	5.0	2.5	23
龙江森工集团	42.0	18.7	11.6	6.0	4.7	1.0	24
海南省林业厅	41.9	16.7	11.5	7.5	5.2	1.0	25
贵州省林业厅	41.9	16.5	11.6	9.3	3.5	1.0	26
广西壮族自治区林业厅	41.3	19.0	11.6	6.3	3.4	1.0	27
内蒙古森工集团	38.6	14.4	10.4	8.8	3.5	1.5	28
新疆维吾尔自治区林业厅	37.4	16.0	10.4	5.0	4.5	1.5	29
大兴安岭林业管理局	36.9	15.0	10.4	6.0	4.5	1.0	30
甘肃省林业厅	31.8	15.3	10.0	3.5	2.5	0.5	31
天津市林业局	28.7	12.0	10.2	3.5	2.5	0.5	32
内蒙古自治区林业厅	28.0	12.0	10.0	3.0	2.5	0.5	33
宁夏回族自治区林业局	27.2	12.0	9.2	3.0	2.5	0.5	34

注：西藏自治区林业厅无门户网站

2011年全国林业网站绩效评估报告

2011年，是全国林业信息化快速发展的一年，是全国林业网站快速发展、发挥重要作用、取得较好成绩的一年。根据《中国林业网管理办法》和《国家林业局办公网管理办法》（林办发〔2011〕185号），《全国林业网站绩效评估标准（试行）》和《全国林业网站绩效评估办法（试行）》（办信字〔2010〕187号），结合全年网站运行管理和信息更新情况，2011年12月5～28日，国家林业局委托中国软件评测中心对中国林业网50个司局、直属单位子站，42个省级（含自治区、直辖市，集团公司，新疆兵团，计划单列市等，下同）子站的建设运行维护情况，以及国家林业局办公网应用情况，进行了全面绩效评估。组织有关技术人员和网站管理专家，对国家林业局办公网44个单位的应用情况进行了全面评估。现将绩效评估有关情况报告如下。

一、中国林业网各地子站评估

2011年，全国各地认真贯彻落实第二届全国林业信息化工作会议精神，积极完善政府网站三大功能，不断加强网站信息发布，逐步提升在线服务水平，努力营造政民互动交流氛围，在提升网站建设水平、保障运行维护管理等方面取得了显著成绩。

（一）信息发布方面。与2010年相比，全国各地林业子站的信息发布数量明显增加。政务信息公开范围不断扩展，信息发布深度不断向政府组织管理的核心领域延伸。据调查统计，全年各省级林业子站发布各类政务信息40多万条。其中，政府文件8000多件，图片信息5万多张，网络视频短篇26000分钟。全部子站坚持每个工作日更新信息，每天平均更新各类信息20条以上。北京、福建、浙江、湖北等在网站上公开了省（市）厅（局）人事任免信息，湖南、河南、吉林等在网站上发布了省级林业发展规划，浙江、上海、江苏等将重要财务信息上网发布。河南将全省地市级林业局信息报送采用情况在网上通报，促进了网站内容建设和政务信息公开。子站信息发布满分40分，平均得分21.68分，得分率为54.2%。信息发布数量前5名的网站是：辽宁、湖南、福建、山东、江西。

（二）在线服务方面。上海、北京、福建、江西等2/3以上的网站在首页显要位置设置了在线办事大厅和便民服务事项，列举了行政审批、工程竣工验收等许多重要办事事项，开设了网上投诉、便民问答等多个服务类别，增强了网站办事和服务功能。全年处理在线审批等服务事项83万多件，在线办事率达到30%以上。网站在线办事和便民服务快速拓展，成为提高网站服务水平的重要领域。子站在线服务满分20分，平均得分10.21分，得分率为51.1%。在线服务数量前5名的网站是：江西、辽宁、大兴安岭林业集团、福建、湖南。

（三）互动交流方面。随着政府网站的快速发展，网站互动和公众参与被高度重视。四川、湖南等许多网站积极征集网络民意，让公众建言献策，问计于民，搭建了政民互动、共建绿色家园的交流互动平台，为林业快速发展发挥了重要作用。据统计，2011年，领导信箱、举报投诉渠道、在线咨询渠道的开通率均在50%以上，基本上实现了在线提交、线上处理、结果公开。全年收到公众留言、来信等16000多条，回复11000条，回复率达到68.8%。湖南、江苏、福建等积极开展在线访谈和网络电视直播活动，湖南省林业厅子站设立了局长论坛，为群众了解林业政策和改革思路提供了政府声音。其他许多子站都有各自的公众参与和互动交流渠道，子站互动性大大增强。子站互动交流满分25分，平均得分10.45分，得分率为41.8%。互动交流次数前5名的网站是：四川、湖南、大兴安岭林业集团、青海、北京。

（四）网站设计与管理。在网站设计方面，各省级林业子站设计水平较2010年相比，在页面风格、栏目布局、网站功能、特色服务等多个方面普遍提高并有所创新，基本上达到了政府网站的设计要求和有关技术规定，体现了信息发布、在线办事和互动交流三大功能定位，突出了网站应用和办事服务。设计领先网站是：北京、广东、福建、河南、河北。通过网站影响力调查，陕西、山西、青海等中西部省份的网络影响力逐年增强，公众依赖度越来越强。在用户访问方面，2011年的网站日均访问量达到5000人次以上，远远超过2010年的平均值。吉林森工集团等单位借助网络平台，搭建了产品销售网络链，网站访问量显著提升，单位经济效益快速增长。多渠道调查数据显示，访问量领先网站是：吉林森工集团、上海、湖南、吉林、内蒙古森工集团。各地各单位充分利用政府门户网站，积极开展横向联合和对外交流，许多省区市的网站设有英文版，大大拓展了网站浏览人群。经综合评估，网络影响领先网站是：陕西、山西、湖北、河南、河北。从管理方面看，37个省有网站领导小组，且主要领导任组长。有明确的主管领导和网站管理者，有2~3名网站信息采编报送人员，有专门的技术队伍做技术支持。信息加载、报送、审核等管理制度与机制健全，各部门职责分工清晰，业务工作与网站工作有机结合，运行流程规范，信息报送及时，并及时跟踪所报信息的采用情况，随时和国家林业局信息办沟通网站建设运行情况，对国家林业局信息办的数据采集等响应及时。从网站安全方面看，各单位对网站安全高度重视，98%以上网站配有防火墙、防病毒和防篡改软件等安全防范措施，有应急预案并落实到责任人。子站设计与管理满分15分，平均得分12.5分，得分率为83.4%。网站效能管理领先单位是：沈阳、安徽、湖南、广东、辽宁。在落实网站“统一管理、统一平台”建设原则方面，湖南等省区市大力开展数据整合，建立了统一门户和统一数据平台，为领导工作辅助决策提供了方便。湖南省开通的林木测土配方信息系统，其数据源是湖南省林业厅外网信息平台，应用性强，易推广，避免了信息孤岛。评估显示，数据整合领先单位是：湖南、浙江、湖北、河北、黑龙江。

从中国林业网各地林业子站的综合评分结果来看，列入前10名的十佳网站分别是：首都园林绿化政务网、福建省林业厅网站、江苏林业网、上海市林业局网站、河南省林业厅网站、浙江林业网、广东林业网、湖北省林业厅网站、辽宁省林业厅网站、湖南林业信息网。

二、中国林业网各司局、各直属单位子站评估

中国林业网各司局、各直属单位子站自2010年整合并开通运行以来，栏目建设与运维管理不断加强，是支撑中国林业网逐年取得绩效评估好成绩的重要因素。根据评估标准，经多方面综合评分，各司局、各直属单位子站绩效评估平均得分56.35分，21个单位子站得分达到60分以上。其中，信息发布平均得分22.83分，得分率为50.7%。信息发布数量前三名的子站是基金总站子站、信息办子站、营造林质量网。访问量前三名的子站是科技司子站、西北院子站、三北局子站。向主站报送信息数量前三名的单位是公安局(防火办)、信息办、基金总站。子站应用最多的是保护司子站、政法司子站、计财司子站。2011年，各子站运行维护呈现以下特点。

(一)子站管理责任心明显提高。绝大部分司局和直属单位子站设有明确的管理者和运行维护人员，管理职责清晰，分工明确。运维人员能够积极参加有关培训，运维能力快速提升。保护司、政法司等单位投入专门力量，对原有子站栏目进行梳理，增加了体现业务特点的栏目和专题，网站应用性和视觉效果显著提升。

(二)子站信息公开范围不断拓展。能够保证大量政务信息及时上网，领导活动及时公开，重要会议精神及时发布，信息质量和展现形式有所提高。特别是许多重要活动的图片信息能够快速及时地在网上发布。基金总站子站加载信息2973条，营造林质量网加载信息1279条。公安局、林科院等单位向中国林业网报送信息1500条以上。计财司各处室及时将财务制度、发展规划、统计信息、预算信息、三公经费等上网公开。人事司将司局长任用、职称评定等重要信息公开。公安局(防火办)结合防火信息监测，在子站首要位置将森林火险气象等级和高森林火险红色警报信息进行发布，保障了关键时期的森林安全，达到了预警预防的目的。这些重要信息支撑国家林业局政务公开取得国务院各部委综合评比第二名的好成绩。

(三)子站在线服务能力有所提升。有行政许可办理职责的司局或直属单位，公布了行政许可办事指南、项目申报指南、项目管理制度、业务表格下载、应用系统登录等办事和

便民服务事项，政法司等单位运维的国家林业局政府网“行政许可”栏目获得第三方组织的2011 年政府网站绩效评估“精品栏目奖”，促进了效能型和服务型政府建设。

(四)栏目布局与业务工作紧密结合。子站栏目的优化设计，使各司局、各直属单位子站成为本单位政务信息发布的重要窗口。大部分子站管理者能够结合工作实际，随时调整本单位子站栏目，使子站成为业务信息发布的重要平台，加大了子站浏览量和影响力。

(五)热点专题积极踊跃特点明显。2011 年结合现阶段林业重点和热点工作，国家林业局政府网建设制作了 10 多个专题，各司局、各直属单位子站围绕创先争优、造林绿化、森林碳汇、生态文明等开设专栏专题 20 多个。其中，建党 90 周年专题和首届 APEC 林业部长级会议专题，经过机关党委、国际司、信息办、宣传办等单位的共同努力，专题建设取得圆满成功，得到了局领导的高度赞扬。天保工程专题、第二届林博会专题、义务植树三十年专题等，都是各司局、各直属单位子站专题建设的延伸与拓展，对扩大业务影响力具有重要意义。

从各司局、各直属单位子站综合评估结果来看，列入前 10 名的十佳子站分别是：保护司子站、信息办子站、政法司子站、公安局(防火办)子站、计财司子站、基金总站子站、工作总站子站、西北院子站、规划院子站、林科院子站。

三、国家林业局办公网应用评估

国家林业局办公网(简称“内网”)是林业系统内部综合办公和内部信息发布的统一平台，包括办公平台、信息平台、学习平台、生活平台和交流平台，满足林业系统内部办公、查询、学习、生活和交流的需要。2010 年 2 月 1 日开通试运行，2010 年 6 月 1 日正式运行。为认真总结内网应用工作，进一步推进全局范围乃至全系统的应用，对内网应用情况进行了总结评估。

(一)办公平台应用。各司局、各直属单位共 1200 多名工作人员使用国家林业局办公网综合办公平台，进行办文、办会、办事等操作，共办理 4 万余件事项。其中：发文 5338 件、收文 31883 件、签报 453 件、建议提案 876 件，会议办理 48 件，事务办理 714 件，综合管理事项 689 件。综合办公系统应用前 10 名的十佳单位分别是：计财司、办公室、资源司、保护司、公安局(防火办)、造林司、科技司、信息办、场圃总站、人事司。

(二)信息平台应用。信息平台是国家林业局内部信息发布的重要平台，设有领导讲话、内部要闻、内部文件、内部简报等 20 多个栏目，2011 年共发布内部信息 11318 条。信息发布总数前 5 名单位分别是：规划院、濒管办、计财司、办公室、公安局(防火办)。

(三)学习平台应用。学习平台是国家林业局全局职工内部在线学习的重要网络资源。设有时政分析、业务学习、金融发展、热点追踪、电子大讲堂、电子图书馆、电子阅览室等 12 个栏目，购置了大量有学习价值的文献资料和电子图书期刊。2011 年共上传学习资料 6684 件。应用总数前 5 名单位分别是：濒管办、信息办、规划院、计财司、资源司。

(四)生活平台应用情况。生活平台的开设，丰富了职工业余文化生活，增强了内网应用热情。设有生活时尚、理财之道、情趣爱好、旅游风情、数字电影院、数字音乐厅等12个栏目。2011年全年共加载各类生活信息16627条。信息发布前5名单位分别是：濒管办、计财司、公安局、规划院、场圃总站。

(五)交流平台应用情况。交流平台以林业论坛和司局专区为主。全年共开展内部交流359人次。大多数司局、直属单位将内部工作总结、简报、资料等加载到内部专区，供本单位职工学习浏览和下载运用，发挥了很好的交流作用。据初步统计，全年共加载各类信息1345条。其中前5名单位分别是：信息办、规划院、服务局、濒管办、造林司。

四、网站评估建议

通过上述评估，可以看出，全国林业网站建设较2010年有明显进步，网站应用和管理被高度重视，正在向更专业、更深入、更广泛的方向发展，但还存在一些不足。为此，提出如下建议：一是网站设计应进一步梳理栏目类别，强化在线办事和互动交流功能；二是进一步强化业务应用，以网站为平台，积极推动业务办理应用和网络在线服务；三是结合《政府信息公开条例》实施，加大对应公开的关键和重要信息的发布力度，满足透明型政府建设需要；四是尽快加强各市县林业网站整合，打造统一信息平台，提高网站整体水平。

2012年全国林业网站绩效评估报告

摘　要

网站建设是林业信息化工作的突出体现，是衡量林业信息化水平的有效标准。对网站进行科学评估，有助于提升网站建设和管理水平，促进林业服务创新。

2012年全国林业网站绩效评估，采用人工测评、平行测试、用户体验、问卷调查、软件测试相结合的方法，对全国林业系统42个省区市网站，47个司局和直属单位子站，84个专题子站，以及国家林业局内网应用情况等进行了评估。

结果表明，全国林业网站整体水平大幅提升。北京、湖北、福建、江苏、广东、四川、上海、湖南、甘肃、河南、黑龙江和辽宁在省区市网站中处于领先位置，场圃总站、科技司、信息办、造林司、濒管办、政法司、保护司、计财司、西北院和公安局在司局和直属单位子站中处于领先位置，国家林业局办公室、计财司、信息办、科技司、保护司、公安局、场圃总站、造林司、资源司、科技中心和林改司内网综合办公系统应用情况良好，福州和重庆仙女山国家森林公园、广西高峰和河北木兰围场国有林场、福建洋口林场国家杉木良种基地和中国林科院亚林中心油茶良种基地、陕西牛背梁和太白山国家级自然保护区在专题子站中处于领先位置。

同时，通过对评估结果的分析，总结了整体网站特点、点评了优秀网站、分析了存在的不足、提出了合理建议，为全国林业网站更好更快发展提供了科学支撑。

引　言

网站作为电子政务建设的重要组成部分，是政府服务社会的窗口、政务在线办理的平台、政民沟通的便捷渠道。在新的时代特征下，责任和作用日益凸显。

网站作为林业系统各单位的窗口和门户，是提供信息服务的重要载体和推进信息化建设的重要依托，其建设质量是衡量林业电子政务发展程度的重要标志。长期以来，国家林业局高度重视林业系统网站建设和管理工作，持续开展网站绩效评估，网站建设水平大幅提升，成效凸显。为深入贯彻落实《国务院办公厅关于进一步加强政府网站管理工作的通知》(国办函〔2011〕40号)、《全国林业信息化工作管理办法》(林办发〔2010〕187号)和《中国林业网管理办法》(林办发〔2010〕185号)等文件精神和要求，在认真总结前几年评估经验的基础上，国家林业局组织开展了2012年全国林业网站绩效评估，旨在清晰把握全国林业网站建设情况和运营水平，提高网站建设质量，加强网站内容管理，促进网站良性发展，为发展生态林业和民生林业做出新的贡献。

第一章　评估概述

一、评估目的

通过评估，全面掌握网站建设和管理情况，总结现阶段网站特点，客观分析存在的问题和不足，进一步提升网站的建设管理水平和服务水平。

二、评估范围

本次绩效评估对象涵盖42个林业网站，47个国家林业局司局和直属单位子站，84个专题子站和38个国家林业局内网应用单位，具体评估范围见表1。

表1　2012年全国林业网站绩效评估范围表

类别	单位名称
国家林业局 司局和直属单位子站 (47个)	政法司、造林司、资源司、保护司、林改司、公安局、计财局、科技局、国际司、信息办、场圃总站、工作总站、基金总站、宣传办、濒管办、天保办、三北局、退耕办、治沙办、世行中心、湿地办、科技中心、经研中心、人才中心、林科院、规划院、设计院、林干院、出版社、竹藤中心、林学会、中动协、花协、中绿基、碳汇基金、森防总站、东航中心、南航总站、南京警院、华东院、中南院、西北院、昆明院、治沙学会、建设协会、经济林协、乌鲁木齐专员办
省区市林业网站 (42个)	北京、天津、河北、山西、内蒙古、辽宁、吉林、黑龙江、上海、江苏、浙江、安徽、福建、江西、山东、河南、湖北、湖南、广东、广西、海南、重庆、四川、贵州、云南、西藏、陕西、甘肃、青海、宁夏、新疆、内蒙古森工、吉林森工、龙江森工、大兴安岭、新疆兵团、大连、宁波、厦门、青岛、深圳、沈阳
专题子站 (84个)	森林公园站群(21个)、国家林场站群(21个)、种苗基地站群(20个)、自然保护区站群(22个)
内网 应用单位 (38个)	办公室、政法司、造林司、资源司、保护司、林改司、公安局、计财司、科技司、国际司、人事司、机关党委、监察局、老干部局、服务局、信息办、场圃总站、工作总站、基金总站、宣传办、濒管办、天保办、三北局、退耕办、治沙办、世行中心、科技中心、经研中心、人才中心、合作中心、湿地办、亚太中心、规划院、中动协、花协、中绿基、中产联、碳汇基金会

三、评估方法

为确保评估客观、科学，本次评估采用人工测评、平行测试、用户体验、问卷调查、软件测试相结合的方法。其中问卷调查法只在省区市林业网站评估中使用。

人工测评法。评测人员采用分组交叉法在相同时段内登录网站，根据评估指标采集相关数据。

平行测试法。每项指标由同一个人负责，并在同一个时间段内完成数据采集工作，确保指标评测标准、评分尺度和采集时间相同。

用户体验法。评测人员模拟网站用户对相关功能进行实际体验。

问卷调查法。设计调查问卷，根据填报内容获得组织领导、人员保障、网站访问量、安全管理等数据。

软件测试法。利用专业软件，测试网站稳定性和访问速度等技术指标。

四、评估过程

2012 年 9 月，制定绩效评测指标体系，确定评估范围。

2012 年 10 ~ 11 月，下发调查问卷，根据填报内容进行数据统计。

2012 年 11 ~ 12 月，根据评测指标，采集相关数据。

2012 年 12 月，按照评估标准，根据调查问卷和采集数据统计得分，对评估网站进行综合评分。经过审定后，编写评估报告。

五、评估标准

为保持评估工作的延续性和评估结果的可比性，本次省区市林业网站、司局和直属单位子站在沿用 2011 年评估指标体系的基础上，增加了新技术应用指标，调整了部分指标分值，从信息发布、在线服务、互动交流、网站管理与设计四方面对网站进行了全面评估（表 2、表 3）；专题子站从信息发布量、访问量和更新频率 3 个方面进行评估（表 4）；国家林业局内网主要根据综合办公系统应用情况进行评估。

表 2　省区市林业网站评估指标

一级指标	二级指标	三级指标	指标说明	分值
信息发布 40 分	信息公开专栏	公开指南	本部门信息公开指南及制定情况	1
		公开目录	是否按照《政府信息公开目录系统实施指引》中的有关要求建设	2
			是否通过点击目录即可访问到文件内容	2
		公开年度报告	是否发布本年度信息公开报告	1
		依申请公开	依申请公开指南、程序、办理时限和收费标准、受理机构等信息发布情况。并开设在线依申请公开的渠道	4

一级指标	二级指标	三级指标	指标说明	分值
	主动公开	机构职能	领导简介、分工、联系方式等发布情况。部门职责与内设机构及分工发布情况	2
		政府文件	本部门发布的公文网上发布情况	3
		通知公告	本单位发出的通知公告网上发布情况	2
		人事任免	干部任免、公务员考录或工作人员招考信息发布情况	3
		财政公开	政府采购与招标信息发布情况。部门预算信息发布情况	3
		计划规划	本省区市各级林业规划或专项规划发布情况；年度计划信息发布情况	3
		林业统计	本省区市林业统计信息发布情况	2
		专题建设	反映本地重点工作的专题专栏建设情况	4
	信息发布规范	信息发布总量	网站信息加载总体数量	4
		信息发布频度	网站信息更新频率，包括多少天更新 1 次，每次更新多少条等	2
		信息发布时效	网站发布的动态类信息在信息生成后 5 个工作日内发布	2
在线服务 20 分	下载服务	资料下载	提供各种资料下载（包括表格、文本、图片、软件等）的数量和质量	3
		表格下载	提供表格下载的行政许可事项占本部门所承担全部行政许可事项的百分比	3
	办事服务	办事指南	提供办事指南的行政许可事项占本部门所承担全部行政许可事项的百分比	4
		在线申报	实现在线申报功能的行政事项占本部门所承担全部行政事项的百分比	4
		结果反馈	实现办事结果查询和反馈的行政许可事项占本部门所承担行政许可事项的百分比	3
		服务整合	是否将网上办事全流程应覆盖的 5 项服务，即办事指南、表格下载、在线申报、结果反馈等进行全面整合	3
互动交流 20 分	信件投诉	信件投诉	有网上投诉和信访渠道，投诉内容、投诉处理结果情况	4
	在线咨询	渠道建设	是否开通在线咨询渠道	2
		在线答疑	在线咨询的处理与反馈更新情况	2
	民意征集	征集渠道	网站是否提供民意征集的渠道	2
		征集效果	征集渠道易用性、征集形式、意见反馈等情况	2
	网上调查	网上调查	是否设有网上调查栏目；调查主题是否与当前的政务相关	4
	访谈直播	访谈直播	访谈直播的质量；访谈直播的更新情况	4

（续）

一级指标	二级指标	三级指标	指标说明	分值
网站管理与设计20分	组织领导	领导小组	是否有网站管理领导小组 ，是否由本单位主要领导担任组长	1
		管理人员	是否设立网站管理岗位、内容保障岗位、运行维护岗位	1
	制度建设	管理制度	网站管理制度的制定情况	1
		内容保障制度	内容保障制度的制定情况	1
	页面设计	首页布局	网站首页布局的合理性，是否能够少于3次点击即可定位查询内容	1
		个性设计	页面简洁、美观、大方，特色突出	1
		栏目设置	栏目设置是否方便用户查询和浏览	1
	功能服务	搜索功能	是否提供全文和关键字检索及高级检索	2
		导航链接	站点地图、栏目导航的质量，林业系统上下级单位网站的链接数量和质量	1
		联系方式	是否提供网站维护单位及联系方式	1
	新技术应用	新技术应用	是否开通了微博或建立移动终端门户	2
	网站访问	总访问量	网站总体访问情况及变化，包括总访问量，页面浏览量等	1
		日均访问	网站日均访问情况及变化	1
	安全管理	访问检查	定期检查网站页面访问情况	1
		内容审核	有专人进行内容审核、有保密检查	1
		防攻击和篡改	是否有安全网关、防火墙、防篡改措施	1
		防病毒和应急预案	是否有防病毒措施；是否定期升级和检查；是否有应急预案；有无演练	1
		备份恢复情况	是否有备份机制并坚持定期备份；是否有恢复机制，有无演练	1

表3　司局和直属单位子站评估指标

一级指标	二级指标	三级指标	指标说明	分值
信息发布45分	机构设置	领导简介	是否发布本单位主要领导姓名、工作简历、工作分工、工作照等信息	2
		组织机构	网站是否发布本单位职能、机构设置情况，包括内设机构和下属单位名称、职能、联系方式等信息	2
	信息加载	通知公告	网站是否及时发布本单位发出的各种通知公告信息	3
		业务信息	网站对本单位业务信息发布的全面性和信息质量，如领导讲话、各业务类别信息等是否都发布	7
		信息发布总数	网站信息加载总体数量	5
		信息发布频度	网站信息更新频率，包括多少天更新1次，每次更新多少条	4
		信息发布时效	网站发布的动态类信息在信息生成后5个工作日内发布	4

（续）

一级指标	二级指标	三级指标	指标说明	分值
	热点专题	专题建设	围绕会议、活动、部门职责等建立的专题栏目的丰富度，专题内容及质量	5
		专题更新	热点专题栏目的内容更新情况	2
	法规政策	法规政策	是否发布有关法律法规和政策文件	2
		政策解读	有关政策制度的解读情况	3
	规划计划	发展规划	本单位制定的相关规划的公开情况	2
		工作计划	本单位年度、专项工作计划及执行情况的信息发布情况	2
	项目成果	成果展示	网站对单位业务成果的展示情况	2
在线服务 15 分	办事渠道	业务办理	是否提供单位业务在线办理功能，如办事指南、表格下载、在线申报等	6
	办事内容	办理类别	网站在线办理业务的类别有多少	3
		办理查询	网站是否提供在线办理业务的在线查询功能，如业务办理状态查询、业务办理结果查询等	6
互动交流 10 分	业务咨询	交流渠道	是否提供业务咨询的渠道	2
		互动效果	业务咨询交流平台的易用性、在线交流的形式、意见回复等情况	3
	民意征集	征集渠道	网站是否提供民意征集的渠道	2
		征集效果	征集渠道易用性、征集形式、意见反馈等情况	3
网站管理与设计 30 分	组织领导	领导小组	是否有网站管理领导小组 ，是否由本单位主要领导担任组长	2
		工作机制	信息采集报送及发布是否有明确流程	2
	人员保障	管理人员	网站是否设立或指定网站管理、内容保障、运行维护的工作岗位，配备专职或兼职管理人员	2
		内部配合	内部职责分工及对网站管理响应度	2
	对主站信息的贡献	信息报送	对主站内容的信息报送情况，对主站设立的相关栏目的信息更新情况	5
		职责配合	对主站在线服务和访谈直播活动的支持情况，领导活动的配合情况。	5
	网站访问	总访问量	网站总体访问情况及变化，包括总访问量，页面浏览量等	3
		日均访问量	日均访问情况及变化	2
网站管理与设计 30 分	页面展示	页面效果	首页布局、个性化设计、栏目安排的合理性与相对全面性	3
	功能服务	搜索功能	搜索引擎功能的实用性和易用性	2
		导航链接	是否提供网站地图，设置站内导航，是否可轻松返回上级页面，以及与主站等相关网站的链接情况	1
		联系方式	是否提供网站维护单位及联系方式	1

表4 专题子站评估指标

指　标	指标说明
信息更新量	本年度网站信息更新情况，包含文字、图片和视频等信息
网站访问量	本年度网站总体访问情况，包括总体访问量和页面浏览量
更新频率	网站信息更新频率，即网站是否持续更新，更新周期等，分快、一般、慢3档

第二章　整体评估结果分析

专题子站和国家林业局内网与省区市林业网站、司局和直属单位子站评估指标设置不同，本章只对省区市林业网站、司局和直属单位子站两类网站做整体评估。专题子站和国家林业局内网评估结果分析详见第五章、第六章。

一、平均得分分析

2012年全国林业网站总体平均绩效63.7分，其中省区市林业网站平均绩效67.72分，超过平均分的有20个省区，占总数的47.62%；司局和直属单位子站平均绩效59.74分，超过平均分的有21个单位，占总数的44.68%。评估得分前10名见表5、表6。

表5 省区市林业网站综合得分排名表(前10名)

总排名	单　位	信息发布	在线服务	互动交流	网站管理与设计	总得分
1	北　京	37.3	20.0	15.5	19.0	91.8
2	湖　北	34.6	19.0	16.5	19.6	89.7
3	福　建	34.8	18.0	17.5	18.7	89.0
4	江　苏	36.2	18.5	17.0	16.3	88.0
5	广　东	35.5	20.0	13.0	18.1	86.6
6	四　川	36.0	15.7	18.0	16.6	86.3
7	上　海	36.3	17.5	12.0	20.0	85.8
8	湖　南	35.4	12.9	18.0	17.3	83.6
9	甘　肃	31.4	16.5	17.5	18.1	83.5
10	河　南	33.7	16.7	15.0	17.8	83.2
10	黑龙江	34.6	17.0	16.5	15.1	83.2
10	辽　宁	34.3	17.5	14.0	17.4	83.2

表6　司局和直属单位子站综合得分排名表(前10名)

总排名	单　位	信息发布	在线办事	公众参与	网站管理与设计	总得分
1	场圃总站	35.5	15.0	2	23.1	75.6
2	科技司	32.0	15.0	2	23.8	72.8
2	信息办	38.5	6.5	2	25.8	72.8
4	造林司	32.0	15.0	2	23.3	72.3
5	濒管办	33.0	15.0	2	21.0	71.0
6	政法司	27.0	14.0	2	25.8	68.8
7	保护司	30.0	15.0	2	21.0	68.0
8	计财司	39.0	4.5	2	21.8	67.3
9	西北院	35.5	5.0	2	24.6	67.1
10	公安局	34.0	4.5	2	26.5	67.0

从全国林业网站信息发布、在线服务、互动交流、网站管理与设计四大模块指标看，网站管理与设计得分率相对较高，省区市林业网站为81.25%，司局和直属单位子站为72.59%，其次是信息发布，省区市林业网站为72.48%，司局和直属单位子站为63.87%；在线服务、互动交流得分率相对偏低，省区市林业网站分别为58%和54.4%，司局和直属单位子站分别为46.72%和22.13%(图1)。

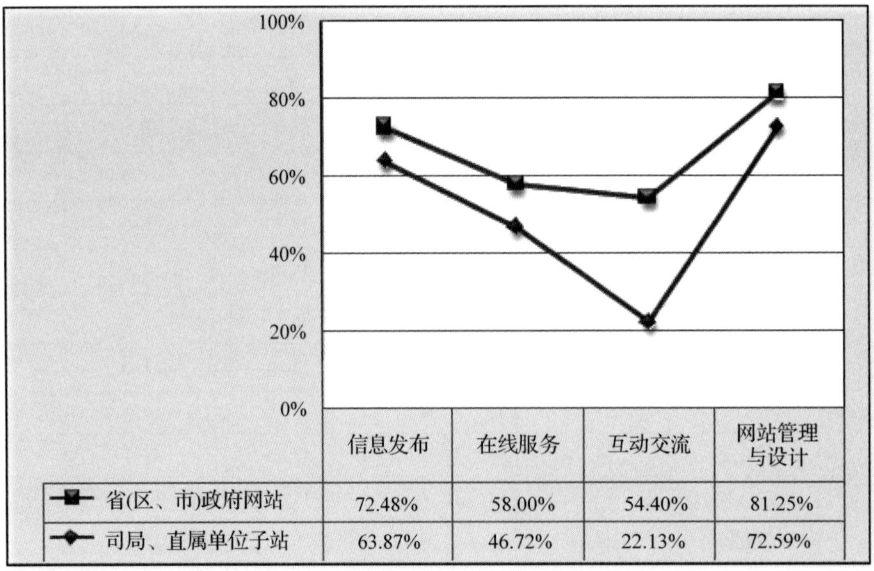

图1　2012年全国林业网站不同功能指标对比分析图

二、发展阶段分析

根据评估结果，将网站划分为 5 个发展阶段，即起步阶段(0≤绩效<30)、建设阶段(30≤绩效<60)、发展阶段(60≤绩效<75)、优秀阶段(75≤绩效<90)、卓越阶段(90≤绩效≤100)。本次评估的 89 个网站大部分处于建设和发展阶段，所占比例分别为 41.57% 和 38.20%，处于卓越阶段的为 1.13%，处于优秀阶段的为 19.10%，网站发展阶段及特征见表 7。

表 7　2012 年全国林业网站发展阶段及特征表

发展阶段	数量	所占比例	网站特征	省区市	司局和直属单位
卓越阶段(90 分以上)	1	1.13%	有内容——更新及时、原创比例大、信息价值高 有服务——整合程度高、服务一体化、易用性好 有人气——访问量大、使用率高、有固定用户群 有品牌——基于自身业务形成用户欢迎的平台 可持续发展——信息高度共享、业务协同力强、持续保持领先、应用不断创新	北京	
优秀阶段(75～90 分)	17	19.10%	有风格——网站定位准确、风格成型、鲜明，服务包容性强 有内容——更新及时、信息量大 有服务——服务趋于集成化、人性化 有互动——后台形成整合处理机制，信件处理能力强 有创新——具有地域或行业特色的服务栏目与功能	辽宁、黑龙江、上海、江苏、浙江、福建、江西、河南、湖北、湖南、广东、四川、甘肃、大连、宁波、深圳	场圃总站
发展阶段(60～75 分)	34	38.20%	有维护——网站各项应用和管理得到规范有效维护 有内容——网站动态信息量较大 有服务——在线办事能力已得到体现 有互动——建立互动渠道但形式单一，处理能力不强	河北、山西、内蒙古、吉林、安徽、山东、广西、云南、陕西、吉林森工、大兴安岭、厦门、青岛、沈阳	科技司、信息办、造林司、濒管办、政法司、保护司、计财司、西北院、公安局、工作总站规划院、基金总站资源司、林科院、治沙办、碳汇基金中动协、昆明院、科技中心、中南院

（续）

发展阶段	数量	所占比例	网站特征	省区市	司局和直属单位
建设阶段（30～60分）	37	41.57%	有信息——信息发布为主要表现形式，但更新量小 有服务——以信息服务为主，服务的广度、深度不够 有渠道——开通互动交流渠道，但互动效果差	天津、海南、重庆、贵州、西藏、青海、宁夏、新疆、内蒙古森工、龙江森工、新疆兵团	湿地办、设计院、世行中心、天保办东航中心、花协、林改司、三北局、国际司、南航总站退耕办、竹藤中心林学会、森防总站治沙学会、华东院南京警院、林干院、出版社、中绿基、经研中心、人才中心、建设协会、经济林协、宣传办、乌鲁木齐专员办
起步阶段（30分以下）	0	0	有网页——网上已有站点，但无政府网站特征 有信息——以静态信息为主要内容，更新缓慢		
合计	89	100%			

从表7看以看出，省区市林业网站多处于优秀阶段及发展阶段，集中度为71.43%，处于建设阶段的为26.19%，其余2.38%进入卓越阶段；司局和直属单位子站多处于发展阶段和建设阶段，集中度为97.87%，其余2.13%进入优秀阶段(图2)。

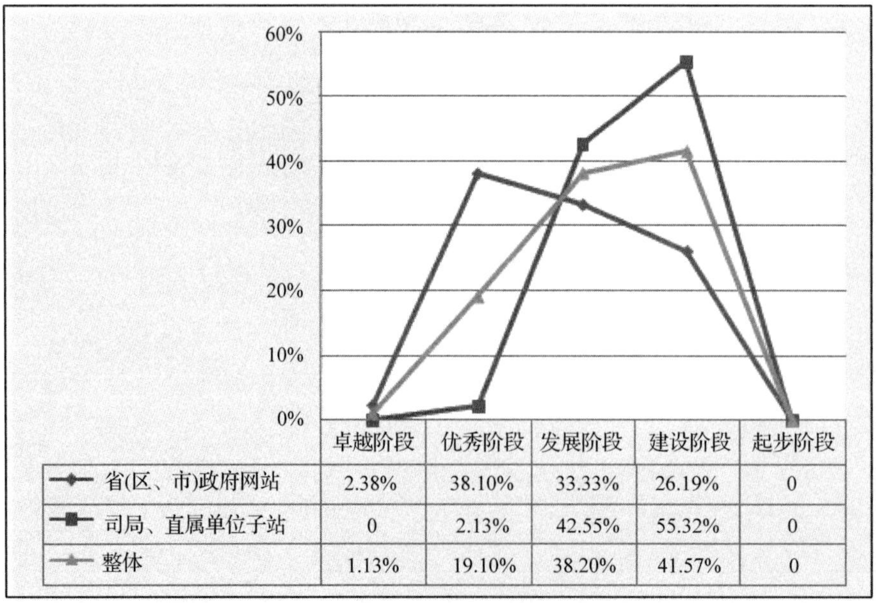

图2　2012年全国林业网站发展阶段对比分析图

三、整体特点

（一）总体发展势头良好，质量稳步提升。全国林业网站整体水平、社会认知度和满意度进一步提升。评估的 89 个网站，平均分达到 63.7 分，其中 1 个处于卓越阶段，17 个处于优秀阶段，34 个处于发展阶段，37 个处于建设阶段，整体发展态势良好，涌现出一批业务特色突出、资源整合到位、示范意义较好的优秀网站。

（二）信息公开有序推进，成效逐步彰显。省区市林业网站政务信息公开目录编制和信息发布平台建设完成，政府网站作为政务公开第一平台的作用得到充分发挥。省区市林业网站信息发布得分率为 72.48%，各司局和直属单位子站信息公开得分率为 63.78%，比去年明显提高。

（三）公众服务意识增强，服务效果初显。大部分网站根据本单位业务特点，提供了相关服务内容，并具有办事指南、表格下载、在线申报等功能。省区市林业网站服务整合度得分率为 60.50%，司局和直属单位子站在线服务得分率为 46.72%，网站业务资源集成度明显提高，办事能力和人性化程度进一步提升。

（四）公众参与渠道健全，双向互动活跃。大部分网站设置领导信箱、在线咨询、投诉建议和在线调查等交流渠道，并能够及时解答网友提问，反馈有关意见，回复提交的信件，为广大公众提供一个良好的互动交流平台，提高了参与热情，实现政民良好互动。

（五）建设管理能力增强，组织保障到位。各级林业主管部门不断加大网站建设管理力度，网站建设逐步向实用化、规范化、易用化和集成化方向发展。省区市林业网站的网站管理指标得分率为 72.59%，司局和直属单位子站为 81.25%，均处于较高水平。组织领导、制度建设和人员保障等指标的得分率均接近 100%，为网站建设提供了强大支撑。

第三章　省区市林业网站评估结果分析

一、整体情况分析

（一）网站得分分析

评估结果显示，省区市林业网站平均得分为 67.70 分，其中最低分与最高分相差近 2 倍。北京以 91.8 分位居榜首，湖北、福建、江苏、广东、四川、上海、湖南、甘肃、河南、黑龙江、辽宁排名前 10 位。80 分以上的网站达到 15 个，占总数的 36%。但也有 11 个网站未达到及格水平，占 26.19%（表 8）。

表8　省区市林业网站综合排名表

总排名	单　位	总得分(100 分)
1	北　京	91.8
2	湖　北	89.7
3	福　建	89.0
4	江　苏	88.0
5	广　东	86.6
6	四　川	86.3
7	上　海	85.8
8	湖　南	83.6
9	甘　肃	83.5
10	河　南	83.2
10	黑龙江	83.2
10	辽　宁	83.2
13	深　圳	82.7
14	浙　江	82.3
15	江　西	80.8
16	大　连	78.6
16	宁　波	78.6
18	安　徽	73.1
19	厦　门	70.4
20	陕　西	70.2
21	云　南	65.2
22	沈　阳	65.0
22	山　东	65.0
24	青　岛	64.8
25	广　西	64.4
26	山　西	63.3
27	吉　林	62.9
28	吉林森工	62.0
29	河　北	61.9
30	内蒙古	61.5
30	大兴安岭	61.5

（续）

总排名	单　位	总得分(100 分)
32	海　南	59. 4
33	宁　夏	56. 9
34	重　庆	56. 0
35	贵　州	51. 3
36	青　海	49. 5
37	龙江森工	45. 1
38	新　疆	39. 8
39	内蒙古森工	37. 5
40	天　津	34. 4
41	西　藏	33. 1
42	新疆兵团	33. 0
平均得分		**67. 7**

（二）发展阶段分析

从发展阶段看，42 个省区市林业网站中，1 个处于卓越阶段、16 个处于优秀阶段、14 个处于发展阶段、11 个处于建设阶段，分别占总数的 2. 38%、38. 10%、33. 33% 和 26. 19%（图 3）。

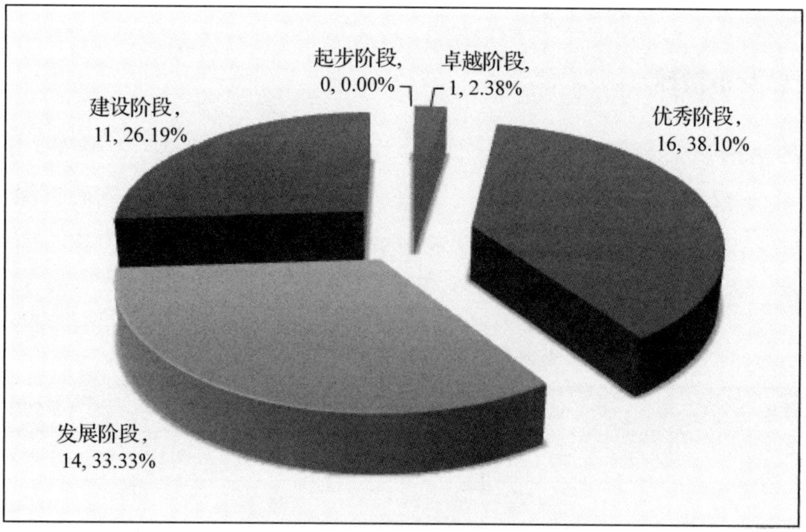

图 3　省区市林业网站发展阶段图

(三)功能指标得分分析

从网站功能指标的得分情况看，网站管理与设计得分率最高，为81.25%；其次是信息发布和在线服务，得分率分别为72.48%和58.00%；而互动交流得分率最低，为54.40%(图4)。

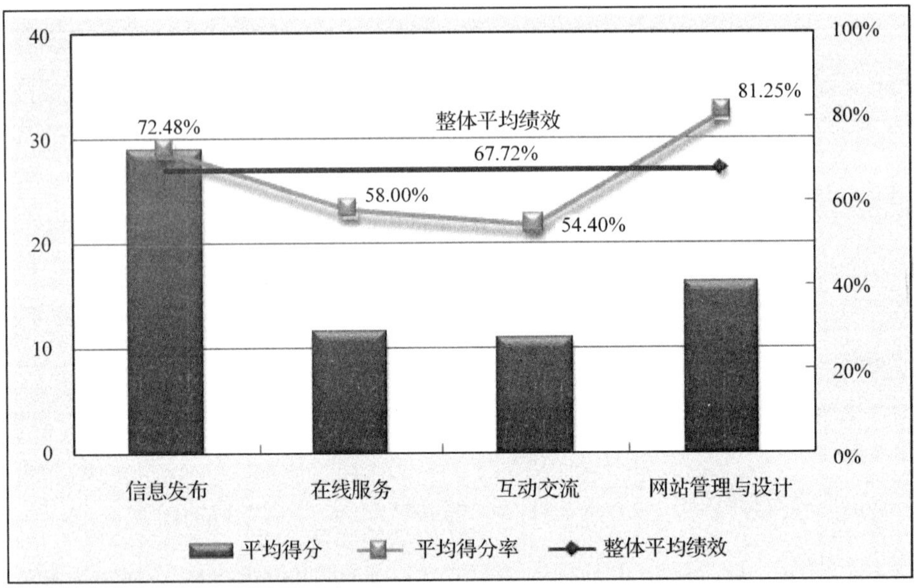

图4 省区市林业网站功能指标得分分析图

二、单项指标得分分析

(一)信息发布指标

省区市林业网站信息发布指标平均得分为29分，得分率为72.48%。其中最高分37.3分，最低分12.6分，相差24.7分。北京、上海、江苏、四川、安徽、深圳信息发布指标成绩较好，位居省区市林业网站信息发布指标前列。新疆兵团、天津、西藏等省区网站得分率较低，在40%以下(表9)。

表9 省区市林业网站信息发布指标排名表

指标排名	单 位	指标得分	得分率
1	北 京	37.3	93.25%
2	上 海	36.3	90.75%
3	江 苏	36.2	90.50%
4	四 川	36.0	90.00%

（续）

指标排名	单　位	指标得分	得分率
5	安　徽	35.8	89.50%
5	深　圳	35.8	89.50%
7	江　西	35.6	89.00%
8	广　东	35.5	88.75%
9	湖　南	35.4	88.50%
10	宁　波	35.0	87.50%
11	福　建	34.8	87.00%
12	黑龙江	34.6	86.50%
12	湖　北	34.6	86.50%
14	辽　宁	34.3	85.75%
15	河　南	33.7	84.25%
16	大　连	33.0	82.50%
16	青　岛	33.0	82.50%
18	浙　江	32.0	80.00%
19	甘　肃	31.4	78.50%
20	海　南	31.0	77.50%
21	广　西	30.8	77.00%
22	山　东	30.3	75.75%
23	厦　门	30.0	75.00%
24	宁　夏	29.7	74.25%
25	龙江森工	28.7	71.75%
26	河　北	28.5	71.25%
27	吉　林	27.6	69.00%
28	内蒙古	27.5	68.75%
29	大兴安岭	26.7	66.75%
30	沈　阳	26.3	65.75%
31	云　南	25.5	63.75%
32	重　庆	25.2	63.00%
33	山　西	24.0	60.00%
34	陕　西	23.3	58.25%
35	贵　州	22.5	56.25%

（续）

指标排名	单　位	指标得分	得分率
36	吉林森工	22.3	55.75%
37	青　海	22.0	55.00%
38	内蒙古森工	18.2	45.50%
39	新　疆	17.5	43.75%
40	新疆兵团	13.9	34.75%
41	天　津	13.3	33.25%
42	西　藏	12.6	31.50%
平均得分		**29.0**	**72.48%**

（二）在线服务指标

省区市林业网站在线服务指标平均得分为11.6分，得分率为57.99%。其中北京、广东、浙江、上海、辽宁、陕西得分率较高。新疆、龙江森工和内蒙古森工得分率较低，在10%以下（表10）。

表10　省区市林业网站在线服务指标排名表

指标排名	单　位	指标得分	得分率
1	北　京	20.0	100.00%
1	广　东	20.0	100.00%
1	浙　江	20.0	100.00%
4	湖　北	19.0	95.00%
4	深　圳	19.0	95.00%
6	江　苏	18.5	92.50%
7	福　建	18.0	90.00%
8	大　连	17.8	89.00%
9	上　海	17.5	87.50%
9	辽　宁	17.5	87.50%
11	黑龙江	17.0	85.00%
11	陕　西	17.0	85.00%
11	河　北	17.0	85.00%
14	河　南	16.7	83.50%
15	甘　肃	16.5	82.50%

（续）

指标排名	单　位	指标得分	得分率
15	厦　门	16.5	82.50%
17	四　川	15.7	78.50%
18	云　南	13.5	67.50%
19	江　西	13.2	66.00%
19	安　徽	13.2	66.00%
21	湖　南	12.9	64.50%
22	宁　波	11.5	57.50%
22	沈　阳	11.5	57.50%
24	宁　夏	10.2	51.00%
25	山　西	9.2	46.00%
26	海　南	9.0	45.00%
27	青　岛	8.5	42.50%
27	吉林森工	8.5	42.50%
29	贵　州	8.2	41.00%
30	山　东	7.5	37.50%
31	广　西	7.2	36.00%
32	吉　林	6.7	33.50%
33	新疆兵团	6.5	32.50%
34	重　庆	6.0	30.00%
35	青　海	4.7	23.50%
35	天　津	4.7	23.50%
37	内蒙古	3.9	19.50%
38	西　藏	3.4	17.00%
39	大兴安岭	2.2	11.00%
40	新　疆	1.0	5.00%
41	龙江森工	0.2	1.00%
42	内蒙古森工	0.0	0.00%
平均得分		**11.6**	**57.99%**

（三）互动交流指示

省区市林业网站互动交流指标平均分为10.9分，得分率分54.40%。其中四川、湖南、福建、甘肃、江苏、湖北得分率较高，但也有19个网站得分低于60%（表11）。

表11　省区市林业网站互动交流指标排名表

指标排名	单　位	指标得分	得分率
1	四　川	18.0	90.00%
1	湖　南	18.0	90.00%
3	福　建	17.5	87.50%
3	甘　肃	17.5	87.50%
5	江　苏	17.0	85.00%
6	湖　北	16.5	82.50%
6	黑龙江	16.5	82.50%
9	宁　波	16.2	81.00%
10	北　京	15.5	77.50%
11	河　南	15.0	75.00%
12	江　西	14.8	74.00%
13	辽　宁	14.0	70.00%
13	陕　西	14.0	70.00%
13	吉林森工	14.0	70.00%
16	广　东	13.0	65.00%
16	吉　林	13.0	65.00%
18	浙　江	12.5	62.50%
18	内蒙古	12.5	62.50%
20	上　海	12.0	60.00%
20	深　圳	12.0	60.00%
20	大　连	12.0	60.00%
20	山　西	12.0	60.00%
24	云　南	11.5	57.50%
25	广　西	11.0	55.00%
25	重　庆	11.0	55.00%
27	沈　阳	10.0	50.00%
27	山　东	10.0	50.00%
29	安　徽	9.5	47.50%
30	厦　门	9.0	45.00%
31	青　海	8.5	42.50%

（续）

指标排名	单　位	指标得分	得分率
32	青　岛	8.0	40.00%
33	贵　州	6.0	30.00%
33	新　疆	6.0	30.00%
35	海　南	4.0	20.00%
35	内蒙古森工	4.0	20.00%
37	西　藏	3.0	15.00%
38	河　北	2.0	10.00%
38	宁　夏	2.0	10.00%
40	龙江森工	1.5	7.50%
41	天　津	0.0	0.00%
41	新疆兵团	0.0	0.00%
平均得分		**10.9**	**54.40%**

（四）网站管理与设计指标

省区市林业网站管理与设计指标平均得分为 16.2 分，得分率为 81.23%，在省区市林业网站一级指标中得分率最高。其中上海、湖北、北京、福建、广东、甘肃、山西得分率在 85% 以上（表 12）。

表 12　省区市林业网站管理与设计指标排名表

指标排名	单　位	指标得分	得分率
1	上　海	20.0	100.00%
2	湖　北	19.6	98.00%
3	北　京	19.0	95.00%
4	福　建	18.7	93.50%
5	广　东	18.1	90.50%
5	甘　肃	18.1	90.50%
5	山　西	18.1	90.50%
8	河　南	17.8	89.00%
8	浙　江	17.8	89.00%
10	内蒙古	17.6	88.00%
11	辽　宁	17.4	87.00%

（续）

指标排名	单　位	指标得分	得分率
12	湖　南	17.3	86.50%
13	江　西	17.2	86.00%
13	沈　阳	17.2	86.00%
13	山　东	17.2	86.00%
13	吉林森工	17.2	86.00%
17	四　川	16.6	83.00%
18	天　津	16.4	82.00%
19	江　苏	16.3	81.50%
20	大兴安岭	16.1	80.50%
21	宁　波	15.9	79.50%
21	陕　西	15.9	79.50%
21	深　圳	15.9	79.50%
24	大　连	15.8	79.00%
25	吉　林	15.6	78.00%
26	广　西	15.4	77.00%
26	海　南	15.4	77.00%
28	青　岛	15.3	76.50%
28	新　疆	15.3	76.50%
28	内蒙古森工	15.3	76.50%
31	黑龙江	15.1	75.50%
32	宁　夏	15.0	75.00%
33	厦　门	14.9	74.50%
34	云　南	14.7	73.50%
34	龙江森工	14.7	73.50%
36	贵　州	14.6	73.00%
36	安　徽	14.6	73.00%
38	河　北	14.4	72.00%
39	青　海	14.3	71.50%
40	西　藏	14.1	70.50%
41	重　庆	13.8	69.00%
42	新疆兵团	12.6	63.00%
平均得分		**16.2**	**81.23%**

第四章　司局和直属单位子站评估结果分析

一、整体情况分析

(一)网站得分分析

评估结果显示，司局和直属单位子站平均得分59.7分，最高分与最低分相差30.1分。其中场圃总站以75.60分位居榜首，科技司、信息办、造林司、濒管办、政法司、保护司、计财司、西北院和公安局排名前10位。60分以上的网站21个，占总数的44.7%。(表13)。

表13　司局和直属单位子站综合排名表

总排名	单　位	总得分(100分)
1	场圃总站	75.6
2	科技司	72.8
2	信息办	72.8
4	造林司	72.3
5	濒管办	71.0
6	政法司	68.8
7	保护司	68.0
8	计财司	67.3
9	西北院	67.1
10	公安局	67.0
11	工作总站	66.0
12	规划院	65.3
13	基金总站	64.5
14	资源司	64.3
15	林科院	64.0
15	治沙办	64.0
17	碳汇基金	63.8
18	中动协	62.0
18	昆明院	62.0
18	科技中心	62.0

（续）

总排名	单　位	总得分(100 分)
21	中南院	61.8
22	湿地办	59.0
23	设计院	58.8
24	世行中心	58.6
25	天保办	58.5
26	东航中心	57.5
27	花　协	57.1
28	森防总站	57.0
29	林改司	56.8
29	三北局	56.8
31	国际司	56.5
32	南航总站	56.0
33	退耕办	55.8
34	竹藤中心	55.5
35	林学会	55.3
36	治沙学会	54.0
37	华东院	53.5
38	南京警院	53.0
38	林干院	53.0
40	出版社	52.5
41	中绿基	52.3
42	经研中心	51.5
43	人才中心	50.2
44	建设协会	49.8
45	经济林协	46.5
46	宣传办	46.3
47	乌鲁木齐专员办	45.5
平均得分		**59.7**

(二)发展阶段分析

从发展阶段看，47 个司局和直属单位子站 1 个处于优秀阶段，20 个处于发展阶段，26 个处于建设阶段，分别占总数的 2.13%、42.55% 和 55.32%(图 5)。

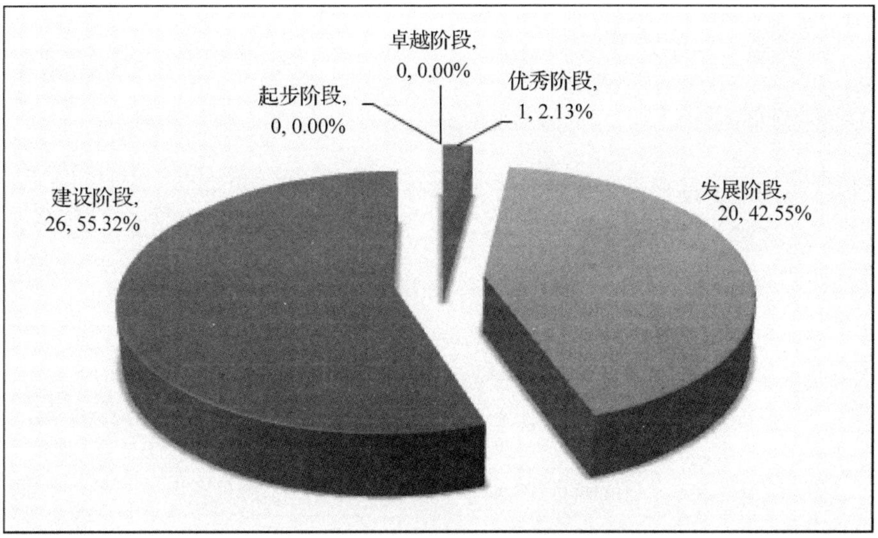

图 5　司局和直属单位子站发展阶段图

（三）功能指标得分分析

从网站功能指标的得分情况看，网站管理与设计得分率最高，为 72.59%，其次是信息发布和在线办事，得分率分别为 63.87% 和 46.72%，而互动交流得分率偏低，为 22.13%（图 6），这与省区市林业网站情况相同。

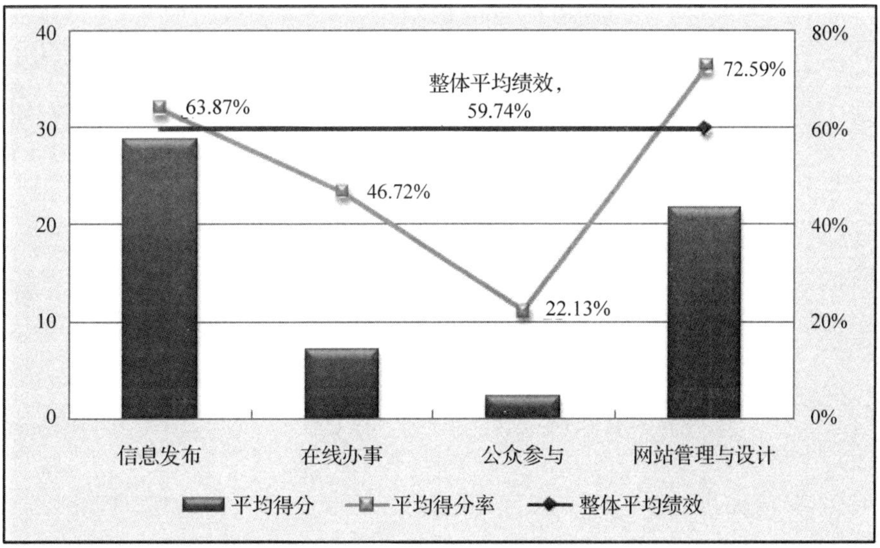

图 6　司局和直属单位子站功能指标得分分析图

二、单项指标得分分析

(一)信息发布指标

司局和直属单位子站信息发布指标平均得分为28.7分，得分率为63.87%。其中计财司、信息办得分较高，得分率达到了85%以上；其次是场圃总站、西北院等子站。但也有17个子站的信息发布指标得分率不足60%(表14)。

表14　司局和直属单位子站信息发布指标排名表

指标排名	单　位	指标得分	得分率
1	计财司	39.0	86.67%
2	信息办	38.5	85.56%
3	场圃总站	35.5	78.89%
3	西北院	35.5	78.89%
5	规划院	34.5	76.67%
6	公安局	34.0	75.56%
7	濒管办	33.0	73.33%
8	昆明院	32.5	72.22%
8	中南院	32.5	72.22%
10	科技司	32.0	71.11%
10	造林司	32.0	71.11%
12	林科院	31.7	70.44%
13	工作总站	31.5	70.00%
13	设计院	31.5	70.00%
15	中动协	31.0	68.89%
15	森防总站	31.0	68.89%
17	基金总站	30.5	67.78%
17	世行中心	30.5	67.78%
19	保护司	30.0	66.67%
20	碳汇基金	29.0	64.44%
21	东航中心	28.5	63.33%
21	南航总站	28.5	63.33%
21	林学会	28.5	63.33%
24	竹藤中心	28.2	62.67%
25	林改司	28.0	62.22%
25	中绿基	28.0	62.22%

（续）

指标排名	单　位	指标得分	得分率
27	治沙办	27.5	61.11%
27	治沙学会	27.5	61.11%
29	政法司	27.0	60.00%
29	花　协	27.0	60.00%
31	天保办	26.5	58.89%
31	三北局	26.5	58.89%
31	退耕办	26.5	58.89%
34	湿地办	26.0	57.78%
35	国际司	25.7	57.11%
36	华东院	25.5	56.67%
36	南京警院	25.5	56.67%
36	出版社	25.5	56.67%
36	经研中心	25.5	56.67%
40	资源司	25.0	55.56%
41	林干院	24.5	54.44%
41	建设协会	24.5	54.44%
43	科技中心	24.0	53.33%
44	宣传办	22.5	50.00%
45	人才中心	22.2	49.33%
46	经济林协	21.5	47.78%
47	乌鲁木齐专员办	19.0	42.22%
平均得分		**28.7**	**63.87%**

（二）在线办事指标

司局和直属单位子站在线办事指标平均得分为 7 分，得分率为 46.72%。其中场圃总站、濒管办、科技司、造林司、保护司、治沙办、资源司、科技中心和政法司 9 个子站在国家林业局在线审批系统上提供了相关办事事项，得分率较高（表 15）。

表 15　司局和直属单位子站在线办事指标排名表

指标排名	单　位	指标得分	得分率
1	场圃总站	15.0	100.00%
1	濒管办	15.0	100.00%
1	科技司	15.0	100.00%
1	造林司	15.0	100.00%

（续）

指标排名	单　位	指标得分	得分率
1	保护司	15.0	100.00%
1	治沙办	15.0	100.00%
1	资源司	15.0	100.00%
1	科技中心	15.0	100.00%
9	政法司	14.0	93.33%
10	森防总站	8.0	53.33%
11	工作总站	7.0	46.67%
12	信息办	6.5	43.33%
12	规划院	6.5	43.33%
12	昆明院	6.5	43.33%
12	设计院	6.5	43.33%
12	人才中心	6.5	43.33%
17	中动协	5.5	36.67%
17	基金总站	5.5	36.67%
17	世行中心	5.5	36.67%
17	天保办	5.5	36.67%
17	三北局	5.5	36.67%
17	华东院	5.5	36.67%
17	出版社	5.5	36.67%
24	西北院	5.0	33.33%
24	碳汇基金	5.0	33.33%
26	中南院	4.7	31.33%
26	治沙学会	4.7	31.33%
28	计财司	4.5	30.00%
28	公安局	4.5	30.00%
28	林科院	4.5	30.00%
28	东航中心	4.5	30.00%
28	南航总站	4.5	30.00%
28	林学会	4.5	30.00%
28	竹藤中心	4.5	30.00%
28	林改司	4.5	30.00%
28	中绿基	4.5	30.00%
28	花　协	4.5	30.00%
28	退耕办	4.5	30.00%
28	湿地办	4.5	30.00%

（续）

指标排名	单　位	指标得分	得分率
28	国际司	4.5	30.00%
28	南京警院	4.5	30.00%
28	经研中心	4.5	30.00%
28	林干院	4.5	30.00%
28	建设协会	4.5	30.00%
28	宣传办	4.5	30.00%
28	经济林协	4.5	30.00%
28	乌鲁木齐专员办	4.5	30.00%
平均得分		**7.0**	**46.72%**

（三）公众参与指标

司局和直属单位子站公众参与指标得分普遍偏低，平均分为2.2分，得分率为22.13%，在一级指标中得分率最低（表16）。

表16　司局和直属单位子站公众参与指标排名表

指标排名	单　位	指标得分	得分率
1	碳汇基金	9.0	90.00%
2	工作总站	5.0	50.00%
3	湿地办	4.0	40.00%
4	场圃总站	2.0	20.00%
4	濒管办	2.0	20.00%
4	科技司	2.0	20.00%
4	造林司	2.0	20.00%
4	保护司	2.0	20.00%
4	治沙办	2.0	20.00%
4	资源司	2.0	20.00%
4	科技中心	2.0	20.00%
4	政法司	2.0	20.00%
4	信息办	2.0	20.00%
4	规划院	2.0	20.00%
4	昆明院	2.0	20.00%
4	设计院	2.0	20.00%
4	人才中心	2.0	20.00%
4	中动协	2.0	20.00%

（续）

指标排名	单 位	指标得分	得分率
4	基金总站	2.0	20.00%
4	世行中心	2.0	20.00%
4	天保办	2.0	20.00%
4	三北局	2.0	20.00%
4	华东院	2.0	20.00%
4	出版社	2.0	20.00%
4	西北院	2.0	20.00%
4	中南院	2.0	20.00%
4	治沙学会	2.0	20.00%
4	计财司	2.0	20.00%
4	公安局	2.0	20.00%
4	林科院	2.0	20.00%
4	东航中心	2.0	20.00%
4	南航总站	2.0	20.00%
4	林学会	2.0	20.00%
4	竹藤中心	2.0	20.00%
4	林改司	2.0	20.00%
4	中绿基	2.0	20.00%
4	花 协	2.0	20.00%
4	森防总站	2.0	20.00%
4	退耕办	2.0	20.00%
4	国际司	2.0	20.00%
4	南京警院	2.0	20.00%
4	经研中心	2.0	20.00%
4	林干院	2.0	20.00%
4	建设协会	2.0	20.00%
4	宣传办	2.0	20.00%
4	经济林协	2.0	20.00%
4	乌鲁木齐专员办	2.0	20.00%
平均得分		**2.2**	**22.13%**

(四)网站管理与设计指标

司局和直属单位子站管理与设计指标得分相对较高，平均分21.8分，得分率72.59%，得分率在80%以上的子站有9个，60%以上的子站44个。其中基金总站、公安局子站并列第一，得分率为 88. 33%（表 17）。

表 17　司局和直属单位子站管理与设计指标排名表

指标排名	单　位	指标得分	得分率
1	基金总站	26. 5	88. 33%
1	公安局	26. 5	88. 33%
3	政法司	25. 8	86. 00%
3	信息办	25. 8	86. 00%
3	林科院	25. 8	86. 00%
6	西北院	24. 6	82. 00%
7	湿地办	24. 5	81. 67%
7	天保办	24. 5	81. 67%
9	国际司	24. 3	81. 00%
10	科技司	23. 8	79. 33%
11	花　协	23. 6	78. 67%
12	中动协	23. 5	78. 33%
13	造林司	23. 3	77. 67%
14	场圃总站	23. 1	77. 00%
15	三北局	22. 8	76. 00%
15	退耕办	22. 8	76. 00%
17	中南院	22. 6	75. 33%
18	工作总站	22. 5	75. 00%
18	东航中心	22. 5	75. 00%
20	资源司	22. 3	74. 33%
20	规划院	22. 3	74. 33%
20	林改司	22. 3	74. 33%
23	林干院	22. 0	73. 33%
24	计财司	21. 8	72. 67%
25	濒管办	21. 0	70. 00%
25	保护司	21. 0	70. 00%
25	科技中心	21. 0	70. 00%
25	昆明院	21. 0	70. 00%
25	南航总站	21. 0	70. 00%
25	南京警院	21. 0	70. 00%
31	碳汇基金	20. 8	69. 33%
31	竹藤中心	20. 8	69. 33%
33	世行中心	20. 6	68. 67%
34	华东院	20. 5	68. 33%

（续）

指标排名	单位	指标得分	得分率
35	林学会	20.3	67.67%
36	乌鲁木齐专员办	20.0	66.67%
37	治沙学会	19.8	66.00%
38	治沙办	19.5	65.00%
38	人才中心	19.5	65.00%
38	出版社	19.5	65.00%
38	经研中心	19.5	65.00%
42	设计院	18.8	62.67%
42	建设协会	18.8	62.67%
44	经济林协	18.5	61.67%
45	中绿基	17.8	59.33%
46	宣传办	17.3	57.67%
47	森防总站	16.0	53.33%
平均得分		**21.8**	**72.59%**

第五章　专题子站评估结果分析

一、评估结果

中国林业网专题子站群包括森林公园子站群（21 个子站）、国家林场子站群（21 个子站）、种苗基地子站群（20 个子站）、自然保护区子站群（22 个子站）共 84 个网站，建立在中国林业网统一平台上。开通运行以来，网站栏目建设与运维管理不断加强，信息内容不断丰富，服务能力不断增强，是各类单位展示形象的主窗口，是用户获取信息的主渠道，也对中国林业网的发展起到了一定的支撑作用。

由于各站群均采用统一模板建设，在网站风格、栏目架构、页面布局及功能方面基本一致。所以本次评估主要从信息更新量、更新频度、访问量 3 个方面进行评估。排在各专题子站群前 2 位的分别是：森林公园子站群：福州国家森林公园、重庆仙女山国家森林公园；国有林场子站群：广西国有高峰林场、河北木兰围场国有林场；种苗基地子站群：福建洋口林场国家杉木良种基地、中国林科院亚热带林业实验中心油茶良种基地；自然保护区子站群：陕西太白山国家级自然保护区、陕西牛背梁国家级自然保护区。

二、站群分析

专题子站群初具规模，栏目与页面设计合理，用户获取信息便捷，实用性强。内容持续更新，并能够结合业务特点和本单位实际情况提供相关服务内容，访问量不断提高。

但由于专题子站群建设时间短，整体发展不均衡，差异较明显。部分子站信息更新量少，更新频率低且信息种类不丰富，网站整体水平有待进一步提升。

三、各专题子站分类分析

本次评估主要对更新频率较高的栏目信息量、网站访问量及信息更新频率进行评估，具体如下。

（一）森林公园子站

森林公园子站各单位信息更新较少，更新频率较低。更新较好的“热点新闻”栏目，最高信息量不足 50 条。其中更新最好的是福州国家森林公园和重庆仙女山国家森林公园，分别为 37 条和 32 条。除福州、仙女山、九龙江和九寨国家森林公园外，多数网站信息仅更新到 2011 年。各网站访问量均不高，访问量最高在 1 万人次以上，大多数在 1 万人次以下（表 18）。

表 18　森林公园子站相关数据统计表

单位名称	信息更新量（条）	访问量（人次）	更新频率
九寨国家森林公园	14	11820	慢
太岳山国家森林公园	20	4706	一般
铜钹山国家森林公园	10	4081	一般
福州国家森林公园	37	6046	一般
九龙江国家森林公园	20	14517	一般
仙女山国家森林公园	32	5837	一般
雪乡国家森林公园	27	5926	一般
茅兰沟国家森林公园	9	3254	慢
米仓山国家森林公园	10	4647	慢
九龙山国家森林公园	9	3435	慢
百里杜鹃国家森林公园	9	3878	慢
竹乡国家森林公园	14	3802	慢
神农架国家森林公园	8	4958	慢
措普国家森林公园	10	3616	慢
新丰江国家森林公园	8	2710	慢

（续）

单位名称	信息更新量(条)	访问量(人次)	更新频率
西双版纳国家森林公园	8	4704	慢
吊罗山国家森林公园	8	6475	慢
云台山国家森林公园	8	4680	慢
旗山国家森林公园	8	3583	慢
拉法山国家森林公园	10	3737	慢
额济纳胡杨国家森林公园	9	3012	慢

(二)国有林场子站

国有林场子站各单位信息更新情况相对较好，访问人次相对较高。更新较好“信息动态”栏目，最高信息量167条，广西国有高峰林场和河北木兰围场更新量都在100条以上。其他网站的信息在2012年也都持续更新，仅2个网站更新到2011年(表19)。

表19　国有林场子站相关数据统计表

单位名称	信息更新量(条)	访问量(人次)	更新频率
河北省塞罕坝机械林场	60	20059	快
河北省木兰围场国有林场	145	7571	快
河北省滦平县巴克什营林场	1	2251	慢
山西省中条山国有林管理局	42	6054	一般
山西省吕梁山国有林管理局	34	5555	一般
山西省吉县国营红旗林场	11	2798	慢
内蒙古自治区兴安盟五岔沟林业局	16	3438	慢
内蒙古自治区呼伦贝市巴林林业局	71	4983	快
内蒙古自治区呼伦贝市免渡河林业局	55	7855	快
内蒙古自治区克什克腾旗桦木沟林场	9	3735	慢
江苏省常熟市虞山林场	24	7409	一般
安徽省黄山市黄山区黄山公益林场	64	6180	快
山东省淄博市原山林场	8	6947	慢
湖南省黄丰桥国有林场	45	10969	一般
广西国有高峰林场	167	19167	快
广西国有七坡林场	38	12893	一般
广西天峨县国营林朵林场	0	3355	慢
贵州省龙里林场	21	5133	一般
甘肃省白龙江林业管理局洮河林业局治力关林场	38	6410	一般
甘肃省小陇山林业实验局党川林场	69	17134	快
甘肃省庆阳市合水林业总场连家砭林场	4	4745	慢

(三)种苗基地子站

种苗基地子站各单位信息更新较少，更新频率不高。更新较好的“最新要闻”栏目，最高信息量不足 80 条，福建省洋口林场国家杉木良种基地信息量最大，其他单位都在 50 条以下。多数网站信息仅更新到 2011 年，只有中国林科院亚热带林业实验中心油茶良种基地、吉林省汪清林业局国家红松、云杉良种基地、福建省漳平市五一林场国家马尾松良种基地等 7 个网站在 2012 年进行了持续更新(表 20)。

表 20　种苗基地子站相关数据统计表

单位名称	信息更新量(条)	访问量(人次)	更新频率
中国林科院亚热带林业实验中心油茶良种基地	15	10529	慢
河北省沧县国家枣树良种基地	10	5561	慢
山西省吕梁林管局上庄国家油松良种基地	5	4692	慢
辽宁省清原县大孤家林场国家落叶松良种基地	7	3057	慢
吉林省汪清林业局国家红松、云杉良种基地	14	4018	慢
黑龙江省林口县青山国家落叶松良种基地	8	3001	慢
江苏省泗洪县陈圩林场国家杨树良种基地	8	3390	慢
浙江省淳安县姥山林场国家马尾松良种基地	13	3026	慢
福建省洋口林场国家杉木良种基地	79	15088	快
福建省漳平市五一林场国家马尾松良种基地	11	4367	慢
山东省冠县国有苗圃国家杨树良种基地	8	4798	慢
河南省郏县国有林场国家侧柏良种基地	1	2768	慢
湖南省浏阳市国家油茶良种基地	4	6199	慢
广东省台山市红岭国家湿地松杂交松良种基地	11	4782	慢
广西东门林场国家桉树良种基地	8	5523	慢
贵州省黎平县东风林场国家杉木良种基地	10	3480	慢
陕西省桥山林业局国家油松良种基地	6	2973	慢
宁夏中宁县国家枸杞良种基地	9	3051	慢
新疆维吾尔自治区阿克苏实验林场国家核桃枣树良种基地	6	4121	慢
大兴安岭国家樟子松、落叶松良种基地	9	4211	慢

(四)自然保护区子站

自然保护区子站各单位信息更新情况在四类子站中最好，最高信息量达到 322 条。陕西牛背梁、太白山、长青，四川卧龙等国家级自然保护区都更新量都在 100 条以上。多数网站信息更新到了 2012 年(表 21)。

表21　自然保护区子站相关数据统计表

单位名称	信息更新量(条)	访问量(人次)	更新频率
江西井冈山国家级自然保护区	89	无	快
广东南岭国家级自然保护区	10	无	慢
广东车八岭国家级自然保护区	8	无	慢
广东象头山国家级自然保护区	9	无	慢
广东内伶仃岛-福田自然保护区	10	无	慢
广东湛江红树林国家级自然保护区	21	无	一般
四川卧龙国家级自然保护区	149	无	快
四川蜂桶寨国家级自然保护区	39	无	一般
四川龙溪-虹口国家级自然保护区	55	无	快
四川美姑大风顶国家级自然保护区	25	无	一般
陕西长青国家级自然保护区	108	无	快
陕西佛坪国家级自然保护区	13	无	慢
陕西太白山国家级自然保护区	198	无	快
陕西青木川国家级自然保护区	7	无	慢
陕西桑园国家级自然保护区	4	无	慢
陕西牛背梁国家级自然保护区	322	无	快
广东珠海淇澳-担杆岛自然保护区	11	无	慢
四川瓦屋山自然保护区	14	无	慢
广东英德石门台自然保护区	11	无	慢
广东海丰鸟类自然保护区	12	无	慢
广东曲江罗坑自然保护区	12	无	慢
广东龙门南昆山自然保护区	8	无	慢

第六章　内网应用评估结果分析

国家林业局内网构建在国家林业局信息化基础平台之上，依托国家林业局基础平台提供的安全支撑，对整个内网门户系统进行统一用户管理。通过集成国家林业局内网办公业务系统和各专有业务系统，提高国家林业局内部办公效率，节省办公经费，实现办公业务系统与现有电子公文交换系统的无缝集成。

内网包括信息管理发布平台，前台展现和系统集成三大部分。信息管理发布平台即后台管理系统；前台展现即办公平台、信息平台、学习平台、生活平台、交流平台等五大平台；系统集成包括综合办公系统、空间信息展示系统、林业专家系统、树木百科查询系统、即时通讯系统、内部邮件系统、信息共享查询系统、资源目录系统、统一用户管理系统和内外网文档交换系统等。

2012年5月，根据各单位的需求对内网进了栏目优化。优化更新后的内网，栏目布局更加合理，信息内容更加丰富，重要信息更加突出，进一步增加了内网的使用率和吸引力，满足了院内全体职工、院外直属单位及36个省级林业部门工作人员工作、学习和交流的需要，加快了林业行业行政办公电子化、文件传输网络化、办事办会便捷化、综合管理信息化的发展步伐。

为认真总结内网应用工作，进一步推进全局范围乃至全系统的应用，对2012年内网应用情况进行评估，具体如下。

一、办公平台

办公平台是国家林业局各司局、各直属单位办文、办会、办事的重要平台。2012年共办理收文、发文、签报、建议提案共28261件，数据量110G。应用前10名的单位分别是：办公室、计财司、信息办、科技司、保护司、公安局(防火办)、场圃总站、造林司、资源司、科技中心、林改司(并列)。

二、信息平台

信息平台是国家林业局内部信息发布的重要平台，设有领导讲话、内部要闻、内部文件、内部简报等20多个栏目，2012年共发布内部信息5946条。信息发布总数前5名单位分别是：办公室、信息办、计财司、人事司、林改司。

三、学习平台

学习平台是全局职工内部在线学习的重要网络资源。设有时政分析、业务学习、金融发展、热点追踪、电子大讲堂、电子图书馆、电子阅览室等12个栏目，购置了大量有学习价值的文献资料和电子图书期刊。2012年共上传学习资料45504件。应用总数前5名单位分别是：信息办、规划院、濒管办、计财司、资源司。

四、生活平台

生活平台的开设，丰富了内部职工生活，增强了内网应用热情。设有生活时尚、理财之道、情趣爱好、旅游风情、数字电影院、数字音乐厅等12个栏目。2012年全年共加载各类生活信息2016条，信息发布前5名单位分别是：信息办、濒管办、计财司、公安局(防火办)、场圃总站。

五、交流平台

交流平台以林业论坛和司局专区为主。全年共开展内部交流 1369 人。大多数司局将内部工作总结、简报、资料等加载到内部专区，供本单位职工学习浏览和下载运用，发挥了很好的交流作用。据初步统计，全年共加载各类信息 3100 条。其中前 5 名单位分别是：信息办、科技中心、造林司、基金总站、规划院。

第七章　优秀网站点评

一、省区市林业网站

(一)首都园林绿化政务网

首都园林绿化政务网总得分 91. 80 分，在省区市林业网站中位居榜首，整体建设情况良好。突出特点是对办事事项进行了有效分类，在网站中开辟“公共服务”栏目，并整合了网上申报、办事指南、表格下载、办事结果查询等一体化服务流程，且在办事指南页面设置检索功能，公众可根据相关条件搜索办事事项，方便快捷，用户体验效果好(图 7)。

http：//www. forestry. gov. cn/BJ. html

http：//www. bjyl. gov. cn/zwgk/xzzz2011/xzzzfl/yllh2011/

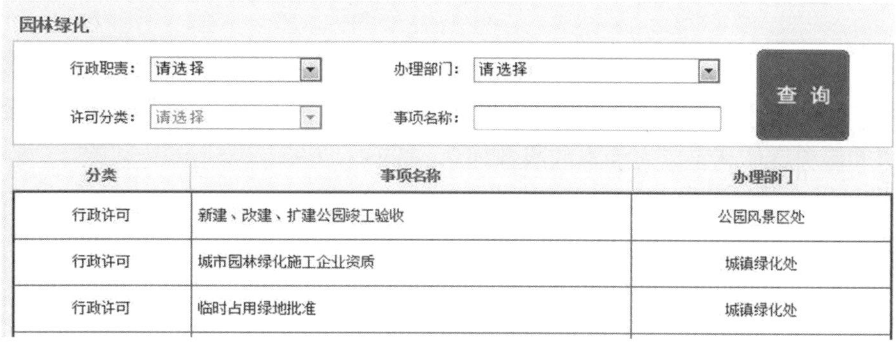

分类	事项名称	办理部门
行政许可	新建、改建、扩建公园竣工验收	公园风景区处
行政许可	城市园林绿化施工企业资质	城镇绿化处
行政许可	临时占用绿地批准	城镇绿化处

图 7　首都园林绿化政务网截图

（二）湖北省林业厅网站

湖北省林业厅网站总得分 89. 70 分，在省区市林业网站中排名第二。突出特点是：一是开辟了“网上办事大厅”，根据实际办事场景设置了导航，并提供办事指南、表格下载、在线申报、状态查询、办理情况发布等服务，用户足不出户即可办理相关事项。二是提供湖北省森林火险气象等级指数预报，每日进行更新，提前告知公众火险气象等级及每一等级的危险程度，并提供了相应的防护措施（图 8）。

http：//www. hbly. gov. cn/bsdt. htm#

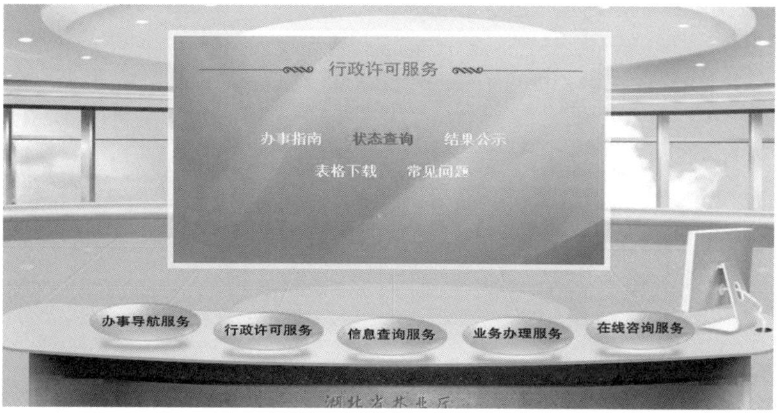

http：//www. tqtonline. com. cn/public/animation/slfh/shenlinhuoxian. aspx

湖北省森林火险等级指数

等级	危险程度	易燃程度	蔓延程度	森林火险天气指数	对策建议
1	无危险	不能燃烧	不能蔓延	≤20	不会发生火灾，勿需警戒
2	低危险	难以燃烧	难以蔓延	21～40	一般不会发生火灾，若有则一般为火警
3	中危险	较易燃烧	较易蔓延	41～60	可能发生火灾，有时会发生大火，应发警报，采取一定预防措施
4	高危险	容易燃烧	容易蔓延	61～80	易发生火灾，常常会发生大火，应发警报，采取有效的防火、灭火措施

图 8　湖北省林业厅网站截图

（三）福建省林业厅网站

福建省林业厅网站总得分89.00分，在省区市林业网站中排名第三。本站在首页设有“快速通道”栏目，按照种植户、养殖户、经营加工户对用户进行了分类，提供符合用户需求的信息和服务，体现了以人为本的服务理念（图9）。

http：//www.fjforestry.gov.cn/Index.aspx？nodeid＝799

http：//www.fjforestry.gov.cn/Index.aspx？NodeID＝811

图9　福建省林业厅网站截图

(四)江苏省林业局网站

江苏省林业局网站总得分 88 分，在省区市林业网站中排名第四。本站开通了局长信箱、在线调查、意见征集、热点评议、在线直播、咨询投诉等多个栏目，互动渠道丰富，实用性强。针对信箱渠道添加了来信说明，方便公众准确使用该渠道。各渠道信息回复时效性强、质量高，提高了公众互动交流的积极性，为加强政民互动、汇集民智民意、提供舆情参考提供了良好的平台(图 10)。

http：//www. forestry. gov. cn/JS. html

图 10　江苏省林业局网站截图

(五)广东林业网

广东林业网总得分 86.6 分，在省区市林业网站中排名第五。本站在首页设置邮件订阅及 RSS 订阅服务功能，根据用户的需求和喜好采用推送方式提供信息和服务，体现了政府网站“以人为本”的服务宗旨。并有英文版、纯文字版、手机版等网站满足不同用户群体需求(图 11)。

http：//www. gdf. gov. cn/index. php

http：//www. gdf. gov. cn/index. php

图 11　广东林业网截图

（六）四川省林业厅网站

四川省林业厅网站总得分 86. 30 分，在省区市林业网站中排名第六。本站开设了“特别专题”栏目，围绕本单位重大事件及公众关注的热点话题发布了丰富的专题信息，供公众参考学习，值得其他网站学习借鉴（图 12）。

http：//www. scly. gov. cn/scly/topic/10. jspx

图 12　四川省林业厅网站截图

（七）上海市林业局网站

上海市林业局网站总得分 85. 80 分，在省区市林业网站中排名第七。本站以用户为中心，以服务为导向，整合本单位职能相关的服务信息及查询服务。信息服务整合到位且内容丰富，查询功能便捷实用，体现了服务型政府形象（图 13）。

http：//www. forestry. gov. cn/SH. html

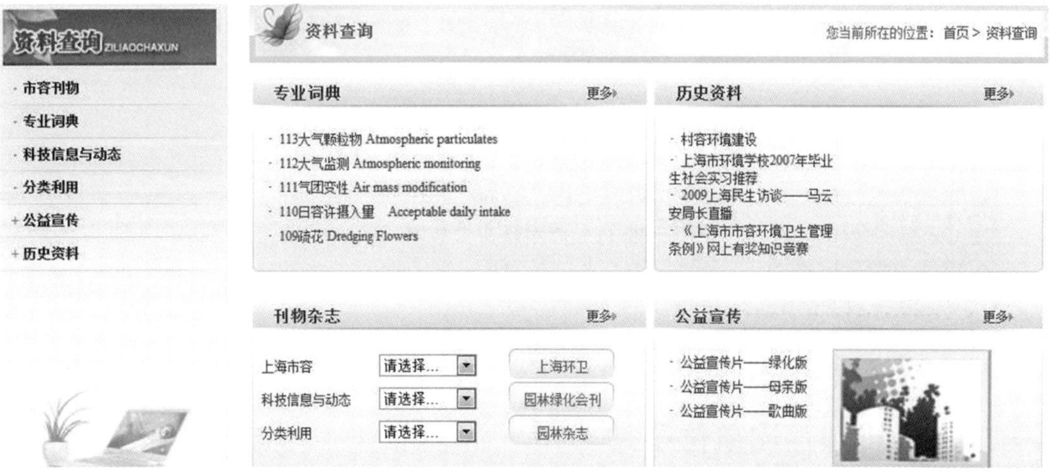

http：//www.forestry.gov.cn/SH.html

图 13　上海市林业局网站截图

（八）湖南林业信息网

湖南林业信息网总得分 83.60 分，在省区市林业网站中排名第八。本站按照三湘林情、林业动态、林改信息、通知公告、实用技术、市场信息、领导讲话等类别对动态信息进行了有效分类，且各栏目信息更新及时，为广大用户及时获取所需信息提供了便捷服务，真正体现了网站“以用户为中心”的服务理念（图 14）。

http：//www.hnforestry.gov.cn/MoreList.aspx？ClassName = 三湘林情

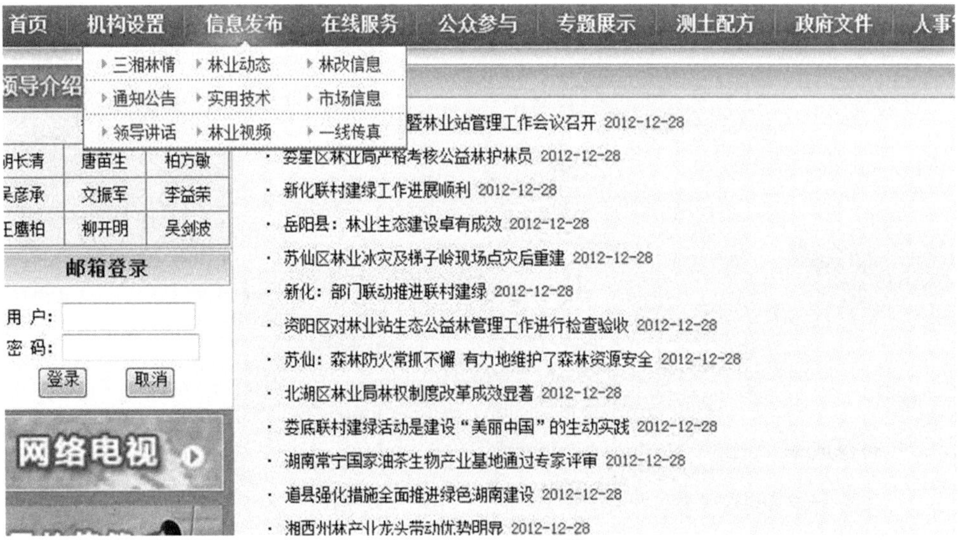

图 14　湖南林业信息网截图

二、司局和直属单位子站

（一）场圃总站子站

场圃总站子站总得分 75.6 分，在司局和直属单位子站中位居榜首，整体建设情况良好。突出特点是网站建设了“国家种苗交易市场价格行情”专栏，按树种、规格、数量、单价、日期、市场等提供各种苗木交易价格行情，信息发布量大、更新及时，让用户足不出户就能及时地了解最新行情(图 15)。

http：//www. sinoseed. com/list2. php？ id = 152

图 15　场圃总站网站截图

(二)科技司子站

科技司子站总得分为 72. 8 分，在司局和直属单位子站中排名第二。其中“在线办事”单项指标得分位居榜首，在国家林业局在线审批系统上提供了多项办事服务。网站设有热点专题栏目，对本单位科技成果进行了集中展示(图 16)。

http：//lykj. forestry. gov. cn/SiteAction. do？ dispatch = index&colid = 1713&siteName = lykj

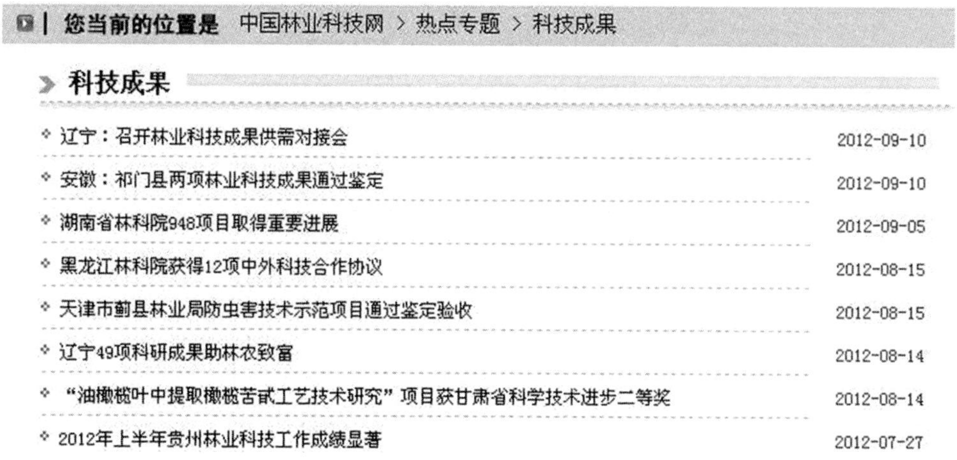

http：//www. forestry. gov. cn/ZhuantiAction. do？dispatch = index&name = 2012lykjdh

图 16　科技司网站截图

（三）信息办子站

信息办子站总得分 72. 8 分，在司局和直属单位子站中排名并列第二。网站信息丰富前面、发布及时、更新频率高，能够及时、主动地公开本单位的基本概况，包括领导简介、组织机构等；对公众关注的法规政策、发展规划、项目成果、业务信息公开全面；针对重大活动和事件开设了 10 多个专题，且内容丰富，形式新颖，点击率高（图 17）。

http：//xxb. forestry. gov. cn/

http：//www. forestry. gov. cn/ds/

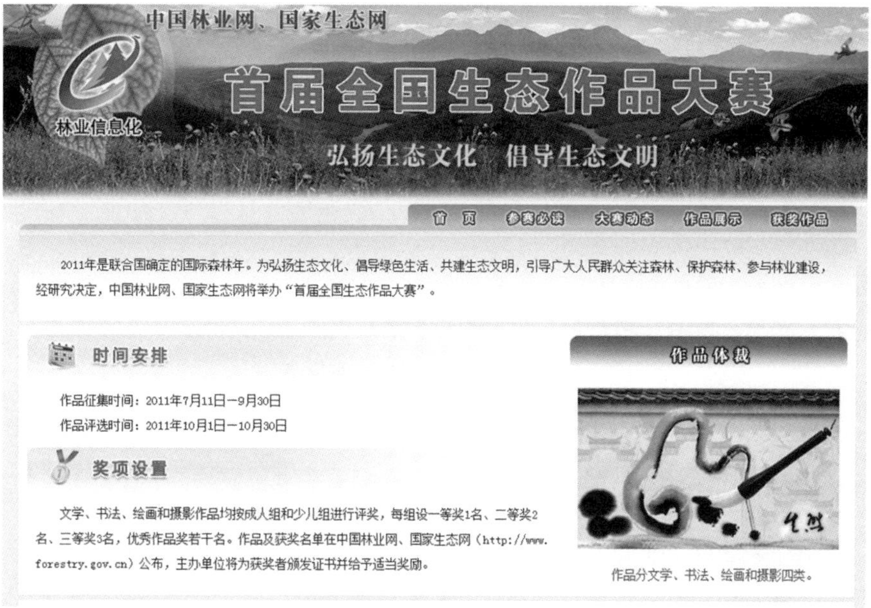

图 17　信息办网站截图

（四）造林司子站

造林司子站总得分 72. 3 分，在司局和直属单位子站中排名第四。其中"在线办事"单项指标得分位居榜首，在国家林业局在线审批系统提供了多项办事服务。此外，本站信息发布情况较好，业务工作、法规政策、项目成果等信息发布频率高、时效性强，专题建设内容丰富、效果好(图 18)。

http：//yzlzl. forestry. gov. cn/

图 18　造林司网站截图

(五)濒管办子站

濒管办子站总得分71分，在司局和直属单位子站中排名第五。其中“在线办事”单项指标得分位居榜首，在国家林业局在线审批系统上提供了多项办事服务。网站设有“为您服务”栏目，对濒危物种进行了详细介绍，包括名字、类名、所属纲、所属目、分布、进出口有关的法律、法规、产品的鉴别等，为用户获取相关信息提供了便捷服务(图19)。

http：//bwwz. forestry. gov. cn/SiteAction. do? dispatch = index&colid = 2781&siteName

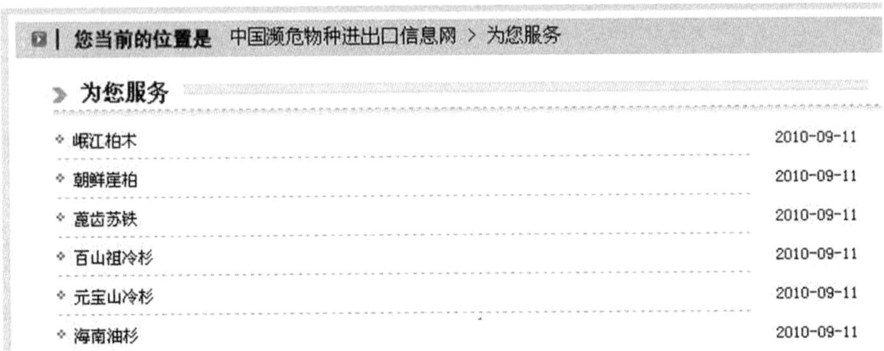
您当前的位置是 中国濒危物种进出口信息网 > 为您服务

为您服务

- 岷江柏木 2010-09-11
- 朝鲜崖柏 2010-09-11
- 篦齿苏铁 2010-09-11
- 百山祖冷杉 2010-09-11
- 元宝山冷杉 2010-09-11
- 海南油杉 2010-09-11

http：//bwwz. forestry. gov. cn/portal/bwwz/s/2781/content -440660. html

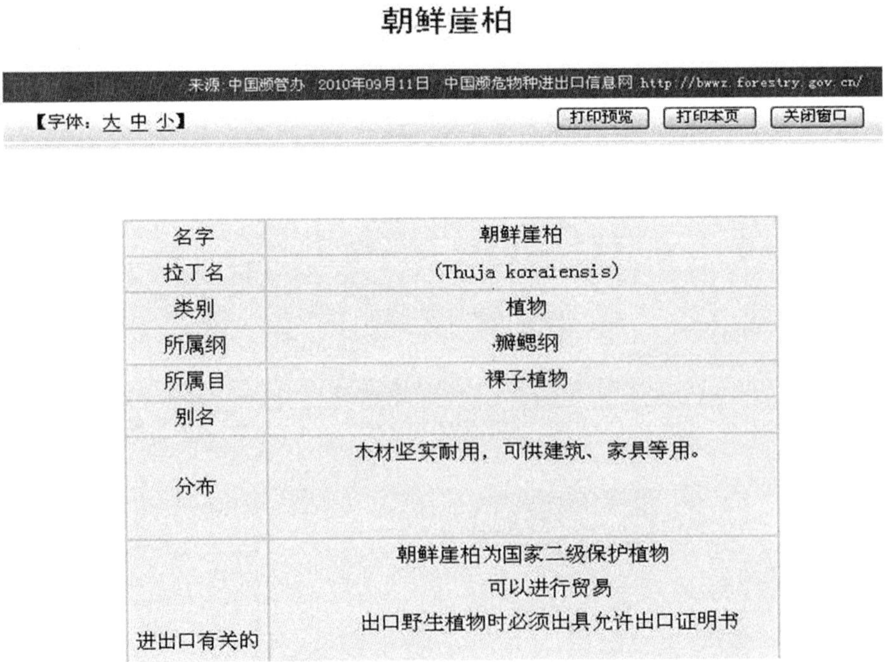
朝鲜崖柏

来源：中国濒管办 2010年09月11日 中国濒危物种进出口信息网 http://bwwz.forestry.gov.cn/

【字体：大 中 小】 打印预览 打印本页 关闭窗口

名字	朝鲜崖柏
拉丁名	(Thuja koraiensis)
类别	植物
所属纲	瓣鳃纲
所属目	裸子植物
别名	
分布	木材坚实耐用，可供建筑、家具等用。
进出口有关的	朝鲜崖柏为国家二级保护植物 可以进行贸易 出口野生植物时必须出具允许出口证明书

http：//www. forestry. gov. cn/JS. html

图 19　濒管办网站截图

第八章　工作建议

从评估结果看，全国林业网站建设和管理水平比 2011 年有了明显提升，在推进政府信息公开、强化政务服务和加强政民互动，建设透明型、服务型、民主型政府中发挥了重要作用。但网站得分差距较大，整体发展不平衡，部分网站处于建设阶段，仍需采取针对性措施不断完善提高。结合评估结果，提出如下建议。

一、规范网站建设，提升网站整体水平

尽快出台相关文件，如《关于全面加快林业信息化发展的若干指导意见》和《关于加强网站管理和信息安全工作的若干意见》等，明确网站在功能定位、内容保障、技术应用、运维管理等方面的要求，规范和指导全国林业网站建设，提高网站整体水平。

二、加强信息发布，注重关键信息公开

根据政府网站发展要求，制定完整的信息公开目录，发布信息公开指南，提供依申请公开在线受理渠道，建立完善的信息发布管理机制，加大计划规划、财政信息、统计数据、政策解读等关键信息的公开力度，确保内容的准确性、及时性、有效性。充分挖掘有价值信息资源，满足社会公众需求。

三、完善服务内容，提高网上办事能力

政府网站已经由提供信息向提供服务转变，在线服务成为政府网站建设的核心内容。各级林业网站应结合本单位实际业务，加大资源整合力度，全面梳理业务事项，完善服务框架，开展对企业和公众的服务，逐步增加服务内容、扩大服务范围、提高服务质量，提供网上“一站式”服务。

四、健全交流渠道，增强双向互动效果

林业网站互动交流整体薄弱，应不断加强互动栏目建设，提供多样化的互动渠道，如在线咨询、民意征集、网上调查、在线访谈等，并不断提高其应用程度。同时建立健全互动交流机制，注重反馈时效和质量，切实保障公众权利，不断提升互动效果。

五、采取多项措施，实现网站科学管理

网站建设是一项庞大、复杂的系统工程，涉及面广、资源整合难度大，建立有序、高效的组织与协同机制对于政府网站健康发展至关重要。应不断加强各级领导机构和组织体系建设，加强资源共享和业务协同，加强网站安全管理，加大网站建设和管理人员培训力度，制定相应奖励机制，大胆使用各种新兴技术，全面创新网站管理，提高网站建设水平。

2013 年全国林业网站绩效评估报告

摘　要

国家林业局已连续几年开展全国林业网站的绩效评估工作，为林业系统网站建设的良性循环和跨越发展提供了有力支撑。本报告秉持“客观、科学、公平、公正”的原则，通过设置科学的评估指标，采取人工测评法、同一指标平行测试、用户体验法、调查法、专业软件测试法等评估方法，对全国林业系统 47 个司局和直属单位子站、41 个省区市林业网站、38 个市县级林业网站以及 84 个专题子站进行绩效评估。结果表明，福建、北京、上海、四川、湖北、江苏、广东、甘肃、湖南、浙江、河南、黑龙江 12 个单位被评为全国林业十佳网站；科技司、信息办、场圃总站、造林司、政法司、保护司、濒管办、治沙办、公安局、林科院被评为国家林业局十佳网站；广东广州、江苏连云港等 10 个市级子站，四川沐川、江西修水等 10 个县级子站也分别被评为市、县十佳网站。通过分析评估结果，点评优秀网站，提出网站发展建议，为林业系统网站管理建设提供依据和思路。

引　言

信息化浪潮正向我们涌来，大数据、云计算、物联网正日益深入社会各个领域，改变着人们的日常生活。在我国林业信息化由数字林业步入智慧林业发展的新形势下，中国林业网着力构建智能化、一体化的智慧林业网站，积极整合现有各级、各类资源，构建统一的、开放的、完整的中国林业网统一数据资源，逐步实现用户感知、服务供给、效能评价、优化升级，努力打造中国林业智能门户，为生态林业、民生林业发展做出积极贡献。

全国林业网站作为林业系统各单位的在线门户，是提供电子政务服务的重要载体和推进林业信息化的重要依托，其建设情况是衡量林业系统电子政务发展程度的重要指标。长期以来，国家林业局信息化管理办公室高度重视全国林业网站的建设和管理，持续开展网站绩效评估工作，各单位网站建设水平大幅提升，成效凸显。

为贯彻落实《国务院办公厅关于进一步加强政府网站管理工作的通知》(国办函〔2011〕40号)、《全国林业信息化工作管理办法》(林办发〔2010〕185号)、《中国林业网管理办法》等精神，进一步促进网站信息公开的全面性、有效性和及时性，改善网站办事服务和互动交流功能，加强网站组织领导、内容保障及安全监管，国家林业局委托专业机构开展2013年度全国林业网站绩效评估工作，旨在全面了解和掌握林业网站建设管理情况，加快推进信息化建设，提升全国林业信息化整体水平。

主要结论

本次评估对全国林业网站建设现状与服务水平展开了较为全面的评价，对林业网站取得的成绩和存在的问题进行了客观分析，主要表现在以下几个方面。

一、总体水平处于发展阶段，县级林业网站建设成为薄弱环节

根据评估结果可知，司局和直属单位子站、省(区、市)林业网站、市级林业网站、专题子站的平均绩效得分分别为60.2分、67.9分、64.1分、65.9分，均超过60分，步入发展阶段。县级林业网站平均得分为52.9分，绩效水平偏低，提升空间较大。

二、司局和直属单位子站各功能均衡发展，总体处于建设阶段

本次评估指标体系主要分为信息发布、在线服务、互动交流、用户体验、网站管理五大指标。从47家参评单位来看，五大指标平均得分率分别为56.97%、47.45%、61.38%、69.79%、71.70%，各指标大体保持均衡发展的态势，有利于网站的可持续发展。从各单位总得分来看，80分以上的仅占3家，70～80分的仅为4家。目前尚有51.06%的网站处于建设阶段，说明司局和直属单位子站还有较大的提升空间。

三、较多省(区、市)林业网站处于发展及优秀阶段，但网站影响力成软肋

评估数据显示，发展阶段和优秀阶段的网站占73.18%，充分说明该类网站信息更新较为及时，各项服务向人性化方向发展，互动能力较强，网站各项应用和管理得到规范有效维护。但网站影响力指标得分率相比其他指标得分率偏低，仅为29.73%，说明网站多语种版本的设置，微博、微信、APP、微门户等新媒体应用，无障碍设计等已成为制约该类网站影响力的主要因素。

四、市县级林业网站管理工作到位，但网站成效不显著

在本次参与评估的 38 家市县级林业网站中，从各功能指标得分情况来看，网站管理指标得分最高，平均得分为 13.5 分(满分 15 分)，得分率为 89.95%。说明该类网站在领导小组、管理人员、管理制度、内容审核、网站安全等领域均投入足够的资源。但网站的投入与成效并未平行发展，从信息发布指标来看，财政公开、林业统计、网上申请、信息公开制度、信息发布总量是政务公开工作的关键性指标，但得分率却比较低，未达到及格水平，说明市县级林业网站的信息发布力度不强，网站的建设成效尚未得到有效发挥。

五、专题子站建设已具雏形，但信息更新不及时，受关注程度不高

本次评估专题子站指标分为信息发布、特色服务、信息更新及受关注程度、网站管理四大指标。其中，信息发布指标得分情况较好，为 83.31%，说明专题子站在概况信息、动态信息、特色信息及信息编排上均表现良好，能够为用户提供较为全面、规范的信息。但该类网站信息更新不及时，得分率仅为 29.26%，部分网站在 2013 年未进行更新，导致网站访问量较低，受关注程度不高，说明专题子站应重视网站的内容建设，加强推广及内容优化，提高网站的被关注程度。

2013 年全国各级单位林业网站绩效评估得分排名(前 10 名)见表 1 至表 5。

表 1　司局和直属单位子站综合得分排名表(前 10 名)

排名	单位名称	信息发布	在线服务	互动交流	用户体验	网站管理	总得分
	权重	**45**	**15**	**10**	**10**	**30**	**100**
1	科技司	37.0	15.0	7.0	9.0	18.0	86.0
2	信息办	38.0	6.5	10.0	8.0	19.0	81.5
3	场圃总站	33.5	15.0	6.0	7.0	19.0	80.5
4	造林司	30.5	15.0	6.0	7.0	19.0	77.5
5	政法司	27.5	15.0	6.0	6.5	18.5	73.5
6	保护司	28.5	15.0	6.0	7.0	14.5	71.0
7	濒管办	28.5	15.0	6.0	7.0	13.5	70.0
8	治沙办	27.0	15.0	6.0	7.5	12.5	68.0
9	公安局	29.0	4.5	6.0	8.0	19.0	66.5
9	林科院	31.5	4.5	6.0	6.5	18.0	66.5

表 2　省(区、市)林业网站综合得分排名表(前 10 名)

排名	单位名称	信息发布	在线服务	互动交流	用户体验	网站影响力	网站管理	总得分
	权重	**30**	**20**	**10**	**12**	**8**	**15**	**100**
1	福　建	28.5	20.0	15.0	9.5	3.0	13.5	89.5
2	北　京	25.6	20.0	12.5	10.5	5.0	14.0	87.6
3	上　海	27.3	18.0	13.0	10.8	3.5	13.5	86.1
4	四　川	26.3	19.0	14.5	9.0	2.0	15.0	85.8
4	湖　北	24.5	19.0	14.5	10.8	3.5	13.5	85.8
6	江　苏	28.0	17.5	15.0	9.5	1.5	14.0	85.5
7	广　东	24.8	19.0	11.0	8.6	5.0	14.5	82.9
8	甘　肃	27.0	17.0	12.5	8.9	2.5	14.0	81.9
9	湖　南	27.5	14.5	12.0	10.6	2.0	15.0	81.6
10	浙　江	21.0	20.0	13.0	9.8	4.0	13.5	81.3
10	河　南	26.0	15.8	13.0	10.0	4.0	12.5	81.3
10	黑龙江	22.2	19.0	15.0	8.1	2.0	15.0	81.3

表 3　市级林业网站综合得分排名表(前 10 名)

排名	单位名称	信息发布	在线服务	互动交流	用户体验	网站影响力	网站管理	总得分
	权重	**30**	**20**	**15**	**12**	**8**	**15**	**100**
1	广东广州	23.0	18.0	15.0	8.1	3.2	15.0	82.3
2	江苏连云港	23.0	20.0	12.5	8.9	2.0	15.0	81.4
3	江西九江	27.5	16.0	8.0	9.8	2.5	14.0	77.8
4	辽宁沈阳	21.5	18.0	7.5	10.1	3.0	15.0	75.1
5	广东珠海	21.0	11.0	15.0	9.9	3.0	14.0	73.9
6	浙江杭州	28.0	12.0	0.4	11.1	5.5	15.0	72.0
7	江苏盐城	22.7	12.0	10.0	8.8	3.0	15.0	71.5
8	四川阿坝州	20.5	11.0	15.0	7.4	2.5	15.0	71.4
9	江西新余	21.8	13.5	8.0	6.9	2.5	15.0	67.7
10	云南昆明	17.5	14.0	8.0	6.9	3.0	15.0	64.4

表 4　县级林业网站综合得分排名表(前 10 名)

排名	单位名称	信息发布	在线服务	互动交流	用户体验	网站影响力	网站管理	总得分
	权重	**30**	**20**	**15**	**12**	**8**	**15**	**100**
1	四川汶川	19.0	18.0	10.0	7.1	2.5	14.0	70.6
2	江西修水	18.5	17.0	8.0	8.7	3.2	14.0	69.4
3	浙江萧山	23.0	12.0	8.0	9.0	0.5	12.5	65.0

（续）

排名	单位名称	信息发布	在线服务	互动交流	用户体验	网站影响力	网站管理	总得分
4	河南永城	15.0	12.0	8.0	7.2	3.5	14.0	59.7
5	贵州思南	20.0	8.0	8.0	8.0	1.5	12.0	57.5
6	黑龙江嫩江	17.2	7.5	5.0	9.4	2.5	15.0	56.6
7	山东商河	19.0	15.0	0.0	6.8	2.0	13.0	55.8
8	吉林舒兰	16.0	6.0	7.0	8.4	3.0	13.0	53.4
9	河南鹿邑	11.5	7.5	8.0	7.2	3.5	14.0	51.7
10	重庆黔江	15.0	8.0	7.0	7.9	3.0	9.0	49.9

表 5　专题子站综合得分排名表(前 10 名)

排名	单位名称	信息发布	特色服务	信息更新及受关注程度	网站管理	总得分
	权重	**30**	**20**	**25**	**25**	**100**
1	陕西太白山国家级自然保护区	26.0	15.0	19.0	25.0	85.0
2	陕西牛背梁国家级自然保护区	25.0	16.0	19.0	24.0	84.0
3	甘肃省小陇山林业实验局党川林场	26.0	16.0	19.0	22.0	83.0
3	广西国有高峰林场	22.0	16.0	23.0	22.0	83.0
5	内蒙古呼伦贝尔市免渡河林业局	25.0	16.0	19.0	22.0	82.0
6	陕西长青国家级自然保护区	26.5	16.0	17.0	22.0	81.5
7	河北省塞罕坝机械林场	24.5	13.0	20.0	23.0	80.5
8	四川卧龙国家级自然保护区	27.0	12.0	18.0	23.0	80.0
9	重庆仙女山国家森林公园	24.0	16.0	15.0	23.0	78.0
9	福建省洋口林场国家杉木良种基地	29.0	6.0	19.0	24.0	78.0

第一章　评估说明

一、评估范围

评估对象涵盖 47 个司局和直属单位子站、41 个省区市林业网站、41 个(实评 38 个)市县级林业网站以及 84 个专题子站，具体评估范围见表 6。

表 6　2013 年全国林业网站评估范围表

类别	单位名称
司局和直属单位子站（47 个）	政法司、造林司、资源司、保护司、林改司、公安局、计财局、科技局、国际司、信息办、场圃总站、工作总站、基金总站、宣传办、濒管办、天保办、三北局、退耕办、治沙办、世行中心、湿地办、科技中心、经研中心、人才中心、林科院、规划院、设计院、林干院、出版社、竹藤中心、林学会、中动协、花协、中绿基、碳汇基金、森防总站、东航中心、南航总站、南京警院、华东院、中南院、西北院、昆明院、治沙学会、建设协会、经济林协、乌鲁木齐专员办
省区市林业网站（41 个）	北京、天津、河北、山西、内蒙古、辽宁、吉林、黑龙江、上海、江苏、浙江、安徽、福建、江西、山东、河南、湖北、湖南、广东、广西、海南、重庆、四川、贵州、云南、西藏、陕西、甘肃、青海、宁夏、新疆、内蒙古森工、吉林森工、龙江森工、大兴安岭、新疆兵团、大连、宁波、厦门、青岛、深圳
市县级林业网站（38 个）	市级(21 个)：包头、沈阳、连云港、盐城、杭州、景德镇、新余、九江、济南、烟台、郑州、开封、洛阳、广州、珠海、阿坝州、南宁、柳州、贵阳、昆明 县级(20 个)：吉林(舒兰)、黑龙江(嫩江)、浙江省(余杭、萧山)、江西(分宜、修水)、山东(章丘、商河)、河南(滑县、鹿邑、固始、新蔡、永城、邓州)、重庆(万盛、黔江)、四川(汶川)、贵州(思南)
专题子站（84 个）	森林公园站群(21 个)、国有林场站群(21 个)、种苗基地站群(20 个)、自然保护区站群(22 个)

二、评估方法

人工测评法：根据专家制定的指标体系，评估人员模拟网站用户登录，根据网站内容采集相关数据。采用分组交叉评估模式，按功能模块对网站同一时段采样。

同一指标平行测试：每项指标由同一个人负责，并在同一个时间段内完成数据的采集工作，确保每项指标评估标准和评分尺度、数据采集时间相同。

用户体验法：由评估人员登录网站，对相关功能进行实际体验。

调查法：设计调查问卷，获取组织领导、人员保障、网站访问量、安全管理等数据。

专业软件测试法：主要考察网站的稳定性、访问速度等技术指标。

三、评估流程

前期准备与评估执行时间从 2013 年 8 月至 12 月底结束，具体安排如下。

指标设计：制订绩效评估指标体系并征求意见，完善指标体系及发布(8～9 月)。

调研阶段：对各参评单位下发调查问卷，并做好各单位调查问卷的数据统计分析工作(10 月)。

评估打分：根据评估指标体系，对各参评网站评估打分，形成得分明细表(11 月)。

添加数据：根据调研的统计结果，添加领导组织、制度建设、安全管理等调查数据（12 月）。

综合分析：汇总分析数据，撰写评估总报告（12 月）。

四、评估指标

本次共设计了 4 套指标体系，分别为：省级林业网站评估指标、司局和直属单位子站评估指标、市县级林业网站评估指标、专题子站评估指标。在尊重现实、适度超前方针的指导下，在坚持客观、公正原则的基础上，运用专业评估工具，着重体现林业行业特征和网站的应用绩效，结合参评网站建设现状及未来政府网站发展趋势，制定 2013 年全国林业网站 4 套评估指标体系。4 套指标体系主要从网站内容的全面性、及时性、服务性、交互性以及行业要求等方面考察网站的应用绩效。

（一）司局和直属单位子站评估指标

司局和直属单位子站评估指标见表 7。

表 7　司局和直属单位子站评估指标

一级指标	二级指标	三级指标	指标说明	分值
信息发布 45 分	机构设置	领导简介	是否发布本单位主要领导姓名、工作简历、工作分工等信息	2
		组织机构	发布本单位职能、机构设置等信息，包括内设机构或下属单位名称、职能、联系方式等信息	2
	信息加载	通知公告	及时发布本单位各种通知公告，信息要素齐全，包括标题、正文、发布机构、发布日期	3
		业务信息	本单位业务信息发布的全面性和发布质量，如领导讲话、各业务类别信息等	5
		信息发布总量	信息加载总体数量	7
		信息更新频度	包括多少天更新 1 次，每次更新多少条	4
		信息发布时效	动态类信息在信息生成后 5 个工作日内发布	3
	热点专题	专题建设	围绕会议、活动、部门职责等建立的专题栏目的丰富度，专题内容及质量	6
		专题更新	热点专题栏目的内容更新情况	2
	法规政策	法规政策	发布有关法律法规和本单位的有关文件	2
		政策解读	网站对有关政策制度的解读情况	3
	规划计划	发展规划	发布本单位制定的相关规划	2
		工作计划	发布本单位年度、专项工作计划及执行情况	2
	项目成果	成果展示	对单位业务成果的展示情况	2

（续）

一级指标	二级指标	三级指标	指标说明	分值
在线服务 15分	办事渠道	业务办理	是否提供在线办理功能，如办事指南、表格下载、在线申报等	6
	办事内容	办理类别	网站在线办理业务的类别有多少	4
		办理查询	是否提供在线办理业务的查询功能，如业务办理状态查询、业务办理结果查询等	5
互动交流 10分	渠道设立	——	是否提供在线咨询、留言或网上调查等渠道	5
	反馈情况	——	是否对以往咨询、留言的回复情况进行公示	5
用户体验 10分	日均访问量	——	网站日均访问情况及变化	5
	信息呈现形式	——	采用多种信息组织形式，如具有视频、图片新闻等形式实现信息的发布	3
	网站可用性	——	网站栏目设置科学合理，信息内容编排整齐，网页内容、图片显示正常，无错链、空链等	2
网站管理 20分	组织领导	领导小组	设置网站管理领导小组，由本单位主要领导担任组长	2
		工作机制	对部门的信息采集报送和发布明确具体流程	2
	人员保障	配备人员	配备专职或兼职管理人员2名以上	2
		职责完成情况	按照《中国林业网管理办法》职责分工完成主站和子站相应职责	3
	对主站的贡献	信息报送	以中国林业网每季度发布的信息采用情况为依据	6
		职责配合	对主站在线服务和访谈直播活动的支持情况，领导活动的配合情况	5
合计				100

（二）省（区、市）林业网站评估指标

省（区、市）林业网站评估指标见表8。

表8　省（区、市）林业网站评估指标

一级指标	二级指标	三级指标	指标说明	分值
信息发布 30分	主动公开	机构职能	公开本单位领导姓名、个人简介、分工、联系方式及部门职责、内设机构等信息	2
		部门文件	公开政策法规、规范性文件等部门发布的文件，并提供政策法规解读信息	2
		规划计划	年度工作总结、年度工作计划要点、发展规划、重大决策等信息公开情况	2
		工作动态	工作动态信息要素完整，包括标题、正文、来源或作者、发布日期；信息发布的时效性强，在3个工作日内发布	3
		通知公告	通知公告的信息要素齐全，包括标题、正文、发布机构、发布日期；信息时效性强，在5个工作日内发布	2
		人事任免	干部任免、公务员考录或工作人员招考信息情况	2
		财政公开	公开本单位财政信息，包括政府采购与招标、部门预决算、三公经费、行政经费使用（财政专项资金管理和使用）等情况	3
		林业统计	本省（区、市）林业统计信息公开情况及解读信息	2

（续）

一级指标	二级指标	三级指标	指标说明	分值
信息发布30分	依申请公开	公开指南	提供依申请公开指南、程序、办理时限和收费标准、受理机构等信息公开情况	2
		网上申请	开设在线依申请公开渠道	1
	公开保障	公开指南	本部门信息公开指南及制定情况	1
		公开目录	本部门信息公开目录的编制规范，应包括索引、名称、内容概述、生成日期等；目录有效链接，且能直接到达相关信息内容	2
		公开年度报告	本年度信息公开报告的发布情况	1
		信息公开制度	本部门信息公开相关制度或规定的公开情况	1
	公开情况	信息发布总量	网站信息加载总体数量	2
		信息更新频度	动态类信息每日更新情况，日均更新量在10条以上	2
在线服务20分	基本服务	办事指南	提供全面的办事事项，并提供完整的办事要素，应包括事项名称、办事依据、申报条件、办理流程、收费标准、办理材料、办理时限、联系方式等方面	2
		资料下载	提供各种资料下载（包括表格、文本、图片、软件等）的数量和质量	2
		表格下载	提供表格下载的行政许可事项占本部门所承担全部行政许可事项的百分比	2
		在线申报	实现在线申报功能的行政事项占本部门所承担全部行政事项的百分比	2
		结果反馈	提供办理结果查询功能，公开事项办理状态	2
	公共服务	科普知识	提供林业科普知识，且内容丰富	1
		实用技术	提供各种林业实用技术，如树种、花卉的栽培方法与养殖技术等	1
	服务应用	渠道易用性	具有分类清晰，内容全面的服务平台	2
		在线整合度	是否将办事指南、表格下载、在线申报、结果反馈等流程进行全面整合	2
		服务效果	能够以多种形式实现网上办事，功能应用畅通	1
		应急管理	应急预案、应急事件处理信息公开情况	1
		专题建设	结合本地林业重点工作开展专题专栏，并对专题内容定期更新，采用图片或视频等多种形式呈现	2
互动交流15分	渠道设立	信件投诉	提供网上投诉建议渠道，可直接在线投诉建议	2
		在线咨询	提供明确的咨询渠道，能在线提交相关信息，操作便捷，实现效果好	2
		网上调查	提供调查渠道，调查主题与当前的政务工作相关	2
		征集渠道	提供民意征集的渠道，征集主题与当前的政务工作相关，并能反馈征集结果等	2
		访谈直播	提供访谈直播渠道，考查访谈直播的更新情况	2
	结果反馈	时效性	对公众提交的信件进行及时回复	3
		有效性	回复质量高，能解决用户问题	2

（续）

一级指标	二级指标	三级指标	指标说明	分值
用户体验 12分	日均访问量	——	网站日均访问数量	2
	搜索功能	——	是否提供全文和关键字检索，是否提供高级检索	2
	导航链接	——	提供站点地图、栏目导航、林业系统上下级单位网站的链接	1
	网站可用性	——	网站内容显示正常，功能可正常使用，无错链、空链等	1
	首页布局	——	首页布局合理，是否达到3次点击即可定位查询内容，且页面简洁、美观、大方，特色突出	2
	栏目设置	——	栏目划分清晰合理，便于公众快捷获取所需内容	1
	信息呈现形式	——	采用多种信息组织形式，使政府网站的设计更丰富多彩，如具有视频、图片新闻、电子地图等，功能应用效果较好	1
	标识规范	——	提供的网站域名、政府邮箱、网站群标识符合政府网站建设与管理规范，网站群标识可准确链接	1
	辅助信息	——	提供网站维护单位及联系方式，对隐私安全、版权保护进行申明	1
网站影响力 8分	国际互联网影响力	——	提供除中文简体外的其他版本，如繁体版、英文版等	3
	新媒体影响力	——	提供移动电子政务服务或其他的新服务功能，如微博、微信、APP、微门户、无障碍浏览等	3
	搜索引擎影响力	——	网站被百度搜索引擎收录的页面数量及网站在搜索引擎中的排名情况	2
网站管理 15分	组织领导	领导小组	设置由本单位主要领导担任组长的网站管理领导小组	1
		管理人员	设置网站管理、内容保障、运行维护等岗位	1
	制度建设	管理制度	网站管理制度的制定情况	1
		内容保障制度	内容保障制度的制定情况	1
	安全管理	访问检查	定期检查网站页面访问情况	1
		内容审核	有专人进行内容审核、有保密检查	1
		防攻击和篡改	是否有安全网关、防火墙、防篡改措施	1
		防病毒和应急预案	是否有防病毒措施，是否定期升级和检查。是否有应急预案，有无演练	1
		备份恢复情况	是否有备份机制并坚持定期备份，是否有恢复机制，有无演练	1
	对主站的贡献	信息采用量	以中国林业网每季度发布的信息采用情况为依据，考查各单位被中国林业网采用的信息数量	2
		工作配合度	与主站配合开展访谈的次数，与主站配合开展活动的次数	2
		与主站链接情况	本级政府网站和各级林业系统网站是否与中国林业网建立链接	2
合计				100

（三）市县级林业网站评估指标

市县级林业网站评估指标见表9。

表9　市县级林业网站评估指标

一级指标	二级指标	三级指标	指标说明	分值
信息发布30分	信息公开专栏	——	是否按国家规定要求制定信息公开专栏	4
	工作信息	规划计划	提供本单位十二五规划、本年度工作计划及上年度工作总结等信息	3
		统计信息	发布与本单位相关的统计信息	2
	动态信息	工作动态	工作动态信息要素完整，包括标题、正文、来源或作者、发布日期；信息发布的时效性强，在3个工作日内发布	5
		通知公告	通知公告的信息要素齐全，包括标题、正文、发布机构、发布日期；信息时效性强，在5个工作日内发布	4
		专题建设	结合本地当前林业重点工作开展专题专栏，并对专题内容定期更新，采用图片或视频等多种形式呈现	5
	信息加载	信息更新量	年度信息更新总量	5
		信息更新频度	网站信息更新频度，包括多少天更新1次，每次更新多少条	2
在线服务20分	办事服务	服务整合	将办事指南、表格下载、在线申报、结果反馈等流程进行全面整合	5
		功能可用性	网上办事服务中提供的表格下载、在线申报、结果反馈等功能可用	5
	公共服务	科普知识	提供林业科教类科普知识，且内容丰富	5
		专业服务	提供生态建设、森林旅游、林业产业等服务内容	5
互动交流15分	信箱渠道	——	提供用户上传信息、发表意见、在线咨询、投诉等咨询渠道，且渠道可用性强	5
	其他渠道	——	提供在线调查、意见征集、在线访谈等其他互动渠道，且渠道可用性强	5
	结果反馈	时效性	对公众提交的信件进行及时回复	2
		有效性	回复质量高，能解决用户问题	3
用户体验12分	日均访问量	——	网站日均访问数量	2
	搜索功能	——	是否提供全文和关键字检索；是否提供高级检索	2
	导航链接	——	提供站点地图、栏目导航、林业系统上下级单位网站的链接	1
	网站可用性	——	网站内容显示正常，功能可正常使用，无错链、空链等	1
	首页布局	——	首页布局合理，是否达到3次点击即可定位查询内容，且页面简洁、美观、大方，特色突出	2
	栏目设置	——	栏目划分清晰合理，便于公众快捷获取所需内容	1
	信息呈现形式	——	采用多种信息组织形式，使政府网站的设计更丰富多彩，如具有视频、图片新闻、电子地图等，功能应用效果较好	1
	标识规范	——	提供的网站域名、政府邮箱、网站群标识符合政府网站建设与管理规范，网站群标识可准确链接	1
	辅助信息	——	提供网站维护单位及联系方式，对隐私安全、版权保护进行申明	1

（续）

一级指标	二级指标	三级指标	指标说明	分值
网站影响力 8 分	国际互联网影响力	——	提供除中文简体外的其他版本，如繁体版、英文版等	3
	媒体影响力	——	提供移动电子政务服务或其他的新服务功能，如微博、微信、APP、微门户、无障碍浏览等	3
	搜索引擎影响力	——	网站被百度搜索引擎收录的页面数量及网站在搜索引擎中的排名情况	2
网站管理 15 分	组织领导	领导小组	设置由本单位主要领导担任组长的网站管理领导小组	1
		管理人员	设置网站管理、内容保障、运行维护等岗位	2
	制度建设	管理制度	网站管理制度的制定情况	2
		内容保障制度	内容保障制度的制定情况	2
	安全管理	访问检查	定期检查网站页面访问情况	1
		内容审核	有专人进行内容审核、有保密检查	1
		防攻击和篡改	是否有安全网关、防火墙、防篡改措施	1
		防病毒和应急预案	是否有防病毒措施，是否定期升级和检查。是否有应急预案，有无演练	1
		备份恢复情况	是否有备份机制并坚持定期备份。是否有恢复机制，有无演练	1
	与主站链接情况	——	本级政府网站和各级林业系统网站是否与中国林业网建立链接	3
合计				100

(四)专题子站评估指标

专题子站评估指标见表 10。

表 10　专题子站评估指标

一级指标	二级指标	指标说明	分值
信息发布 30 分	概况信息	是否发布本单位简介、主要职责、联系方式等信息或本区域的基本概况，信息更新及时有效	6
	动态信息	是否发布本单位的日常动态信息及通知公告，信息要素完整、发布及时	8
	特色信息	提供具有行业特色的信息，如专业知识信息、实用技术信息等，并采用多样化的表现形式，如图片、视频等	8
	信息编排	动态信息文本排版规范，是否存在有标题无具体正文内容、字号混乱、内容重复出现、落款未居右、段首缩进不规范、行间距不规范等问题	8
特色服务 20 分	便民服务	是否提供关于本区域内的服务信息，如景点指南、交通引导和周边环境等	10
	专项服务	是否提供与业务相关的供求信息，是否提供具有使用价值的共享信息，且更新及时	10

（续）

一级指标	二级指标	指标说明	分值
信息更新及受关注程度 25 分	信息更新量	本年度网站信息更新总量，包含文字、图片和视频等信息	10
	更新频度	网站信息更新频度，包括多少天更新 1 次，每次更新多少条	5
	年度访问量	本年度网站访问总体情况	10
网站管理 25 分	领导小组	设置由本单位主要领导担任组长的网站管理领导小组	6
	管理人员	设置网站管理、内容保障、运行维护等岗位	7
	管理制度	是否制定并发布网站管理和内容保障制度	6
	日常保障	是否存在有栏目无内容、网站或网页无法打开的情况	6
合计			100

第二章　全国林业网站绩效评估整体结果分析

一、整体平均得分分析

对司局和直属单位子站、省(区、市)林业网站、市县级林业网站、专题子站等共 201 个网站采用打分模式进行绩效评估(图 1)，省(区、市)林业网站平均绩效为 67.9 分，专题子站平均绩效为 65.9 分，司局和直属单位子站平均绩效为 60.2 分，3 类网站均已跨入“发展阶段”；市县级林业网站平均得分为 58.8 分，接近及格水平，正在向“发展阶段”迈进。可见，全国林业网站整体水平仍需继续提升，需强化支撑队伍、健全保障措施，提高对林业网站建设的重视程度。

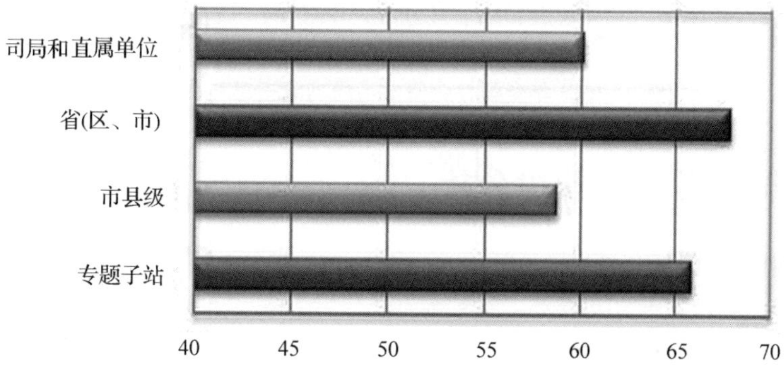

	专题子站	市县级	省(区、市)	司局和直属单位
平均绩效	65.9	58.8	67.9	60.2

图 1　2013 年全国林业网站平均绩效得分分析图

从图 2 得知，信息发布指标得分率最高为省（区、市）林业网站，得分率为 72.14%，说明省（区、市）林业网站重视政府信息的发布工作，信息发布力度较大；司局和直属单位子站信息发布指标得分相对较低，得分率为 56.97%，说明司局和直属单位子站信息发布还有较大提升空间；在线服务是制约各类网站发展的短板，得分率最高为省（区、市）林业网站仅为 59.99%，说明省（区、市）林业网站在线服务能力相对突出，但还有较大的整合、深化空间；互动交流指标得分率最高为省（区、市）林业网站，得分率为 65.41%，最低为市县级林业网站，得分率仅为 45.72%，目前尚有部分单位未设立相关互动渠道，而设立互动渠道的单位不能及时有效的维护；网站管理指标得分率最高为市县级林业网站，得分率为 89.95%；用户体验指标省（区、市）林业网站得分率最高，得分率为 73.33%，说明省（区、市）林业网站信息呈现丰富，且网站可用性较强；网站影响力指标得分率普遍不高，说明各单位网站在多语种设置新媒体应用、无障碍设计等应用上还较为薄弱，缺乏足够的重视。

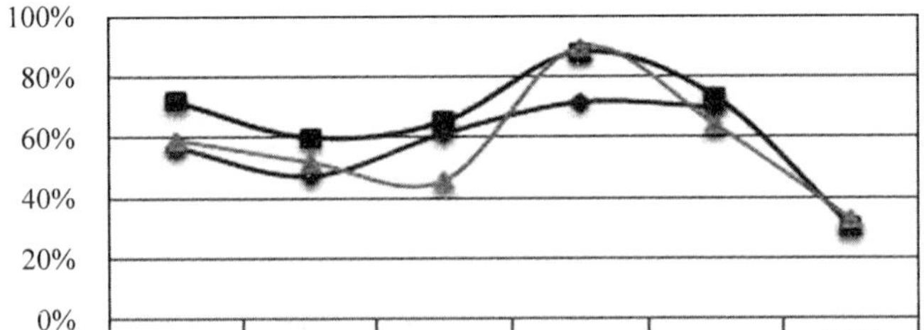

	信息发布	在线服务	互动交流	网站管理	用户体验	网站影响力
司属和直属单位	56.97%	47.45%	61.38%	71.70%	69.79%	
省(区、市)	72.14%	59.99%	65.41%	88.54%	73.33%	29.73%
市县级	59.31%	51.91%	45.72%	89.95%	63.93%	32.37%

图 2　2013 年全国林业网站不同功能指标对比分析图

二、整体网站发展阶段分析

（一）发展阶段特征分析

本次评估引入阶段性指标作为定性评估指标，通过定量与定性分析相结合的评估方法，客观、科学地对林业系统网站进行评估，以期对日后各类林业网站的发展和电子政务建设起到积极作用。定性指标包括 5 个发展层次，即起步阶段（0≤绩效 <30）、建设阶段（30≤绩效 <60）、发展阶段（60≤绩效 <75）、优秀阶段（75≤绩效 <90）、卓越阶段（90≤绩效≤100）（表 11）。

表 11　2013 年全国林业网站发展阶段特征表

发展阶段	网站数量	所占比例	网站特征
卓越阶段 （90 分以上）	0	0	有内容——更新及时、原创比例大、信息价值高 有服务——整合程度高、服务一体化、易用性好 有人气——访问量大、使用率高、有固定用户群 有品牌——基于自身业务形成用户欢迎的平台 可持续发展——信息高度共享、业务协同力强、持续保持领先、应用不断创新
优秀阶段 （75 ~ 90 分）	36	17. 14%	有风格——网站定位准确、风格成型、鲜明，服务包容性强 有内容——更新及时、信息量大 有服务——服务趋于集成化、人性化 有互动——后台形成整合处理机制，信件处理能力强 有创新——具有地域或行业特色的服务栏目与功能
发展阶段 （60 ~ 75 分）	102	48. 57%	有维护——网站各项应用和管理得到规范有效维护 有内容——网站动态信息量较大 有服务——在线办事能力已得到体现 有互动——建立互动渠道但形式单一、处理能力不强
建设阶段 （30 ~ 60 分）	72	34. 29%	有信息——信息发布为主要表现形式，但更新量小； 有服务——以信息服务为主，服务的广度、深度不够； 有渠道——开通互动交流渠道，但互动效果差。
起步阶段 （30 分以下）	0	0	有网页——网上已有站点，但林业网站特征不明显； 有信息——以静态信息为主要内容，更新缓慢。
合计	210	100%	

参评的 210 个全国林业网站，主要集中在发展阶段和建设阶段，所占比例分别为 48. 57% 和 34. 29%，处于优秀阶段所占比例为 17. 14%，目前尚未有网站停留在“起步阶段”及步入“卓越阶段”。建议发展水平处于较低的网站应紧跟林业信息化发展步伐，加大对网站建设的重视程度，采取相关改善措施，积极向优秀及卓越阶段靠拢。

（二）发展阶段对比分析

对各类网站的发展阶段进行对比分析（图 3），处于建设阶段的主要是市县级林业网站与司局和直属单位子站，占比分别为 57. 89%、51. 06%；处于发展阶段的主要是专题子站，占比 66. 67%；处于优秀阶段的主要是省（区、市）林业网站，占比为 36. 59%；没有网站进入卓越阶段或停留在起步阶段。

从整体上看，48. 57% 处于发展阶段，34. 29% 处于建设阶段，17. 14% 处于优秀阶段。结果说明，全国林业各类网站发展存在“鸿沟”，不同政府机构群体在对网站建设的认识程度和工作方法上存在一定差距。

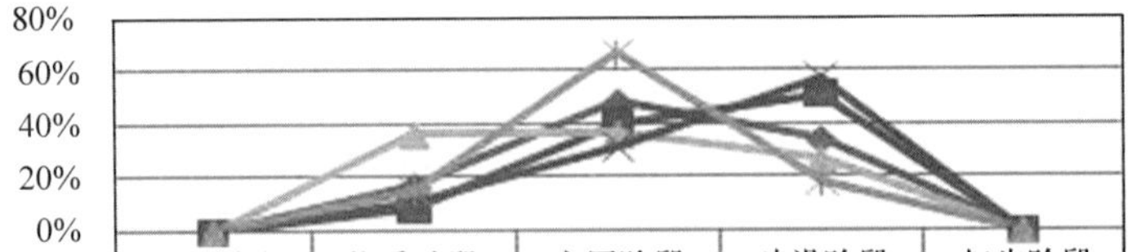

	卓越阶段 90分以上	优秀阶段 75~90分	发展阶段 60~75分	建设阶段 30~60分	起步阶段 30分以下
整体	0	17.14%	48.57%	34.29%	0
司局和直属单位	0	8.51%	40.43%	51.06%	0
省(区、市)	0	36.59%	36.59%	26.83%	0
市县级	0	10.53%	31.58%	57.89%	0
专题子站	0	15.48%	66.67%	17.86%	0

图 3　2013 年全国林业网站发展阶段对比分析图

三、与 2012 年对比分析

(一)整体平均得分对比分析

2013 年度，司局和直属单位子站、省(区、市)林业网站、市县级林业网站、专题子站四类网站的平均绩效分别为 60.2 分、67.9 分、58.8 分和 65.9 分，2012 年全国林业系统司局和直属单位子站和省(区、市)林业网站两类网站参与评估，平均绩效得分分别为 59.7 分、67.8 分。从对比图可以看出(图 4)，两类网站 2013 年的平均绩效与 2012 年差别较小，只有小幅提升，主要原因在于：在指标要求有所提高的情况下，2013 年多数单位未针对网站的不足进行整改优化，使得网站停滞不前；改版网站仅停留在版面风格的变化，网站内容和功能未得到实质性提升。

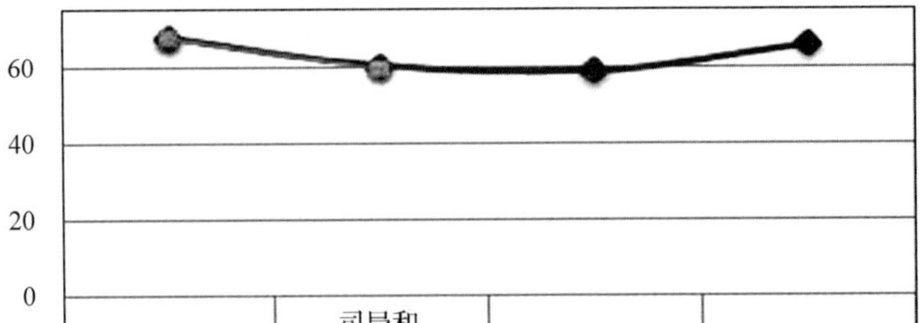

	省(区、市)	司局和直属单位	市县级	专题子站
2013年	67.9	60.2	58.8	65.9
2012年	67.8	59.7		

图 4　2013/2012 年全国林业网站平均绩效对比分析图

(二)网站发展阶段对比分析

对 2012 年、2013 年的发展阶段进行对比分析(图 5)，两个年度网站比例均有不同程度的变化，究其原因：一方面是由于考核范围的扩大；另一方面是由于评估指标的考核侧重点有所变化，考核难度也有所增加。由于网站自身因素，如对网站建设的重视程度不够、整改力度不够、各功能模块未得以完善、不进则退等因素，会出现网站排名出现倒退的情况。因此，应持续坚持对落后网站的监督和管理力度，提升中等网站的服务能力，推广高水平网站的示范作用应当是全国林业网站建设的主要工作方向。

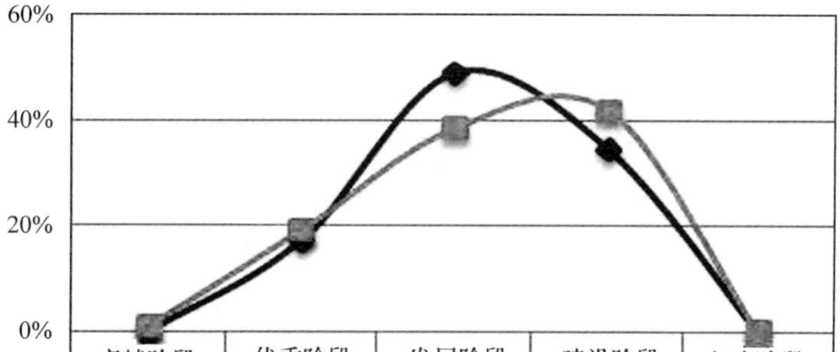

	卓越阶段 90分以上	优秀阶段 75~90分	发展阶段 60~75分	建设阶段 30~60分	起步阶段 30分以下
2013年	0.00%	17.14%	48.57%	34.29%	0.00%
2012年	1.10%	19.10%	38.20%	41.57%	0.00%

图 5　2013/2012 年全国林业网站发展阶段对比分析图

第三章　司局和直属单位子站评估结果分析

一、整体得分分析

(一)评估得分分析

从表 12 来看，科技司网站综合排名位居首位(得分 86 分)，信息办、场圃总站紧随其后，分别以总得分 81. 5 分、80. 5 分位居第二、三名。但从本次评估结果来看，最低得分为 40. 5 分，最高总得分与最低总得分相差 45. 5 分，说明司局和直属单位子站建设的两极分化依然明显，各单位应该加强对林业网站建设的重视，整体推进全国林业网站朝着全面均衡、科学可持续的方向发展。

表 12 2013 年司局和直属单位子站评估综合排名表

单位名称	2013 年排名	2013 年得分	信息发布 45 分	在线服务 15 分	互动交流 10 分	用户体验 10 分	网站管理 20 分
科技司	1	86.0	37.0	15.0	7.0	9.0	18.0
信息办	2	81.5	38.0	6.5	10.0	8.0	19.0
场圃总站	3	80.5	33.5	15.0	6.0	7.0	19.0
造林司	4	77.5	30.5	15.0	6.0	7.0	19.0
政法司	5	73.5	27.5	15.0	6.0	6.5	18.5
保护司	6	71.0	28.5	15.0	6.0	7.0	14.5
濒管办	7	70.0	28.5	15.0	6.0	7.0	13.5
治沙办	8	68.0	27.0	15.0	6.0	7.5	12.5
公安局	9	66.5	29.0	4.5	6.0	8.0	19.0
林科院	9	66.5	31.5	4.5	6.0	6.5	18.0
科技中心	11	65.5	24.5	15.0	6.0	7.5	12.5
工作总站	11	65.5	32.0	6.5	6.0	7.0	14.0
基金总站	11	65.5	31.5	6.5	6.0	6.5	15.0
资源司	11	65.5	23.5	15.0	6.0	8.5	12.5
中南院	15	65.0	32.5	5.0	6.0	7.0	14.5
三北局	15	65.0	31.0	5.5	6.0	7.5	15.0
碳汇基金	17	64.5	32.5	4.5	7.5	7.0	13.0
中动协	18	63.5	28.5	5.5	6.0	7.0	16.5
规划院	19	63.0	27.5	6.5	6.0	6.5	16.5
退耕办	19	63.0	28.0	4.5	6.0	5.5	19.0
西北院	21	61.5	26.5	6.5	6.0	9.0	13.5
计财司	21	61.5	30.5	4.5	6.0	7.0	13.5
东航中心	21	61.5	29.5	4.5	6.0	7.0	14.5
昆明院	24	59.0	26.0	6.5	6.0	7.0	13.5
世行中心	25	58.5	26.0	6.0	6.0	7.0	13.5
花协	25	58.5	26.5	4.5	6.0	7.0	14.5
南航总站	27	57.5	23.5	4.5	6.0	7.5	16.0
设计院	28	57.0	26.0	6.5	6.0	6.5	12.0
林改司	29	56.0	22.5	4.5	6.0	8.5	14.5
湿地办	29	56.0	26.0	6.5	6.0	5.5	12.0
南京警院	29	56.0	23.0	4.5	6.0	8.0	14.5
竹藤中心	32	55.5	24.5	4.5	6.0	7.0	13.5
国际司	33	55.0	25.0	4.5	6.0	7.5	12.0
人才中心	34	54.5	22.5	6.5	6.0	7.5	12.0
天保办	34	54.5	23.5	5.5	6.0	6.0	13.5

（续）

单位名称	2013 年排名	2013 年得分	信息发布 45 分	在线服务 15 分	互动交流 10 分	用户体验 10 分	网站管理 20 分
中绿基	36	53.5	24.0	4.5	6.0	5.5	13.5
森防总站	37	52.0	20.0	8.0	6.0	5.0	13.0
华东院	38	51.8	19.8	5.5	6.0	7.0	13.5
林干院	39	51.0	18.0	4.5	6.0	8.0	14.5
出版社	39	51.0	20.0	5.5	6.0	7.0	12.5
治沙学会	41	50.0	21.0	4.5	6.0	6.5	12.0
林学会	42	48.5	19.5	4.5	6.0	6.5	12.0
建设协会	43	48.0	20.0	4.5	6.0	5.5	12.0
乌鲁木齐专员办	44	47.0	18.0	4.5	6.0	6.0	12.5
经研中心	45	46.5	17.5	4.5	6.0	6.5	12.0
经济林协	46	40.7	12.2	4.5	6.0	6.0	12.0
宣传办	47	40.5	11.0	4.5	6.0	7.0	12.0
平均得分		**60.2**	**25.6**	**7.1**	**6.1**	**7.0**	**14.3**
平均得分率		**60.21%**	**56.97%**	**47.45%**	**61.38%**	**69.79%**	**71.70%**

（二）发展阶段分析

据图 6 可以看出，司局和直属各单位均已跨过“起步阶段”。其中，51.06% 处于“建设阶段”，40.43% 处于“发展阶段”，“优秀阶段”仅占 8.51%，尚未有网站步入“卓越阶段”。参评 47 个网站中，优秀阶段（75≤绩效<90）4 个，相比 2012 年增加了 3 个，发展阶段（60≤绩效<75）19 个，建设阶段（30≤绩效<60）24 个。说明司局和直属单位子站建设目前主要集中在建设阶段和发展阶段，整体水平仍有很大的提升空间，各单位应从政府网站三大功能定位（信息发布、在线服务、互动交流）入手，不断提高网站建设水平。

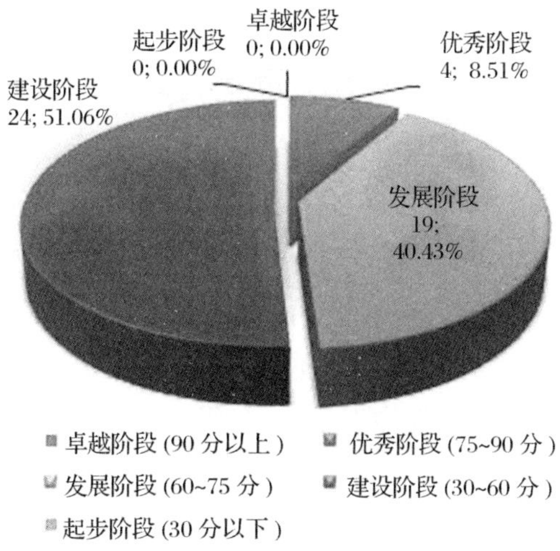

图 6　2013 年司局和直属单位子站发展阶段图

(三)功能指标得分分析

从图7可以看出，司局和直属单位子站整体平均绩效得分率为60.21%。其中，网站管理指标的得分率最高，为71.7%，用户体验指标次之，为69.79%，随后是互动交流及信息发布指标，得分率分别为61.38%、56.97%，而在线服务指标得分率最低，仅为47.45%。由此反映出对在线办事重视程度不够，各网站应在行政事项服务的基础上，整合社会性服务资源作为补充，进一步加强网站服务功能与林业业务系统的有机结合，实现为公众和企业提供网上申请、网上办理、网上查询和网上咨询等服务，切实提高在线办事能力。

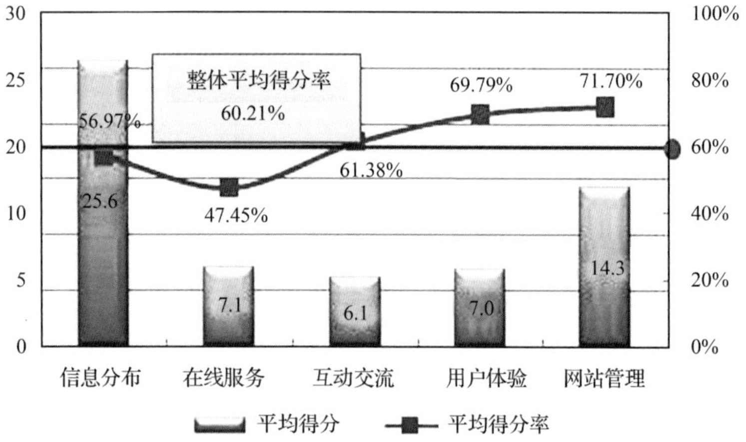

图7　2013年司局和直属单位子站各类指标得分分析图

二、各大类指标单项得分分析

(一)信息发布类指标得分分析

司局和直属单位子站信息发布指标的平均绩效得分为25.6分(满分为45分)，平均绩效得分率为56.97%。考核的14个三级指标中，司局和直属单位子站的信息发布时效、通知公告、专题建设的得分率较高，分别为97.87%、83.33%和74.11%，可见该类网站的业务信息发布及时(图8)。得分率在60%～80%之间的三级指标为专题更新(72.87%)、信息更新频度(72.61%)、组织结构(67.34%)、政策法规(64.89%)、业务信息(62.55%)，表明司局和直属单位子站基本能够建立热点专题栏目，并能定期更新。但其他6项指标平均得分率较低，其中领导简介得分率为44.15%，信息发布总量得分率为44.68%，成果展示得分率为36.70%。此外，发展规划、政策解读、工作计划的平均得分率均跌至20%以下，分别为16.49%、12.77%和8.19%。由此可知，司局和直属单位子站需加强信息发布力度，尤其重视发展规划、工作计划与政策文件解读的公开工作。

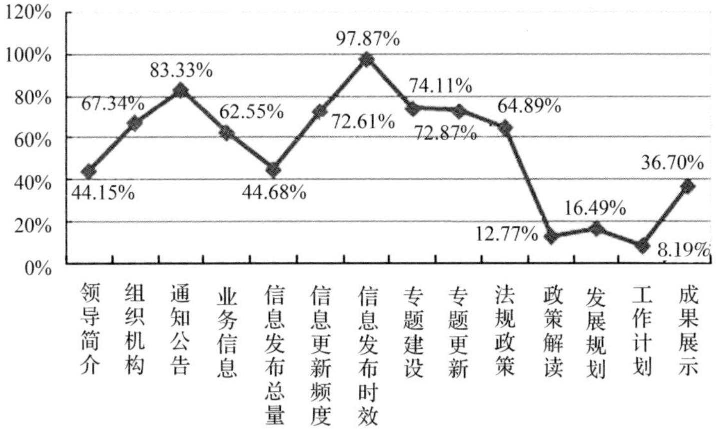

图 8　司局和直属单位子站信息发布各三级指标得分分析图

(二)在线服务类指标得分分析

司局和直属单位子站在线服务指标的平均绩效得分为 7.1 分(满分为 15 分)，平均绩效不足 50%，该类网站需不断加强网站在线服务的建设力度，完善在线服务功能。从图 9 可以看出，各单位网站在线服务的办理类别及办理查询指标相对较好，得分率接近 60%，而业务办理指标与上述指标差距较大，得分率仅为 29.26%。由此可知，司局和直属单位子站提供有部分在线办理业务，设有在线办理业务的查询功能，如业务办理状态查询、业务办理结果查询等；但办事指南、表格下载、在线申报等服务覆盖率不高，仅部分网站提供了基础服务，多数网站存在办事指南不完整、缺失表格下载功能、在线申报渠道不畅通等问题。建议该类网站以建设服务性网站为宗旨，为有需求的民众提供相关事项的在线办理服务，真正体现林业网站的社会价值。

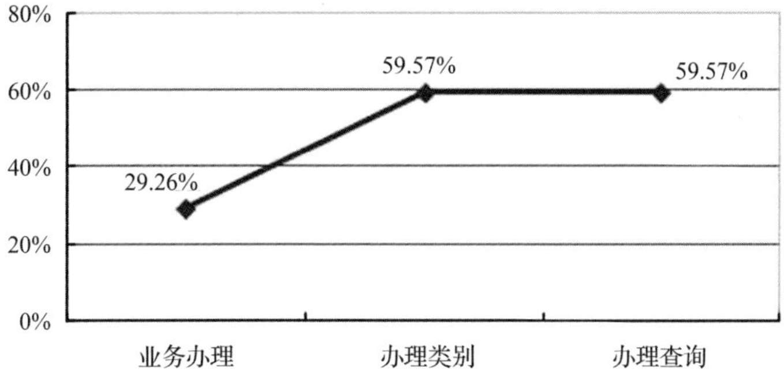

图 9　司局和直属单位子站在线服务各三级指标得分分析图

（三）互动交流类指标得分分析

司局和直属单位子站互动交流指标的平均绩效得分为 6.1 分（满分为 10 分）。其中，渠道设立指标平均得分率为 70.85%，反馈情况指标为 51.91%（图 10）。多数网站未能提供在线互动交流渠道，用户无法实现在线提交相关信件和意见，未提供民意征集及在线调查等互动功能，互动交流渠道的建设水平亟待加强。建议该类单位网站能够提供在线咨询、投诉等互动渠道，实现民众在线提交信件，对信件及时有效回复与反馈；设置多样化的互动渠道，如网上调查、民意征集等，为林业网站决策提供民意参考。

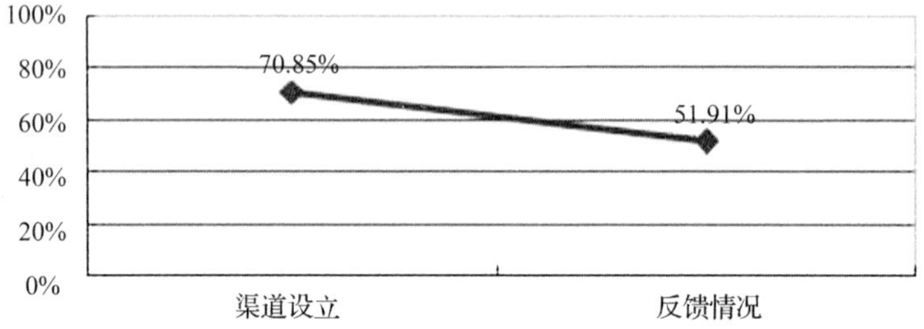

图 10　司局和直属单位子站互动交流各三级指标得分分析图

（四）用户体验类指标得分分析

用户体验得分率相对较高，平均绩效得分率为 69.79%。从图 11 看出，网站可用性指标得分率较高，达到 89.36%；其次为信息呈现形式，得分率为 68.79%；差距稍大的为日均访问量指标，得分率为 62.55%。可见，网站栏目设置普遍较为合理，信息内容编排整齐，网页内容与图片基本显示正常，错误链接、空链接情况较少，网站后台技术支持能够基本满足网站的功能需求。但该类网站的信息呈现形式需要不断丰富，访问量需要快速提升。建议网站能够采用视频、图片等形式展现信息，提升林业网站形象的同时，为浏览者带来更便捷、更愉悦的上网体验，吸引更多用户使用林业网站的服务。

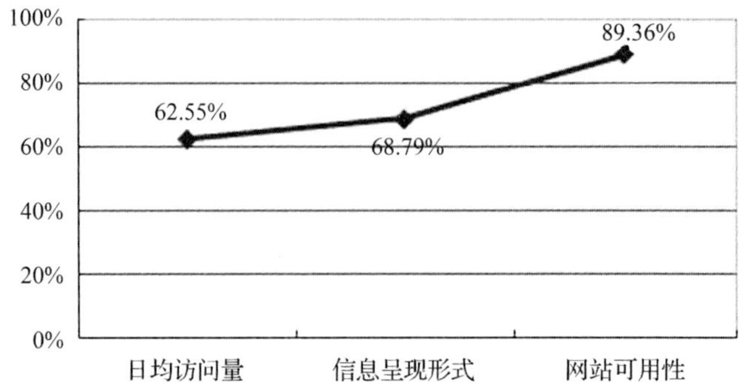

图 11　司局和直属单位子站用户体验各三级指标得分分析图

(五)网站管理类指标得分分析

司局和直属单位子站在网站管理方面表现良好，总体得分率为 71. 70% 。根据评估数据显示(图 12)，领导小组、工作机制、配备人员指标得分率均达到 100% ，司局和直属单位子站在人才投入、领导班子建设、工作机制完善方面做了充足的准备，为推进网站建设打下了坚实的基础。各单位人员的职责完成情况得分率为 83. 69% ，说明人员队伍基本能够根据自身职责完成相应工作，但各单位应尽最大努力，保证 100% 完成自身工作。职责配合和信息报送是体现对中国林业网主站贡献的两项指标，得分率仅分别为 62. 98% 、44. 68% ，各单位对主站支持的力度不足，报送信息的积极性不高，职责配合力度较弱。中国林业网是国家林业局政府网的主站，支持力度的强弱直接影响中国林业网的整体水平，因此，需要引起各单位高度重视。

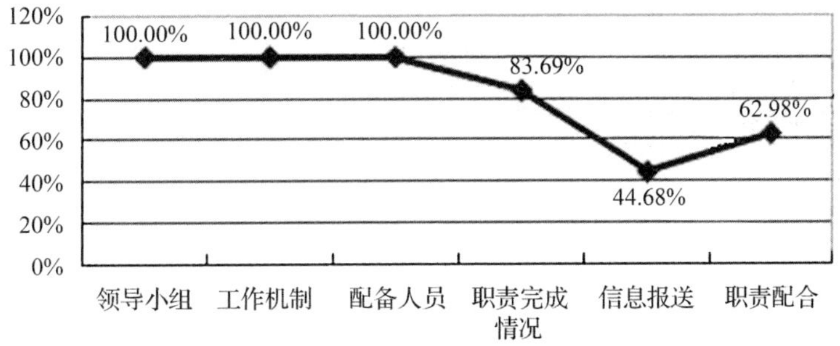

图 12　司局和直属单位子站网站管理各三级指标得分分析图

三、与 2012 年对比分析

(一)2013/2012 年评估排名情况对比分析

由表 13 来看，司局和直属单位子站绩效相比 2012 年有所提升，科技司、信息办、场圃总站在今年的评估中名列前三，分别为 86 分、81. 5 分、80. 5 分，相比 2012 年，得分均达到 80 分以上，处于优秀阶段。其中名次上升最大的为退耕办、三北局，这两个单位均上升 13 名，退耕办上升的主要原因是业务信息更新及时、信息发布总量较多、更新频度较高、时效性强、信息报送量大、工作配合度高；三北局上升的主要原因是信息更新较好、信息发布数量较多、访问量高。科技中心上升 9 名，上升原因是网站提供了在线办事服务，专题维护情况较好。南京警院上升 9 名，上升原因是业务信息更新较好、信息更新频度较高。人才中心上升 9 名，上升原因是专题栏目维护情况较好。治沙办上升 7 名，上升原因是网站信息更新较好，提供有在线办事服务。可见，上述单位网站能充分认识网站建设的重要性和评估的指导性。与此同时，仍有部分网站在评估中名次有所下滑，如：计财司下降 13 名，主要问题是信息更新缓慢，部分业务信息在 2013 年未进行更新，信息发布总量较少，向中国林业网报送信息较少；西北院下降12名，主要问题是信息更新缓慢，部分业务信息在2013年未进行更新，信息发布总量较少，向中国林业网报送信息量较少；天保办下降9名，主要问题是信息更新缓慢，发布总量较少，向中国林业网信息送报较少，网站访问量较低；林学会下降8名，主要是信息更新缓慢，发布总量较少，且信息送报量不高，网站访问量较低；规划院下降7名，主要问题是业务信息更新较差，未提供规划计划信息，在线服务能力较弱；湿地办下降7名，主要问题是信息更新缓慢，信息发布总量与向中国林业网报送信息量较少，网站访问量较低。从得分上来看，这些单位分数与2012年差距不明显，主要原因是多数网站在2013年提升较快，因此不进则退，各单位需及时引起重视，加强网站的建设，不断提升网站的综合服务水平。

表13　2013/2012年司局和直属单位子站评估结果对比表

单位名称	2013年排名	2013年得分	2012年排名	2012年得分	名次变化
科技司	1	86.0	2	72.8	1
信息办	2	81.5	2	72.8	0
场圃总站	3	80.5	1	75.6	-2
造林司	4	77.5	4	72.3	0
政法司	5	73.5	6	68.8	1
保护司	6	71.0	7	68.0	1
濒管办	7	70.0	5	71.0	-2
治沙办	8	68.0	15	64.0	7
公安局	9	66.5	10	67.0	1
林科院	9	66.5	15	64.0	6
科技中心	11	65.5	18	62.0	7
工作总站	11	65.5	11	66.0	0
基金总站	11	65.5	13	64.5	2
资源司	11	65.5	14	64.3	3
中南院	15	65.0	21	61.8	6
三北局	15	65.0	28	56.8	13
碳汇基金	17	64.5	17	63.8	0
中动协	18	63.5	18	62.0	0
规划院	19	63.0	12	65.3	-7
退耕办	19	63.0	32	55.8	13
西北院	21	61.5	9	67.1	-12
计财司	21	61.5	8	67.3	-13
东航中心	21	61.5	26	57.5	5

（续）

单位名称	2013 年排名	2013 年得分	2012 年排名	2012 年得分	名次变化
昆明院	24	59.0	18	62.0	-6
世行中心	25	58.5	24	58.6	-1
花协	25	58.5	27	57.1	2
南航总站	27	57.5	31	56.0	4
设计院	28	57.0	23	58.8	-5
林改司	29	56.0	28	56.8	-1
湿地办	29	56.0	22	59.0	-7
南京警院	29	56.0	38	53.0	9
竹藤中心	32	55.5	33	55.5	1
国际司	33	55.0	30	56.5	-3
人才中心	34	54.5	43	50.2	9
天保办	34	54.5	25	58.5	-9
中绿基	36	53.5	41	52.3	5
森防总站	37	52.0	35	55.0	-2
华东院	38	51.8	37	53.5	-1
林干院	39	51.0	38	53.0	-1
出版社	39	51.0	40	52.5	1
治沙学会	41	50.0	36	54.0	-5
林学会	42	48.5	34	55.3	-8
建设协会	43	48.0	44	49.8	1
乌鲁木齐专员办	44	47.0	47	45.5	3
经研中心	45	46.5	42	51.5	-3
经济林协	46	40.7	45	46.5	-1
宣传办	47	40.5	46	46.3	-1

（二）网站发展阶段对比分析

由图 13 看出，司局和直属单位子站均已跨过起步阶段（0 ~ 30 分），其中优秀阶段（75 ~ 90 分）由 2012 年的 2.13% 上升至 8.51%，相比 2012 年有所提升，形成一批有风格、有内容、有服务、有互动、有创新的标杆网站；同时在建设阶段（30 ~ 60 分）网站的比例有所减少，由 2012 年的 55.32% 降至 51.06%，说明有部分网站朝着更高的阶段发展，但发展阶段（60 ~ 75 分）2013 年的比例为 40.43%，相比 2012 年的 42.55% 下降了近 2 个百分点，同时卓越阶段（90 分以上）网站尚无，因此司局和直属单位子站建设仍有较大提升空间。

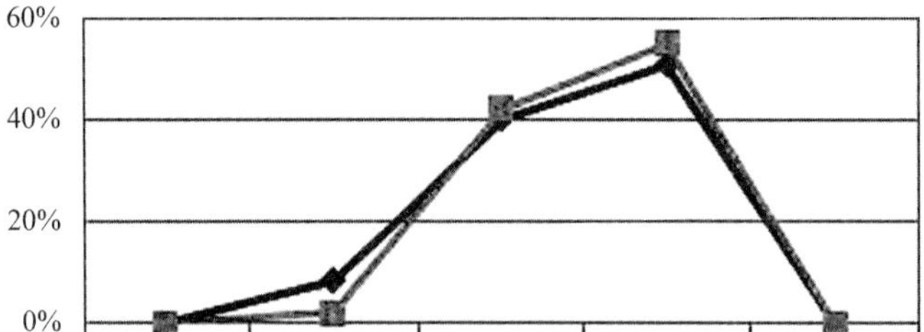

	卓越阶段 90分以上	优秀阶段 75~90分	发展阶段 60~75分	建设阶段 30~60分	起步阶段 30分以下
2013年	0	8.51%	40.43%	51.06%	0
2012年	0	2.13%	42.55%	55.32%	0

图 13　2013/2012 年司局和直属单位子站发展阶段对比分析图

（三）网站各功能指标得分对比分析

2013 年新增用户体验考核内容（图 14）。在线服务、互动交流指标 2013 年得分率相对 2012 年有所提升，但得分率均未超过 80%，情况仍不理想；此外，信息发布、网站管理指标 2013 年得分率相对 2012 年稍有下滑，主要原因在于 2013 年提高指标考核要求，部分单位对网站建设的重视度不够。为此，各单位应继续加强网站三大功能建设，不断提高网站管理和用户体验水平，提升网站绩效水平。

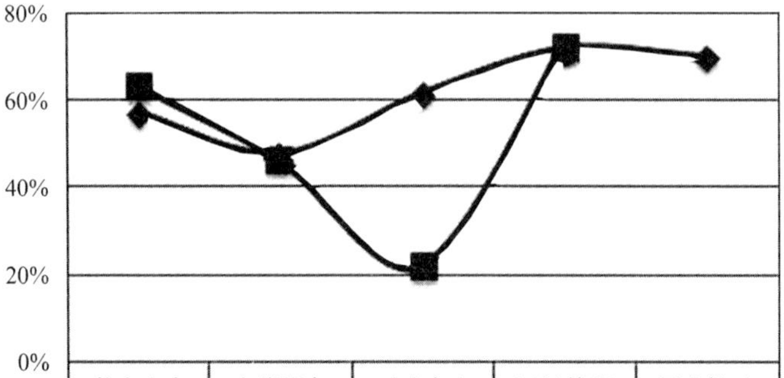

	信息发布	在线服务	互动交流	网站管理	用户体验
2013年	56.97%	47.45%	61.38%	71.70%	69.79%
2012年	63.78%	46.67%	22.00%	72.67%	

图 14　2013/2012 年司局和直属单位子站各功能指标得分率对比分析图

第四章 省区市林业网站评估结果分析

一、整体得分分析

(一)评估得分分析

41 个省区市林业网站整体平均绩效得分为 67.9 分(表 14)。福建省林业厅网站总得分为 89.5 分，在省区市林业网站中位居榜首；同时，首都园林绿化政务网、上海市林业局网站、四川省林业厅网站、湖北省林业厅网站、江苏省林业厅网站、广东省林业厅网站等 12 个网站的总得分达到了 80 分以上。但仍有 11 个网站未达到及格水平，比例为 26.83%；最低分(35.7 分)与最高分(89.5 分)相差近 2.5 倍。由此看出，省区市林业网站整体建设水平参差不齐，应从信息发布、在线服务、互动交流、用户体验等各方面加强网站建设力度，提高网站的整体绩效水平。

表 14 2013 年省区市林业网站评估综合排名表

单位名称	2013 年排名	2013 年得分	信息发布 30 分	在线服务 20 分	互动交流 15 分	用户体验 12 分	网站影响力 8 分	网站管理 15 分
福 建	1	89.5	28.5	20.0	15.0	9.5	3.0	13.5
北 京	2	87.6	25.6	20.0	12.5	10.5	5.0	14.0
上 海	3	86.1	27.3	18.0	13.0	10.8	3.5	13.5
四 川	4	85.8	26.3	19.0	14.5	9.0	2.0	15.0
湖 北	4	85.8	24.5	19.0	14.5	10.8	3.5	13.5
江 苏	6	85.5	28.0	17.5	15.0	9.5	1.5	14.0
广 东	7	82.9	24.8	19.0	11.0	8.6	5.0	14.5
甘 肃	8	81.9	27.0	17.0	12.5	8.9	2.5	14.0
湖 南	9	81.6	27.5	14.5	12.0	10.6	2.0	15.0
浙 江	10	81.3	21.0	20.0	13.0	9.8	4.0	13.5
河 南	10	81.3	26.0	15.8	13.0	10.0	4.0	12.5
黑龙江	10	81.3	22.2	19.0	15.0	8.1	2.0	15.0
宁 波	13	80.8	23.0	14.5	14.5	11.3	4.0	13.5
江 西	14	78.0	28.0	12.7	12.5	9.8	2.0	13.0
厦 门	15	75.5	22.0	16.0	13.5	9.3	2.5	12.2
辽 宁	16	73.9	22.8	13.5	13.0	7.1	3.0	14.5
大 连	17	71.3	21.2	14.5	12.5	8.4	2.0	12.7
深 圳	18	71.0	21.5	15.0	10.0	8.8	3.5	12.2

（续）

单位名称	2013年排名	2013年得分	信息发布30分	在线服务20分	互动交流15分	用户体验12分	网站影响力8分	网站管理15分
山东	19	70.9	23.8	10.5	10.0	10.1	2.5	14.0
安徽	20	70.2	27.8	12.5	7.5	8.4	0.5	13.5
吉林	21	69.9	21.5	11.3	10.5	10.6	2.0	14.0
广西	22	69.1	24.2	12.0	9.0	7.9	2.5	13.5
青岛	23	67.0	21.1	13.3	9.5	7.6	2.5	13.0
陕西	24	64.4	18.9	11.7	12.2	8.1	1.0	12.5
内蒙古	25	64.0	24.0	4.3	11.0	9.2	2.5	13.0
海南	26	63.5	23.2	11.5	7.0	8.6	0.5	12.7
山西	27	61.6	23.0	9.0	8.0	7.6	0.5	13.5
吉林森工	28	60.3	15.3	7.0	11.0	9.0	4.5	13.5
大兴安岭	28	60.3	20.2	6.2	10.5	9.4	1.0	13.0
云南	30	60.0	16.3	11.0	7.5	8.2	2.5	14.5
青海	31	59.8	19.6	4.9	11.5	8.3	2.0	13.5
河北	31	59.8	21.8	15.0	1.0	8.0	1.0	13.0
贵州	33	59.6	21.8	7.0	9.0	6.8	1.0	14.0
新疆	34	56.7	18.8	4.5	9.0	8.4	2.0	14.0
宁夏	35	51.9	21.8	7.5	2.5	7.1	0.5	12.5
重庆	36	47.6	17.0	6.0	6.0	7.1	1.0	10.5
龙江森工	37	47.4	12.0	4.2	9.4	6.9	3.0	11.9
内蒙古森工	38	46.9	13.5	7.0	1.5	9.7	4.0	11.2
新疆兵团	39	40.0	13.3	3.6	0.2	8.2	2.5	12.2
天津	40	36.6	11.2	4.0	0.0	7.4	1.5	12.5
西藏	41	35.7	10.0	2.9	1.5	7.4	1.5	12.4
平均得分		**67.9**	**21.6**	**12.0**	**9.8**	**8.8**	**2.4**	**13.3**
平均得分率		**67.91%**	**72.14%**	**59.99%**	**65.41%**	**73.33%**	**29.73%**	**88.54%**

（二）发展阶段分析

41个省区市林业网站中，15个网站达到优秀阶段（75≤绩效<90）、15个步入发展阶段（60≤绩效<75）、11个处于建设阶段（30≤绩效<60），分别占被评单位的36.59%、36.59%、26.83%（图15）。但目前尚没有单位进入卓越阶段（90分以上），这表明省区市林业网站提升空间依然较大，仍有相当一部分网站需要从建设、发展阶段向优秀、卓越阶段提升，各单位领导应高度重视，在资金投入、人才培养和制度建设等保障层面加强完善。

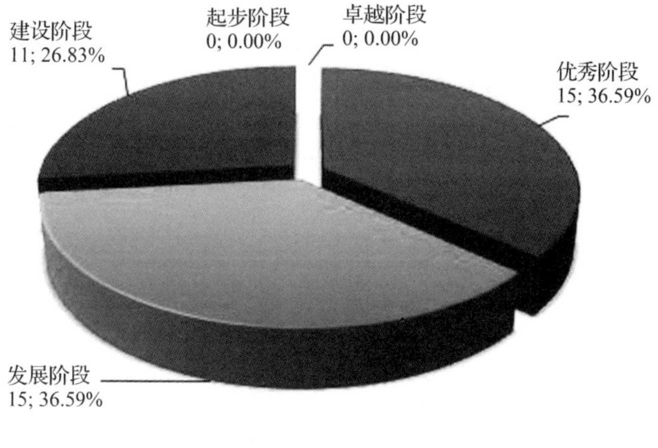

图 15　2013 年省区市林业网站发展阶段图

(三)功能指标得分分析

省区市林业网站平均绩效得分率为 67.91%，从各类指标得分情况看(图 16)，网站管理指标平均绩效得分率为 88.54%，在 6 项指标中得分率最高；其次，用户体验、信息发布指标的平均绩效得分率分别为 73.33%、72.14%，而网站影响力指标平均绩效得分率最低，仅为 29.73%。从整体上来看，各省区市需从政府网站的三大功能定位入手，不断提高网站各方面的建设水平，注重网站宣传效果，从而提高网站影响力。

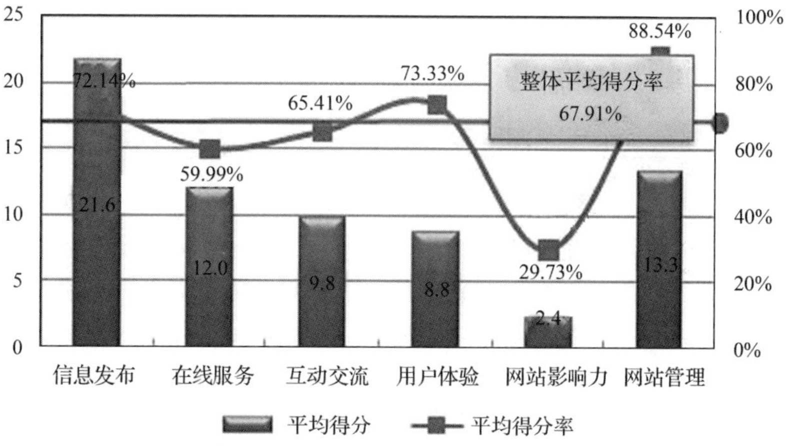

图 16　2013 年省区市林业网站各类指标得分分析图

二、省区市林业网站各大类指标单项得分分析

（一）信息发布类指标得分分析

评估结果显示，省区市林业网站信息发布平均得分率为 72. 14%，林业信息化主管部门对网站信息发布工作较为重视。从图 17 看出，通知公告、工作动态、机构职能、信息更新频度、部门文件得分率最高，分别为 96. 34%、91. 87%、90. 49%、86. 59%、85. 49%，人事任免、公开指南、公开年度报告得分率均能达到 70% 以上。但财政公开、林业统计、网上申请、信息公开制度、信息发布总量指标得分率均低于 60%。各单位需加强重点信息的公开力度，丰富网站内容，及时发布林业信息。

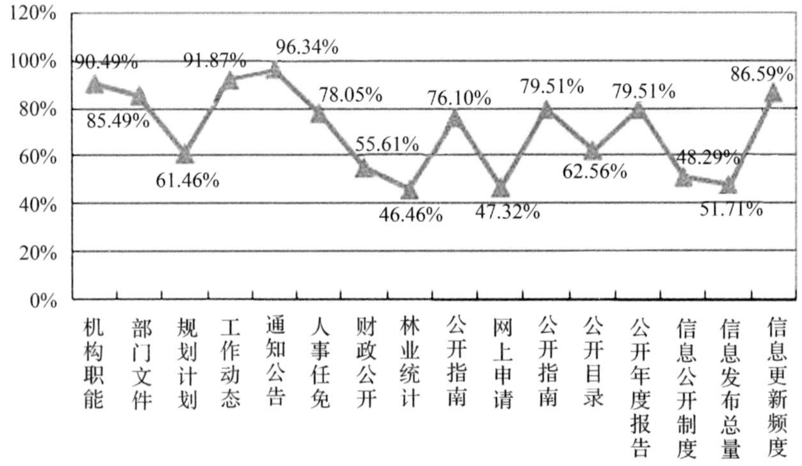

图 17　省区市林业网站信息发布各三级指标得分分析图

（二）在线服务类指标得分分析

省区市林业网站在线服务总体得分率为 59. 99%，说明该类网站在线服务能力仍有较大的提升空间。从图 18 看出，办事指南、资料下载、科普知识、实用技术、专题建设方面建设情况良好，得分率均在 70% 以上，但上述环节仅停留在基础服务层面。在线申报、结果反馈、渠道易用性、服务效果、应急管理等指标得分情况不佳，得分率均在 60% 以下。因此，提高林业网站的在线服务能力首先需提高对电子政务的深刻认识及服务意识，加强资源投入与绩效考核，从根本上提高省区市林业网站的在线服务能力。

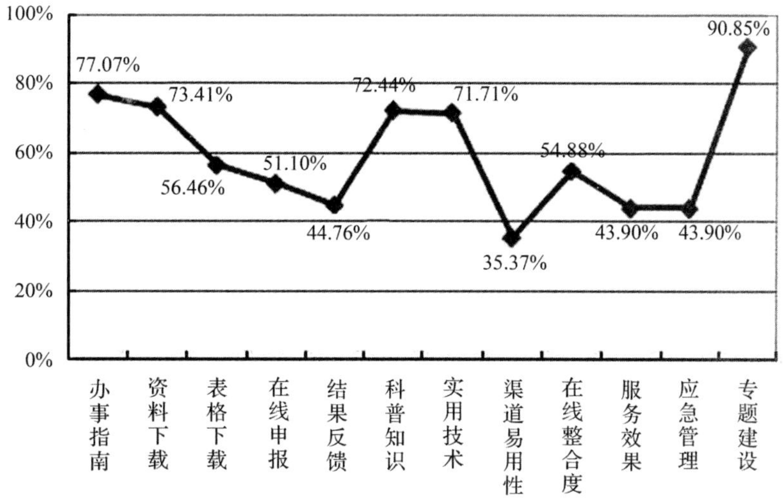

图 18　省区市林业网站在线服务各三级指标得分分析图

（三）互动交流类指标得分分析

互动交流指标的权重为 15 分，平均得分为 9.8 分，平均得分率为 65.41%。从图 19 看出，信件投诉、在线咨询、时效性、有效性指标得分情况相对较好，均达到 75% 以上；网上调查指标得分率达到及格水平。各单位互动交流渠道建设已有一定的基础。然而，征集渠道、访谈直播指标得分率偏低，均不足 51%。各单位领导应高度重视互动渠道的建设，加强网站互动渠道的维护和管理，确保各互动渠道的畅通、高效，真正发挥实际作用，吸引广大民众参与，从而成为政府与民众交流的主要窗口，保障社会和谐发展。

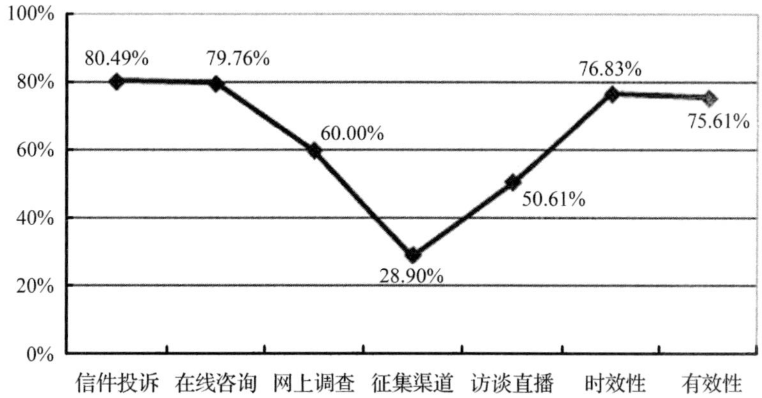

图 19　省区市林业网站互动交流各三级指标得分分析图

（四）用户体验类指标得分分析

省区市林业网站的用户体验整体情况良好，除辅助信息、日均访问量得分率未达到及格水平以外，，各项指标得分率均超过60%（图20）。其中，信息呈现形式得分率为100%，网站可用性、首页布局得分率均在90%以上。说明省区市林业网站的用户体验度良好，能够在建站之初考虑从用户浏览便捷性角度出发去组织信息内容，精心设计网站功能，从而让用户获取信息变得清晰、易理解、易使用。但同时需加强用户信任体验，添加详细的隐私安全和版权保护申明等信息的发布。

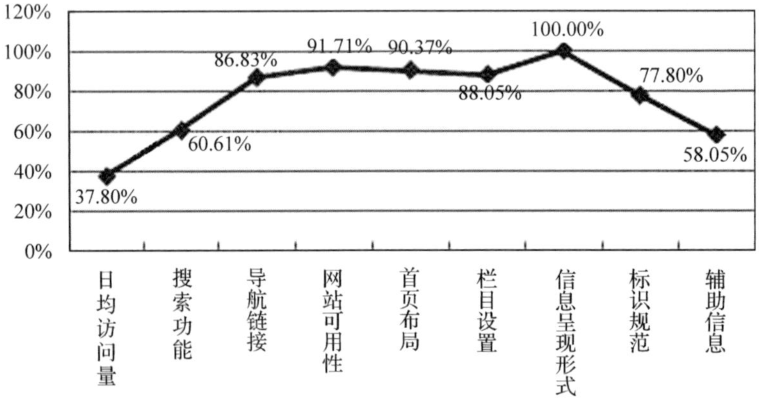

图20　省区市林业网站用户体验各三级指标得分分析图

（五）网站影响力类指标得分分析

省区市林业网站的影响力还有待提高，各项指标得分情况均不理想（图21），仅搜索引擎影响力得分率达到及格水平，国际互联网影响力、新媒体影响力得分率分别为11.38%、27.64%。因此，要提高省区市林业网站影响力首先需加强网站本身的日常更新

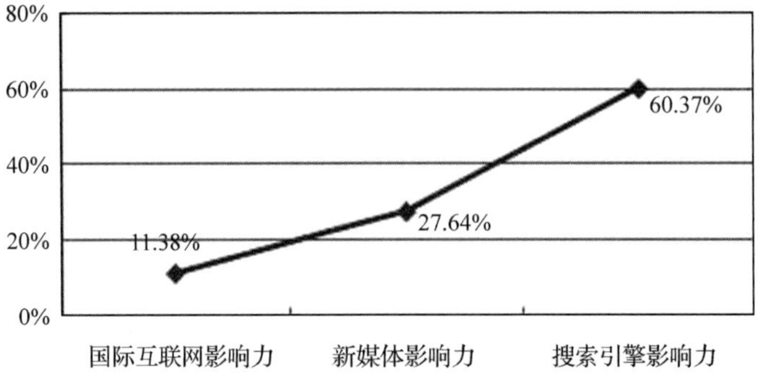

图21　省区市林业网站影响力各三级指标得分分析图

维护，从自身的区域特征、地方属性、职能特征出发发布原创性信息，同时拓展微博、微信、APP、微门户、无障碍浏览等新媒体运用，为用户获取网站信息提供更多渠道，有条件地区建立外文版，为网站能够服务更多群体及与国际交流搭建平台。

（六）网站管理类指标得分分析

省区市林业网站在网站管理方面表现良好，总体得分率为 88. 54%。评估数据显示（图 22），管理人员、管理制度、内容保障制度、访问检查、内容审核得分率均达到100%，可见各单位在上述方面做了充足准备，为推进网站建设打下了坚实的基础。领导小组、防攻击和篡改、防病毒和应急预案、备份恢复情况、工作配合度、与主站链接情况等指标均表现良好，得分率均在 80% 以上，可见主管部门对网站的信息安全十分重视，且形成一整套的治理和防治措施，为网站的良好运营提供了充分保障。但唯一不足的是信息采用量指标得分率仅为 51. 95%，各单位应持续加强对中国林业网信息的报送，并提高报送信息的质量，为中国林业网的建设贡献力量。

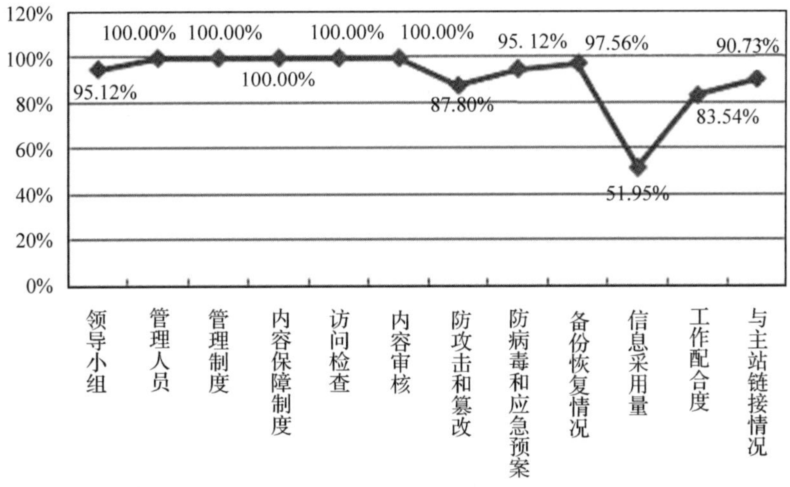

图 22　省区市林业网站网站管理各三级指标得分分析图

三、与 2012 年对比分析

（一）2013/2012 年评估排名情况对比分析

从表 15 可以看出，省区市林业网站绩效排名相比 2012 年变化不大。福建省林业厅网站、首都园林绿化政务网、上海市林业局网站在 2013 年的评估中名列前三，总得分分别为 89. 5 分、87. 6 分、86. 1 分。名次上升最大的为海南省林业厅网站和吉林省林业厅网站，均上升 6 名。海南省林业厅网站上升原因是办事服务与互动交流均有不同程度提高；吉林省林业厅网站上升原因是办事服务提升较快，开通政务微博，充分利用新媒体的宣传能力。可见上述两单位网站能充分认识网站建设的重要性和评估的指导性。同时，有部分网站在评估中名次小幅下滑，如云南省林业厅网站下降9名，主要问题是依申请公开与公开保障较差，新增的影响力指标得分较低；辽宁省林业厅网站下降6名，主要问题是空栏目和不可用情况较多，网站细节存在诸多不足，如信息发布不全面、表格下载与在线申报事项较少等。

表15　2013/2012年省区市林业网站评估结果对比表

单位名称	2013年排名	2013年得分	2012年排名	2012年得分	名次变化
福　建	1	89.5	3	89.0	2
北　京	2	87.6	1	91.8	-1
上　海	3	86.1	7	85.8	4
四　川	4	85.8	6	86.3	2
湖　北	4	85.8	2	89.7	-2
江　苏	6	85.5	4	88.0	-2
广　东	7	82.9	5	86.6	-2
甘　肃	8	81.9	9	83.5	1
湖　南	9	81.6	8	83.6	-1
浙　江	10	81.3	14	82.3	4
河　南	10	81.3	10	83.2	0
黑龙江	10	81.3	10	83.2	0
宁　波	13	80.8	16	78.6	3
江　西	14	78.0	15	80.8	1
厦　门	15	75.5	19	70.4	4
辽　宁	16	73.9	10	83.2	-6
大　连	17	71.3	16	78.6	-1
深　圳	18	71.0	13	82.7	-5
山　东	19	70.9	22	65.0	3
安　徽	20	70.2	18	73.1	-2
吉　林	21	69.9	27	62.9	6
广　西	22	69.1	25	64.4	3
青　岛	23	67.0	24	64.8	1
陕　西	24	64.4	20	70.2	-4
内蒙古	25	64.0	30	61.5	5
海　南	26	63.5	32	59.4	6
山　西	27	61.6	26	63.3	-1
吉林森工	28	60.3	28	62.0	0

（续）

单位名称	2013 年排名	2013 年得分	2012 年排名	2012 年得分	名次变化
大兴安岭	28	60.3	30	61.5	2
云　南	30	60.0	21	65.2	-9
青　海	31	59.8	36	49.5	5
河　北	31	59.8	29	61.9	-2
贵　州	33	59.6	35	51.3	2
新　疆	34	56.7	38	39.8	4
宁　夏	35	51.9	33	56.9	-2
重　庆	36	47.6	34	56.0	-2
龙江森工	37	47.4	37	45.1	0
内蒙古森工	38	46.9	39	37.5	1
新疆兵团	39	40.0	42	33.0	3
天　津	40	36.6	40	34.4	0
西　藏	41	35.7	41	33.1	0

（二）网站发展阶段对比分析

省区市林业网站在卓越阶段（90 分以上）和优秀阶段（75 ~ 90 分）所占比例较 2012 年有所下降，分别下降了 2.38%、1.51%，而发展阶段（60 ~ 75 分）、建设阶段（30 ~ 60 分）较 2012 年有所上升，其根本原因是指标考核较 2012 年有所提高，较多网站保持现状，未进行行优化和改善。总体来看，2013 年相比 2012 年成绩总体起落不大，各主管部门需进一步加强林业网站投入力度，建设出一批有内容、有服务、有人气、有品牌且可持续发展的卓越网站（图 23）。

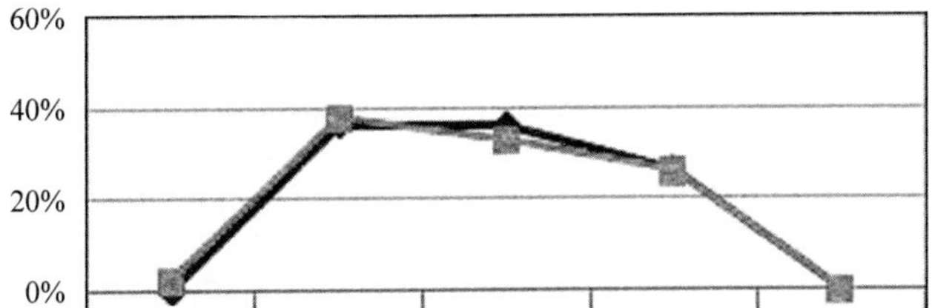

	卓越阶段 90分以上	优秀阶段 75~90分	发展阶段 60~75分	建设阶段 30~60分	起步阶段 30分以下
2013年	0	36.59%	36.59%	26.83%	0
2012年	2.38%	38.10%	33.33%	26.19%	0

图 23　2013/2012 年省区市林业网站发展阶段对比分析图

(三)网站各功能指标得分对比分析

省区市林业网站在信息发布、在线服务方面同比2012年成绩相差不大，均保持同步态势。互动交流、网站管理两大指标相比2012年有所进步，其中互动交流本年度得分率为65.41%，相比2012年的54.40%提升了近11个百分点；网站管理得分率相比2012年上升了约7个百分点。说明各单位2013年在网站的互动交流、网站管理方面有所改善。各单位应持续加大包括信息发布、在线服务等在内的各项投入，全面提升省区市林业网站的绩效水平(图24)。

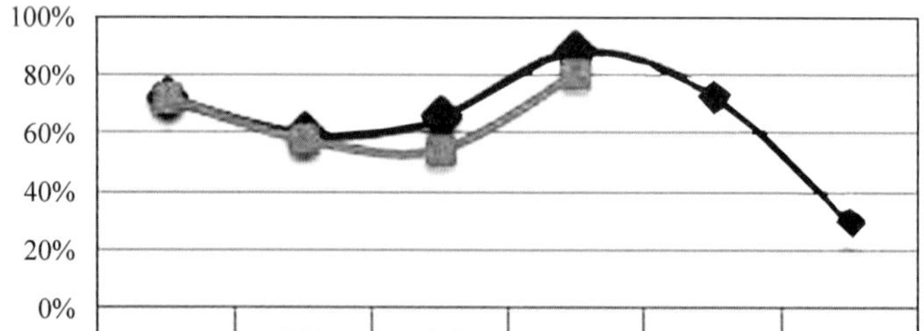

	信息发布	在线办事	互动交流	网站管理	用户体验	网站影响力
2013年	72.14%	59.99%	65.41%	88.54%	73.33%	29.73%
2012年	72.48%	58.00%	54.40%	81.25%		

图24　2013/2012年省区市林业网站各功能指标得分率对比分析图

第五章　市县级林业网站评估结果与分析

一、市级林业网站整体得分分析

(一)评估得分分析

评估的20家市级林业网站中，广州市林业和园林局以82.3分位居第一，连云港市林业局、九江市林业局分列第二、三位。从总体来看，20家单位有11家单位高于平均分64.1分，低于及格水平的单位有7家，得分最低的单位与排名第一的相差40.7分，差距较大。可见市级林业网站建设整体情况较好，但两极分化较为明显，仍有一部分网站水平较低，提升空间较大(表16)。

表 16　2013 年市级林业网站评估综合排名表

单位名称	2013 年排名	2013 年得分	信息发布 30 分	在线服务 20 分	互动交流 15 分	用户体验 12 分	网站影响力 8 分	网站管理 15 分
广东广州	1	82.3	23.0	18.0	15.0	8.1	3.2	15.0
江苏连云港	2	81.4	23.0	20.0	12.5	8.9	2.0	15.0
江西九江	3	77.8	27.5	16.0	8.0	9.8	2.5	14.0
辽宁沈阳	4	75.1	21.5	18.0	7.5	10.1	3.0	15.0
广东珠海	5	73.9	21.0	11.0	15.0	9.9	3.0	14.0
浙江杭州	6	72.0	28.0	12.0	0.4	11.1	5.5	15.0
江苏盐城	7	71.5	22.7	12.0	10.0	8.8	3.0	15.0
四川阿坝州	8	71.4	20.5	11.0	15.0	7.4	2.5	15.0
江西新余	9	67.7	21.8	13.5	8.0	6.9	2.5	15.0
云南昆明	10	64.4	17.5	14.0	8.0	6.9	3.0	15.0
山东烟台	11	64.2	21.2	13.0	7.5	6.5	2.0	14.0
贵州贵阳	12	63.6	23.0	14.0	5.0	8.6	3.0	10.0
山东济南	13	62.6	20.3	11.0	5.5	7.8	3.0	15.0
河南洛阳	14	58.1	17.5	7.5	8.0	6.6	4.5	14.0
河南开封	15	54.0	15.5	6.5	8.0	7.5	2.5	14.0
广西南宁	16	52.1	16.5	10.0	2.5	7.1	2.0	14.0
河南郑州	17	51.7	17.0	4.5	8.0	6.2	2.0	14.0
江西景德镇	18	49.0	14.7	9.0	3.0	6.3	2.0	14.0
内蒙古包头	19	47.2	17.5	8.0	0.0	6.2	2.0	13.5
广西柳州	20	41.6	11.0	8.0	2.0	5.4	2.0	13.2
平均得分		**64.1**	**20.0**	**11.9**	**7.4**	**7.8**	**2.8**	**14.2**
平均得分率		**64.08%**	**66.78%**	**59.25%**	**49.63%**	**65.04%**	**34.50%**	**94.57%**

(二)发展阶段分析

20 个市级林业网站中，4 个网站达到优秀阶段(75 ~ 90 分)、9 个网站达到发展阶段(60 ~ 75 分)、7 个网站处于建设阶段(30 ~ 60 分)，分别占被评单位的 20%、45%、35%，但未有网站步入卓越阶段(图 25)。这表明市级林业网站的发展阶段符合正态分布，仍有相当一部分网站需要从建设、发展阶段向优秀、卓越阶段提升。为此，各单位应加强在资金投入、人才培养和制度保障上的建设力度。

(三)功能指标得分分析

在各大功能指标中，网站管理指标得分率最高，达到了 94.57%(图 26)；其次是信息发布和用户体验指标，得分率分别为 66.78%、65.04%，而网站影响力指标相对偏低，得分率仅为 34.5%。由此可见，此类网站亟待开设多语种版本、微博、微信、APP 或无障碍

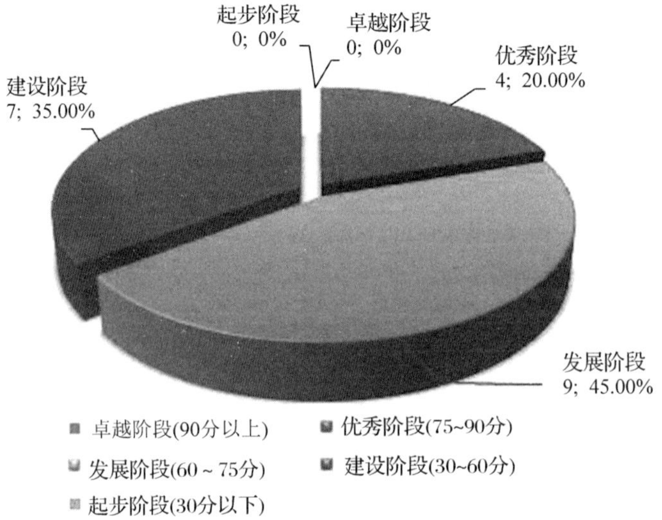

图 25　2013 年市级林业网站发展阶段图

浏览等服务，同时互动交流(得分率为 49. 63%)也同样不能忽视，实时可用的多形式互动渠道是实现政民之间互动交流的有效平台，也是提高公众参与积极性，提升网站绩效的有效手段之一。

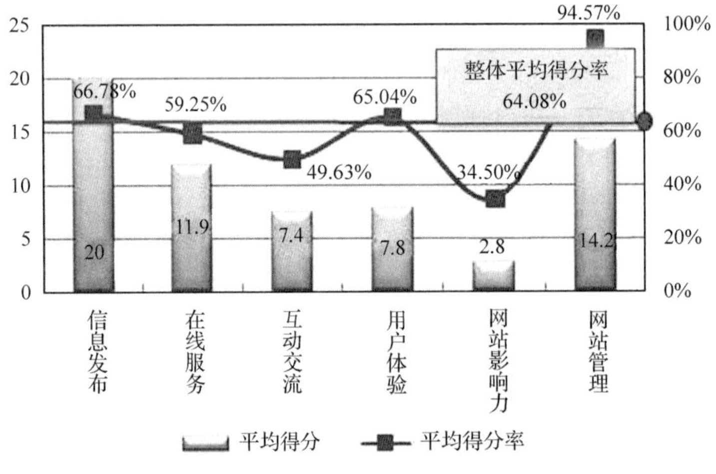

图 26　2013 年市级林业网站各类指标得分分析图

二、县级林业网站整体得分分析

(一)评估得分分析

评估的 18 个县级林业网站中，沐川县林业局网站综合得分 70. 6 分，位列第一(表 17)；修水县林业局、萧山区林业局位居第二、三名，得分分别为 69. 4、65 分，而其他单位均未达到及格水平；最低得分为 41.2 分，与第一名相差 29.4 分。可见，县级林业网站整体还处于建设阶段，还有较大的提升空间，需要加强对得分较低网站的管理力度，提升中等得分网站的完善程度，以推动网站整体建设水平。

表 17　2013 年县级林业网站评估综合排名表

单位名称	2013 年排名	2013 年得分	信息发布 30 分	在线服务 20 分	互动交流 15 分	用户体验 12 分	网站影响力 8 分	网站管理 15 分
四川沐川	1	70.6	19.0	18.0	10.0	7.1	2.5	14.0
江西修水	2	69.4	18.5	17.0	8.0	8.7	3.2	14.0
浙江萧山	3	65.0	23.0	12.0	8.0	9.0	0.5	12.5
河南永城	4	59.7	15.0	12.0	8.0	7.2	3.5	14.0
贵州思南	5	57.5	20.0	8.0	8.0	8.0	1.5	12.0
黑龙江嫩江	6	56.6	17.2	7.5	5.0	9.4	2.5	15.0
山东商河	7	55.8	19.0	15.0	0.0	6.8	2.0	13.0
吉林舒兰	8	53.4	16.0	6.0	7.0	8.4	3.0	13.0
河南鹿邑	9	51.7	11.5	7.5	8.0	7.2	3.5	14.0
重庆黔江	10	49.9	15.0	8.0	7.0	7.9	3.0	9.0
山东章丘	11	48.5	13.2	9.0	5.2	6.1	2.0	13.0
浙江余杭	11	48.5	17.5	11.0	0.5	8.0	0.5	11.0
河南新蔡	13	47.0	11.0	3.5	8.0	7.0	3.5	14.0
河南邓州	14	46.7	11.0	2.0	8.0	7.2	3.5	15.0
江西分宜	15	44.3	13.5	10.0	5.0	6.8	0.5	8.5
河南固始	16	44.2	11.5	2.0	8.0	7.2	3.5	12.0
河南滑县	17	42.2	7.5	2.0	8.0	7.2	3.5	14.0
重庆万盛	18	41.2	16.0	7.0	0.0	6.2	1.0	11.0
平均得分		**52.9**	**15.3**	**8.8**	**6.2**	**7.5**	**2.4**	**12.7**
平均得分率		**52.90%**	**51.00%**	**43.75%**	**41.37%**	**62.69%**	**30.00%**	**84.81%**

（二）发展阶段分析

县级林业网站处于发展阶段有 3 家，所占比例为 16.67%，建设阶段的有 15 家，所占比例为 83.33%，未有网站达到优秀及卓越阶段（图 27）。建设及发展阶段的网站要从满足公众的需求出发，不断完善各类服务和功能，同时把握网站的发展趋势，全面提升网站的整体建设水平，努力向优秀阶段与卓越阶段靠拢。

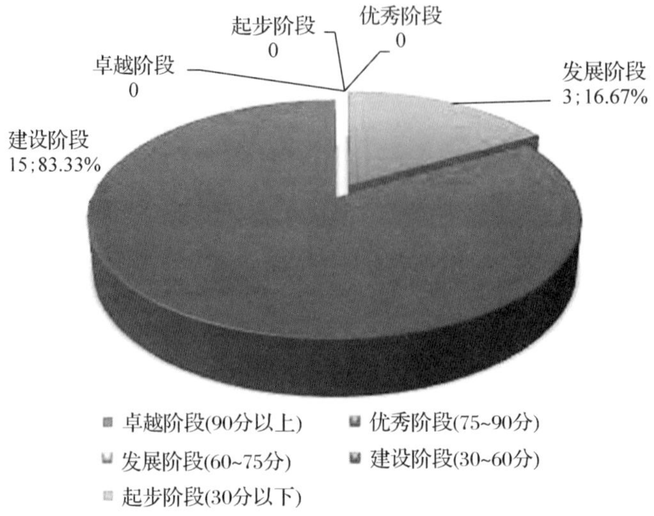

图 27　2013 年县级林业网站发展阶段图

(三)功能指标得分分析

县级林业网站用户体验、网站管理指标的平均绩效分别为 62.69%、84.81%，其他指标均未达到及格水平，在线服务、互动交流、网站影响力是县级林业网站的弱项，得分率均不到 45%(图 28)。整体来讲，各网站应注重加强在线服务和公众参与方面的建设，同时加强对网站影响力方面的重视，提高网站的亲和力。

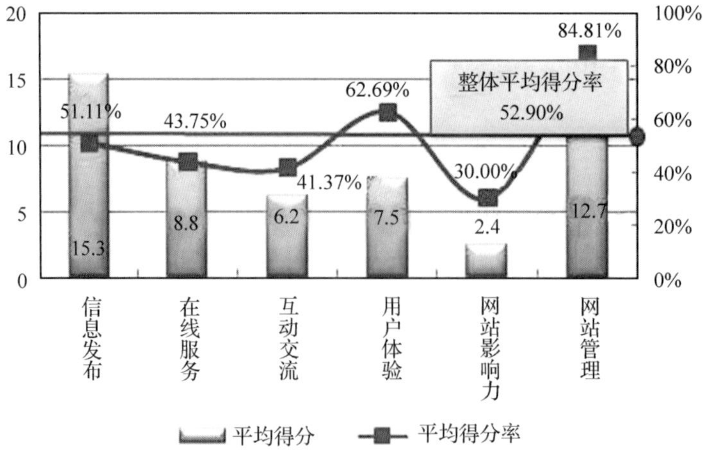

图 28　2013 年县级林业网站各类指标得分分析图

三、市县级林业网站各大类指标单项得分分析

（一）信息发布类指标得分分析

市县级林业网站信息公开指标总体得分率为59.31%，从三级指标得分情况来看（图29），虽然工作动态、通知公告、信息更新量、信息更新频度指标得分率均在75%以上，但信息公开专栏、规划计划、统计信息、专题建设指标得分率均未达到及格水平，值得注意的是，规划计划、统计信息两项指标是政务公开工作的关键性指标。因此，可见市县级林业网站信息发布的工作重点不够突出。

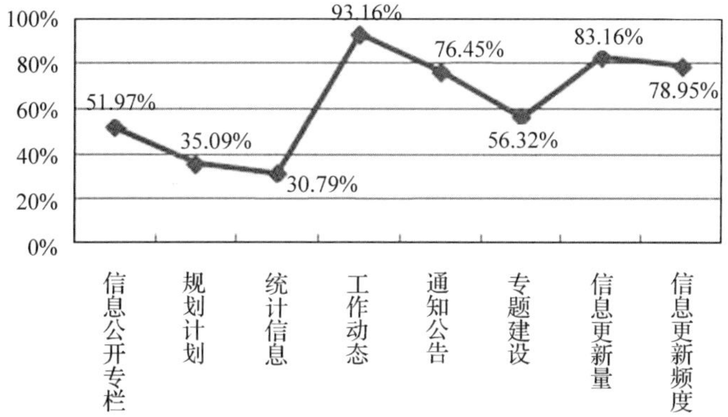

图29　市县级林业网站信息发布各三级指标得分分析图

（二）在线服务类指标得分分析

市县级林业网站在线服务功能仍有较大的提升空间，从三级指标得分情况来看，仅专业服务指标得分率为66.32%，服务整合、功能可用性、科普知识指标得分率普遍较低，分别为50.79%、31.84%、58.68%。因此应重点提高在线服务功能的可用性及服务整合力度，从而从根本上提升市县级林业网站的在线服务水平（图30）。

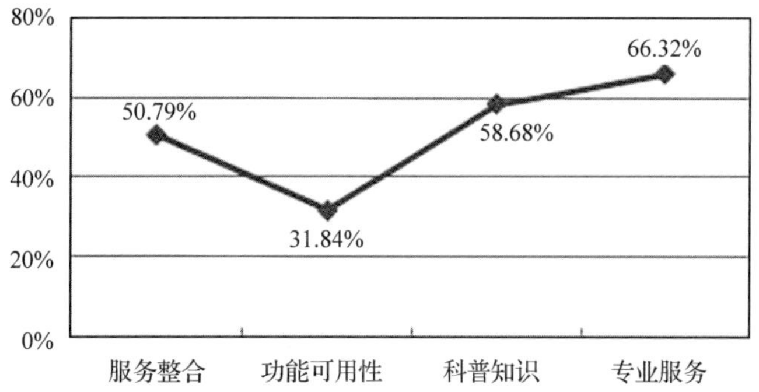

图30　市县级林业网站在线服务各三级指标得分分析图

（三）互动交流类指标得分分析

市县级林业网站的互动交流整体得分率为45.72%，网站实现与民沟通的渠道不够畅通，透过三级指标的得分情况不难发现（图31），信箱渠道的建设较为良好，得分率为72.58%，但渠道的时效性、有效性及其他渠道的建设均不太理想，得分率均低于40%。说明市县级林业网站互动交流渠道匮乏，已建的渠道多数被沦为“面子工程”，没有真正起到政府与民众之间的桥梁作用。在这种情况下，林业部门应积极调整工作定位，在与民众交流互动的过程中应占据积极主动地位，注重对互动栏目的建设管理，以实时可用的多形式互动渠道实现政民之间的互动交流，提高公众参与积极性，提升网站应用绩效。

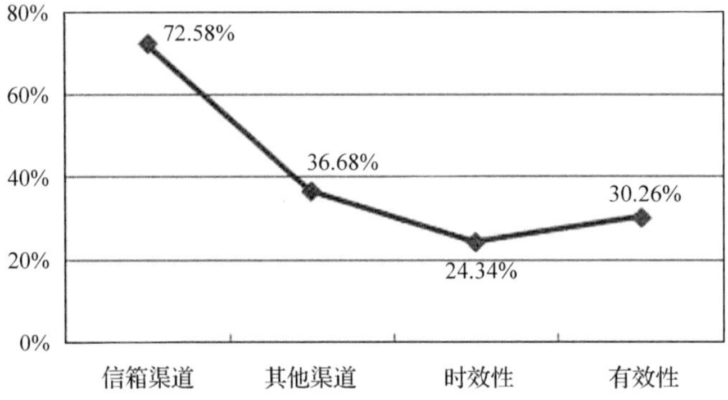

图31　市县级林业网站互动交流各三级指标得分分析图

（四）用户体验类指标得分分析

市县级林业网站的用户体验指标总体得分率为63.93%，用户体验情况良好。多数网站的标识建设规范，体现了林业系统网站的统一风格，导航链接、首页布局、栏目设置等方面的建设都较为专业。但多数网站在搜索功能（得分率为44.34%）、辅助信息（得分率为50.79%）等细节方面仍有待加强。因此要进一步提高市县级林业网站的用户体验水平，需注意网站细节建设，不断丰富网站各类信息的呈现形式（图32）。

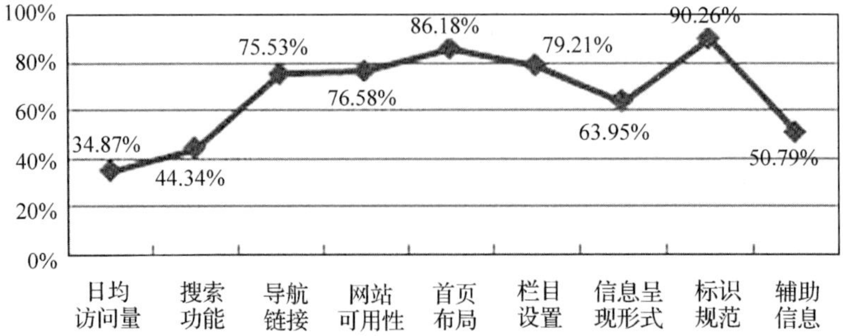

图32　市县级林业网站用户体验各三级指标得分分析图

(五)网站影响力类指标得分分析

市县级林业网站的影响力还相对薄弱，从评估结果来看(图 33)，搜索引擎影响力较为良好，得分率为 88.82%，但国际互联网影响力及媒体影响力方面不容乐观，说明市县级林业网站建设没有充分利用新媒体资源进行宣传推广。因此建议相关部门充分利用微博、微信、APP、微门户、无障碍浏览等新技术手段来进一步拓宽网站的服务范围，同时根据当地实际情况建设繁体版、英文版等其他版本，以便于网站服务于更多人群。

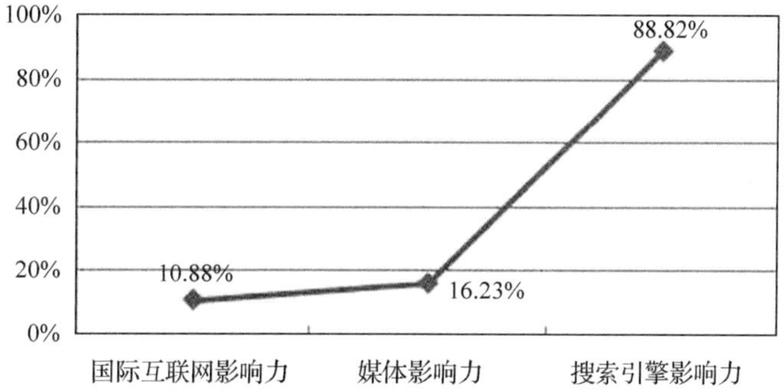

图 33　市县级林业网站影响力各三级指标得分分析图

(六)网站管理类指标得分分析

市县级林业网站的网站管理平均绩效得分为 13.5 分(满分 15 分)，平均绩效得分率为 89.95%，是市县级林业网站的各一级指标中得分率最高。由图 34 看出，领导小组、访问检查、内容审核指标做得很好，得分率达到 100%。其中广州市林业和园林局、连云港市林业局、沈阳市林业局、盐城市林业局、阿坝州林业局、新余市林业局、昆明市林业局、

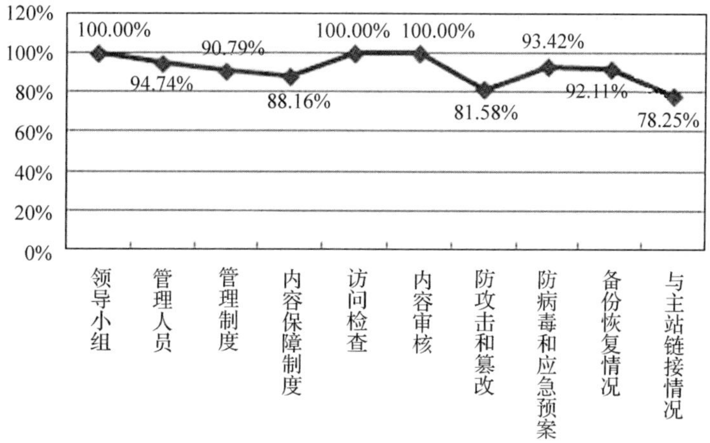

图 34　市县级林业网站网站管理各三级指标得分分析图

济南市林业局、嫩江县林业局、邓州市林业局、杭州市林业局11家网站在网站管理中得分率均为100%。说明各网站注重管理、功能建设与维护。

第六章　专题子站评估结果分析

一、总体得分与排名

专题子站包括森林公园站群(21个网站)、国有林场站群(21个网站)、种苗基地站群(20个网站)、自然保护区站群(22个网站),共计84个网站。从表18看出,陕西太白山国家级自然保护区以总分85分的好成绩位列第一,陕西牛背梁国家级自然保护区以84分位列第二,甘肃省小陇山林业实验局党川林场、广西国有高峰林场以83分并列第三,达到及格水平的单位有67家。自各网站开通运行以来,网站信息内容不断丰富,服务能力逐渐增强,是各类单位展示形象、宣传产品的主窗口,是用户获取信息与服务的主渠道,也对中国林业网的发展起到了一定的支撑作用。

表18　2013年专题子站评估综合排名表

单位名称	2013年排名	2013年得分	信息发布30分	特色服务20分	信息更新及受关注程度25分	网站管理25分
陕西太白山国家级自然保护区	1	85.0	26.0	15.0	19.0	25.0
陕西牛背梁国家级自然保护区	2	84.0	25.0	16.0	19.0	24.0
甘肃省小陇山林业实验局党川林场	3	83.0	26.0	16.0	19.0	22.0
广西国有高峰林场	3	83.0	22.0	16.0	23.0	22.0
内蒙古呼伦贝尔市免渡河林业局	5	82.0	25.0	16.0	19.0	22.0
陕西长青国家级自然保护区	6	81.5	26.5	16.0	17.0	22.0
河北省塞罕坝机械林场	7	80.5	24.5	13.0	20.0	23.0
四川卧龙国家级自然保护区	8	80.0	27.0	12.0	18.0	23.0
重庆仙女山国家森林公园	9	78.0	24.0	16.0	15.0	23.0
福建省洋口林场国家杉木良种基地	9	78.0	29.0	6.0	19.0	24.0
四川蜂桶寨国家级自然保护区	11	77.0	25.0	15.0	13.0	24.0
江西井冈山国家级自然保护区	12	76.0	28.0	10.0	16.0	22.0
安徽省黄山市黄山区黄山公益林场	13	75.0	28.0	14.0	11.0	22.0
黑龙江雪乡国家森林公园	14	74.0	26.0	16.0	8.0	24.0
广西国有七坡林场	14	74.0	23.0	14.0	15.0	22.0
湖南省黄丰桥国有林场	16	73.5	24.5	14.0	13.0	22.0
湖南九龙江国家森林公园	17	72.0	25.0	14.0	10.0	23.0

（续）

单位名称	2013 年排名	2013 年得分	信息发布 30 分	特色服务 20 分	信息更新及受关注程度 25 分	网站管理 25 分
四川九寨国家森林公园	17	72.0	25.0	14.0	9.0	24.0
吉林拉法山家森林公园	19	71.5	26.5	15.0	7.0	23.0
河北省木兰围场国有林场管理局	19	71.5	22.5	13.0	14.0	22.0
内蒙古呼伦贝尔市巴林林业局	21	71.0	22.0	12.0	14.0	23.0
陕西佛坪国家级自然保护区	22	70.0	23.0	15.0	8.0	24.0
黑龙江茅兰沟国家森林公园	23	69.5	28.0	14.0	4.5	23.0
江西铜钹山国家森林公园	23	69.5	27.0	14.0	4.5	24.0
福建福州国家森林公园	23	69.5	26.0	14.0	5.5	24.0
海南吊罗山国家森林公园	26	69.0	25.0	14.0	7.0	23.0
山西吉县国营红旗林场	27	68.5	28.0	13.0	4.5	23.0
云南西双版纳国家森林公园	28	67.5	27.0	12.0	4.5	24.0
山西太岳山国家森林公园	28	67.5	25.0	14.0	4.5	24.0
山西吕梁山国有林场管理局	30	66.5	25.0	14.0	4.5	23.0
广东湛江红树林自然保护区	31	65.5	25.0	12.0	3.5	25.0
四川米仓山国家森林公园	31	65.5	23.0	14.0	4.5	24.0
江苏云台山国家森林公园	31	65.5	25.0	13.0	4.5	23.0
江苏省常熟市虞山林场	31	65.5	25.0	14.0	4.5	22.0
山西省中条山国有林场管理局	31	65.5	25.0	13.0	5.5	22.0
贵州省龙里林场	36	65.0	25.0	11.0	6.0	23.0
中国林科院亚热带林业实验中心油茶良种基地	36	65.0	28.5	6.0	5.5	25.0
甘肃省白龙山林业管理局洮河林业局冶力关林场	38	64.5	23.5	11.0	8.0	22.0
贵州百里杜鹃国家森林公园	38	64.5	25.0	12.0	4.5	23.0
浙江竹乡国家森林公园	38	64.5	24.0	13.0	4.5	23.0
内蒙古克什克腾旗桦木沟林场	38	64.5	25.0	13.0	4.5	22.0
山东省淄博市原山林场	42	64.0	24.5	10.0	7.5	22.0
大兴安岭国家樟子松、落叶松良种基地	42	64.0	28.0	6.0	6.0	24.0
广东新丰江国家森林公园	44	63.5	27.0	11.0	3.5	22.0
四川措普国家森林公园	44	63.5	25.0	11.0	4.5	23.0
湖北神农架国家森林公园	44	63.5	26.0	11.0	4.5	22.0
福建旗山国家森林公园	44	63.5	24.0	12.0	4.5	23.0
广东海丰鸟类自然保护区	48	63.0	22.0	14.0	5.0	22.0
湖南省浏阳市国家油茶良种基地	48	63.0	27.0	6.0	6.0	24.0
广东车八岭国家级自然保护区	50	62.5	24.0	12.0	3.5	23.0

（续）

单位名称	2013 年排名	2013 年得分	信息发布 30 分	特色服务 20 分	信息更新及受关注程度 25 分	网站管理 25 分
广东象头山国家级自然保护区	50	62.5	25.0	11.0	3.5	23.0
天津九龙山国家森林公园	50	62.5	23.0	12.0	4.5	23.0
内蒙古自治区兴安盟五岔沟林业局	50	62.5	25.0	11.0	4.5	22.0
甘肃省庆阳市合水林业总场连家砭林场	50	62.5	25.0	11.0	4.5	22.0
河北省沧县国家枣树良种基地	50	62.5	28.0	6.0	4.5	24.0
江苏省泗洪县陈圩林场国家杨树良种基地	50	62.5	28.0	6.0	4.5	24.0
河北省滦平县巴克什营林场	57	61.5	24.0	12.0	3.5	22.0
广西东门林场国家桉树良种基地	57	61.5	26.0	6.0	4.5	25.0
吉林省汪清林业局国家红松、云杉良种基地	57	61.5	26.5	4.0	6.0	25.0
宁夏中宁县国家枸杞良种基地	60	61.0	25.0	6.0	6.0	24.0
广东省台山市红岭国家湿地松、杂交松良种	60	61.0	25.0	6.0	7.0	23.0
河南省郏县国有林场国家侧柏良种基地	60	61.0	26.0	6.0	5.0	24.0
四川龙溪－虹口国家级自然保护区	63	60.5	26.0	6.5	6.0	22.0
黑龙江省林口县青山国家落叶松良种基地	63	60.5	26.0	6.0	4.5	24.0
福建省漳平市五一林场国家马尾松良种基地	63	60.5	26.0	6.0	4.5	24.0
广东南岭国家级自然保护区	63	60.5	25.0	8.0	3.5	24.0
四川美姑大风顶国家级自然保护区	67	60.0	22.0	8.0	6.0	24.0
广东英德石门台自然保护区	67	60.0	25.0	8.0	5.0	22.0
浙江省淳安县姥山林场国家马尾松良种基地	67	60.0	25.0	6.0	5.0	24.0
新疆阿克苏实验林场国家核桃、枣树良种基	70	59.5	27.0	4.0	4.5	24.0
广东龙门南昆山自然保护区	71	58.5	25.5	6.5	3.5	23.0
贵州省黎平县东风林场国家杉木良种基地	71	58.5	25.0	6.0	4.5	23.0
陕西青木川国家级自然保护区	73	58.0	26.0	6.5	3.5	22.0
陕西桑园国家级自然保护区	73	58.0	25.0	6.5	3.5	23.0
广东珠海淇澳-担杆岛自然保护区	73	58.0	26.0	6.5	3.5	22.0
内蒙古额济纳胡杨国家森林公园	76	57.5	21.0	11.0	3.5	22.0
广东曲江罗坑自然保护区	76	57.5	23.0	6.5	5.0	23.0

（续）

单位名称	2013 年排名	2013 年得分	信息发布 30 分	特色服务 20 分	信息更新及受关注程度 25 分	网站管理 25 分
辽宁省清原县大孤家林场国家落叶松良种基地	76	57.5	25.0	4.0	3.5	25.0
山东省冠县国有苗圃国家杨树良种基地	76	57.5	23.0	6.0	4.5	24.0
山西省吕梁林管局上庄国家油松良种基地	80	57.0	23.0	4.0	6.0	24.0
广东内伶仃岛—福田自然保护区	81	56.0	24.0	6.5	3.5	22.0
四川瓦屋山自然保护区	82	55.5	22.0	6.5	5.0	22.0
陕西省桥山林业局国家油松良种基地	83	54.5	24.0	4.0	3.5	23.0
广西天峨县国营林朵林场	84	39.5	12.5	1.5	4.5	21.0
平均得分		**65.9**	**25.0**	**10.4**	**7.4**	**23.1**
平均得分率		**65.88%**	**83.31%**	**51.99%**	**29.55%**	**92.38%**

二、总体结果分析

专题子站发展趋势较好，整体平均得分率为 65.88%，从单项指标得分率来看（图 35），网站管理类指标得分率最高，达到了 92.38%，信息发布类指标紧随其后，得分率为 83.31%，信息更新及受关注程度指标得分率最低，仅为 29.26%，说明专题子站在便民服务、专项服务建设、信息更新方面还存在不足，各网站应加大服务的挖掘及提炼，并完善信息更新制度，发布丰富的动态信息。

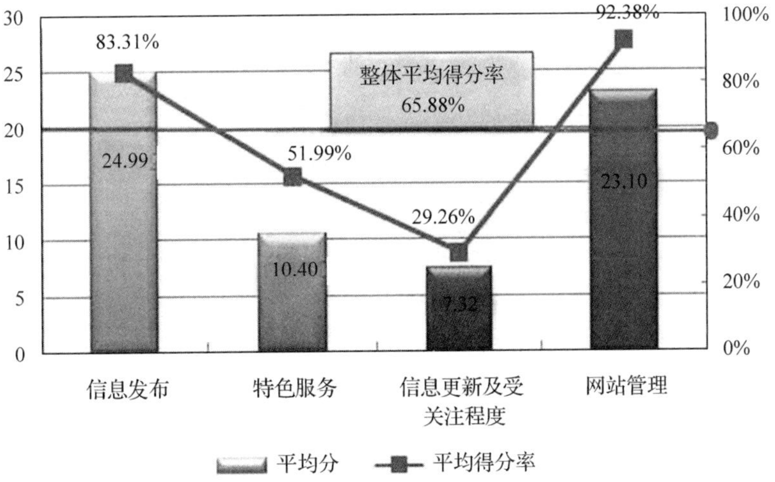

图 35　专题子站各类指标得分分析图

专题子站信息发布指标的平均绩效得分为 25 分(总分 30 分)，平均绩效得分率为 83.31%，而在信息发布指标中表现最优异的为概况信息，平均绩效得分率达到 94.44%(图 36)，可见多数网站对本单位的简介、主要职责、联系方式等信息或本区域的基本概况能够较为全面及时地发布；其次为特色信息与信息编排指标，平均绩效得分率分别为 83.85% 和 80.8%，维护情况较好，体现出该类网站行业特色信息维护较好；动态信息指标表现相对较弱，平均得分率为 77.23%，部分单位日常动态信息更新不够及时，信息要素部分缺失。建议该类别网站能够及时发布本单位的日常动态信息及通知公告，保障信息要素的完整。

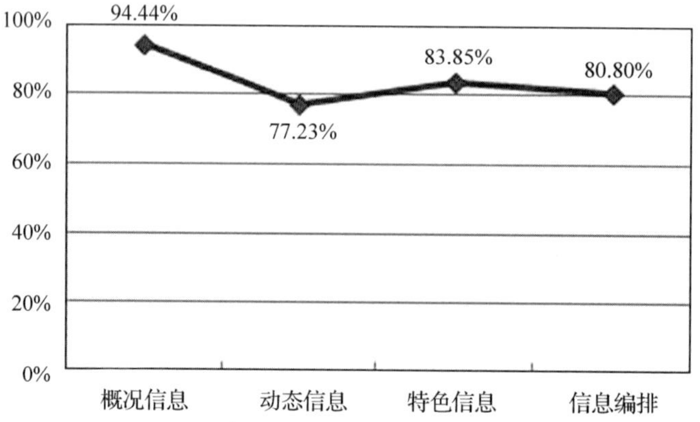

图 36　专题子站信息发布各三级指标得分分析图

相对信息发布指标的良好表现，专题子站的特色服务还有继续提升的空间，其平均绩效得分为 10.4 分(总分 20 分)，平均绩效得分率为 51.99%。

其中，专项服务相对较好，达到 60.71%，而便民服务与专项服务相差近 18 个百分点，仅为 43.27%(图 37)。由此可知，专题子站基本能够提供与业务相关的供求信息和具有使用价值的共享信息，并能及时更新，但对本区域内的服务信息，如景点指南、交通引导和周边环境等信息发布较少，多数网站缺少该类信息。

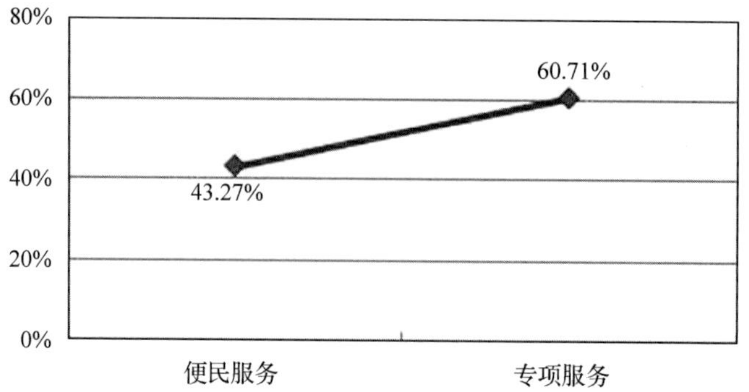

图 37　专题子站特色服务各三级指标得分分析图

专题子站信息更新及受关注程度指标平均得分为 7.32 分，平均得分率仅为 29.26%，该项指标还有较大的提升空间。从图 38 看出，三级指标得分率均不到 35%，各专题子站主要存在信息更新量不够、信息未保持持续更新、网站访问量不高等问题。建议各专题子站设立信息发布制度，规范信息发布流程，加大动态信息发布力度及宣传推广力度，增强用户对各专题子站的黏度。

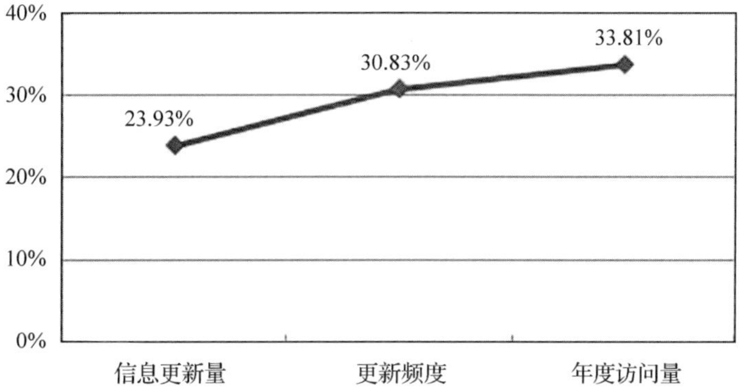

图 38　专题子站信息更新及受关注程度各三级指标得分分析图

网站管理各项指标中，领导小组、管理人员、管理制度 3 项指标得分率均达到了 100%(图 39)，说明各子站及时制定了组织保障、规章制度、安全机制等相关管理制度，日常保障得分率为 68.25%，各网站应建立日常维护机制，对网站中存在的不可用、错误链接及空栏目等问题及时修复并添加内容，增强网站的可用性。

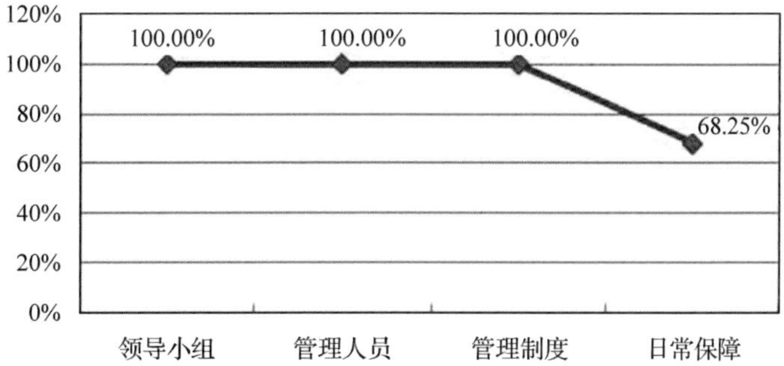

图 39　专题子站网站管理各三级指标得分分析图

三、各专题子站分类分析

(一) 森林公园子站

森林公园子站各单位的概况信息维护情况明显优于其他 3 项指标信息的维护，概况信息的平均绩效得分率达到了 100%(图 40)，说明所有网站均能提供本单位的简介、联系方式等信息；其次为特色信息指标，平均绩效得分率为 83.04%，再者是信息编排指标与动态信息指标，分别为 79.76% 与 77.38%，二者相差不大，均有一定的提升空间，该类网站应该加强日常动态信息及通知公告类信息的发布，及时主动将行业内的相关动态信息公开，完善网站信息的文本呈现形式，规范动态信息文本的版式。

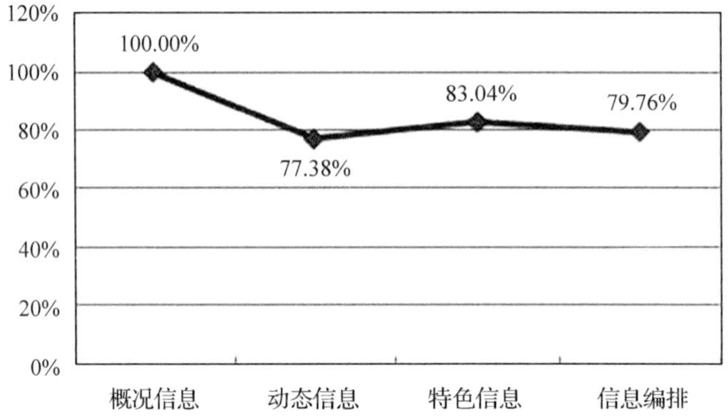

图 40　森林公园子站信息发布各三级指标得分分析图

森林公园子站的便民服务与专项服务建设维护情况有较大提升空间，平均得分率分别为 68.10% 及 63.81%（图 41），多数网站能提供吃住行等便民服务，根据本单位职能提供专项服务，如生态文化等，但多数网站存在特色服务信息较少、更新不及时、栏目空等问题。

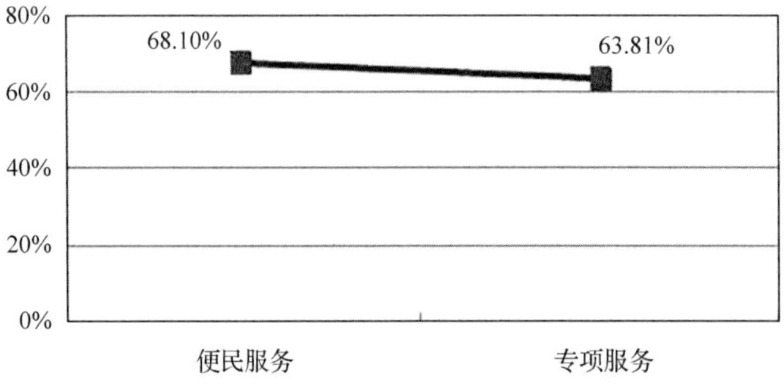

图 41　森林公园子站特色服务各三级指标得分分析图

森林公园子站的信息更新及受关注程度均不高，得分率均在 40% 以下（图 42），尤其是信息更新量与更新频度得分很低，多数网站信息更新停留在 2011 年，仅有 5 个网站在 2013 年更新了信息，且更新的量较少，如仙女山国家森林公园 2013 年更新信息最多，也仅为 33 条。其次，网站受关注程度较低，网站总访问数较少，截至 2013 年 12 月 16 日，九龙江国家森林公园子站访问量最高，为 19140 次，未达到 2 万人次；多数网站的总访问量仅为几千次，如额济纳胡杨国家森林公园的总访问量仅为 4322 次。

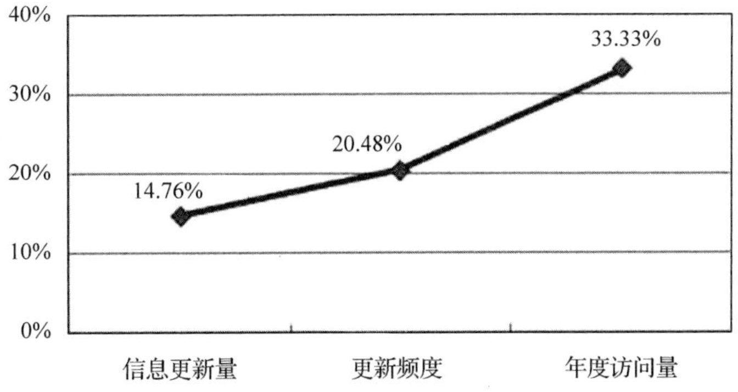

图42　森林公园子站信息更新及受关注程度各三级指标得分分析图

从图 43 看出，森林公园子站的网站管理做得较好，均设有网站管理领导小组及网站管理、内容保障、运行维护等岗位，并能发布网站管理和内容保障制度，但日常保障力度需要加强，确保网站各栏目内容丰富，可用性强。

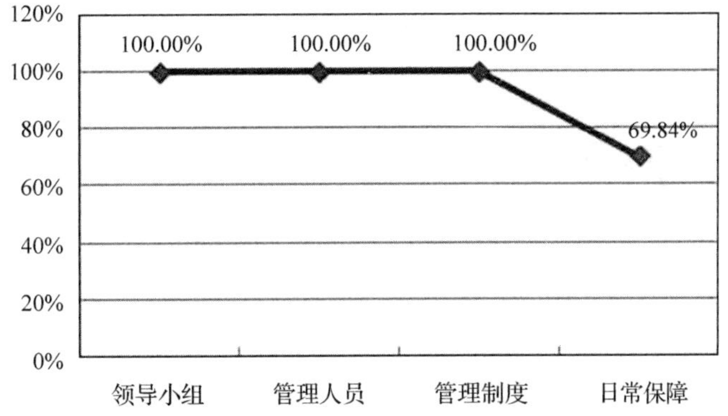

图 43　森林公园子站网站管理各三级指标得分分析图

（二）国有林场子站

国有林场子站各单位的概况信息仍是各指标中维护情况最好的类别，达到 94. 44%，仅有极少数单位未提供本单位的概况信息；特色信息指标与动态信息指标，平均绩效得分率分别为 83. 04% 与 75. 89%；信息编排指标为 70. 83%，与前三者有一定差距，可见该类网站对信息的文本呈现形式不够重视，出现一些标题无具体正文内容、字号混乱、内容重复出现、行间距不规范等细节问题。建议网站在提升特色信息与动态信息质量的同时，提升网站信息的规范性（图 44）。

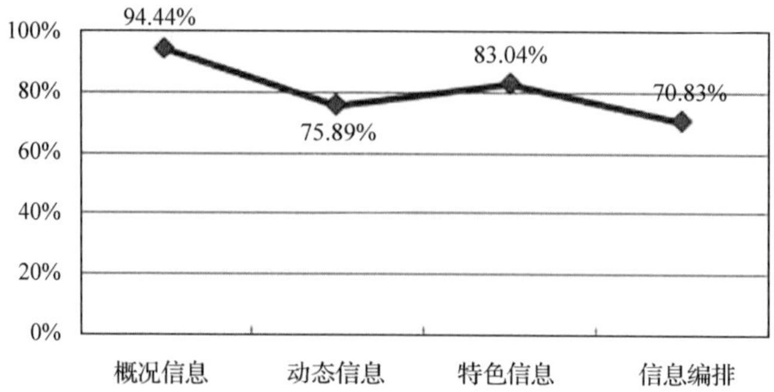

图 44　国有林场子站信息发布各三级指标得分分析图

国有林场子站的便民服务与专项服务建设维护情况逊于森林公园子站的总体维护情况，其平均得分率分别为 67.86% 及 57.14%（图 45）。多数网站能提供周边景点、周边饭店等便民服务，并根据本单位职能提供专项服务，如森林经营、产业动态等，但多数网站存在特色服务信息较少、更新不及时、栏目空等问题。

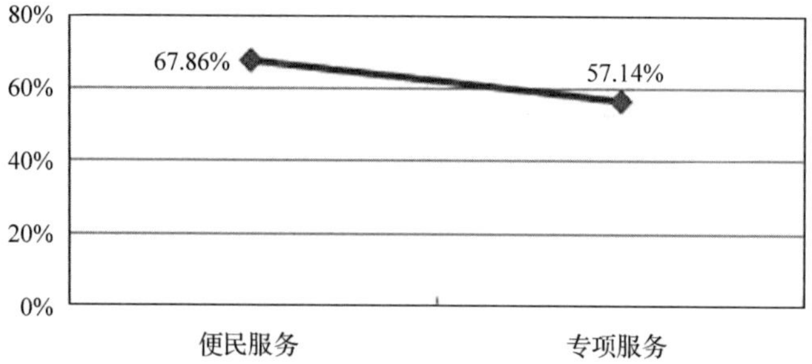

图 45　国有林场子站特色服务各三级指标得分分析图

国有林场子站的信息更新及受关注程度相对专题子站中其他几类网站稍微偏高，但整体水平仍然较低，得分率均在 50% 以下（图 46），尤其是信息更新量与更新频度指标，仅有 11 个网站在 2013 年有更新，部分网站信息更新停留在 2012 年或 2011 年，其中广西天峨县国营林朵林场未发布动态信息，多数栏目无内容。从访问量来看，国有林场子站的访问量相对较高，截至 2013 年 12 月 16 日，有 4 个网站的总访问量在 2 万人次以上。

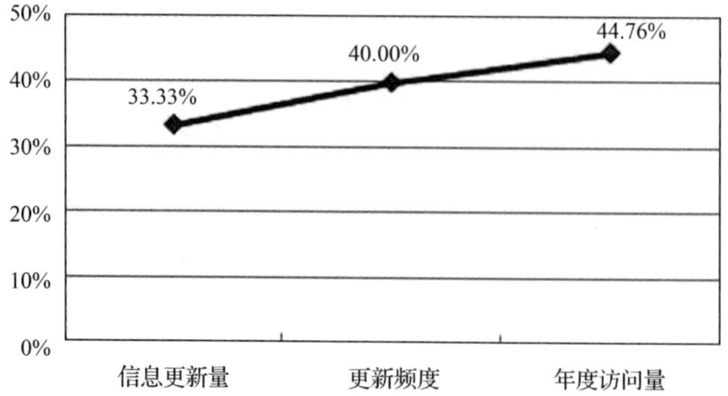

图 46　国有林场子站信息更新及受关注程度各三级指标得分分析图

国有林场子站的网站管理做得较好，均设有网站管理领导小组及网站管理、内容保障、运行维护等岗位，并能发布网站管理和内容保障制度，但日常保障力度较弱，空栏目较多，可用性不强，平均得分率在 60% 以下(图 47)。

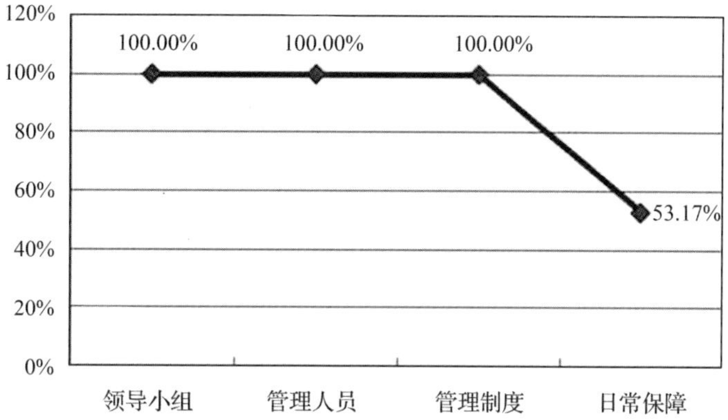

图 47　国有林场子站网站管理各三级指标得分分析图

(三)种苗基地子站

种苗基地子站的信息发布各三级指标得分率较森林公园子站与国有林场子站而言更为均衡，除表现较为优异的概况信息遥遥领先达到 96.67%，以外，其余指标得分均超过 80%，信息编排为 89.38%，动态信息与特色信息则均为 81.88%。建议该类网站在保障动态信息发布全面及时的同时，加强特色信息的发布力度，提供丰富的特色信息服务(图 48)。

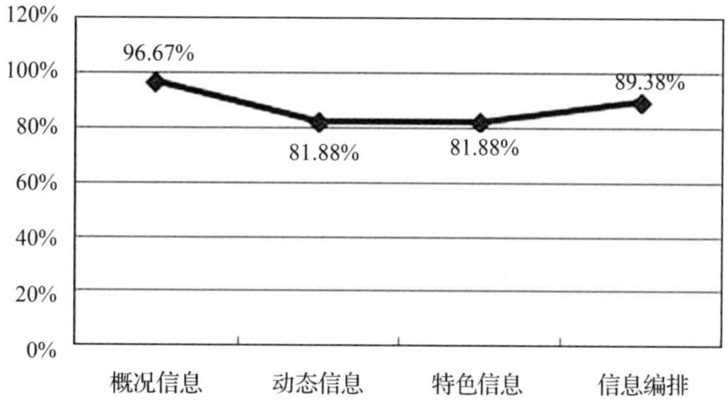

图 48　种苗基地子站信息发布各三级指标得分分析图

从图 49 看出，种苗基地子站的便民服务与专项服务差距甚大，专项服务平均绩效得分率为 55%，但便民服务为 0，该类网站亟须填补便民服务信息方面的空白，提升对便民服务信息发布的重视，要立足以服务为宗旨，为浏览者提供关于基地内交通引导和周边环境等服务信息。

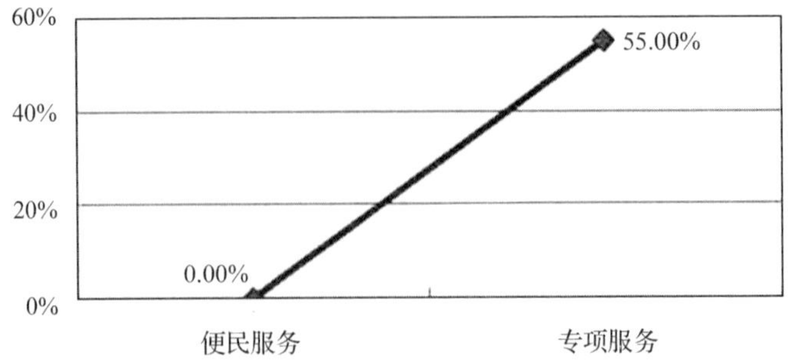

图 49　种苗基地子站特色服务各三级指标得分分析图

种苗基地子站的信息更新及受关注程度较低(图 50)，信息更新量较少，更新频度不高，有 11 个网站信息仅更新到 2011 年或 2012 年；有 9 个网站在 2013 年进行了更新，但更新量很少，8 个网站 2013 年更新量在 10 条以下，仅福建省洋口林场国家杉木良种基地网站更新量为 47 条，相比其他专题子站来说，数量偏少。其次，种苗基地子站的访问量较少，截至 2013 年 12 月 16 日，仅有 1 个网站的总访问量在 2 万人次以上，多数网站的总访问量在 1 万人次以下。

从图 51 看出，种苗基地子站的网站管理做得较好，均设有网站管理领导小组及网站

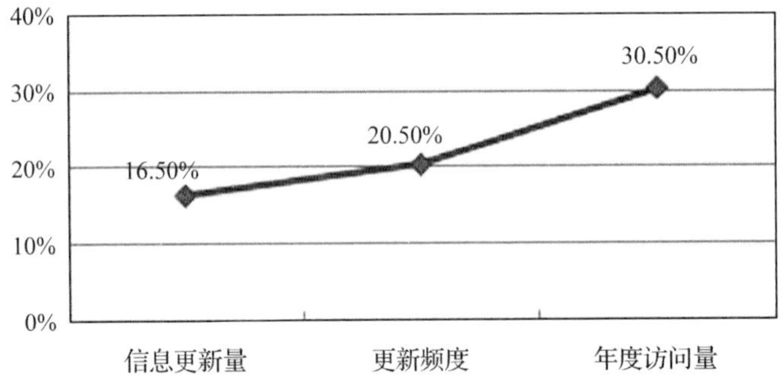

图 50　种苗基地子站信息更新及受关注程度各三级指标得分分析图

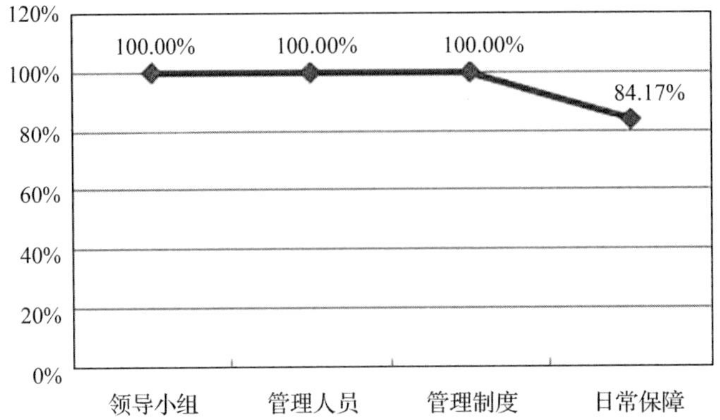

图 51　种苗基地子站网站管理各三级指标得分分析图

管理、内容保障、运行维护等岗位，能发布网站管理和内容保障制度，日常保障相对其他专题子站来说，得分较高，为 84. 17% ，但仍有提升空间。

(四)自然保护区子站

自然保护区子站各单位的概况信息、特色信息与信息编排的维护情况较为良好，平均绩效得分率分别为 87. 12% 、86. 08% 以及 83. 52% ，动态信息稍逊，为 75. 28% (图 52) 。其中，概况信息的维护与专题子站前 3 类网站高达 90% 以上的平均得分率相比有一定差距，可见该类别部分网站还需不断加强对于基础概况信息的发布；特色信息较专题子站前 3 类网站略有优势；动态信息同样需要加强建设维护力度，需持续发布，并保证信息要素完整、发布及时。

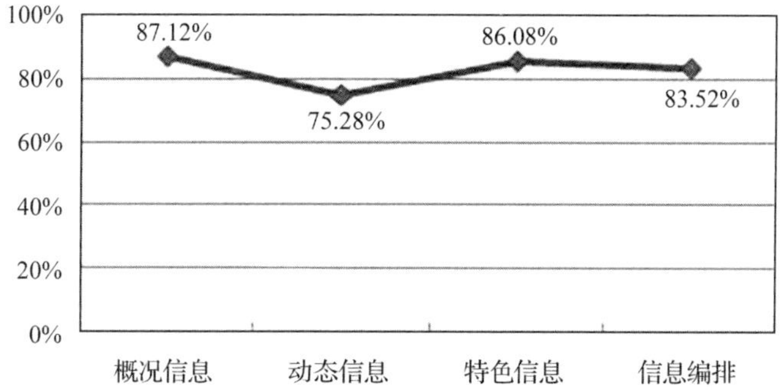

图 52　自然保护区子站信息发布各三级指标得分分析图

种苗基地子站与自然保护区子站的分布线则呈现一高一低状态，均为便民服务平均得分率低，专项服务相对平均得分率较高。自然保护区子站的专项服务平均得分率为 66. 36% ，但便民服务与之相差 30 多个百分点，仅为 35. 45% 。可见该类别网站应加强便民服务信息的发布，满足浏览者对于本区域服务信息的需求，持续发布并及时更新景点指南、交通引导以及周边环境介绍等信息(图 53) 。

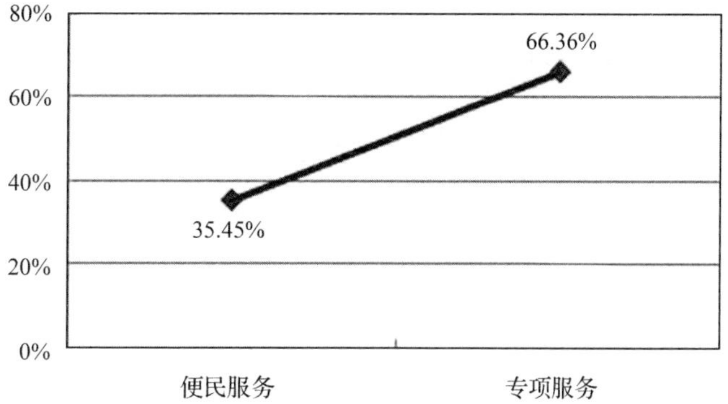

图 53　自然保护区子站特色服务各三级指标得分分析图

从图54看出，自然保护区子站的信息更新及受关注程度较低，信息更新量较少，但更新频度相对较高，有9个网站信息仅更新到2011年或2012年；有13个网站在2013年进行了更新，四川卧龙国家级自然保护区网站2013年更新量达到了200条。其次，自然保护区子站的访问量较少，平均得分率为26.82%。

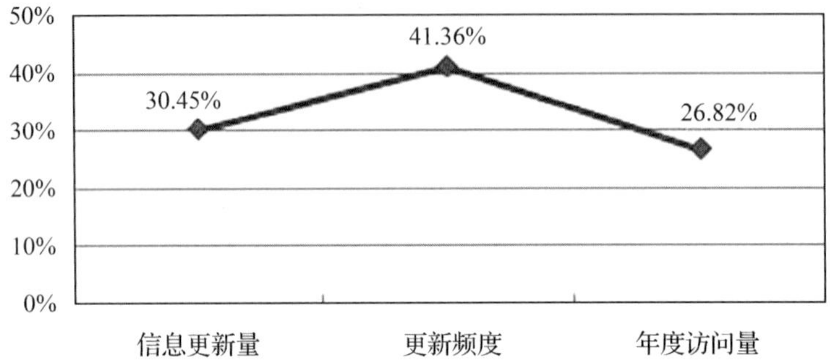

图54　自然保护区子站信息更新及受关注程度各三级指标得分分析图

从图55看出，自然保护区子站的网站管理做得较好，均设有网站管理领导小组及网站管理、内容保障、运行维护等岗位，能够发布网站管理和内容保障制度，但日常保障需要提高，平均得分率为66.67%，需加强网站可用性与信息的丰富度。

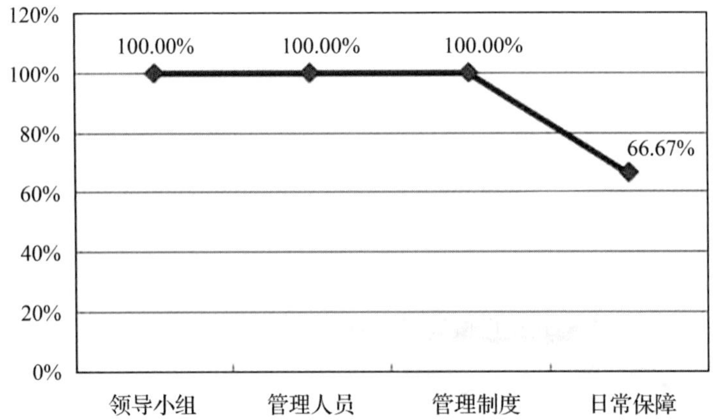

图55　自然保护区子站网站管理各三级指标得分分析图

第七章　优秀网站点评

一、司局和直属单位子站

(一)中国林业科技网

本站总得分为 86 分，在司局和直属单位子站中排名第一。本站能够坚持“以人为本”、“以用户为中心”的原则为公众提供丰富、多样的服务资源，如“科学研究”、“科技推广”、“林业成果”、“科技资讯”、“科技期刊”等栏目中整合有不同类型的林业科技信息，对本单位的业务工作及林业科技研究等内容做了形象地推广与展示。另外，用户体验功能是提高访问者满意度、体现网站人性化的重要部分，用户体验功能建设与发展的成熟度也是影响网站绩效发挥的重要因素，目前本站日均访问量较高，整体可用性较强，用户体验效果较好。此外，能结合本单位职责、围绕公众关心的热点问题开设专题专栏，且热点专题的主题明确、信息丰富、更新及时、表现形式较好(图 56)。

http：//lykj. forestry. gov. cn/

http：//lykj. forestry. gov. cn/SiteAction. do？ dispatch = index&colid = 1703&siteName = lykj

图 56　中国林业科技网截图

（二）国家林业局信息化管理办公室

本站总得分为 81.5 分，在司局和直属单位子站中排名第二。本站能根据自身职能特点开设“信息快递”、“政策发布”、“会议报道”、“信息化简报”、“热点专题”等栏目，且信息发布总量高，信息更新频度快、信息发布时效性强，能够及时围绕会议、活动、部门职责等要素建立专题，且专题更新及时、内容丰富。同时，网站信息发布较为全面，能够及时、主动的公开本单位的基本概况，并能对公众关注的法规政策、发展规划、项目成果、业务信息、通知公告等信息进行公开，便于用户知晓（图 57）。

（三）场圃总站（国家种苗网）

本网站在本次评估中以 80.5 分位列司局和直属单位子站第三。本站能紧跟当前移动互联网、新媒体的发展潮流，在首页显著位置提供本单位的新浪、腾讯官方微博，同时提供了本单位的微信公共号及二维码，为用户及时获取本站信息提供了多种渠道，且微博、微信等平台运营情况良好，更新维护及时。另外，在首页设置了已审定良种查询、良种基地查询等服务功能，实现效果较好。此外，整合了种苗供应、种苗求购等服务内容，服务资源丰富、实用，更新及时，便于用户获取（图 58），值得同行业网站学习。

http：//xxb. forestry. gov. cn/

图 57　国家林业局信息化管理办公室网站截图

http：//www. sinoseed. com/

图 58　场圃总站(国家种苗网)截图

（四）造林绿化管理司

本站总得分为77.5分，在司局和直属单位子站中排名第四，其中“在线服务”栏目中提供了松材线虫病疫木加工板材定点加工企业审批事项介绍，实施机关、承办机构、依据、条件、需提交的材料、需具备的条件、程序、期限、收费标准和依据等办事要素完整、具体。此外，本站信息发布情况较好，提供了较全面、丰富的组织机构、业务信息、法规政策、项目成果等信息，信息发布频度较高，时效性较强，其中“规章制度”栏目整合了各级规章制度，包括国家、部门和地方的规章制度，首页设置的“技术标准”栏目下提供的内容翔实、更新及时（图59）。

http：//yzlzl. forestry. gov. cn/

图59 造林绿化管理司网站截图

（五）全国林业行政执法人员管理网

网站在本次评估中以73.5分位列第五。网站的核心功能就是面向企业和社会公众提供在线服务，切实方便企业和社会公众的办事过程。本站在线服务水平较高，开设了全国林业行政执法人员管理系统、行政许可在线审批系统、规范性文件查询系统、执法人员查询系统等，为公众办事、查询法规文件等提供了方便，并且实现效果较好，能够做到及时更新，为广大用户及时获取所需信息提供便捷，体现了网站“以用户为中心”的服务理念，值得同行网站借鉴（图60）。

http：//xzzf. forestry. gov. cn/

图 60　全国林业行政执法人员管理网截图

二、省(区、市)林业网站

(一)福建省林业厅网站

本站以 89. 5 分的成绩取得省区市林业网站的第一，在线服务、互动交流两大功能指标在评估中均为满分。能够根据用户需求在“网上办事”栏目下设有“办事指南”、“审批结果”、“状态查询”、“在线申报 ”、“表格下载”、“公共服务”、“办理事项”等一体化、一站式服务，且各项服务功能均切实可用；同时在“公众参与”栏目下为用户开设了“领导信箱”、“访谈直播”、“网上调查”、“民意征集”等互动渠道，为公众与本部门实时沟通搭建了真实“桥梁”；此外，开设了“便民数据库”栏目，提供了重点保护植物数据库、名木古树数据库、维普数据库等，用户可根据需求查询相关林业数据，为有需要的人士提供方便，也体现了福建省林业厅网站的专业性(图 61)。

http：//www. fjforestry. gov. cn/Index. aspx？ nodeid＝68&LanMuType＝68

http：//www. fjforestry. gov. cn：38504/

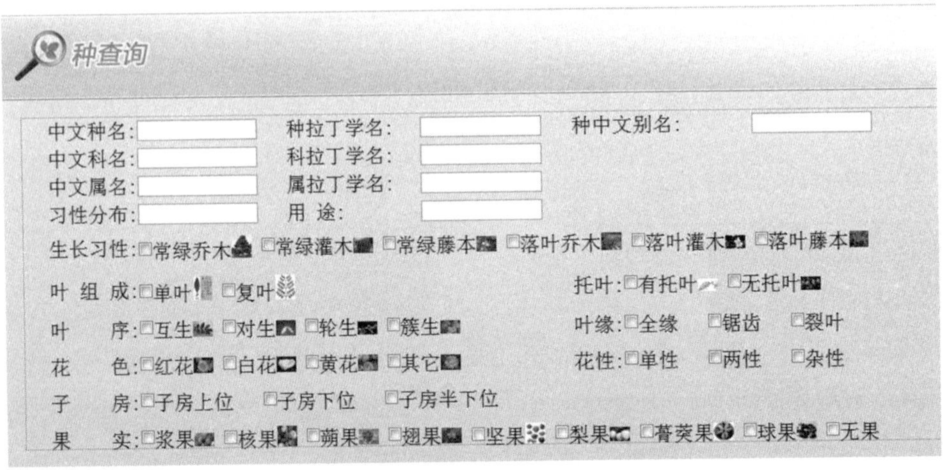

图 61　福建省林业厅网站截图

(二) 首都园林绿化政务网

本站以 87.6 分的总得分位居省(区、市)林业网站绩效排名第二。主导航栏目设置精炼简洁，内容整合度高，分类逻辑性强，信息易于查找，首页各类信息布局合理，页面长度适中，用户体验度强；同时专题更新频度高，原创性强，且能够充分结合当地林业重点开展工作，信息呈现形式丰富；此外，开设了“公园风景区游览”栏目，提供了公园风景查询、公园活动及公园指南，另“公园 · 人生”栏目按儿童、上班族、老年人分类介绍了北京市各大公园的基本信息，为公众游览、观赏、休憩、开展科学文化及锻炼身体等活动提供指引(图 62)。

http：//www. bjyl. gov. cn/index. html

http：//www. bjyl. gov. cn/gyfjqyl/

图 62　首都园林绿化政务网截图

(三)上海市林业局网站

本站以86.1的总得分位居省(区、市)林业网站绩效排名第三。最大亮点在于首页开设的“快捷通道”，该通道涉及信息获取、便民服务、网上受理、综合查询、活动与参与，全面覆盖了政府网站信息公开、在线服务、互动交流三大主要功能，公众可快速便捷的获取到自身想要的服务；此外，本站开设了短信订阅及邮件订阅栏目，用户可以输入个人手机号码及电子邮箱接收新闻动态，方便用户获取信息(图63)。

http：//www. forestry. gov. cn/SH. html

图63　上海市林业局网站截图

(四)四川省林业厅网站

本站以85.8分位居省(区、市)林业网站绩效排名第四。首页以竹绿色为主色调，并充分融合熊猫、竹子等元素，充分展示了四川的区位及地貌特色。同时在首页末屏以地图的形式展示了当地的自然保护区、森林资源、地质地貌等，提供了当地丰富的林业特产，充分展示了本地化特色，个性化十足；另外，开设了“森林医院”栏目，整合了自助诊断、问答诊断、视频诊断、专业支持、专家信息、公众报告、服务评估等服务，用户可提交相关症状或视频诊断，为农户提供了方便，也是林业信息化有效实施的一个重要方式(图64)。

http：//www. forestry. gov. cn/SC. html

http：//www. forestry. gov. cn/SC. html

图 64　四川省林业厅网站截图

（五）湖北省林业厅

本站以 85.8 分与四川省林业厅并列省（区、市）林业网站第四。本站互动交流建设情况良好，设有“厅长信箱”、“在线访谈”、“咨询投诉”、“公众留言”、“民意征集”、“网上调查”、“在线沟通”等渠道，渠道建设多样，且功能真实可用，有利于本单位通过互动渠道了解社情民意，推动林业工作问题的解决，充分发挥网站舆情引导、以正视听、解疑释惑的作用；此外，开设了“网站群导航”服务，对厅机关处室、厅直单位、市州林业局、县区林业局等进行了整合，能链接至相关网站，为湖北省林业系统网站长远发展打造了基础(图 65)。

http：//www.forestry.gov.cn/HB.html

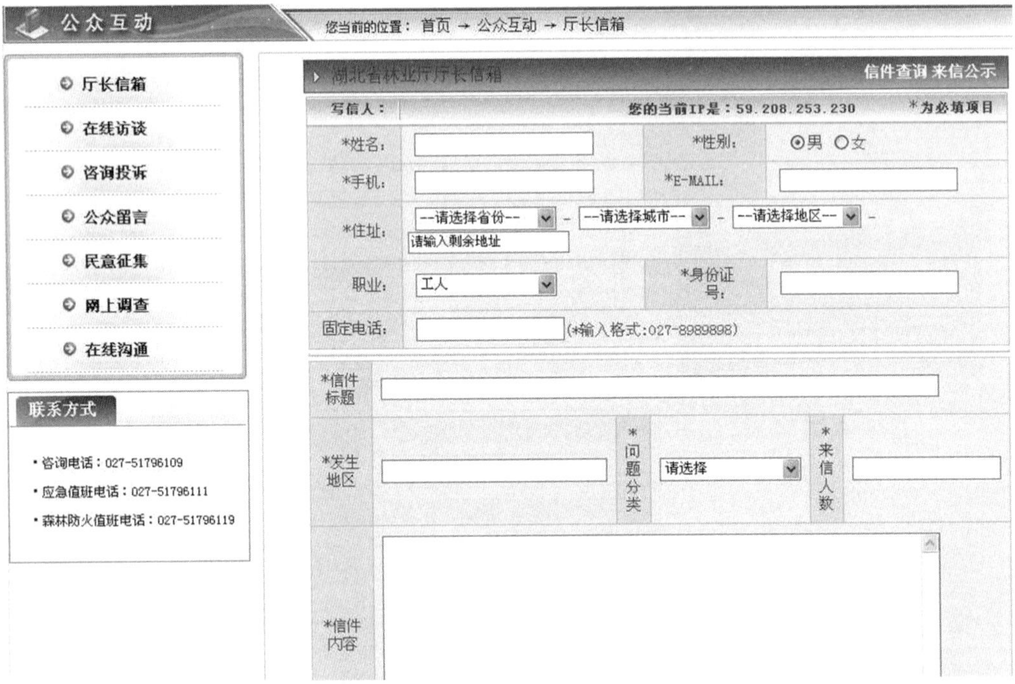

图 65　湖北省林业厅网站截图

三、市县级林业网站

(一)广州市林业和园林局

本站以 82.3 分的好成绩位居市县级林业网站第一。信息公开体系建设完善，公开内容较为全面，如在首页“信息公开”栏目下提供了信息公开指南、公开目录、公开年报、信息公开制度保障、重点领域信息公开等内容，公开的信息涉及面广，如政策文件、工作动态、财政预决算、依申请公开等。且各类信息分类科学合理，同时提供检索服务，进一步有利于信息的便捷查找；此外，开设了“绿道网建设”栏目，结合了广州市城市规划特征，对广州绿道进行了动态报道、百科诠释，且呈现方式丰富，能帮助用户了解相关内容(图 66)。

http：//www. gzlyyl. gov. cn/portal/site/site/portal/gzlyylj/index. portal

图 66　广州市林业和园林局网站截图

(二)连云港市林业局

本站以 81.4 分位列市县级林业网站第二，其中在线服务指标以满分 20 分位居第一。本站能够根据自身职能特点整合相应的服务，且政务大厅按行政许可、行政处罚、行政强制、行政征收、行政确认等进行分类，对服务事项公开完整，同时提供了丰富的公共服务，如“专业栏目”下开设的“绿化造林”、“林政管理”、“森林防火”、“林业生产”等(见下图)，为用户提供实实在在的办事服务，能够有效满足公众、企业在日常生活、工作、学习等方面的实际需求(图 67)。

http：//www. lygforestry. gov. cn/new_ list6. aspx? id =007101

图 67　连云港市林业局网站截图

（三）九江林业网

本站总得分为77.8分，在市县级林业网站中排名第三。动态信息发布全面，内容整合度高，如在首页设有“市内要闻”、“县区动态”、“国内要闻”、“省内要闻”、“媒体看林”等栏目，且信息更新及时，信息发布能力强，同时在首页设有“信息发布总量”、“信息访问量排名”两个栏目，清晰地反映了下属子站的信息发布情况与信息访问情况，有利于促进下属子站信息发布的积极性，同时通过访问量情况及时了解公众最感兴趣的内容。开设了“政策法规”栏目，公开了林业法律、林业法规、司法解释、部门规章、规范性文件等信息，文件分类合理，对政策法规信息公开完整、发布及时，有利于林业政策的实施（图68）。

http：//www.jjly.gov.cn/page/index.php

图68　九江林业网网站截图

（四）沈阳市林业局

本站以75.1分位列市县级林业网站第四。网站开设了网络交易平台，发布了用户的供求信息及市场行情，并保持了持续更新，为用户提供方便。此外，开设了“沈阳市林业局”官方微博，发布了林业的最新资讯动态，且微博保持了每日更新，真正做到网上亲民、网下办事、民生在线、平等交流等作用，逐渐打造成形象宣传的新媒体、应对突发事件的舆论利器、汇集民生、表达民意的新平台（图69）。

http：//www. syforestry. gov. cn/ServiceCenter/linye/web/shichang. aspx

图 69　沈阳市林业局网站截图

（五）珠海市市政园林和林业局

本站以 73. 9 分位列市县级林业网站第五。网站互动交流表现突出，在“公众参与”栏目下设有“群众意见箱”、“领导信箱”、“问题解答”、“公众留言”等渠道，从公示信件的回复情况来看，信件回复及时有效，回复质量高，能解决用户问题，真正为公众答疑解惑（图 70），且各互动渠道操作便捷，可用性强。

http：//www. zhbulf. gov. cn/qa. asp？ act = list&id = 4

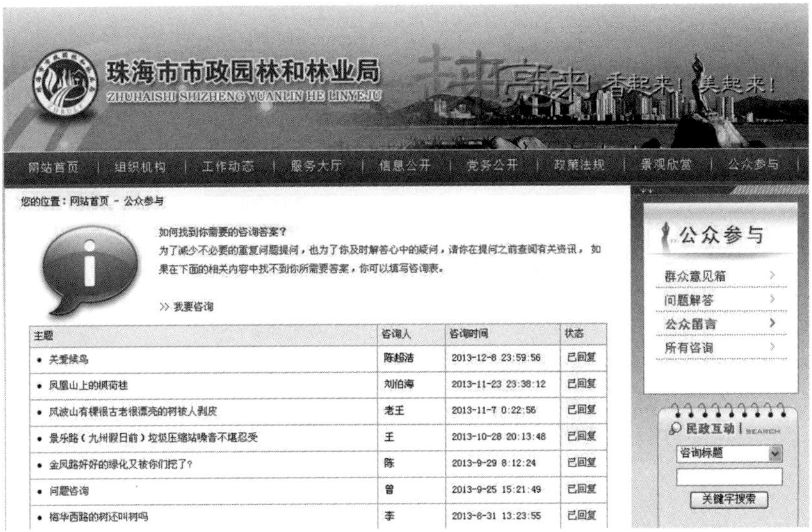

图 70　珠海市市政园林和林业局网站截图

四、专题子站

（一）陕西太白山国家级自然保护区

作为向社会公众和企业提供信息化服务的重要窗口和平台，本站正在逐步被社会公众所关注，在评估中以总分85分位列专题子站第一。本站在“保护区概况”栏目下设有“保护区地图”、“图片新闻”、“位置面积”、“保护目标”、“保护策略”、“管理体系”等子栏目，发布了该保护区全面的概况及动态信息，且信息更新及时有效，信息要素完整，呈现形式多样。开设了“吃住交游购景”栏目，对自然景区的饮食、住宿、交通、游览、购物、景点等进行了详尽的介绍，方便用户了解，切实为社会各界提供了全面、便捷了解本景区现状的窗口(图71)。

http：//tbshan. forestry. gov. cn/publicfiles//business/htmlfiles/tbs/index. html

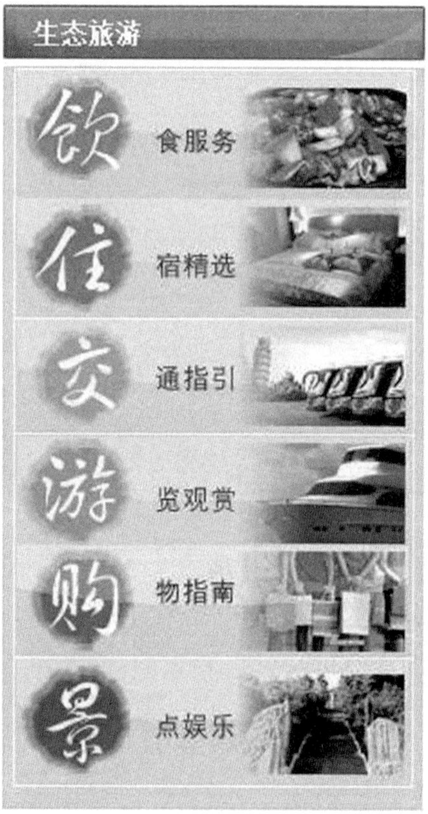

图71　陕西太白山国家级自然保护区网站截图

(二)陕西牛背梁国家级自然保护区

本站以 84 分位列专题子站第二。从本站的栏目设置和信息发布来看，较好地展示宣传了如野生动物、生态旅游、生态文化、资源保护等当地的特色，能够切实方便用户获取所需服务内容。同时，在“生物多样式展示馆”中以专题的形式将本地的保护区生物多样性展示馆在网上得以充分展示，为该保护区打造了一张电子名片。此外，提供了秦岭牛背梁数字杂志，每季度发布了电子期刊，且可实现在线阅读，为公众浏览相关信息提供方便(图 72)。

http：//www. forestry. gov. cn/zrbhq/NBLP. html

图 72　陕西牛背梁国家级自然保护区网站截图

(三)甘肃省小陇山林业实验局党川林场

本站以 83 分位列专题子站第三。在“机构设置”栏目下详细介绍了下属各林区及保护区的建设情况，如地理位置、占地面积、林业规模、领导班子等，是宣传本单位信息的平台，具有权威性、时效性、实用性和互动性。同时，本站的信息呈现形式多样，形象生动地展示了当地的林业美景与特色产品，对当地的旅游及经济建设起到了积极的宣传和推广作用，形成了较好的应用服务体系和统一权威的发布窗口，是展示本单位发展与建设成果，提供网络化在线服务的平台(图 73)。

http：//dc. forestry. gov. cn/

图 73　甘肃省小陇山林业实验局党川林场网站截图

(四)广西国有高峰林场

本站以 83 分与甘肃省小陇山林业实验局党川林场并列第三，能够较好地为用户提供服务。网站开设了“企业培训”、“职工之家”、“服务社区”栏目，发布了丰富的企业培训动态、社区服务及职工关怀信息，信息保持了持续更新。开设了电子商务平台，链接至阿里巴巴英文版，提供了广西高峰林场产品展示，为用户带来了便利，是国有林场电子商务发展的新举措。此外，在“主要产业”栏目中整合了速丰林、人造板、经济林、商贸物流、土地开发利用等方面的产业信息，分类清晰明了、更新情况较好，便于公众查找，值得其他网站借鉴(图 74)。

http：//www. gaofenglinye. com. cn/default. aspx

图 74　广西国有高峰林场网站截图

（五）内蒙古自治区呼伦贝尔市免渡河林业局

本站总得分为 82 分，位列专题子站第五。网站在内容架构方面，能够全面遵守网站基本功能定位进行设置，同时在首页能够清晰分块列举相关信息，如开设了“信息动态”、“公示公告”、“产业动态”等栏目，详细展示了单位简介、主要职责、联系方式等信息及本区域的基本概况，用户进入网站能够快捷找到并获取相关信息。此外，整合了“特色产品”、“周边饭店”、“周边景点”等服务资源，为广大用户及时获取所需信息提供了便捷服务，真正体现了网站“以用户为中心”的服务理念（图 75）。

http：//mdh. forestry. gov. cn/

图 75　内蒙古自治区呼伦贝尔市免渡河林业局网站截图

第八章　主要建议

切实解决好全国林业网站发展中出现的各类问题，认真学习推广全国优秀林业网站的先进做法，总结经验，扬长补短，扎实工作，全面提升全国林业网站的整体水平。结合评估结果提出如下建议。

一、进一步提高认识，加大网站建设的运维力度

林业网站是林业部门运用信息化手段对社会提供管理和服务的主窗口，它不仅代表着各部门信息化发展的程度，也显示出林业总体发展程度。因此，要进一步提高认识，把林

业网站建设作为林业信息化建设的一个重要指标，切实建好管好。单位领导应重视网站的建设与运维，建立直接领导负责制，在网站前期规划、建设和后期运维过程中高度关注，并提出指导性意见；网站建设、管理责任部门要建立健全网站运行、管理工作制度，对网站进行实时监督检查与维护更新，保障网站的正常运行；从人力、资金等各方面给予大力支撑，确保网站的发展能有一个良好的基础条件。

二、加强交流与学习，借鉴优秀网站建设经验

全国林业系统网站发展的不平衡，说明各单位在网站建设的认识与管理上，存在着一定程度的差距。因此，各单位间应加强学习和交流，落后网站要主动学习和借鉴优秀网站的成功经验，以优秀网站为发展标杆，加强网站建设和投入力度；同时优秀网站应再接再厉，使网站的建设水平更上一个台阶。此外，各单位内部应加强对网站管理维护相关的培训和学习，不断提升业务人员专业水平，强化网站建设管理技能，给网站的健康发展提供坚实的保障。

三、拓宽政务信息渠道，完善信息目录体系

信息公开是林业网站的基本功能，要根据林业部门的组织结构与职能的对应关系，梳理各部门承担的政务工作，以及工作中产生的政务信息，特别是与企业和社会公众相联系的信息应当依法公开。要形成信息公开目录，明确应当公开的内容及承担公开工作的处(科)室或公务人员，以制度的形式固定下来，用于指导和规范信息公开工作，从而使社会的知情权得到最大限度保障。要加大重点信息的公开力度，如规划计划、统计信息、财政信息、人事信息、政策法规等，信息的表现形式，除了文字外，还应更多地采用全感官刺激类手段，通过图片、图表、声音、动画、视频等形式，全方位地带给浏览者更多的信息。

四、提升办事服务水平，强化林业专项服务能力

办事服务是提高行政效率、打造为民服务平台的重要措施。各林业网站应积极探索开展“在线办事”应用，不断整合服务项目，将与公众联系紧密的办事事项搬上网络，方便公众网上办事，特别是司局、直属单位及市县级林业网站需提高办事服务能力，为用户提供100%的下载服务及在线申报功能。林业网站同时承担着提供林业专项服务的重要任务，各网站应加强林业信息资源的梳理和服务资源的整合，提供生态建设、生态旅游、林业产业、林业科技(科普知识、实用技术)等专项服务信息。此外，各专题子站还需根据不同的职能提供多样化的专项服务，及时更新服务内容。

五、健全互动交流功能，提高公众参与程度

互动交流栏目是林业网站服务内容的重要组成部分，是提升科学执政、民主执政能力的重要手段。建立健全各种互动渠道，一方面能够充分利用林业网站平台的功能，丰富林业网站的内容；另一方面也能够促进各林业部门提高认识，关注政务工作在群众中的反映和影响，了解社情民意，掌握用户需求。应重点完善四类互动交流渠道，一是信箱类渠道，二是访谈直播渠道，三是调查类渠道，四是留言论坛类渠道。此外，需特别重视各类互动交流渠道的维护与管理，及时更新主题，加强对咨询、投诉等各类问题的处理与反馈，提高公众参与的积极性。

六、优化用户体验，提高网站影响力

各网站需不断优化网站设计和操作功能，使网站更加好用、易用，并紧跟新趋势的发展需求增加网站个性化服务等功能，深化网站用户体验效果。随着移动网络技术、移动终端的飞速发展，越来越多的用户开始使用智能手机、平板电脑等便携式移动终端获取政府服务，且获取的方式不仅限于网站，还可通过微博、微信等其他方式，获取信息的对象也多样化，不仅限于本国用户，也有港澳台及外国用户。有条件的林业网站应迎合信息化发展的主要趋势，积极应用新技术，并开通多语种版本，使林业服务走向移动化、国际化、便利化，提高林业资源的使用效率和价值。

七、持续做好网站评估工作，引导网站健康发展

评估是网站发展的助推器，通过评估能推动网站各方面的发展。近几年来国家林业局已连续开展全国林业网站评估工作，并扩大了评估范围，通过评估工作有效推动了林业行业网站的建设和发展，使林业系统网站整体水平有了快速的提升。目前林业系统网站建设还存在多方面的制约因素，继续做好网站评估工作，是引导林业系统网站健康快速发展的关键环节，需要通过持续的网站评估来强化对以评促建、以评促进、以评促管、以评促用的效果。

FIVE YEARS 2009~2014

地方绩效评测

DIFANG JIXIAO PINGCE

林业信息化
Forestry Informatization

2011 年辽宁省林业网站评测

第一部分　测评指标体系和测评方法

依据《全国林业网站绩效评估办法》、《辽宁省林业厅政务商务一体门户网站优秀网站评比办法》，结合辽宁省实际，制定以下测评指标体系和测评办法。

一、网站测评原则

在政务公开、商务服务两大功能的基础上，对网站群内所有子网站进行测评。通过测评科学引导各层级子站建设，推进资源共享、协同共建和整体联动。

二、测评指标体系

测评指标由政务、商务两部分组成，其中一级指标 6 个、二级指标 12 个、三级指标 26 个（表 1）。

表 1　辽宁省林业厅政务商务一体门户网站优秀子网站测评指标体系表

测评指标	一级指标	权重	二级指标	权重	指标说明	考核要点
政务部分 70 分	信息公开	28	政府信息	11	按照《中华人民共和国政府信息公开条例》（以下简称条例）要求，结合林业行业特征，网站主动公开的信息中，需要进行及时更新的各类政府信息。	见附表 1
			政务公开	9	依据《条例》要求，对各单位网站信息公开指南、目录、政策法规、制度、非密类指导性文件等进行考察，规范网站信息公开专栏建设。	见附表 2
			动态信息	8	本单位业务职能范围内的各类信息。如：单位相关新闻动态、通知公告、重大活动等。动态信息的发布要注重时效性、规范性。	见附表 3

（续）

测评指标	一级指标	权重	二级指标	权重	指标说明	考核要点
	在线服务	22	林技服务	5	网站实际提供的各类林业技能指导性服务。	见附表4
			在线办事	8	网站实际提供的办事指南、资料下载、在线咨询、在线办理等各类网上办事服务事项的情况。	见附表5
			举报投诉	9	接受社会各界监督，通过网站受理群众投诉、检举不法行为的情况。	见附表6
	特色加分	20	页面设计	5	网页布局、栏目设置的合理性；内容层级的复杂度；页面是否简洁、美观、大方；信息呈现形式是否多样。	见附表7
			信息报送	6	网站信息报送机制建设情况。	见附表8
			特色板块	9	结合单位特点自定义的特色栏目建设。	见附表9
商务部分30分	致富类	12	供求信息	12	免费为林农发布产品供需信息，为促进林农增收致富提供信息交换平台。	见附表10
	展示类	10	特色产品	10	图文并茂地宣传展示当地特色林业产品。	见附表11
	推荐类	8	名优企业	8	从行业权威的角度宣传、推广当地林业大户和品牌企业，发挥典型带动效应，促进区域经济发展。	见附表12

附表1：

二级指标	权重	三级指标	权重	考核要点
政府信息	11	领导信息	2	介绍本单位主要领导的姓名、岗位、简历、分管范围、联系方式（电话或电子邮件）等。考察内容是否翔实，更新是否及时。
		机构职能	2	介绍本单位主要职能、办公地点、联系方式（电话或电子邮件）等信息；内设处室主要职责、负责人、联系方式（电话或电子邮件）等信息。考察内容是否翔实，更新是否及时。
		法规公文	5	提供本单位发布的非涉密类文件。考察时间点的连续性、内容的完整性和分类细致性。
		计划规划	1	介绍部门工作规划、年度工作计划等信息。
		应急管理	1	提供林业应急动态、灾害预警、应急预案、管理制度等应急反应信息。

附表2：

二级指标	权重	三级指标	权重	考核要点
政务公开	9	信息公开指南	2	编制本单位信息公开指南，应当包括信息的分类、编排体系、获取方式、信息公开工作机构等内容。
		信息公开制度	2	制定本单位信息公开相关的工作制度。
		信息公开目录	5	编制本单位政府信息公开目录，并建立索引链接至相应信息。

附表3：

二级指标	权重	三级指标	权重	考核要点
动态信息	8	通知公告	2	设立专栏公布本单位对外发布的各类通知、公示或公告等信息。考察更新是否及时，重大事项有无遗漏。
		工作动态	2	及时发布本单位工作动态、区域信息。要求：时效性强、主题鲜明、表述清晰、无错别字，不达标准的视为无效信息，不予以统计。
		信息时效性	2	各类动态信息能够在信息生成后3个工作日内在网站上发布。
		信息规范性	2	各类动态信息要素发布完整，包括：标题、内容、来源、发布日期等。

附表4：

二级指标	权重	三级指标	权重	考核要点
林技服务	5	技术服务	5	提供林业百科、技术交流、科普知识等有关林业行业的专业知识介绍，以及灾害预防等实用型服务。年度统计10条/1分，5分满。

附表5：

二级指标	权重	三级指标	权重	考核要点
在线办事	8	办事指南	3	提供本单位承担的行政许可、行政审批等办事事项的指南信息，包括：事项名称、办理依据、办理流程、申报材料、收费标准、办理时限等。流程图清晰明了，得1分；所列材料详尽，得1分；办理周期准确，得1分。
		资料下载	3	提供本单位承担各行政许可、行政审批等办事事项所需的资料下载服务。
		在线咨询	2	提供办事在线咨询服务，公众能够就办事过程中遇到的各种问题进行在线咨询。提供本地区林业行业权威专家相关信息及联系方式并建立业务咨询渠道。建立渠道1分，有业务受理1分。

附表 6：

二级指标	权重	三级指标	权重	考核要点
投诉信箱	9	渠道建设	1	提供咨询、投诉等互动渠道，如：领导信箱、网上投诉、在线咨询等。
		使用说明	1	提供各渠道的使用说明，并提供信件回复的承诺时限。
		反馈时效	5	对公众提交的信件能够在 15 个工作日内给予回复。如有一条目超时取消该项得分。
		反馈质量	2	对公众提供交的信件回复能够满足用户需求，不出现敷衍、推诿、答非所问的情况。

附表 7：

二级指标	权重	三级指标	权重	考核要点
页面设计	5	首页布局	1	首页布局具有条理性，能够按照各模块的性质进行分区布局，首页未留过多空白，无错误提示。
		栏目设置	3	主导航各栏目设置合理，不出现模糊、重复、繁琐等情况，各栏目链接可用。
		页面效果	1	颜色搭配合理，页面简洁、美观、大方。

附表 8：

二级指标	权重	三级指标	权重	考核要点
信息报送	6	报送机制	6	每月被门户网站录用，前台发布的政务信息达 10 条以上，当月可获 0.5 分，少于 10 条不得分，全年累计得分 6 分满。

附表 9：

二级指标	权重	三级指标	权重	考核要点
特色板块	9	热点专题	3	根据林业工作阶段热点，自定名称建立板块栏目，不少于 2 个并保证每月都有信息更新，得 3 分；二者满足其一，得 2 分；均不满足不得分。
		地方特色	6	根据政策导向和上级部门机动部署，围绕当地特色自定名称建立社会关注的宣传板块并不定期更换主题。 至少设置三个栏目（如生态建设、林改、林业产业、生态文化等），并保证各栏目信息每月有更新得 2 分；二者满足其一，得 1 分；半年以上更新不得分。

附表10：

二级指标	权重	三级指标	权重	考核要点
供求信息	12		12	全年累计发布供求信息超过120条，每条0.1分，得满分；发布信息总量低于120条，按条计分。

附表11：

二级指标	权重	三级指标	权重	考核要点
特色产品	10		10	按年度统计，每更新10项产品积1分，满分10分，积满为止不额外加分。

附表12：

二级指标	权重	三级指标	权重	考核要点
名优企业	8		8	上榜单位或个人确实具备区域代表性和典型推广性，介绍信息要图文并茂，具体详实。 统计全年新增数量，每增加5个名优企业或典型大户可得1分，满分8分。

注：附表3、8中的指标要遵循辽林办字〔2010〕65号文件的有关规定，并严格执行。

三、测评指标说明

测评指标体系和测评方法适用于各市、县林业局，厅机关各处室、厅直各单位，5个子门户网站的测评。

(一)对市、县林业局，5个子门户的测评包括政务和商务两部分(表2)。

表2　对市、县林业局子门户网站的测评指标

市、县	政务部分(70分)			商务部分(30分)		
指标名称	信息公开	在线服务	特色加分	致富类	展示类	推荐类
权重	28	22	20	12	10	8

(二)对厅机关各处室、厅直各单位的测评只有政务部分，满分100分(表3)。

表3　对厅机关各处室、厅直各单位子门户网站的测评指标

厅机关、直属单位	政务部分(100分)		
指标名称	信息公开(A)	在线服务(B)	特色加分(C)
权重	28	22	20
加权系数	1.4	1.4	1.5
总分计算	(A+B)×1.4+C×1.5		

四、测评方法

本次评比坚持公正、公平、公开的原则，单位自荐、在线检查、人工测评等步骤，采取专家组考核评议，参评单位互评相结合的方式进行。专家组意见占评比结果的80%，互评意见占评比结果的20%。

五、评比步骤

1. 单位自荐：截至2011年11月30日。

2. 评比时间：2011年12月15日~31日

3. 评比方法：①测评员在线考核各项指标，并统计得分情况；②测评组二次核准各单位考核结果，汇总后提交测评报告；③组织有关领导、专家召开评审会，确定最终结果。

4. 评比结果：在辽宁省林业厅政务商务一体门户网站(http://www.lnly.gov.cn)公布，并抄报国家林业局信息办。

六、组织机构

辽宁省林业厅信息化工作领导小组作为检查评比的领导机构，下设办公室(厅信息中心)负责具体事务。

七、奖项设置

本次评选只评选优秀子网站。其中：市、县林业局各5个，厅机关处室、厅直单位共8个。

八、相关责任

各单位要高度重视这次网站评选，对本单位的网站严格审查，一旦出现不实信息、虚假信息，更甚者出现危害社会和谐的反动信息将根据相关规定严肃处理，并取消3年内的参评资格。

第二部分　网站测评结果

为认真贯彻第二届全国林业信息化工作会议和第三届全省林业信息工作会议精神，进一步提升我省网站群建设和管理水平，根据辽林办字〔2011〕169号文件和《辽宁省林业厅政务商务一体门户网站优秀子网站测评指标体系和测评办法》的有关规定，辽宁省林业厅于 2011 年 12 月 15 ~ 31 日，采取自我推荐、专家在线测评的方式，对网站群的 128 个子网站进行了首次评测，共评出 21 个优秀子网站，其中：市级 7 个，县级 5 个，厅机关、厅直单位 9 个(详见附件)。

2011 年，各地、各单位积极贯彻全国和全省林业信息化工作会议精神，把网站作为宣传林业的重要媒介、为林农服务的重要平台，不断加强网站信息发布数量，逐步提升政务公开和服务水平，积极拓展商务功能，为推进现代林业建设发挥了重要的作用。主要表现在以下三个方面。

一、信息发布方面

2011 年全省网站群信息发布数量明显增加，可读性明显增强，时效性明显提升。从林业政策到办事服务、林业科技到林产品供求，始终以服务群众、服务行业为宗旨。截至 2011 年年底，网站访问总量达到 116 万人次，全年发布信息 7.6 万条，发布总量位居全国同行之首。

二、政务公开方面

2011 年网站群在行政决策公开、行政权力公开运行、政府信息公开等方面取得了重大进展，省林业厅行政许可、行政审批、行政处罚、行政强制、行政征收、行政给付、行政奖励、行政确认、行政裁决、其他权力十大类 122 项行政权力全部上网公开。阜新、抚顺、丹东、沈阳等多个市级子网站也都不同程度地丰富了政务公开指南、行政权力公开等栏目内容，实现了子站与门户网站在内容上的互联互动、协调统一。

三、商务信息方面

集企业推荐、产品展示、技术咨询、供求信息等内容为一体的网站群为企业提供了产供销一体的服务，解决了广大林农信息不灵、缺乏技术，大发展难的问题。一年来网站群共发布各种商务信息 2000 余条。86 个国有林场在网上建站，96 个企业在产业网建库。铁岭为 45 个企业，丹东为 40 个企业搭建了展示平台，沈阳开通了网上专家咨询、市场行情等栏目，林农足不出户即可对接市场。

全省网站群建设取得了较好的成绩，但仍存在不足之处。一是随着政务公开的深入推进，也面临一些新情况新问题，如公开的程序不够规范、标准比较欠缺、公开内容不全面、监督考核机制不完善等，需要制定新文件提出要求，加以解决；二是子网建设差异较大，栏目设置与实际工作结合不紧密，有的子网信息更新缓慢，没有真正起到宣传窗口的作用；三是重政务轻商务，服务意识不突出，致富信息、企业推荐等商务类内容匮乏；四是互动性差，普遍缺乏办事的联系方式和办事的流程图，网上咨询的渠道、回复的及时性有限；五是网站运行管理机制不健全、维护人员不固定。

通过本次测评，各地、各单位要认真总结经验，充分发挥网站跨空间、跨地域的特点，努力搭建政府与群众连心桥，全力推进政务服务的延伸和下沉，不断提升服务企业、服务基层、服务群众的能力和水平，为我省现代林业建设提供强有力的保障。

附件：

2011年度优秀子网站测评结果

一、市级优秀子网站

本溪、沈阳、大连、丹东、阜新、铁岭、抚顺

二、县级优秀子网站

本溪县、新宾县、岫岩县、彰武县、庄河市

三、省级优秀子网站

产业处、宣传中心、林科院、森林公安局、推广站、规划院、种苗站、林职院、实验林场

2012 年辽宁省林业网站评测

第一部分　测评指标体系和测评方法

依据《全国林业局网站绩效评估办法》，《辽宁省林业厅政务商务一体门户网站优秀网站评比办法》，结合辽宁省实际，制定以下测评指标体系和测评方法。

一、网站测评原则

在政务公开、商务服务两大功能的基础上，对网站群内所有子网站进行测评。通过测评科学引导各层级子站建设，推进资源共享、协同共建和整体联动。

二、测评指标体系

测评指标由政务、商务两部分组成，其中一级指标 6 个，二级指标 12 个，三级指标 26 个(表 1 和表 2)。

表 1　辽宁省林业厅政务商务一体门户网站优秀子网站评测指标体系表

(市、县林业局，五个子门户)

评测指标	一级指标	权重	二级指标	权重	指标说明	考核要点
政务部分 60 分	信息公开	23	政府信息	9	按照《中华人民共和国政府信息公开条例》(以下简称条例)要求，结合林业行业特征，网站主动公开的信息中，需要进行及时更新的各类政府信息。	见附表 1
			政务公开	5	依据《条例》要求，对各单位网站信息公开指南、目录、政策法规、制度、非密类指导性文件等进行考察，规范网站信息公开专栏建设。	见附表 2

（续）

评测指标	一级指标	权重	二级指标	权重	指标说明	考核要点
			动态信息	9	本单位业务职能范围内的各类信息。如：单位相关新闻动态、通知公告、重大活动等。动态信息的发布要注重时效性、规范性。	见附表3
	在线服务	19	林技服务	5	网站实际提供的各类林业技能指导性服务。	见附表4
			在线办事	8	网站实际提供的办事指南、资料下载、在线咨询、在线办理等各类网上办事服务事项的情况。	见附表5
			举报投诉	6	接受社会各界监督，通过网站受理群众投诉、检举不法行为的情况。	见附表6
	特色加分	18	页面设计	3	网页布局、栏目设置的合理性；内容层级的复杂度；页面是否简洁、美观、大方；信息呈现形式是否多样。	见附表7
			信息报送	6	网站信息报送机制建设情况。	见附表8
			特色板块	9	结合单位特点自定义的特色栏目建设。	见附表9
商务部分40分	致富类	12	供求信息	12	免费为林农发布产品供需信息，为促进林农增收致富提供信息交换平台。	见附表10
	展示类	18	景致、特产	18	图文并茂地宣传展示当地风景名胜、自然风光和林业特产。	见附表11
	推荐类	10	名优企业	10	从行业权威的角度宣传、推广当地林业大户和品牌企业，发挥典型带动效应，促进区域经济发展。	见附表12

附表1：

二级指标	权重	三级指标	权重	考核要点
政府信息	9	领导信息	2	介绍本单位主要领导的姓名、岗位、简历、分管范围、联系方式（电话或电子邮件）等。考察内容是否翔实，更新是否及时。
		机构职能	2	介绍本单位主要职能、办公地点、联系方式（电话或电子邮件）等信息；内设处室主要职责、负责人、联系方式（电话或电子邮件）等信息。考察内容是否翔实，更新是否及时。

（续）

二级指标	权重	三级指标	权重	考核要点
		法规公文	3	提供本单位发布的非涉密类文件。考察时间点的连续性、内容的完整性和分类细致性。
		计划规划	1	介绍部门工作规划、年度工作计划等信息。
		应急管理	1	提供林业应急动态、灾害预警、应急预案、管理制度等应急反应信息。

附表2：

二级指标	权重	三级指标	权重	考核要点
政务公开	5	信息公开指南	2	编制本单位信息公开指南，应当包括信息的分类、编排体系、获取方式、信息公开工作机构等内容。
		信息公开制度	2	制定本单位信息公开相关的工作制度。
		信息公开目录	1	编制本单位政府信息公开目录，并建立索引链接至相应信息。

附表3：

二级指标	权重	三级指标	权重	考核要点
动态信息	9	通知公告	2	设立专栏公布本单位对外发布的各类通知、公示或公告等信息。考察更新是否及时，重大事项有无遗漏。
		工作动态	3	及时发布本单位工作动态、区域信息。要求：时效性强、主题鲜明、表述清晰、无错别字，不达标准的视为无效信息，不予以统计。
		信息时效性	2	各类动态信息能够在信息生成后3个工作日内在网站上发布。
		信息规范性	2	各类动态信息要素发布完整，包括：标题、内容、来源、发布日期等。

附表4：

二级指标	权重	三级指标	权重	考核要点
林技服务	5	技术服务	5	提供林业百科、技术交流、科普知识等有关林业行业的专业知识介绍，以及灾害预防等实用型服务。年度统计10条/1分，5分满。

附表 5：

二级指标	权重	三级指标	权重	考核要点
在线办事	8	办事指南	3	提供本单位承担的行政许可、行政审批等办事事项的指南信息，包括：事项名称、办理依据、办理流程、申报材料、收费标准、办理时限等。办事事项全面，得 2 分；流程图清晰明了，得 1 分；所列材料详尽，得 1 分；办理周期准确，得 1 分。
		资料下载	3	提供本单位承担各行政许可、行政审批等办事事项所需的资料下载服务。
		在线咨询	2	提供办事在线咨询服务，公众能够就办事过程中遇到的各种问题进行在线咨询。提供本地区林业行业权威专家相关信息及联系方式并建立业务咨询渠道。建立渠道 1 分，有业务受理 1 分。

附表 6：

二级指标	权重	三级指标	权重	考核要点
举报投诉	6	渠道建设	1	提供咨询、投诉等互动渠道，如：领导信箱、网上投诉、在线咨询等。
		使用说明	1	提供各渠道的使用说明，并提供信件回复的承诺时限。
		反馈时效	2	对公众提交的信件能够在 15 个工作日内给予回复。如有一条目超时取消该项得分。
		反馈质量	2	对公众提供交的信件回复能够满足用户需求，不出现敷衍、推诿、答非所问的情况。

附表 7：

二级指标	权重	三级指标	权重	考核要点
页面设计	3	栏目设置	3	主导航各栏目设置科学合理，不出现模糊、重复、繁琐等情况，各栏目链接可用。

附表 8：

二级指标	权重	三级指标	权重	考核要点
信息报送	6	报送机制	6	每月被门户网站录用，前台发布的政务信息达 10 条以上，当月可获 0.5 分，少于 10 条不得分，全年累计得分 6 分满。

附表 9：

二级指标	权重	三级指标	权重	考核要点
特色板块	9	热点专题	3	根据林业工作阶段热点，自定名称建立板块栏目，不少于 2 个并保证每月都有信息更新，得 3 分；二者满足其一，得 2 分；均不满足不得分。
		地方特色	6	根据政策导向和上级部门机动部署，围绕当地特色自定名称建立社会关注的宣传板块并不定期更换主题。 至少设置三个栏目（如生态建设、林改、林业产业、生态文化等），并保证各栏目信息每月有更新得 2 分；二者满足其一，得 1 分；半年以上更新不得分。

附表 10：

二级指标	权重	三级指标	权重	考核要点
供求信息	12		12	全年累计发布供求信息超过 120 条，每条 0.1 分，得满分；发布信息总量低于 120 条，按条计分。

附表 11：

二级指标	权重	三级指标	权重	考核要点
景致特产	18	生态旅游	9	按年度统计，每更新 10 项积 1 分，满分 9 分，积满为止不额外加分。
		林业特产	9	按年度统计，每更新 10 项产品积 1 分，满分 9 分，积满为止不额外加分。

附表 12：

二级指标	权重	三级指标	权重	考核要点
名优企业	10		10	上榜单位或个人确实具备区域代表性和典型推广性，介绍信息要图文并茂，具体详实。 统计全年发布数量，每发布 5 个名优企业或典型大户可得 1 分，满分 10 分。

注：附表 3、8 中的指标要遵循辽林办字〔2010〕65 号文件的有关规定，并严格执行。

表 2　辽宁省林业厅政务商务一体门户网站优秀子网站测评指标体系表

（行政、事业单位）

评测指标	一级指标	权重	二级指标	权重	指标说明	考核要点
政务部分100分	信息公开	60	政府信息	20	按照《中华人民共和国政府信息公开条例》(以下简称条例)要求，结合林业行业特征，网站主动公开的信息中，需要进行及时更新的各类政府信息。	见附表 13
			政务公开	15	依据《条例》要求，对各单位网站信息公开指南、目录、政策法规、制度、非密类指导性文件等进行考察，规范网站信息公开专栏建设。	见附表 14
			动态信息	25	本单位业务职能范围内的各类信息。如：单位相关新闻动态、通知公告、重大活动等。动态信息的发布要注重时效性、规范性。	见附表 15
	在线服务	17	业务指导	5	网站实际提供的各类林业技能指导性服务。	见附表 16
			在线办事	12	网站实际提供的办事指南、资料下载、在线咨询、在线办理等各类网上办事服务事项的情况。	见附表 17
	特色加分	23	页面设计	3	网页布局、栏目设置的合理性；内容层级的复杂度；页面是否简洁、美观、大方；信息呈现形式是否多样。	见附表 18
			信息报送	10	网站信息报送机制建设情况。	见附表 19
			特色板块	10	结合单位特点自定义的特色栏目建设。	见附表 20

附表 13：

二级指标	权重	三级指标	权重	考核要点
政府信息	20	机构职能	5	介绍本单位主要职能、办公地点、联系方式(电话或电子邮件)等信息；内设处室主要职责、负责人、联系方式(电话或电子邮件)等信息。考察内容是否详实，更新是否及时。
		法规公文	10	提供本单位发布的非涉密类文件。考察时间点的连续性、内容的完整性和分类细致性。
		计划规划	3	介绍部门工作规划、年度工作计划等信息。
		应急管理	2	提供林业应急动态、灾害预警、应急预案、管理制度等应急反应信息。

附表 14：

二级指标	权重	三级指标	权重	考核要点
政务公开	15	信息公开指南	5	编制本单位信息公开指南，应当包括信息的分类、编排体系、获取方式、信息公开工作机构等内容。
		信息公开制度	5	制定本单位信息公开相关的工作制度。
		信息公开目录	5	编制本单位政府信息公开目录，并建立索引链接至相应信息。

附表 15：

二级指标	权重	三级指标	权重	考核要点
动态信息	25	通知公告	5	设立专栏公布本单位对外发布的各类通知、公示或公告等信息。考察更新是否及时，重大事项有无遗漏。
		工作动态	10	及时发布本单位工作动态、区域信息。要求：时效性强、主题鲜明、表述清晰、无错别字，不达标准的视为无效信息，不予以统计。
		信息时效性	5	各类动态信息能够在信息生成后3个工作日内在网站上发布。
		信息规范性	5	各类动态信息要素发布完整，包括：标题、内容、来源、发布日期等。

附表 16：

二级指标	权重	三级指标	权重	考核要点
业务指导	5		5	提供与本部门业务有关的专业知识介绍，以及灾害预防等实用型服务。年度统计10条/1分，5分满。

附表 17：

二级指标	权重	三级指标	权重	考核要点
在线办事	12	办事指南	5	提供本单位承担的行政许可、行政审批等办事事项的指南信息，包括：事项名称、办理依据、办理流程、申报材料、收费标准、办理时限等。办事事项全面，得2分；流程图清晰明了，得1分；所列材料详尽，得1分；办理周期准确，得1分。
		资料下载	5	提供本单位承担各行政许可、行政审批等办事事项所需的资料下载服务。
		在线咨询	2	提供办事在线咨询服务，公众能够就办事过程中遇到的各种问题进行在线咨询。提供本地区林业行业权威专家相关信息及联系方式并建立业务咨询渠道。建立渠道1分，有业务受理1分。

附表 18：

二级指标	权重	三级指标	权重	考核要点
页面设计	3	栏目设置	3	主导航各栏目设置科学合理，不出现模糊、重复、繁琐等情况，各栏目链接可用。

附表 19：

二级指标	权重	三级指标	权重	考核要点
信息报送	10	报送机制	10	每月被门户网站录用，前台发布的政务信息达 10 条以上，当月可获 0.5 分，少于 10 条不得分，全年累计得分 6 分满。

附表 20：

二级指标	权重	三级指标	权重	考核要点
特色板块	10	热点专题	5	根据林业工作阶段热点，自定名称建立板块栏目，不少于 2 个并保证每月都有信息更新，得 3 分；二者满足其一，得 2 分；均不满足不得分。
		重点推荐	5	根据政策导向和上级部门机动部署，围绕当地特色自定名称建立社会关注的宣传板块并不定期更换主题。 至少设置二个栏，并保证各栏目信息每月有更新得 2 分；二者满足其一，得 1 分；半年以上更新不得分。

注：附表 15、19 中的指标要遵循辽林办字〔2010〕65 号文件的有关规定，并严格执行。

三、测评指标说明

测评指标体系和测评方法适用于各市、县林业局，厅机关各处室、厅直各单位，5 个子门户网站的测评。

(一)对市、县林业局，5 个子门户的测评包括政务和商务两部分(表 3)。

表 3　对市、县林业局子门户网站的测评指标

市、县	政务部分(60 分)			商务部分(40 分)		
指标名称	信息公开	在线服务	特色加分	致富类	展示类	推荐类
权重	23	19	28	12	18	10

(二)对厅机关各处室、厅直各单位的测评只有政务部分，满分 100 分(表 4)。

表 4　对厅机关各处室、厅直各单位的测评指标

厅机关、直属单位	政务部分(100 分)		
指标名称	信息公开	在线服务	特色加分
权重	60	17	23

四、测评方法

本次评比坚持公正、公平、公开的原则，以在线检查，人工测评方式进行。采取专家组考核评议，参评单位互评相结合的方式进行。专家组意见占评比结果的70%，互评意见占评比结果的30%。

五、评比步骤

1. 评比时间：2012年12月15~31日。

2. 评比方法：①测评员在线考核各项指标，并统计得分情况；②测评组二次核准各单位考核结果，汇总后提交测评报告；③组织有关领导、专家召开评审会，确定最终结果。

3. 评比结果：在辽宁省林业厅政务商务一体门户网站(http://www.lnly.gov.cn)公布，并抄报国家林业局信息办。

六、组织机构

辽宁省林业厅信息化工作领导小组作为检查评比的领导机构，下设办公室(厅信息中心)负责具体事务。

七、奖项设置

本次评选只评选优秀子网站。其中：市、县林业局各5个；厅机关处室、厅直各单位共8个。

八、相关责任

各单位要高度重视本次网站评选，对本单位的网站严格审查，一旦出现不实信息、虚假信息，更甚者出现危害社会和谐的反动信息将根据相关规定严肃处理，并取消3年内的参评资格。

第二部分　网站测评结果

2012年，全省各级林业主管部门紧紧围绕林业中心工作积极抓好门户网站建设，在充分依托网络优势，促进林业部门依法行政、提高社会管理和公共服务水平，保障公众知情权、参与权和监督权工作中涌现出了一批管理规范、服务优质、群众满意的优秀网站。为表彰先进、激励后进、树立典型、推动工作，根据《辽宁省林业厅政务商务一体门户网站优秀子网站测评指标体系和测评办法》(辽林办字〔2012〕134 号文件)的有关规定，辽宁省林业厅通过自我推荐和专家在线测评的方式，对辽宁省林业厅门户网站下辖的 119 家网站(厅办公室、信息中心不参评)进行了集中评议。根据评议结果，决定授予丹东市林业局等 18 家网站“2012 年度辽宁省林业厅优秀网站”、授予省青山保护局“信息发布领先奖”。希望受表彰的单位再接再厉，为推动全省林业工作又好又快发展发挥更大的作用。全省各级林业网站要以受表彰的网站为榜样，积极参与到优秀网站创建活动中来，为推动我省生态文明建设新局面做出新的贡献。

附件：

2012 年度辽宁省林业厅优秀网站名单

一、市级优秀网站

丹东市林业局、本溪市林业局、沈阳市林业局、大连市林业局、阜新市林业局

二、县级优秀网站

本溪县林业局、桓仁县林业局、清原县林业局、庄河市林业局、彰武县林业局

三、省级优秀网站

林业产业处、省林业宣传中心、森林公安局、省林业工作总站、省实验林场、省林业种苗管理总站、省林业调查规划院、省经济林研究所

四、信息发布领先奖

省青山保护局

注：获奖单位依据名次排序。

2013 年河南省林业信息化发展水平评测报告

摘　要

2013 年河南林业信息化发展水平评测指标主体延续林业信息化建设、应用和保障三个方面，在总结前几年工作的基础上，结合 2013 年评测研究发展的新趋势，完善与时俱进的指标体系，对采集的数据进行了科学的统计和分析，形成本次评测结果。通过对评测结果多维度、全方位的分析，可以看出省辖市单位中三门峡、新乡、焦作、安阳等处于领先发展阶段，而郑州、周口、南阳等单位取得长足发展；省直管试点县中兰考、汝州、巩义、鹿邑等处于领先地位；厅直单位中调查规划院、森林公安局发展水平较高，而森林航空消防站、林业学校取得了很大的进展。2013 年全省林业信息化基础设施建设日益成熟，保障体系稳步推进，建设重心向应用效益转移，林业信息化整体更上一个台阶，为智慧林业发展奠定一个良好开局。

引　言

“十二五”是我国全面建设小康社会的关键时期，着力保障和改善民生成为我国未来经济社会发展的主要任务。信息技术的创新及其广泛应用，正推动生产方式、生活方式、思维方式发生深刻变革。信息化是时代发展的趋势，是增强可持续发展能力、影响城市综合竞争力主要因素之一，已成为城市经济社会发展的战略选择。十八大报告明确把“信息化水平大幅提升”纳入全面建成小康社会的目标之一，这充分反映了党中央对信息化的高度重视。随着信息化的快速发展，林业信息化在现代林业建设中发挥着越来越重要的作用，是推动林业快速发展的重要支柱。

深入贯彻国家林业局“加快林业信息化，带动林业现代化”的决策部署，以全国林业信息化示范省建设为契机，全面推进我省林业信息化建设。林业信息化发展水平测评是政府信息化工作不断改进的基础，也是推动政府电子政务持续发展的动力。通过对评测结果分析，可总结出以往林业信息化建设的经验与不足，体现各单位林业信息化的水平与差距，为今后信息化发展提供对策，推动我河南林业信息化快速、健康、持续发展。

第一章　评测方法

一、评测目的

林业信息化是河南省林业现代化建设的重要组成部分，是推动林业快速发展的重要支柱，是关系林业工作全局的战略举措和当务之急。加快推进林业信息化，逐步建立布局科学、高效便捷、先进实用、稳定安全的林业信息化体系，对持续改进与优化信息化功能与服务，促进林业决策科学化、管理全面化、办公规范化、监督透明化、服务共享化具有十分重要的意义。

为更好地适应当前河南省林业科学发展的需要，加快推进林业信息化建设，提升林业信息化整体水平，河南省林业厅织开展了 2013 年河南省林业信息化发展水平评测。通过评测，客观地了解河南省林业信息化发展现状，包括优势、特点和不足，为下一阶段林业信息化建设制定科学计划和重点突破领域提供依据。

二、评测范围

评测范围包括 18 个省辖市、10 个省直管试点县、12 个厅直单位与 13 个厅机关各处室(表 1)。

表 1　2013 年河南省林业信息化发展水平评测范围

类别	单位名称
省辖市林业(农业)局(18 个)	郑州市林业局、开封市农林局、洛阳市林业局、平顶山市林业局、安阳市林业局、鹤壁市林业局、新乡市林业局、焦作市林业局、濮阳市林业局、许昌市林业局、漯河市林业和园林局、三门峡市林业和园林局、商丘市林业局、周口市林业局、驻马店市林业局、南阳市林业局、信阳市林业局、济源市林业局
省直管试点县(市)林业(农业)局(10 个)	巩义市林业局、兰考县林业局、汝州市林业局、长垣县林业局、邓州市林业局、永城林业局、固始县林业局、鹿邑县林业局、新蔡县林业局、滑县林业局
厅直单位(12 个)	河南省森林公安局、河南省林业调查规划院、河南省林业科学研究院、河南省林业学校、经济林和林木种苗工作站、河南省森林病虫害防治检疫站、河南省林业技术推广站、退耕还林和天然林保护中心、河南省林业产业发展中心、河南省野生动物救护中心、河南省林业厅机关服务中心、河南省森林航空消防站

（续）

类别	单位名称
厅机关各处室（13个）	发展规划与资金管理处、农村林业改革发展处、造林绿化管理处、人事教育处、法规处、防火办、保护处、办公室、厅直党委、科学技术处、离退休干部工作处、监察室、总工室

三、评测标准

本次林业信息化评测指标从林业信息化建设、应用和保障三个方面设定。由于各单位情况不同，林业信息化建设的指导思想上各异，无法用一个指标去衡量所有单位林业信息化的建设水平，因此林业信息化详细评测指标分为省辖市、省直管试点县（市）林业（农业）局林业信息化评测指标、厅直单位林业局林业信息化评测指标与厅机关各处室林业信息化评测指标。

为了保持与各年度评测结果的可比性，本次评测的指标体系遵循了以往评测指标体系的设定，即按照林业信息化的建设、应用和保障三个方面设定指标，在保持一级指标不变的基础上，新增微博/移动门户新技术应用、物理安全保障、协同管理保障、技术保障/信息技术自主创新4个二级指标，同时将二级指标进一步细化，形成39个三级指标。本套评测体系共包括3个一级指标，21个二级指标（表2）。

表2　2013年河南省林业信息化发展水平评测标准表

一级指标	二级指标	分值
林业信息化建设水平（40分）	网络建设	7
	机房建设	5
	电脑等终端建设	5
	数据库建设	7
	应用系统建设	7
	网站建设	9
林业信息化应用水平（30分）	数据库应用	5
	应用系统使用	5
	数据库和应用系统支撑核心业务	6
	OA系统应用	5
	内外网应用	5
	微博/移动门户新技术应用	4
	自建系统	加分项

（续）

一级指标	二级指标	分值
林业信息化保障水平（30分）	机构保障	4
	队伍保障	4
	资金保障	2
	制度标准保障	4
	信息安全保障	4
	物理安全保障	3
	协同管理保障	4
	技术保障/信息技术自主创新	5

四、评测过程

2014 年 3 月，确定评测范围，制定评测标准体系。

2014 年 3 月，下发全省林业信息化评测通知。

2014 年 4 月，各单位报送本次调查数据，集中收集整理各单位调查数据，并对部分数据进行核实查证。

2014 年 4 月，对照评测标准体系，对各单位的调查数据进行综合评分，评测结果报有关专家和领导审定后，得出 2013 年全省林业信息化发展水平评测结果，并对各单位的分项指标得分情况进行分析，编写评测报告。

第二章　结果分析

一、总体评测结果

2013 年河南省林业信息化发展水平评测范围包括省辖市 18 个、省直管试点县 10 个、厅直单位 12 个与厅机关各处室 6 个。

（一）省辖市林业信息化发展水平

排在前十名的单位分别为三门峡市、新乡市、郑州市，周口市、南阳市、焦作市、平顶山市、安阳市、商丘市、洛阳市。前三名处于 50 分以上，其余 7 名在 30～50 分之间。其中第一名（三门峡市）与第十名（洛阳市）相差 25 分左右，前二名单位的信息化应用及保障水平明显高于其他单位。前 10 名单位的信息化发展水平在不同层面上存在差距（图 1）。

2013 省辖市林业信息化发展水平平均得分为 42.2 分。三门峡市以 62.78 分位居第一，60 分以上的单位共 1 个，40～50 分的单位有 7 个，30～40 分的单位有 8 个，30 分以下的

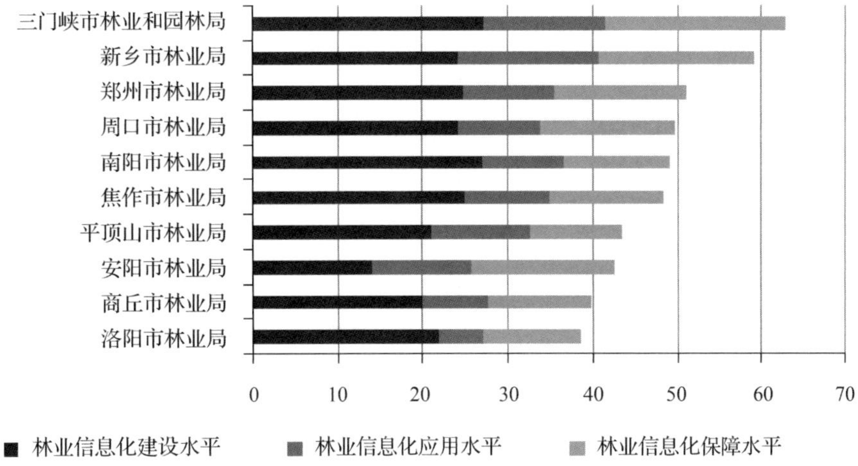

图1　2013年省辖市林业信息化发展水平排名前10名图表

单位有2个。最高分(62.78)与最低分(29.00)相差33.78分。可以看出，各单位信息化发展水平差异仍然较大(见表3)。

表3　2013年省辖市林业信息化发展水平评测结果

排名	单位	总得分
1	三门峡市林业和园林局	62.78
2	新乡市林业局	59.10
3	郑州市林业局	50.94
4	周口市林业局	49.57
5	南阳市林业局	49.02
6	焦作市林业局	48.28
7	平顶山市林业局	43.30
8	安阳市林业局	42.43
9	商丘市林业局	39.71
10	洛阳市林业局	38.50
11	濮阳市林业局	38.05
12	济源市林业局	37.88
13	驻马店市林业局	37.35
14	开封市林业局	35.71
15	信阳市林业局	35.25
16	鹤壁市林业局	33.67
17	漯河市林业和园林局	29.75
18	许昌市林业局	29.00

（二）省直管试点县林业信息化发展水平

第一名处于60分以上，第二和第三名在50～60分之间，其余7名均在50分以下。其中第一名（兰考县）与第十名（永城市）相差40分左右，前二名单位的信息化建设水平明显高于其他单位，前五名的信息化应用水平均高于其他单位。总体来看各单位的信息化发展水平在各指标上存在差异（图2）。

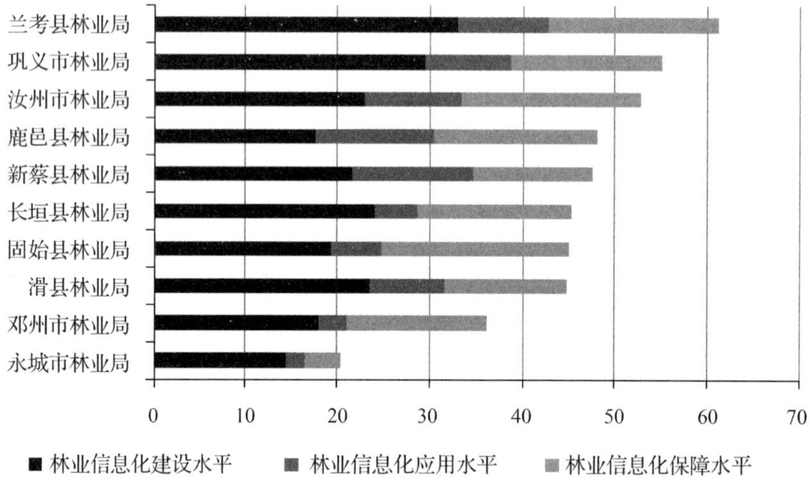

图2 2013年省直管试点县林业信息化发展水平排名前10名情况

2013省直管试点县林业信息化发展水平平均得分为45.7分。兰考县以61.28分位居第一，60分以上的单位共1个，40～50分的单位有7个，30～40分的单位有1个，30分以下的单位有1个。最高分（61.28）与最低分（20.50）相差40.78分。从数据上得知，各单位信息化发展水平差异较大（表4）。

表4 2013年省直管试点县林业信息化发展水平评测结果

排名	单位	总得分
1	兰考县林业局	61.28
2	巩义市林业局	55.16
3	汝州市林业局	52.81
4	鹿邑县林业局	48.14
5	新蔡县林业局	47.61
6	长垣县林业局	45.33
7	固始县林业局	45.10
8	滑县林业局	44.84
9	邓州市林业局	36.18
10	永城市林业局	20.50

(三)厅直单位林业信息化发展水平

排在前三名的单位分别是为河南省森林公安局、河南省林业调查规划院和河南省林业资源监测中心(共用同一个网站)、河南省森林航空消防站。前三名处于 40 分以上，其余 9 名在 20 ~ 40 分之间。其中第一名(河南省森林公安局)与第十二名(河南省林业厅机关服务中心)相差 26 分左右，前二名单位的信息化建设及应用水平明显高于其他单位。厅直单位的信息化发展水平在一级指标上发展各不相同(图 3)。

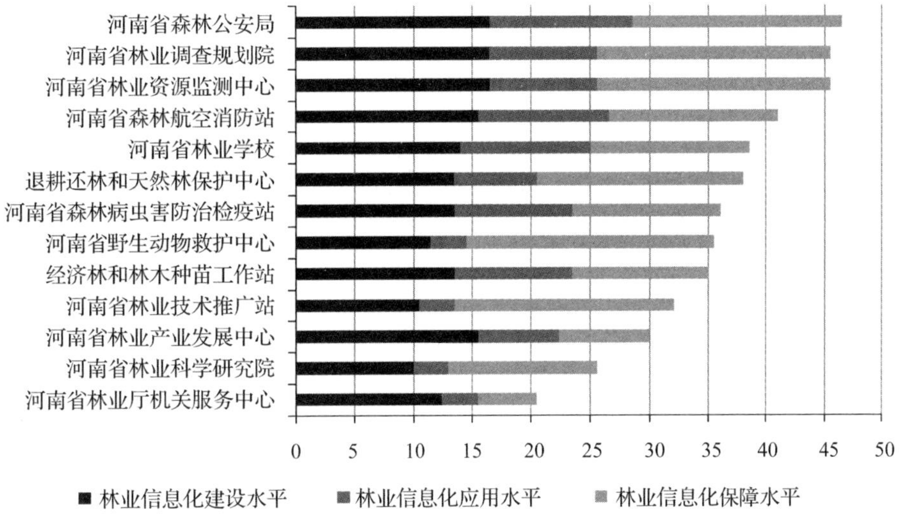

图 3　2013 年省厅直单位林业信息化发展水平排名情况

2013 河南省厅直单位林业信息化发展水平平均得分为 35.3 分。河南省森林公安局以 46.5 分位居第一, 40 分以上的单位共 4 个, 30 ~ 40 分的单位有 6 个, 20 ~ 30 分的单位有 3 个。最高分(46.5)与最低分(20.5)相差 26 分。厅直单位总体得分普遍偏低，且各单位信息化发展水平指标发展不平衡(表 5)。

表 5　2013 年河南省厅直单位林业信息化发展水平评测结果

排名	单位	总得分
1	河南省森林公安局	46.5
2	河南省林业调查规划院	45.5
3	河南省森林航空消防站	41.0
4	河南省林业学校	38.5
5	退耕还林和天然林保护中心	38.0
6	河南省森林病虫害防治检疫站	36.0
7	河南省野生动物救护中心	35.5

（续）

排名	单位	总得分
8	经济林和林木种苗工作站	35.0
9	河南省林业技术推广站	32.0
10	河南省林业产业发展中心	29.9
11	河南省林业科学研究院	25.5
12	河南省林业厅机关服务中心	20.5

二、一级指标评测结果

I. 省直辖市

(一)林业信息化建设水平

1. 林业信息化建设水平分析。2013 年河南省直辖市单位林业信息化建设水平指标分值为 40 分，平均得分为 20.92 分，平均得分率为 52.29%。主要原因是各个单位在数据库建设和网站建设方面得分都不高。其中，三门峡林业和园林局为第一，得分为 27.25 分，而安阳市林业局得分仅为 14 分(表 6)。

表 6　2013 年省直辖市林业信息化建设水平得分(满分 40 分)

排名	单位名称	得分	得分率
1	三门峡市林业和园林局	27.25	68.13%
2	南阳市林业局	27.00	67.50%
3	焦作市林业局	25.00	62.50%
4	郑州市林业局	24.75	61.88%
5	新乡市林业局	24.25	60.63%
6	周口市林业局	24.25	60.63%
7	开封市林业局	23.25	58.13%
8	洛阳市林业局	22.00	55.00%
9	平顶山市林业局	21.00	52.50%
10	濮阳市林业局	20.50	51.25%
11	商丘市林业局	20.00	50.00%
12	信阳市林业局	19.50	48.75%
13	济源市林业局	19.00	47.50%
14	驻马店市林业局	17.00	42.50%
15	漯河市林业和园林局	16.50	41.25%

（续）

排名	单位名称	得分	得分率
16	许昌市林业局	16.00	40.00%
17	鹤壁市林业局	15.25	38.13%
18	安阳市林业局	14.00	35.00%

2. 林业信息化建设水平各项指标得分率分析。2013年河南直辖市单位林业信息化建设水平得分率为网络建设62.70%，机房建设64.44%，电脑终端建设97.78%，数据库建设17.86%，应用系统建设39.68%，网站建设48.77%（图4）。其中电脑等终端建设较好，而数据库建设和应用系统建设得分率太低。

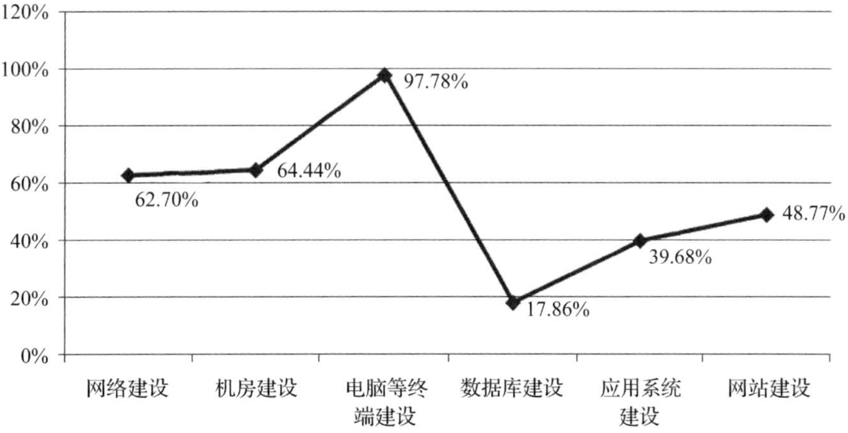

图4　2013年省辖市林业信息化建设水平各项指标得分率

（二）林业信息化应用水平

1. 林业信息化应用水平分析。2013年河南省直辖市单位林业信息化应用水平指标分值为30分（自建系统为加分项），平均得分为7.82分，平均得分率为26.07%。其中，新乡市林业局得分最高为16.35分，得分率54.50%（表7）。

表7　2013年省辖市林业信息化应用水平得分（满分30分）

排名	单位名称	得分	得分率
1	新乡市林业局	16.35	54.50%
2	三门峡市林业和园林局	14.03	46.77%
3	安阳市林业局	11.68	38.93%
4	平顶山市林业局	11.55	38.50%
5	郑州市林业局	10.69	35.63%

（续）

排名	单位名称	得分	得分率
6	焦作市林业局	9.78	32.60%
7	周口市林业局	9.57	31.90%
8	南阳市林业局	9.52	31.73%
9	鹤壁市林业局	7.92	26.40%
10	商丘市林业局	7.71	25.70%
11	驻马店市林业局	7.35	24.50%
12	濮阳市林业局	7.30	24.33%
13	济源市林业局	5.38	17.93%
14	洛阳市林业局	5.00	16.67%
15	开封市林业局	3.46	11.53%
16	信阳市林业局	1.25	4.17%
17	漯河市林业和园林局	1.25	4.17%
18	许昌市林业局	1.00	3.33%

2. 林业信息化应用水平各项指标得分率分析。2013年河南省直辖市单位林业信息化应用水平得分率为数据库应用38.88%，应用系统使用37.77%，数据库和应用系统支持核心业务14.19%，办公自动化系统应用24.41%，内外网应用29.44%，微博/移动门户新技术应用和自己系统8.89%。所有单位均没有微博和自建系统(图5)。

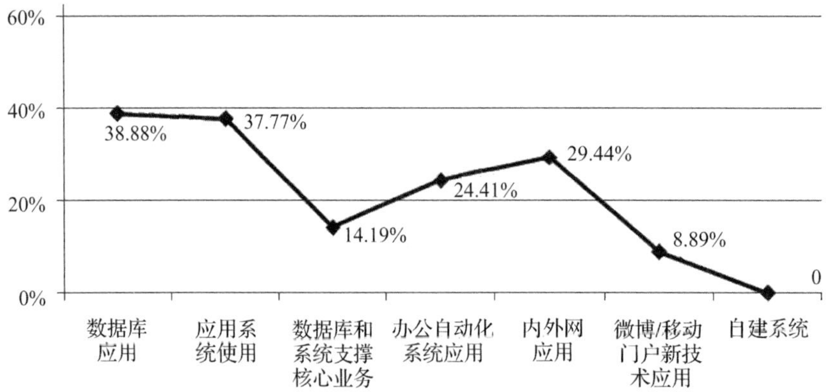

图5　2013年省辖市林业信息化应用水平各项指标得分率

(三)林业信息化保障水平

1. 林业信息化保障水平分析。2013年河南省直辖市单位林业信息化保障水平指标分值为 30 分，平均得分为 13.5 分，平均得分率为 45%。三门峡林业和园林局得分较高，为 21.5 分。开封林业局得分较低，仅为 9.00 分(表 8)。

表 8　2013 年省辖市林业信息化保障水平得分(满分 30 分)

排名	单位名称	得分	得分率
1	三门峡市林业和园林局	21.50	71.67%
2	新乡市林业局	18.50	61.67%
3	安阳市林业局	16.75	55.83%
4	周口市林业局	15.75	52.50%
5	郑州市林业局	15.50	51.67%
6	信阳市林业局	14.50	48.33%
7	焦作市林业局	13.50	45.00%
8	济源市林业局	13.50	45.00%
9	驻马店市林业局	13.00	43.33%
10	南阳市林业局	12.50	41.67%
11	商丘市林业局	12.00	40.00%
12	漯河市林业和园林局	12.00	40.00%
13	许昌市林业局	12.00	40.00%
14	洛阳市林业局	11.50	38.33%
15	平顶山市林业局	10.75	35.83%
16	鹤壁市林业局	10.50	35.00%
17	濮阳市林业局	10.25	34.17%
18	开封市林业局	9.00	30.00%

2. 林业信息化保障水平各项指标得分率分析。2013 年河南省直辖市单位林业信息化保障水平得分率为机构保障 50%，队伍保障 41.67%，资金保障 45.83%，制度标准保障 39.24%，信息安全保障 36.11%，物理安全保障 63.43%，协同管理保障 100%，技术保障/信息技术自主创新 0(图 6)。

Ⅱ. 省直管试点县

(一)林业信息化建设水平

1. 林业信息化建设水平分析。2013 年河南省省直管县林业信息化建设水平指标分值为 40 分，平均得分为 22.48 分，平均得分率为 56.19%(表 9)。主要原因是各个单位在数据库建设和应用系统建设方面得分都不高。

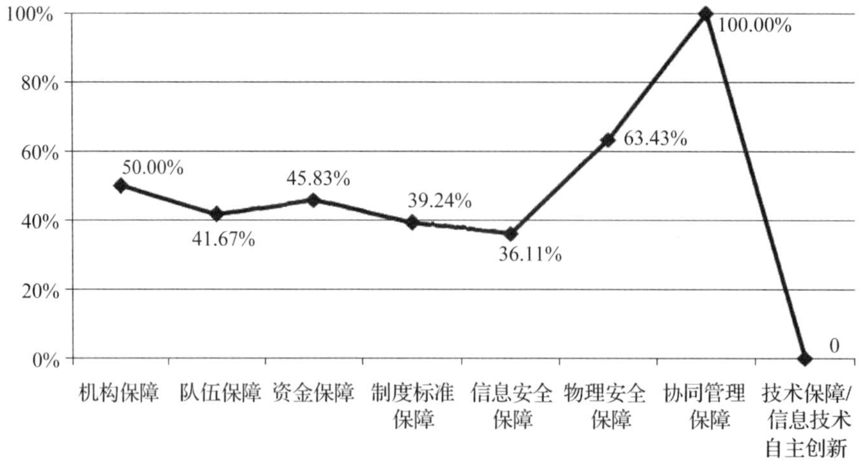

图 6　2013 年省辖市林业信息化保障水平各项指标得分率

表 9　2013 年省直管试点县林业信息化建设水平得分(满分 40 分)

排名	单位名称	得分	得分率
1	兰考县林业局	33. 00	82. 50%
2	巩义市林业局	29. 50	73. 75%
3	长垣县林业局	24. 00	60. 00%
4	滑县林业局	23. 50	58. 75%
5	汝州市林业局	23. 00	57. 50%
6	新蔡县林业局	21. 75	54. 38%
7	固始县林业局	19. 50	48. 75%
8	邓州市林业局	18. 25	45. 63%
9	鹿邑县林业局	17. 75	44. 38%
10	永城市林业局	14. 50	36. 25%

2. 林业信息化建设水平各项指标得分率分析。2013 年河南省省直管县林业信息化建设水平得分率为网络建设 65. 71%，机房建设 68. 00%，电脑等终端建设 98. 00%，数据库建设 34. 64%，应用系统建设 32. 85%，网站建设 53. 89%(图 7)。

(二)林业信息化应用水平

1. 林业信息化应用水平分析。2013 年河南省省直管县林业信息化应用水平指标分值为 30 分(自建系统为加分项)，平均得分为 7. 77，平均得分率为 25. 9%(表 10)。

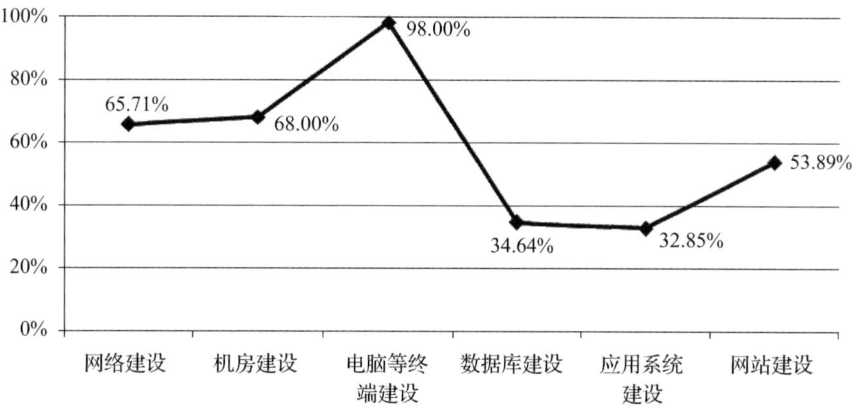

图 7　2013 年省直管试点县林业信息化建设水平各项指标得分率

表 10　2013 年林业信息化应用水平得分(满分 30 分)

排名	单位名称	得分	得分率
1	新蔡县林业局	12. 86	42. 87%
2	鹿邑县林业局	12. 64	42. 13%
3	汝州市林业局	10. 31	34. 37%
4	兰考县林业局	9. 78	32. 60%
5	巩义市林业局	9. 16	30. 53%
6	滑县林业局	8. 09	26. 97%
7	固始县林业局	5. 35	17. 83%
8	长垣县林业局	4. 58	15. 26%
9	邓州市林业局	2. 93	9. 77%
10	永城市政林业局	2. 00	6. 67%

2. 林业信息化应用水平各项指标得分率分析。2013 年河南省省直管县林业信息化应用水平得分率为数据库应用 40. 00%，应用系统使用 36. 00%，数据库和应用系统支持核心业务 23. 58%，办公自动化系统应用 14. 10%，内外网应用 37. 00%，微博/移动门户新技术应用和自建系统 0%(图 8)。

(三)林业信息化保障水平

1. 林业信息化保障水平分析。2013 年河南省省直管县林业信息化保障水平指标分值为 30 分，平均得分为 15. 45 分，平均得分率为 51. 5%(表 11)。

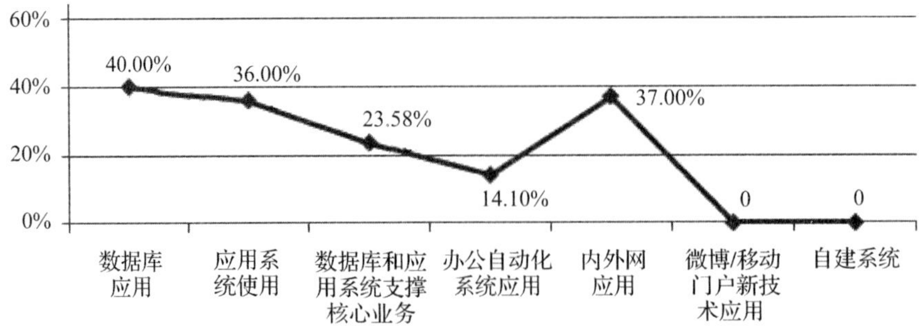

图8　2013 年省直管试点县林业信息化应用水平各项指标得分率

表 11　2013 年林业信息化保障水平得分(满分 30 分)

排名	单位名称	得分	得分率
1	固始县林业局	20. 25	67. 50%
2	汝州市林业局	19. 50	65. 00%
3	兰考县林业局	18. 50	61. 67%
4	鹿邑县林业局	17. 75	59. 17%
5	长垣县林业局	16. 75	55. 83%
6	巩义市林业局	16. 50	55. 00%
7	邓州市林业局	15. 00	50. 00%
8	滑县林业局	13. 25	44. 17%
9	新蔡县林业局	13. 00	43. 33%
10	永城林业局	4. 00	13. 33%

2. 林业信息化保障水平各项指标得分率分析。2013 年河南省省直管县林业信息化保障水平得分率为机构保障 47. 50%，队伍保障 50. 00%，资金保障 55. 00%，制度标准保障 55. 00%，信息安全保障 56. 88%，物理安全保障 65. 83%，协同管理保障 100%，技术保障/信息技术自主创新 0(图 9)。

Ⅲ. 厅直单位

(一)林业信息化建设水平

1. 林业信息化建设水平分析。2013 年河南省厅直单位林业信息化建设水平指标分值为 40 分，平均得分为 13. 58，平均得分率为 33. 95%。主要原因是各个单位在数据库建设和网站建设方面得分都不高。其中，省森林公安局和省林业调查规划院并列第一，得分为 16. 5 分，而省野生动物救护中心、省林业技术推广站和省林业科学研究所得分都不到 12 分(表 12)。

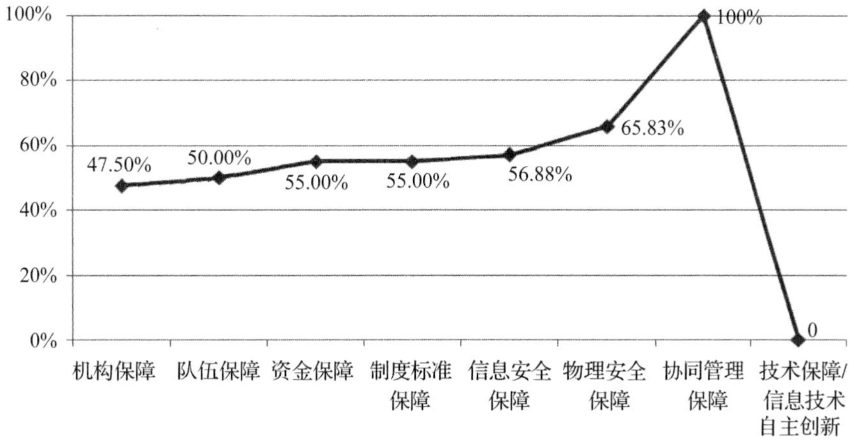

图9　2013年省直管试点县林业信息化保障水平各项指标得分率

表12　2013年厅直单位林业信息化建设水平得分(满分40分)

排名	单位名称	得分	得分率
1	河南省森林公安局	16.5	41.21%
2	河南省林业调查规划院	16.5	41.21%
3	河南省森林航空消防站	15.5	38.75%
4	河南省林业产业发展中心	15.5	38.75%
5	河南省林业学校	14.0	35.00%
6	退耕还林和天然林保护中心	13.5	33.75%
7	河南省森林病虫害防治检疫站	13.5	33.75%
8	经济林和林木种苗工作站	13.5	33.75%
9	河南省林业厅机关服务中心	12.5	31.25%
10	河南省野生动物救护中心	11.5	28.75%
11	河南省林业技术推广站	10.5	26.25%
12	河南省林业科学研究院	10.0	25.00%

2. 林业信息化建设水平各项指标得分率分析。2013年河南省厅直单位林业信息化建设水平得分率为网络建设28.57%，机房建设55.00%，电脑等终端建设79.10%，数据库建设8.33%，应用系统建设30.95%，网站建设13.89%(图10)。其中电脑等终端建设较好，而数据库建设和网站建设得分率太低。

(二)林业信息化应用水平

1. 林业信息化应用水平分析。2013年河南省厅直单位林业信息化应用水平指标分值为30分(自建系统为加分项)，平均得分为7.41，平均得分率为24.71%。其中，省林

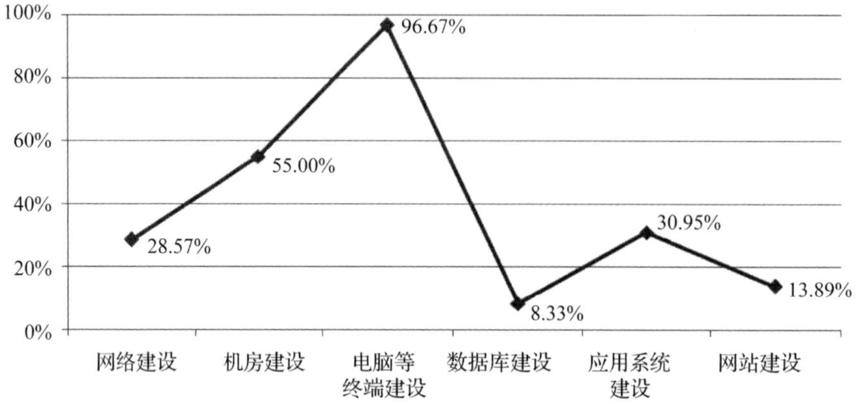

图 10　2013 年厅直单位林业信息化建设水平各项指标得分率

业技术推广站、省林业科学研究院和省林业厅机关服务中心仅得 3 分，得分率为 10%（表 13）。

表 13　2013 年厅直单位林业信息化应用水平得分（满分 30 分）

排名	单位名称	得分	得分率
1	河南省森林公安局	12.00	40.00%
2	河南省森林航空消防站	11.00	36.67%
3	河南省林业学校	11.00	36.67%
4	河南省森林病虫害防治检疫站	10.00	33.33%
5	经济林和林木种苗工作站	10.00	33.33%
6	河南省林业调查规划院	9.00	30.00%
7	退耕还林和天然林保护中心	7.00	23.33%
8	河南省林业产业发展中心	6.92	23.07%
9	河南省野生动物救护中心	3.00	10.00%
10	河南省林业技术推广站	3.00	10.00%
11	河南省林业科学研究院	3.00	10.00%
12	河南省林业厅机关服务中心	3.00	10.00%

2. 林业信息化应用水平各项指标得分率分析。2013 年河南省厅直单位林业信息化应用水平得分率为数据库应用 40.00%，应用系统使用 33.33%，数据库和应用系统支撑核心业务 23.20%，办公自动化系统应用 33.33%，内外网应用 18.33%，微博/移动门户新技术应用和自建系统 0（图 11）。所有单位均没有微博和自建系统。

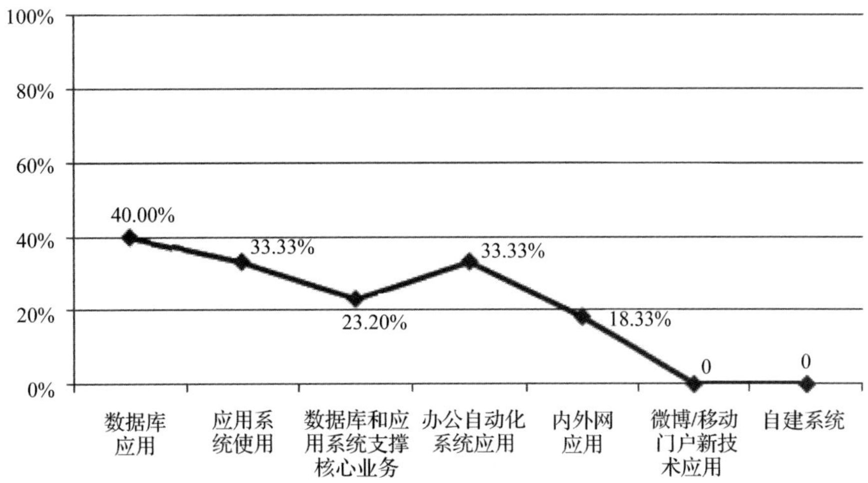

图11　2013年厅直单位林业信息化应用水平各项指标得分率

(三)林业信息化保障水平

1. 林业信息化保障水平分析。2013年河南省厅直单位林业信息化保障水平指标分值为30分，平均得分为14.33分，平均得分率为47.78%。省野生动物救护中心、省林业调查规划院和省林业技术推广站得分较高，省林业厅机关服务中心得分较低，仅为5.0分(表14)。

表14　2013年厅直单位林业信息化保障水平得分(满分30分)

排名	单位名称	得分	得分率
1	河南省野生动物救护中心	21.0	70.00%
2	河南省林业调查规划院	20.0	66.67%
3	河南省林业技术推广站	18.5	61.67%
4	河南省森林公安局	18.0	60.00%
5	退耕还林和天然林保护中心	17.5	58.33%
6	河南省森林航空消防站	14.5	48.33%
7	河南省林业学校	13.5	45.00%
8	河南省森林病虫害防治检疫站	12.5	41.67%
9	河南省林业科学研究院	12.5	41.67%
10	经济林和林木种苗工作站	11.5	38.33%
11	河南省林业产业发展中心	7.5	25.00%
12	河南省林业厅机关服务中心	5.0	16.67%

2. 林业信息化保障水平各项指标得分率分析。2013年河南省厅直单位林业信息化保

障水平得分率为机构保障 61. 46%，队伍保障 42. 71%，资金保障 47. 92%，制度标准保障 25%，信息安全保障 48. 96%，物理安全保障 55. 56%，协同管理保障 91. 67%，技术保障/信息技术自主创新 8. 33%(图 12)。

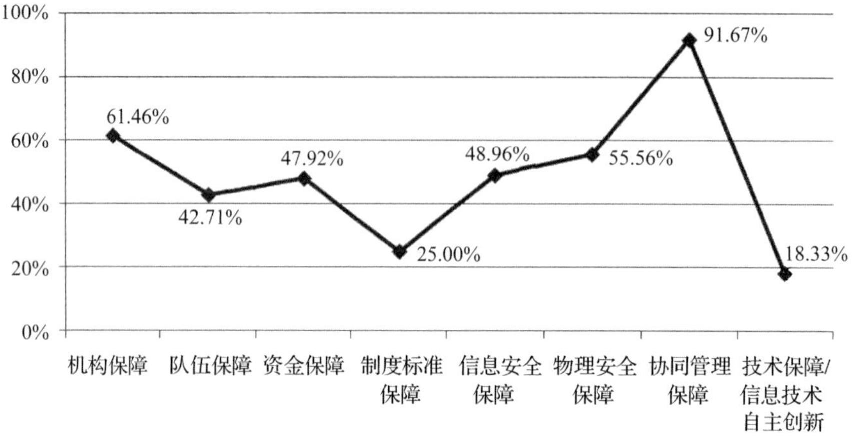

图 12　2013 年厅直单位林业信息化保障水平各项指标得分率

三、一级指标评测分析

(一)省辖市林业信息化各项指标分析

省辖市林业信息化各项指标得分如表 15 所示。

表 15　年省辖市林业信息化各项指标得分

排名	单位	信息化建设水平(40 分)		信息化应用水平(30 分)		信息化保障水平(30 分)	
		得分	得分率	得分	得分率	得分	得分率
1	三门峡市	27. 25	68. 13%	14. 03	46. 77%	21. 50	71. 67%
2	新乡市	24. 25	60. 63%	16. 35	54. 50%	18. 50	61. 67%
3	郑州市	24. 75	61. 88%	10. 69	35. 63%	15. 50	51. 67%
4	周口市	24. 25	60. 63%	9. 57	31. 90%	15. 75	52. 50%
5	南阳市	27. 00	67. 50%	9. 52	31. 73%	12. 50	41. 67%
6	焦作市	25. 00	62. 50%	9. 78	32. 60%	13. 50	45. 00%
7	平顶山市	21. 00	52. 50%	11. 55	38. 50%	10. 75	35. 83%
8	安阳市	14. 00	35. 00%	11. 68	38. 93%	16. 75	55. 83%
9	商丘市	20. 00	50. 00%	7. 71	25. 70%	12. 00	40. 00%
10	洛阳市	22. 00	55. 00%	5. 00	16. 67%	11. 50	38. 33%
11	濮阳市	20. 50	51. 25%	7. 30	24. 33%	10. 25	34. 17%
12	济源市	19. 00	47. 50%	5. 38	17. 93%	13. 50	45. 00%

（续）

排名	单位	信息化建设水平(40分)		信息化应用水平(30分)		信息化保障水平(30分)	
		得分	得分率	得分	得分率	得分	得分率
13	驻马店市	17.00	42.50%	7.35	24.50%	13.00	43.33%
14	开封市	23.25	58.13%	3.46	11.53%	9.00	30.00%
15	信阳市	19.50	48.75%	1.25	4.17%	14.50	48.33%
16	鹤壁市	15.25	38.13%	7.92	26.40%	10.50	35.00%
17	漯河市	16.50	41.25%	1.25	4.17%	12.00	40.00%
18	许昌市	16.00	40.00%	1.00	3.33%	12.00	40.00%

1. 林业信息化建设情况。信息化建设水平的总分为40分，三门峡市与南阳市在这方面表现比较突出，得分分别为27.25和27.00分，得分率达到了68.13%和67.50%。得分最低的安阳市也达到了14.00分，得分率为35.00%。总的来说，各个单位建立了独立机房，电脑普及率进一步提高，人均配备电脑的数量在1到2台。

2. 林业信息化应用情况。信息化应用水平的总分为30分。新乡市在这方面表现较高，得分为16.35分，得分率为54.50%，而许昌市的得分仅为1.00分，得分率只有3.33%。显然，各个单位的信息化应用水平普遍不高，这主要是因为诸多单位的数据库及应用系统使用及其支撑的核心业务量不乐观，另外就是OA系统的使用还没有普遍化，仅个别单位开始应用OA系统。

3. 林业信息化保障情况。信息化保障水平的总分为30分。三门峡市、新乡市在这方面表现突出，得分率分别达到了71.67%和61.67%；得分最低的开封市得分率也达到了30.00%。林业信息化保障水平有了显著提高，这主要是由于相关单位设立了相应的工作岗位，并且加大了信息化保障的投资。但是，多数单位虽然都建有林业信息化工作领导小组和相应的信息中心，但均未经市政府编制管理部门正式批复。同时，信息化保障水平还有提升空间，特别是信息技术自主创新和协同管理方面需要进一步加大力度。

（二）省直管县林业信息化各项指标分析

省直管县林业信息化各项指标得分情况如表16所示。

表16　省直管县林业信息化各项指标得分情况

排名	单位	信息化建设水平(40分)		信息化应用水平(30分)		信息化保障水平(30分)	
		得分	得分率	得分	得分率	得分	得分率
1	兰考县	33.00	82.50%	9.78	32.60%	18.50	61.67%
2	巩义市	29.50	73.75%	9.16	30.53%	16.50	55.00%
3	汝州市	23.00	57.50%	10.31	34.37%	19.50	65.00%

（续）

排名	单位	信息化建设水平(40分)		信息化应用水平(30分)		信息化保障水平(30分)	
		得分	得分率	得分	得分率	得分	得分率
4	鹿邑县	17.80	44.38%	12.64	42.13%	17.75	59.17%
5	新蔡县	21.80	54.38%	12.86	42.87%	13.00	43.33%
6	长垣县	24.00	60.00%	4.58	15.27%	16.75	55.83%
7	固始县	19.50	48.75%	5.35	17.83%	20.25	67.50%
8	滑县	23.50	58.75%	8.09	26.97%	13.25	44.17%
9	邓州市	18.30	45.63%	2.93	9.77%	15.00	50.00%
10	永城市	14.50	36.25%	2.00	6.67%	4.00	13.33%

1. 林业信息化建设情况。信息化建设水平的总分为40分。兰考县在这方面表现比较突出，得到33.0分，得分率达82.50%，永城市则表现较弱，只得到了14.5分，得分率仅为36.25%。直管县在信息化建设水平上有了较大提高，这主要得益于相关单位开始建设连通乡镇的专网，并建立了独立机房，同时电脑普及率也有了一定提高。但是多数单位均未建设市级地理信息数据库，再者就是OA系统的建设力度还需加强，仅个别单位应用了OA系统。

2. 林业信息化应用情况。信息化应用水平的总分为30分。在该方面，表现较好的是新蔡县，得到了12.86分，得分率仅为42.87%；得分最低的为永城市，仅得2.00分，得分率为6.67%。显然，省直管县在林业信息化应用方面普遍表现不佳，各单位应加大信息化投资的力度，逐步提高信息化应用水平。同时，数据库、应用系统的使用及其支撑的核心业务量也不乐观，仅个别单位的应用系统得到了良好使用。

3. 林业信息化保障情况。信息化保障水平的总分为30分。2013年在这方面表现突出是固始县和汝州市，分别得到了20.25和19.5分，得分率分别为67.50%和65.00%；表现较差的是永城市，仅得到4.00分，得分率为13.33%。这主要是由于多数单位虽然都建有林业信息化工作领导小组和相应的信息中心，但均未经市政府编制管理部门正式批复。其次就是队伍保障力度较低，多数单位缺乏专业的信息化维护与管理人才。最重要的事，相关单位的信息化投资比较薄弱，也缺少相应的建设标准与技术规定。

（三）厅直单位林业信息化各项指标分析

厅直单位林业信息化各项指标得分情况详见表17。

表 17　厅直单位林业信息化各项指标得分情况

排名	单位	信息化建设水平(40 分)		信息化应用水平(30 分)		信息化保障水平(30 分)	
		得分	得分率	得分	得分率	得分	得分率
1	河南省森林公安局	16.5	41.25%	12.00	40.00%	18.0	60.00%
2	河南省林业调查规划院	16.5	41.25%	9.00	30.00%	20.0	66.66%
3	河南省森林航空消防站	15.5	38.25%	11.0	36.67%	14.5	48.33%
4	河南省林业学校	14.0	35.00%	11.0	36.66%	13.5	45.00%
5	退耕还林和天然林保护中心	13.5	33.75%	7.0	23.33%	17.5	58.33%
6	河南省森林病虫害防治检疫站	13.5	33.75%	10.0	33.30%	12.5	41.67%
7	河南省野生动物救护中心	11.5	28.75%	3.0	10.00%	21.0	70.00%
8	经济林和林木种苗工作站	13.5	33.75%	10.0	33.33%	11.5	38.33%
9	河南省林业技术推广站	10.5	26.25%	3.0	10.00%	18.5	61.67%
10	河南省林业产业发展中心	15.5	38.75%	6.9	23.07%	7.5	25.00%
11	河南省林业科学研究院	10.0	25.00%	3.0	10.00%	12.5	41.67%
12	河南省林业厅机关服务中心	12.5	31.25%	3.0	10.00%	5.0	16.67%

1. 林业信息化建设情况。信息化建设水平总分为 40 分。厅直单位在信息化建设水平的得分率普遍在 25%~45%，得分相对比较集中。这说明厅直单位在该方面的发展水平都差不多，但得分率也都不是太高。这主要是由于多数单位的网站使用统一的网站模板，而且布局简单、内容较少。同时，机房建设不够理想，只有少数单位建设有独立机房，且机房面积较小。最后就是数据库建设情况较差，仅极个别的单位建有相应的数据库。

2. 林业信息化应用情况。信息化应用水平的总分为 30 分。河南省森林公安局的得分最高，但仅为 12.0 分，得分率为 40%。河南省野生动物救护中心、河南省林业技术推广站、河南省林业科学研究院和河南省林业厅机关服务中心的得分仅为 3.0 分，得分率为 10.00%。显然，厅直单位在林业信息化应用水平方面得分普遍较低，各单位应加强在数据库、应用系统、OA 系统等方面的应用，以提高林业信息化应用水平。另外，外网互动交流力度较薄弱，虽然有些单位建立了公众留言系统、意见征集窗口、领导信箱、在线调查等互动交流栏目，但均未建立访谈直播系统。

3. 林业信息化保障水平。信息化保障水平的总分为 30 分。河南省野生动物救护中心在这方面表现突出，得分达到了 21.0 分，得分率达 70.00%。河南省林业厅机关服务中心的得分为 5.0 分，得分率仅为 16.67%。这说明信息化的保障水平有了较大提高，但有些单位的信息化保障水平还是不高，这就需要相关单位加大信息化投资，设立专门的工作岗位以及建立相应的建设标准与技术规定。

四、先进单位亮点分析

(一)省辖市亮点分析

河南省各市基础建设方面比较完善，保障体系日渐成熟，网站群建设已初见成效，总体水平很高。在建设水平方面：三门峡市与郑州市在该方面表现较突出，其中网络建设、机房建设、电脑终端建设和网站建设比较完善；应用水平方面：各数据库和应用系统均能被充分应用，其中兰考、郑州和新乡是比较好的。保障水平方面：采用了防火墙、防病毒安全体系、设有安全保障的专职人员，对机房内相同类型资产进行安全区域划分。

(二)省直管县亮点分析

省直管县林业信息化总体建设水平良好，在信息化建设、应用与保障方面的工作值得肯定，各项得分情况也很理想。建设水平方面：兰考县在该方面表现较突出，各小项得分都很高，有很多项是满分，像巩义、汝州得分也很高，总体看来这一块做得都不错；应用水平方面：内外网应用基本到位，移动门户较好地融合了信息化新技术应用，其中数据库应用和应用系统使用得分比较高，有一定的优势；保障水平方面：人力、财力、物力投入较为充分，其中机构保障和协同管理保障做得比较好。

(三)厅直单位亮点分析

各个单位的建设水平方面：河南省森林公安局和河南省林业调查规划院在该方面得分最高，其中机房建设、电脑终端建设和应用系统建设最为突出，占该项得分的79%，网络建设和网站建设总体都很稳定并日渐成熟；应用水平方面：河南省森林公安局和河南省森林航空消防站得分最高，前者的数据库应用最高，后者的数据库和应用系统支撑核心业务最高，比其他部门要高很多，办公自动化系统应用比较稳定；保障水平方面：各个部门的得分都很高，协同管理保障基本都是满分，机构保障次之。

(四)厅机关各处室亮点分析

从今年评估情况来看，第一名是造林绿化管理处，其信息化应用建设水平突出。其中，已建成多项应用系统，且各数据库和应用系统均能被充分应用。信息化应用水平方面，内外网应用基本到位；信息化保障水平方面，人力、财力、物力投入较为充分。

第二名是发展规划与资金管理处，其信息化应用水平建设相当突出，建设的应用系统表现良好，支撑多项核心业务；内外网应用效果良好。重视顶层设计，制定了林业信息化中长期发展规划及其他专项规划。

第三名是防火办，其林业信息化建设被高度重视，投入力度不断加大。信息化建设水平尤为突出，林业信息化专网覆盖面进一步扩大；此外，数据库及应用系统使用状态良好，能够较好地支持核心业务开展。

第四名是法规处，其在林业信息化发展方面做了比较充分的工作。首先结合省厅工作规划，积极做好林业信息化顶层设计，为规范全省林业信息化的建设奠定了基础；制定了多项信息化制度、标准、规定。

第五名是农村林业改革发展处，在林业信息化发展水平中信息化应用方面表现最为突出，建设的多个数据库和业务系统均整合到统一的平台上，并得到了良好的应用。数据库和应用系统支撑森林资源监管、野生动物资源监管、集体林权制度改革、营造林管理、野生植物资源监管及生态公益林管理等多项核心业务。

第六名是人事教育处，林业信息化总体建设水平良好，在信息化建设、应用与保障方面的工作值得肯定。机构队伍建设情况较好，设立林业信息化工作领导小组、办公室及其信息中心，人员队伍建设不断壮大，并能定期开展相关信息化知识和技能培训。

第三章　评测结论

一、总体建设稳步推进，为智慧林业奠定基础

2013年国家林业局发布《中国智慧林业发展指导意见》，标志着中国林业信息化开始迈向智慧林业建设阶段。2013年作为智慧林业建设元年，林业信息化工作坚持以统一思想为前提，以应用需求为导向，以融合创新为动力，以重点工程为抓手，以新一代信息技术为支撑，全面开启智慧林业的建设。从本次河南省林业信息化发展水平评测结果清晰得出，2013年的林业信息化为智慧林业建设奠定了良好的开局。在评测指标要求不断提高的前提下，总体平均成绩达到37.2分。林业化建设、应用和保障方面都有全新的突破，尤其是应用系统建设、内外网应用、数据库和应用系统支撑核心业务、资金保障、制度标准建设等发展较为迅速。新增指标物理安全保障、协同管理保障平均得分率分别达到51.39%、72.92%，显示出林业信息化建设已具备良好的基础保障。

二、基础设施投入持续加大，专网互联互通初具雏形

2013年林业信息化建设基础设施投入力度持续加大，为林业信息化进入快速成长通道、建设智慧林业提供了良好的软硬件环境。网络建设方面，县市级林业专网覆盖率达到97.34%，已有济源和兰考县等单位实现了乡镇林业专网全覆盖，建设林业系统四级专网互联互通已初具雏形；机房建设与电脑终端配备有了进一步的完善。

三、信息化发展环境趋于成熟，应用水平取得成效

经过多年的建设，林业信息化以积淀良好的基础，基础设施建设日益完备，保障体系

日益完善，发展重点亦逐步趋向林业信息化应用。从 2013 年河南省林业信息化发展水平评测结果可以得出，林业信息化应用取得了一点成效，提升接近 5 个百分点，一方面得益于林业信息化基础设施与保障体系的良好基础，另一方面在于林业信息化应用意识的提升和初步成效凸显的示范效应。林业信息化应用突出表现在内外网应用、数据库和应用系统支撑核心业务及 OA 系统应用上，其中内外网应用及数据库和应用系统支撑核心业务分别增长 10、14 个百分点，外网应用逐渐成为各单位林业管理部门信息发布、在线办事、互动交流的重要平台。

四、保障体系日益成熟，资金投入持续提升

随着互联网的发展，信息化技术和新应用层出不穷，与此同时，林业化信息保障体系面临的挑战亦愈发严峻，如何保证林业信息化的可持续发展，是一项艰巨的任务。2013 年河南省林业信息化发展水平评测，大幅调整了林业信息化保障水平的考查指标体系，提升了考查要求，而从最终的评测结果可以看出林业信息化保障体系日益成熟，有力支撑了林业信息化的发展。突出表现在资金的投入力度以及制度标准的建设。其中，巩义林业信息化建设投入达到千万，森林公安投入上百万，约 30% 的单位资金投入为十几万，而制度标准建设方面则成为本次评测的一大亮点，依据国家相关政策制定本土化标准制度达到 80%。顶层设计上，有些单位制订了中长期规划，洛阳、新乡等单位还制定了智慧林业相关专项规划，其次，新增加的物理安全保障、协同管理保障平均得分率分别达到了 51.39%、72.92%。

第四章　工作建议

一、重视评测结果发布，强化以评促进的效果

从最终目的上讲，林业信息化实施评测就是为了不断提高林业信息化，评测本身不是目的，而是要以评测为催化剂，进一步提高信息化发展水平。因此，应当特别注重评测结果的运用。各单位要重视并正式发布评测结果，让各单位了解自身发展现状，为拟制下阶段林业信息化发展计划提供依据。有效的激励机制是推动林业信息化建设的有力措施。组织较正式并公开的结果发布会使各单位愈加重视信息化评测工作、重视林业信息化发展。同时通过召集各单位分管领导及主要工作人员召开评测结果发布会，根据评测结果对优秀单位等予以表彰奖励，通过表彰激发各单位间不断创新的工作氛围，强化对信息化建设的重视程度，使林业信息化更加满足人们的需要。

二、总结先进经验，适度推广成熟做法

通过评比结果发现，林业单位间信息化发展呈现参差不齐的发展态势，说明不同单位

在信息化发展的认识与管理上，存在一定程度的差距。因此，各单位间应加强学习和交流，落后单位要主动学习和借鉴优秀单位的成功经验，以优秀单位为发展标杆，形成正式的学习借鉴材料；同时，省林业厅可以组织研究小组，针对林业信息化发展较快、较好单位的先进经验进行论证，在条件适宜地区进行适度推广，使林业信息化更加普及。

三、加大教育培训力度，强化认识程度

互联网迅速发展，使信息化新技术不断创新和应用，对人们的生活产生深刻的影响，加快林业信息化发展是林业现代化的必要途径。林业信息化经过多年的建设已经取得了显著的成绩，但是部分单位的林业信息化尚未得到应有的重视，尤其是相关主管领导的认识。建议在推行林业系统政府CIO制度的前提下，扩大林业信息化年度会议，举行各单位主要领导的林业信息化专项会议，宣讲林业信息化建设的重要性，同时展示先进单位林业信息化建设带来的各方效益，进一步深化林业信息化的认识，做到各单位都意识到信息化带来的益处。

四、研究信息化趋势，制定年度发展指导文件

尽管信息技术的发展异常迅猛，更新迭代极为迅速，我们应加强研究如何在快速变革的互联网发展环境中，保持林业信息化的理念领先，技术系统及应用可持续发展。国家林业局发布了《全国林业信息化发展"十二五"规划》、《中国智慧林业发展指导意见》等文件，作为全省林业信息化的指导性纲领文件。为更加精确地把脉信息化发展趋势，应借助自身对林业信息化的全局把握以及信息化发展深厚研究实力，着重研究年度信息化发展趋势，制定年度全省林业信息化发展的重点方向的建议性文件，为林业信息化沿着信息化发展大趋势稳步推进提供详细的指导。

五、持续加大投入力度，向边远地区提供对口支援

通过观察，我们认识到当前林业信息化发展水平差异化仍未得到有效缓解。究其原因，不仅存在观念意识的重视程度不够，还存在经济及技术实力的限制；其次，就当前林业信息化整体水平而言，基础建设方面的投入增长一直较为缓慢，一定程度上约束了林业信息化的发展。下一阶段林业信息化建设需要进一步加大基础建设的投入力度，包括人力、资金、系统应用投入力度。

六、坚持"创新驱动发展"战略，提升自主创新能力

信息化建设的主要主题是新技术融合，林业信息化亦需要不断吸纳融合信息化新技术。从本次评测结果可以看出，新技术的融合以及技术的自主创新成为评测结果得分率最低的指标，成为当前林业信息化的薄弱环节。下一阶段林业信息化的发展需要着重加强新

技术的融合，保持林业信息化系统的持续发展；其次，党的十八大明确提出“科技创新是提高社会生产力和综合国力的战略支撑，必须摆在国家发展全局的核心位置”。“创新驱动发展”已上升为国家发展战略，各单位应立足当前实际，开拓创新，不断提高自主创新能力。

七、重点强调信息化应用，突出林业信息化效益

“改造优化林业建设流程，提升林业发展的效益”是林业信息化发展最终落脚点。当前林业信息化经过多年的发展已奠定了初步基础，已具备部分应用的能力。下一阶段应更加重视林业信息化应用，不仅是针对传统林业建设的优化改造，还要针对衍生全新的林业产业或林业建设系统的优化改造。我们要不断提高林业信息化的经济效益、生态效益以及社会效益，使林业信息化建设逐步向效益提升阶段迈进，扩展林业信息化的广阔前景。

2013年河南省林业网站绩效评测报告

摘 要

全省林业网站的绩效评估工作将为以后林业系统网站建设的良性循环和跨越发展提供有力支撑。本报告秉持“客观、科学、公平、公正”的原则，通过设置科学的评估指标，采取人工测评法、同一指标平行测试、用户体验法、调查法、等评估方法，对全省林业系统10个省直管试点县林业网站、18个省辖市林业网站、11个厅直单位网站进行绩效评估。结果表明，新乡市林业局、洛阳市林业局、南阳市林业局、三门峡市林业和园林局、焦作市林业局、濮阳市林业局、周口市林业局、鹤壁市林业局、许昌市林业局、济源市林业局10个单位被评为省辖市林业十佳网站；永城市林业局、鹿邑县林业局、长垣县林业局被评为省直管试点县林业局三佳网站；河南省林业调查规划院、河南省林业产业发展中心、经济林和林木种苗工作站等3个网站被评为厅直单位三佳网站。通过分析评估结果，点评优秀网站，提出网站发展建议，为林业系统网站管理建设提供依据和思路。

引 言

门户网站已经成为各林业单位发布政府信息、提供在线服务、与公众互动交流的重要平台和窗口，在提高办事效率、提升林业信息化程度等方面发挥了重要作用。

“十二五”是电子政务发展的关键时期，电子政务未来的发展趋势可以概括为五个方面：

整合：对已有电子政务系统深入整合，实现重点业务领域的跨部门协同。

互联：克服条块分割、破除信息孤岛，加快实现互联互通。

共享：在整合、互联基础上，提高信息资源的共享水平。

重构：结合政府组织体系的调整，重构一些重大的综合性应用项目。

效率：结合物联网、云计算等新一代信息技术的发展，提高电子政务的应用服务水平和资金使用效率。

为认真贯彻落实全国林业信息化工作会议精神及“十二五”期间电子政务发展规划，进一步提升河南省林业信息化建设和管理水平，实现以评促建、以评促用，河南省林业厅组织对2013年河南省各地网站建设与运行维护情况进行全面绩效评测。

主要结论

本次评估对全省林业网站建设现状与服务水平展开了较为全面的评价，对林业网站取得的成绩和存在的问题进行了客观分析，主要表现在以下几个方面：

一、总体水平处于建设阶段，厅直单位林业网站建设成为薄弱环节

根据评估结果可知，省辖市林业网站、省直管试点县林业网站、厅直单位网站的平均绩效得分分别为62.69分、56.15分、47.00分，均超过30分，步入建设阶段。厅直单位林业网站绩效水平偏低，提升空间较大。

二、省直管试点县林业网站各功能均衡发展，总体处于建设阶段

本次评估指标体系主要分为信息发布、在线服务、互动交流、用户体验、网站管理、媒体影响力六大指标。从10家参评单位来看，五大指标平均得分率分别为51.67%、32%、70.67%、76.67%、80.28%、0，除新增加的媒体影响力外，其他指标大体保持均衡发展的态势，有利于网站的可持续发展。从各单位总得分来看，50~60分的为5家。目前尚有50%的网站处于建设阶段，说明省直管试点县林业网站还有较大的提升空间，新增加的媒体影响力也需要积极建设起来。

三、省辖市林业网站处于发展及优秀阶段，但网站影响力成软肋

评估数据显示，发展阶段和优秀阶段的网站占61.11%，充分说明该类网站信息更新较为及时，各项服务向人性化方向发展，互动能力较强，网站各项应用和管理得到规范有效维护。但网站影响力指标得分率相比其他指标得分率偏低，仅为20%，说明网站多语种版本的设路，微博、微信、APP、微门户等新媒体应用，无障碍设计等已成为制约该类网站影响力的主要因素。

四、厅直单位林业网站管理工作到位，但网站成效不显著

在本次参与评估的11家厅直单位林业网站中，从各功能指标得分情况来看，网站管

理指标得分最高，平均得分为 15.45 分（满分 22 分），得分率为 70.25%。说明该类网站在领导小组、工作机制、配备人员、职责完成情况、信息报送、职责配合等领域均投入足够的资源。但网站的投入与成效并未平行发展，从在线服务指标、互动交流指标来看，办事指南、渠道设立、反馈情况等在宣传推介林业部门、提供公共服务、搭建政企政民沟通平台等方面发挥着积极作用，但得分率却比较低，未达到及格水平，说明厅直单位林业网站的在线服务、互动交流力度不强，网站的建设成效尚未得到有效发挥。

表 1　2013 年全省林业网站绩效评估得分排名（前 10 名）

（1）省辖市林业（农业）局综合得分排名表（前 10 名）

排名	单位名称	信息发布	在线服务	互动交流	用户体验	媒体影响力	网站管理	总得分
	权重	30	20	15	12	5	18	100
1	新乡市	24.0	19.0	15	10.65	0	11.0	79.65
2	洛阳市	24.0	13.0	9	9.80	3	16.0	74.80
3	南阳市	18.5	14.0	13	10.10	0	15.0	70.60
4	三门峡市	20.0	15.0	9	9.80	0	15.0	68.8
5	焦作市	18.0	15.0	10	8.55	0	15.0	66.55
6	濮阳市	16.0	12.0	10	10.40	3	15.0	66.40
7	周口市	20.5	11.5	8	10.10	0	16.0	66.10
8	鹤壁市	14.5	15.0	8	9.80	3	15.0	65.30
9	许昌市	18.0	11.5	9	10.05	3	13.5	65.05
10	济源市	22.0	7.0	8	9.80	0	16.0	62.80

（2）省直管试点县（市）林业（农业）局综合得分排名表（前 10 名）

排名	单位名称	信息发布	在线服务	互动交流	用户体验	媒体影响力	网站管理	总得分
	权重	30	20	15	12	5	18	100
1	永城市	17.0	12.5	13	8.8	0	15.5	66.8
2	鹿邑县	20.0	11.5	10	8.8	0	15.5	65.8
3	长垣县	17.0	9.0	14	9.8	0	15.0	64.8
4	巩义市	23.0	3.0	10	9.8	0	18.0	63.8
5	汝州市	17.0	8.0	10	9.8	0	15.5	60.3
6	固始县	17.0	8.0	9	9.8	0	15.0	58.8
7	邓州市	12.5	3.0	10	8.8	0	15	49.3
8	兰考县	10.5	3.0	10	8.8	0	13	45.3
9	新蔡县	10.5	3.0	10	8.8	0	12	44.3
10	滑县	10.5	3.0	10	8.8	0	10	42.3

(3)厅直单位综合得分排名表(前10名)

总得分	单位名称	信息发布	在线服务	互动交流	用户体验	媒体影响力	网站管理
	权重	49	6	10	13	22	100
1	河南省林业调查规划院	33.0	2	0	10	16	61.0
2	河南省林业产业发展中心	27.0	2	0	10	16	55.0
3	经济林和林木种苗工作站	24.5	4	0	5	16	49.5
4	河南省林业技术推广站	23.0	0	0	10	16	49.0
5	河南省林业科学研究院	23.5	0	0	8	17	48.5
6	河南省森林航空消防站	26.0	0	0	6	16	48.0
7	河南省野生动物救护中心	22.5	0	0	8	16	46.5
8	河南省森林病虫害防治检疫站	17.5	4	0	8	16	45.5
9	退耕还林和天然林保护中心	17.5	2	0	6	17	42.5
10	河南省林业学校	16.5	0	0	6	16	38.5

第一章　评估说明

一、评估范围

2013年度河南省林业厅参加林业网站绩效评测的单位共40个，包括省直管试点县(市)林业(农林)局10个，省辖市林业(农业)局18个，厅直单位11个，具体评估范围见表2：

表2　2013年全省林业网站评估范围表

类别	单位名称
省辖市林业(农业)局　(18个)	郑州市林业局、开封市农林局、洛阳市林业局、平顶山市林业局、安阳市林业局、鹤壁市林业局、新乡市林业局、焦作市林业局、濮阳市林业局、许昌市林业局、漯河市林业和园林局、三门峡市林业和园林局、商丘市林业局、周口市林业局、驻马店市林业局、南阳市林业局、信阳市林业局、济源市林业局

（续）

类别	单位名称
省直管试点县（市）林业（农业）局（10 个）	巩义市林业局、兰考县林业局、汝州市林业局、长垣县林业局、邓州市林业局、永城林业局、固始县林业局、鹿邑县林业局、新蔡县林业局、滑县林业局
厅直单位（11 个）	河南省林业调查规划院、河南省林业科学研究院、河南省林业学校、经济林和林木种苗工作站、河南省森林病虫害防治检疫站、河南省林业技术推广站、退耕还林和天然林保护中心、河南省林业产业发展中心、河南省野生动物救护中心、河南省林业厅机关服务中心、河南省森林航空消防站

二、评估方法

人工测评法：根据专家制定的指标体系，评估人员模拟网站用户登录，根据网站内容采集相关数据。采用分组交叉评估模式，按功能模块对网站同一时段采样。

同一指标平行测试：每项指标由同一个人负责，并在同一个时间段内完成数据的采集工作，确保每项指标评估标准和评分尺度、数据采集时间相同。

用户体验法：由评估人员登录网站，对相关功能进行实际体验。

调查法：设计调查问卷，获取组织领导、人员保障、网站访问量、安全管理等数据。

三、评估流程

前期准备与评估执行时间从 2014 年 3 月起至 2014 年 5 月结束，具体安排如下：

指标设计：制订绩效评估指标体系并征求意见，完善指标体系及发布（3 月）；

调研阶段：对各参评单位下发调查问卷，并做好各单位调查问卷的数据统计分析工作（3 月）；

评估打分：根据评估指标体系，对各参评网站评估打分，形成得分明细表（3 月）；

添加数据：根据调研的统计结果，添加领导组织、制度建设、安全管理等调查数据（4 月）；

综合分析：汇总分析数据，撰写评估总报告（5 月）。

四、评估指标

本次共设计了两套指标体系，分别为：省辖市和省直管试点县林业网站评估指标、厅直单位林业网站评估指标。在尊重现实、适度超前方针的指导下，在坚持客观、公正原则的基础上，运用专业评估工具，着重体现林业行业特征和网站的应用绩效，结合参评网站建设现状及未来政府网站发展趋势，制定 2013 年全省林业网站 2 套评估指标体系。2 套指标体系主要从网站内容的全面性、及时性、服务性、交互性以及行业要求等方面考察网站的应用绩效。

（一）省辖市、省直管试点县（市）林业（农林）局网站评估指标

一级指标	二级指标	三级指标	指标说明	分值
信息发布 30分	信息公开规范化	公开指南	本单位信息公开指南及制定情况	1
		公开目录	是否按照《政府信息公开目录系统实施指引》（试行）中的有关要求建设。是否通过目录能访问到相关内容	2
		公开年度报告	是否发布本年度信息公开报告	1
	工作信息	规划计划	提供本单位“十二五”规划、本年度作计划及上年度工作总结等信息	3
		统计信息	发布与本单位相关的统计信息	2
	动态信息	工作动态	工作动态信息要素完整，包括标题、正文、来源或作者、发布日期；信息发布的时效性强，在3个工作日内发布	5
		通知公告	通知公告的信息要素齐全，包括标题、正文、发布机构、发布日期；信息时效性强，在5个工作日内发布	4
		专题建设	结合本地当前林业重点工作开展专题专栏，并对专题内容定期更新，采用图片或视频等多种形式呈现	5
	信息加载	信息更新量	年度信息更新总量。	5
		信息更新频度	网站信息更新频度，包括多少天更新1次，每次更新多少条	2
在线服务 20分	办事服务	服务整合	将办事指南、表格下载、在线申报、结果反馈等流程进行全面整合	5
		功能可用性	网上办事服务中提供的表格下载、在线申报、结果反馈等功能可用	5
	公共服务	科普知识	提供林业科教类科普知识，且内容丰富	5
		专业服务	提供生态建设、森林旅游、林业产业等服务内容	5
互动交流 15分	信箱渠道	领导信箱	提供用户上传信息、发表意见、在线咨询、投诉等咨询渠道，且渠道可用性强	5
	其他渠道	民意征集	提供在线调查（网上调查）、意见征集、在线访谈等其他互动渠道，且渠道可用性强	5
	结果反馈	时效性	对公众提交的信件进行及时回复	2
		有效性	回复质量高，能解决用户问题	3

（续）

一级指标	二级指标	三级指标	指标说明	分值
用户体验 12分	日均访问量	——	网站日均访问数量	2
	搜索功能	——	是否提供全文和关键字检索；是否提供高级检索	2
	导航链接	——	提供站点地图、栏目导航、林业系统上下级单位网站的链接	1
	网站可用性	——	网站内容显示正常，功能可正常使用，无错链、空链等	1
	首页布局	——	首页布局合理，是否达到3次点击即可定位查询内容，且页面简洁、美观、大方，特色突出	2
	栏目设置	——	栏目划分清晰合理，便于公众快捷获取所需内容	1
	信息呈现形式	——	采用多种信息组织形式，使政府网站的设计更丰富多彩，如具有视频、图片新闻、电子地图等，功能应用效果较好	1
	标识规范	——	提供的网站域名、政府邮箱、网站群标识符合政府网站建设与管理规范，网站群标识可准确链接	1
	辅助信息	——	提供网站维护单位及联系方式，对隐私安全、版权保护进行申明	1
媒体影响力 5分	——	——	提供移动电子政务服务或其他的新服务功能，如微博、微信、APP、微门户、无障碍浏览等	5
网站管理 18分	组织领导	领导小组	设置由本单位主要领导担任组长的网站管理领导小组	2
		管理人员	设置网站管理、内容保障、运行维护等岗位	2
	制度建设	管理制度	网站管理制度的制定情况	2
		内容保障制度	内容保障制度的制定情况	2
	安全管理	访问检查	定期检查网站页面访问情况	2
		内容审核	有专人进行内容审核、有保密检查	2
	对主站的贡献	信息报送	以省林业厅主站的信息采用情况为依据	3
		职责配合	对主站在线服务和访谈直播活动的支持情况，领导活动的配合情况	3
合计				100

（二）厅直单位林业网站评估指标

一级指标	二级指标	三级指标	指标说明	分值
信息发布 49 分	机构设置	领导简介	是否发布本单位主要领导姓名、工作简历、工作分工等信息	3
		组织机构	发布本单位职能、机构设置等信息，包括内设机构或下属单位名称、职能、联系方式等信息	3
	信息加载	通知公告	及时发布本单位各种通知公告，信息要素齐全，包括标题、正文、发布机构、发布日期	3
		业务信息	本单位业务信息发布的全面性和发布质量，如领导讲话、各业务类别信息等	5
		信息发布总量	信息加载总体数量	7
		信息更新频度	包括多少天更新 1 次，每次更新多少条	4
		信息发布时效	动态类信息在信息生成后 5 个工作日内发布	3
	热点专题	专题建设	围绕会议、活动、部门职责等建立的专题栏目的丰富度，专题内容及质量	6
		专题更新	热点专题栏目的内容更新情况	3
	法规政策	法规政策	发布有关法律法规和本单位的有关文件	3
		政策解读	网站对有关政策制度的解读情况	3
	规划计划	发展规划	发布本单位制定的相关规划	2
		工作计划	发布本单位年度、专项工作计划及执行情况	2
	项目成果	成果展示	对单位业务成果的展示情况	2
在线服务 6 分	办事指南	业务办理	是否提供办事指南、表格下载、在线申报等	6
互动交流 10 分	渠道设立	——	是否提供在线咨询、留言或网上调查等渠道	5
	反馈情况	——	是否对以往咨询、留言的回复情况进行公示	5
用户体验 13 分	日均访问量	——	网站日均访问情况及变化	5
	信息呈现形式	——	采用多种信息组织形式，如具有视频、图片新闻等形式实现信息的发布	4
	网站可用性	——	网站栏目设置科学合理，信息内容编排整齐，网页内容、图片显示正常，无错链、空链等	4
网站管理 22 分	组织领导	领导小组	设置网站管理领导小组，由本单位主要领导担任组长	3
		工作机制	对部门的信息采集报送和发布明确具体流程	3
	人员保障	配备人员	配备专职或兼职管理人员 2 名以上	2
		职责完成情况	按照《河南林业信息网管理办法》职责分工完成主站和子站相应职责	3

（续）

一级指标	二级指标	三级指标	指标说明	分值
	对主站的贡献	信息报送	以省林业厅主站的信息采用情况为依据	6
		职责配合	对主站在线服务和访谈直播活动的支持情况，领导活动的配合情况	5
合计				100

第二章 全省林业网站绩效评估整体结果分析

一、整体平均得分分析

对省辖市、省直管试点县(市)林业(农林)局网站、厅直单位林业网站等共39个网站采用打分模式进行绩效评估(图1)，省辖市林业网站平均绩效为62.69分，省直管试点县林业网站平均绩效为56.15分，厅直单位林业网站平均绩效为47.00分。可见，全省林业网站整体水平仍需继续提升，需强化支撑队伍、健全保障措施，提高对林业网站建设的重视程度。

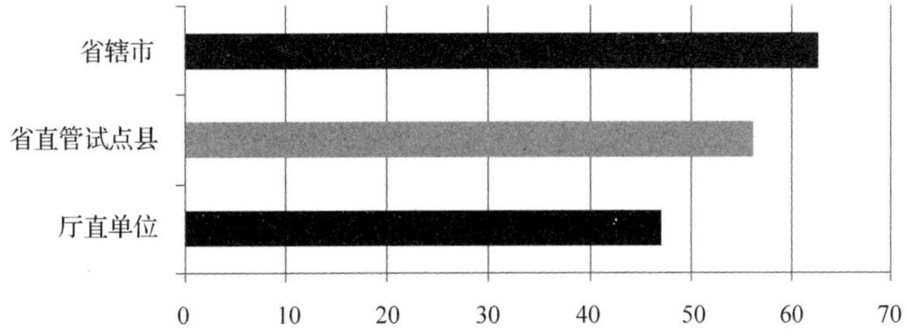

	厅直单位	省直管试点县	省辖市
■ 平均绩效	47.00	56.15	62.69

图1 2013年全省林业网站平均绩效得分分析图

从图2得知，信息发布指标得分率最高为省辖市林业网站，得分率为59.35%，说明省辖市林业网站重视政府信息的发布工作，信息发布力度较大；厅直单位网站信息发布指标得分相对较低，得分率为46.47%，说明厅直单位网站信息发布还有较大提升空间；在线服务是制约各类网站发展的短板，得分率最高为省辖市林业网站仅为59.86%，说明省辖市林业网站在线服务能力相对突出，但还有较大的整合、深化空间；互动交流指标得分率最高为省直管试点县林业网站，得分率为70.67%，目前尚有部分单位未设立相关互动渠道，而设立互动渠道的单位不能及时有效的维护；网站管理指标得分率最高为省直管试点县林业网站，得分率为 80.28%；用户体验指标省辖市林业网站得分率最高，得分率为 79.79%，说明省辖市林业网站信息呈现丰富，且网站可用性较强；网站影响力指标得分率普遍不高，说明各单位网站在多语种设路新媒体应用、无障碍设计等应用上还较为薄弱，缺乏足够的重视。

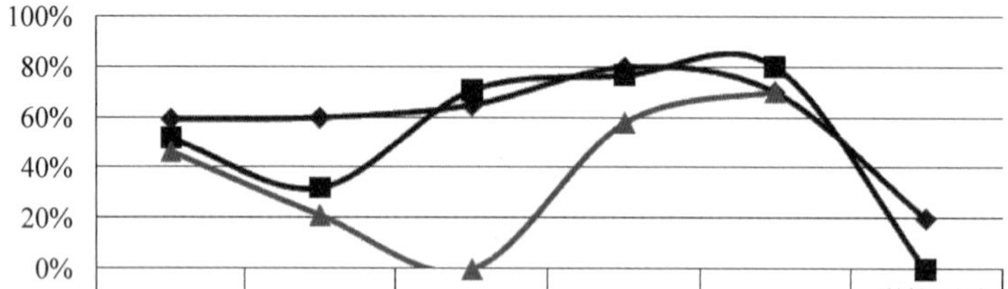

	信息发布	在线服务	互动交流	用户体验	网站管理	媒体影响力
省辖市	59.35%	59.86%	64.81%	79.79%	70.06%	20%
省直管试点县	51.67%	32.00%	70.67%	76.67%	80.28%	0
厅直单位	46.47%	21.21%	0	58.04%	70.25%	

图 2　2013 年全省林业网站不同功能指标对比分析图

二、整体网站发展阶段分析

（一）发展阶段特征分析

本次评估引入阶段性指标作为定性评估指标，通过定量与定性分析相结合的评估方法，客观、科学地对林业系统网站进行评估，以期对日后各类林业网站的发展和电子政务建设起到积极作用。定性指标包括五个发展层次，即为起步阶段(0≤绩效＜30)、建设阶段(30≤绩效＜60)、发展阶段(60≤绩效＜75)、优秀阶段(75≤绩效＜90)、卓越阶段(90≤绩效≤100)(表 3)。

表 3　2013 年全省林业网站发展阶段特征表

发展阶段	网站数量	所占比例	网站特征
卓越阶段 (90 分以上)	0	0	有内容——更新及时、原创比例大、信息价值高； 有服务——整合程度高、服务一体化、易用性好； 有人气——访问量大、使用率高、有固定用户群； 有品牌——基于自身业务形成用户欢迎的平台； 可持续发展——信息高度共享、业务协同力强、持续保持领先、应用不断创新。
优秀阶段 (75～90 分)	1	2.56%	有风格——网站定位准确、风格成型、鲜明，服务包容性强； 有内容——更新及时、信息量大； 有服务——服务趋于集成化、人性化； 有互动——后台形成整合处理机制，信件处理能力强； 有创新——具有地域或行业特色的服务栏目与功能。

（续）

发展阶段	网站数量	所占比例	网站特征
发展阶段（60～75 分）	16	41.03%	有维护——网站各项应用和管理得到规范有效维护； 有内容——网站动态信息量较大； 有服务——在线办事能力已得到体现； 有互动——建立互动渠道但形式单一、处理能力不强。
建设阶段（30～60 分）	22	56.41%	有信息——信息发布为主要表现形式，但更新量小； 有服务——以信息服务为主，服务的广度、深度不够； 有渠道——开通互动交流渠道，但互动效果差。
起步阶段（30 分以下）	0	0	有网页——网上已有站点，但林业网站特征不明显； 有信息——以静态信息为主要内容，更新缓慢。
合计	39	100%	

参评的 39 个全省林业网站，主要集中在发展阶段和建设阶段，所占比例分别为 41.03% 和 56.41%，处于优秀阶段所占比例为 2.56%，目前尚未有网站停留在“起步阶段”及步入“卓越阶段”。建议发展水平处于较低的网站应紧跟林业信息化发展步伐，加大对网站建设的重视程度，采取相关改善措施，积极向优秀及卓越阶段靠拢。

（二）发展阶段对比分析

对各类网站的发展阶段进行对比分析（图 3），处于建设阶段的主要是市县级林业网站与司局和直属单位子站，占比分别为 57.89%、51.06%；处于发展阶段的主要是专题子站，占比 66.67%；处于优秀阶段的主要是省（区、市）林业网站，占比为 36.59%；没有网站进入卓越阶段或停留在起步阶段。从整体上看，48.57% 处于发展阶段，34.29% 处于建设阶段，17.14% 处于优秀阶段。结果说明，全国林业各类网站发展存在“鸿沟”，不同政府机构群体在对网站建设的认识程度和工作方法上存在一定差距。

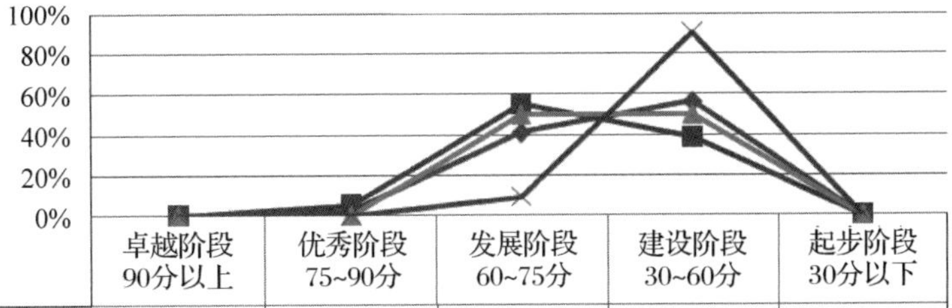

	卓越阶段 90分以上	优秀阶段 75~90分	发展阶段 60~75分	建设阶段 30~60分	起步阶段 30分以下
整体	0	2.56%	41.03%	56.41%	0
省辖市	0	5.56%	55.56%	38.88%	0
省直管试点县	0	0	50.00%	50.00%	0
厅直单位	0	0	9.10%	90.90%	0

图 3　2013 年全省林业网站发展阶段对比分析图

第三章　省辖市林业网站评估结果分析

一、整体得分分析

(一)评估得分分析

18个省辖市林业网站整体平均绩效得分为62.69分(表4)。新乡市林业网站总得分为79.65分，在省辖市林业网站中位居榜首；同时，洛阳市林业局网站、南阳市业局网站的总得分达到了70分以上。但仍有7个网站未达到及格水平，比例为38.88%；最低分(32.3分)与最高分(79.65分)相差近2.5倍。由此看出，省辖市林业网站整体建设水平参差不齐，应从信息发布、在线服务、互动交流、用户体验等各方面加强网站建设力度，提高网站的整体绩效水平。

表4　2013年省辖市林业网站评估综合排名表

单位名称	2013年排名	2013年得分	信息发布30分	在线服务20分	互动交流15分	用户体验12分	媒体影响力5分	网站管理18分
新乡市	1	79.65	24.0	19.0	15	10.65	0	11.0
洛阳市	2	74.80	24.0	13.0	9	9.80	3	16.0
南阳市	3	70.60	18.5	14.0	13	10.10	0	15.0
三门峡市	4	68.80	20.0	15.0	9	9.80	0	15.0
焦作市	5	66.55	18.0	15.0	10	8.55	0	15.0
濮阳市	6	66.40	16.0	12.0	10	10.40	3	15.0
周口市	7	66.10	20.5	11.5	8	10.10	0	16.0
鹤壁市	8	65.30	14.5	15.0	8	9.80	3	15.0
许昌市	9	65.05	18.0	11.5	9	10.05	3	13.5
济源市	10	62.80	22.0	7.0	8	9.80	0	16.0
安阳市	11	61.60	21.5	13.0	9	10.10	0	8.0
信阳市	12	59.30	18.0	6.5	9	9.80	3	13.0
郑州市	13	59.10	17.5	8.5	8	9.10	0	16.0
漯河市	14	58.80	14.5	11.5	9	8.80	0	15.0
平顶山市	15	57.80	13.5	12.0	10	8.80	0	13.5
商丘市	16	56.80	15.0	12.0	9	8.80	3	9.0
开封市	17	56.60	14.5	14.0	14	9.10	0	5.0
驻马店市	18	32.30	10.5	5.0	8	8.80	0	0
平均得分		**62.69**	**17.81**	**11.97**	**9.72**	**9.58**	**1**	**12.61**
平均得分率		**62.69%**	**59.35%**	**59.86%**	**64.81%**	**79.79%**	**20%**	**70.06%**

（二）发展阶段分析

18个省辖市林业网站中，1个网站达到优秀阶段（75≤绩效<90）、10个步入发展阶段（60≤绩效<75）、7个处于建设阶段（30≤绩效<60），分别占被评单位的5.56%、55.56%、38.88%（图4）。但目前尚没有单位进入卓越阶段（90分以上），这表明省辖市林业网站提升空间依然较大，仍有相当一部分网站需要从建设、发展阶段向优秀、卓越阶段提升，各单位领导应高度重视，在资金投入、人才培养和制度建设等保障层面加强完善。

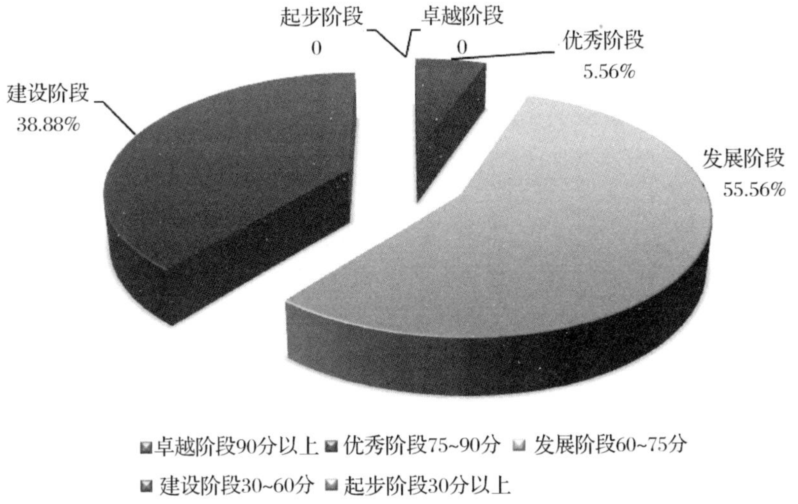

图4　2013年省辖市林业网站发展阶段图

（三）功能指标得分分析

省辖市林业网站平均绩效得分率为62.69%，从各类指标得分情况看（图5），用户体

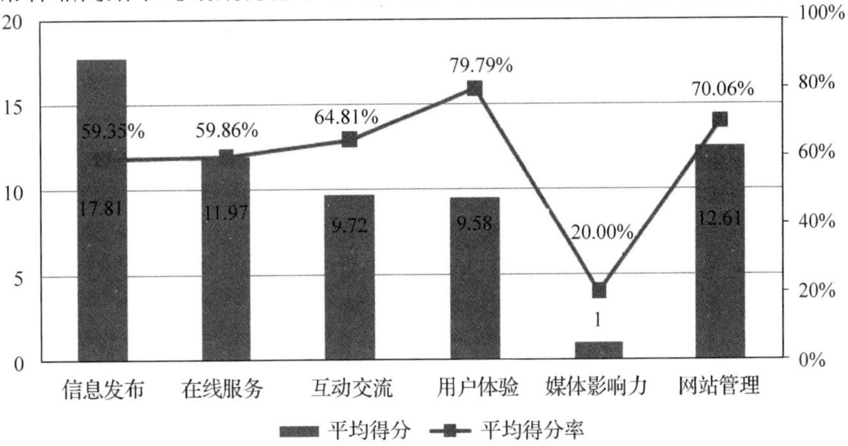

图5　2013年省辖市林业网站各类指标得分分析图

验指标平均绩效得分率为 79.79%，在 6 项指标中得分率最高；其次，网站管理、互动交流指标的平均绩效得分率分别为 70.06%、64.81%，而媒体影响力指标平均绩效得分率最低，仅为 20.00%。从整体上来看，各省辖市单位需从网站的三大功能定位入手，不断提高网站各方面的建设水平，注重网站宣传效果，从而提高网站媒体影响力。

二、省辖市林业网站各大类指标单项得分分析

（一）信息发布类指标得分分析

评估结果显示，省辖市林业网站信息发布平均得分率为 59.35%，林业信息化主管部门对网站信息发布工作较为重视。从图 6 看出，公开目录、工作动态、通知公告得分率最高，分别为 100%、87.78%、81.94%，信息更新频度得分率为 62.5%。但公开指南、公开年度报告、规划计划、统计信息、专题建设、信息更新量指标得分率均低于 60%。各单位需加强重点信息的公开力度，丰富网站内容，及时发布林业信息。

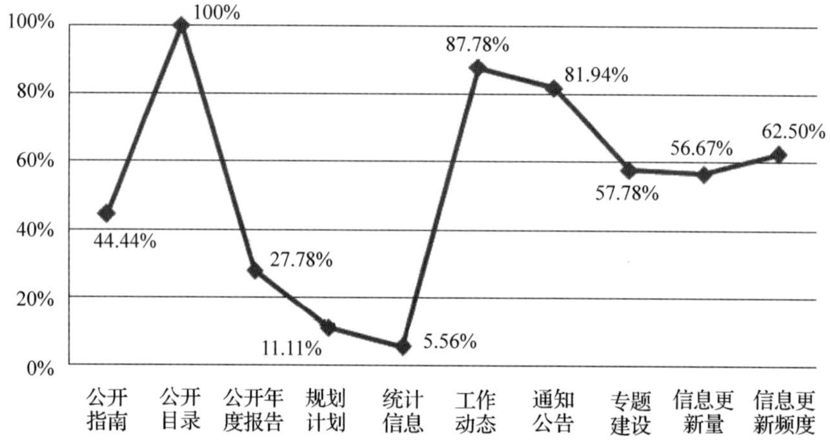

图 6　省辖市林业网站信息发布各三级指标得分分析图

（二）在线服务类指标得分分析

省辖市林业网站在线服务总体得分率为 59.86%，说明该类网站在线服务能力仍有较大的提升空间。从图 7 看出，科普知识、专业服务方面建设情况良好，得分率均在 70% 以上，但上述环节仅停留在基础服务层面。在功能可用性指标得分情况不佳，得分率在 60% 以下。因此，提高林业网站的在线服务能力首先需提高对电子政务的深刻认识及服务意识，加强资源投入与绩效考核，从根本上提高省辖市林业网站的在线服务能力。

（三）互动交流类指标得分分析

互动交流指标的权重为 15 分，平均得分为 9.72 分，平均得分率为 64.81%。从图 8

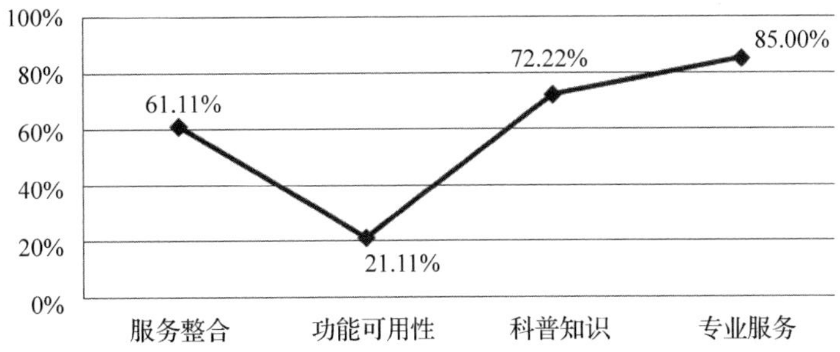

图 7　省辖市林业网站在线服务各三级指标得分分析图

看出，领导信箱、民意征集指标得分情况相对较好，均达到 75% 以上。各单位互动交流渠道建设已有一定的基础。然而，结果反馈的时效性、有效性指标得分率偏低，均不足 20%。各单位领导应高度重视互动渠道的建设，加强网站互动渠道的维护和管理，确保各互动渠道的畅通、高效，真正发挥实际作用，吸引广大民众参与，从而成为政府与民众交流的主要窗口，保障社会和谐发展。

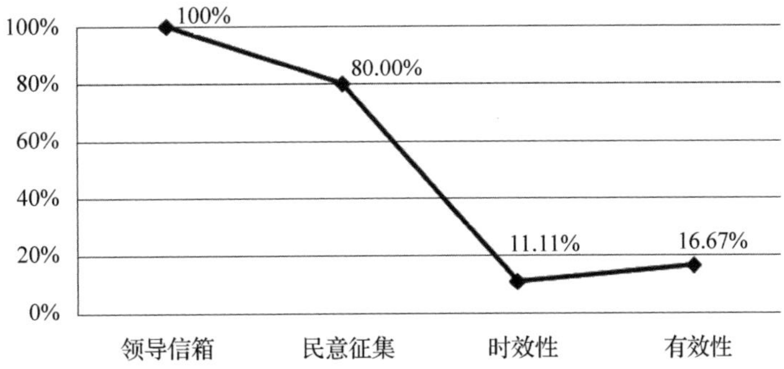

图 8　省辖市林业网站互动交流各三级指标得分分析图

(四) 用户体验类指标得分分析

省辖市林业网站的用户体验整体情况良好，除辅助信息、导航链接、信息呈现方式得分率未达到及格水平以外，各项指标得分率均超过 60%（图 9）。其中，搜索功能、首页布局、栏目设置、标识规范得分率均为 100%，日均访问量、网站可用性得分率均在 75% 以上。说明省辖市林业网站的用户体验度良好，能够在建站之初考虑从用户浏览便捷性角度出发去组织信息内容，精心设计网站功能，从而让用户获取信息变得清晰、易理解、易使用。但同时需加强用户信任体验，添加详细的隐私安全和版权保护申明等信息的发布。

(五) 媒体影响力类指标得分分析

省辖市林业网站的影响力还有待提高，指标得分情况不理想，媒体影响力得分率为

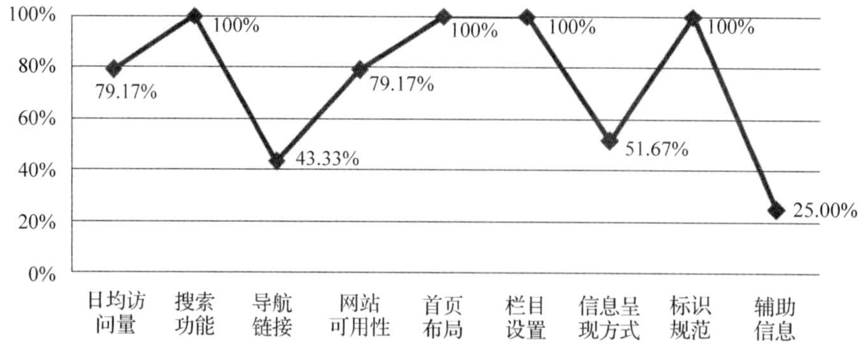

图9　省辖市林业网站用户体验各三级指标得分分析图

20%。因此，要提高省辖市林业网站影响力首先需加强网站本身的日常更新维护，从自身的区域特征、地方属性、职能特征出发发布原创性信息，同时拓展微博、微信、APP、微门户、无障碍浏览等新媒体运用，为用户获取网站信息提供更多渠道，有条件地区建立外文版，为网站能够服务更多群体及与国际交流搭建平台。

（六）网站管理类指标得分分析

省辖市林业网站在网站管理方面表现良好，总体得分率为 70.06%。评估数据显示（图10），领导小组、管理人员、管理制度、职责配合得分率均在 80% 以上，可见各单位在上述方面做了充足准备，为推进网站建设打下了坚实的基础。访问检查、内容审核等指标均表现良好，得分率均在 70% 以上，可见主管部门对网站的信息安全十分重视，且形成一整套的治理和防治措施，为网站的良好运营提供了充分保障。但是内容保障制度、信息报送指标得分率比较低，分别为 58.33%、20.37%，各单位应加强内容保障制度建设和对省林业网信息的报送，并提高报送信息的质量，为全省林业网的建设贡献力量。

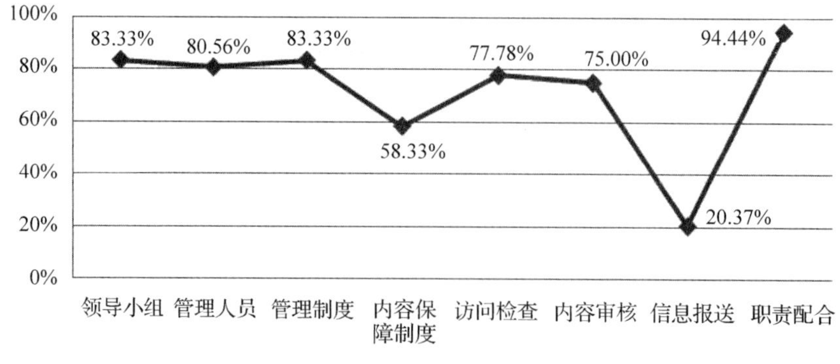

图10　省辖市林业网站网站管理各三级指标得分分析图

第四章　厅直单位林业网站评估结果分析

一、整体得分分析

（一）评估得分分析

从表5来看，河南省林业调查规划院网站综合排名位居首位（得分61.0分），其次是河南省林业产业发展中心（得分55.0分），经济林和林木种苗工作站（得分49.5分）。但从本次评估结果来看，最低得分为33.5分，最高总得分与最低总得分相差27.5分，说明厅直单位林业网站建设的两极分化依然明显，各单位应该加强对林业网站建设的重视，整体推进全省林业网站朝着全面均衡、科学可持续性的方向发展。

表5　2013年厅直单位林业网站评估综合排名

单位名称	2013年排名	2013年得分	信息发布49分	在线服务6分	互动交流10分	用户体验13分	网站管理22分
河南省林业调查规划院	1	61.0	33.0	2	0	10	16
河南省林业产业发展中心	2	55.0	27.0	2	0	10	16
经济林和林木种苗工作站	3	49.5	24.5	4	0	5	16
河南省林业技术推广站	4	49.0	23.0	0	0	10	16
河南省林业科学研究院	5	48.5	23.5	0	0	8	17
河南省森林航空消防站	6	48.0	26.0	0	0	6	16
河南省野生动物救护中心	7	46.5	22.5	0	0	8	16
河南省森林病虫害防治检疫站	8	45.5	17.5	4	0	8	16
退耕还林和天然林保护中心	9	42.5	17.5	2	0	6	17
河南省林业学校	10	38.5	16.5	0	0	6	16
河南省林业厅机关服务中心	11	33.5	19.5	0	0	6	8
平均得分		**47**	**22.77**	**1.27**	**0**	**7.55**	**15.45**
平均得分率		**47.00%**	**46.47%**	**21.21%**	**0**	**58.00%**	**70.23%**

（二）发展阶段分析

据图11可以看出，厅直单位均已跨过“起步阶段”。其中，90.1%处于“建设阶段”，9.1%处于“发展阶段”，尚未有网站步入“优秀阶段”。参评11个网站中，优秀阶段（75≤绩效<90）0个，发展阶段（60≤绩效<75）1个，相比2012年增加了1个，建设阶段（30≤绩效<60）10个。说明厅直单位林业网站建设目前主要集中在建设阶段，整体水平仍有

很大的提升空间，各单位应从政府网站三大功能定位（信息发布、在线服务、互动交流）入手，不断提高网站建设水平。

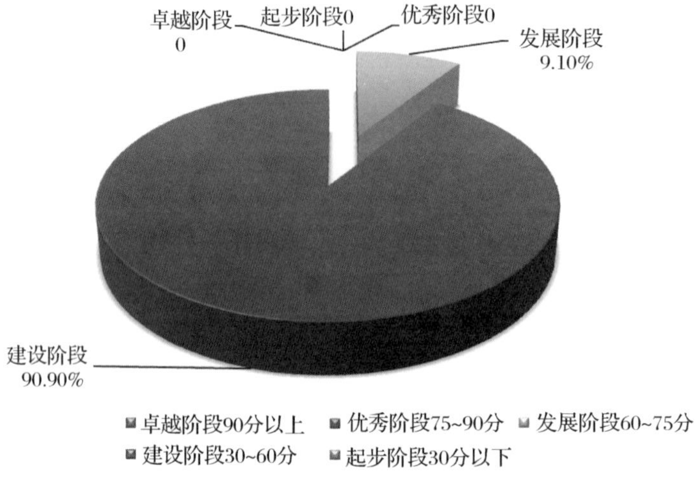

图 11　2013 年厅直单位林业网站发展阶段图

（三）功能指标得分分析

从图 12 可以看出，厅直单位林业网站整体平均绩效得分率为 47%。其中，网站管理指标的得分率最高，为 70.23%，用户体验指标次之，为 58.00%，随后是信息发布指标，得分率为 46.47%，在线服务指标得分率为 21.21%，互动交流得分率为 0。由此反映出对在线办事重视程度不够，应当加强服务力度；各单位应及时设置互动交流栏目，完善政府网站职能。

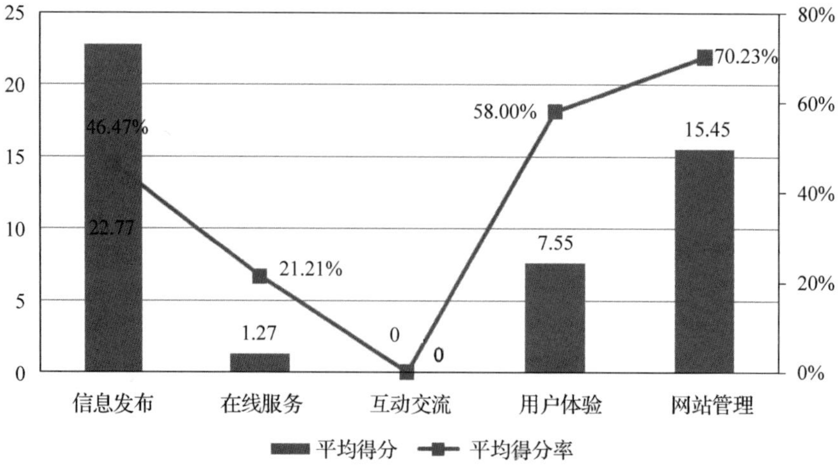

图 12　2013 年厅直单位林业网站各类指标得分分析图

二、各大类指标单项得分分析

(一)信息发布类指标得分分析

厅直单位林业网站信息发布指标的平均绩效得分为 22.77 分(满分为 49 分)，平均绩效得分率为 46.47%。考核的 14 个三级指标中，厅直单位林业网站的领导简介、通知公告、业务信息、信息发布时效、法规政策、成果展示的得分率较高，分别为 93.94%、100%、76.36%、87.88%、86.36%、72.73%，可见该类网站的业务信息发布及时(图 13)。其他 8 项指标平均得分率较低，其中组织结构得分率为 54.55%，信息发布总量得分率为 40.26%，信息更新频度得分率为 27.27%。此外，专题建设、专题更新、政策解读、发展规划、工作计划平均得分率均跌至 20% 以下，分别为 9.1%、0%、0%、18.18%、0%。由此可知，厅直单位林业网站需加强专题建设，对专题建设内容进行及时更新；增设政策解读栏目，对相关政策内容进行解析；明确列出本单位发展规划和工作计划等内容。

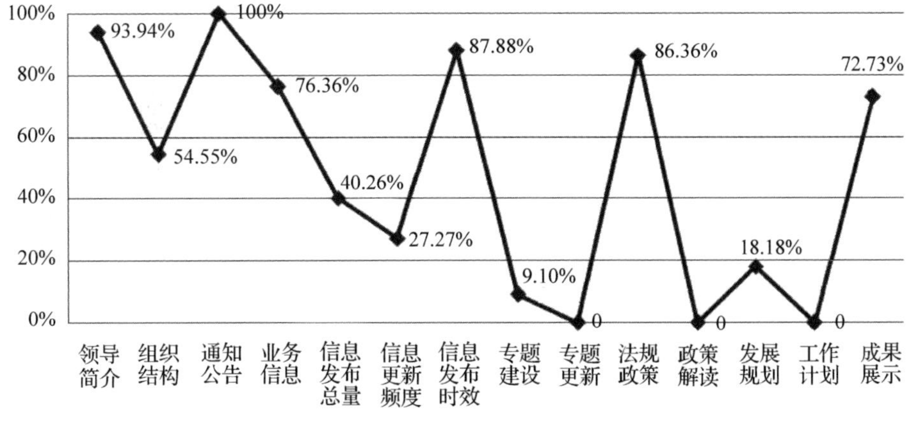

图 13　厅直单位林业网站信息发布各三级指标得分分析图

(二)在线服务类指标得分分析

厅直单位林业网站在线服务指标的平均绩效得分为 1.27 分(满分为 6 分)，平均绩效不足 50%，该类网站需不断加强网站在线服务的建设力度，完善在线服务功能。从数据可以看出，各单位网站的业务办理中的办事指南、表格下载、在线申报等服务覆盖率不高，仅部分网站提供了基础服务，多数网站存在办事指南不完整、缺失表格下载功能、在线申报渠道不畅通等问题。建议该类网站以建设服务性网站为宗旨，为有需求的民众提供相关事项的在线办理服务，真正体现林业网站的社会价值。

（三）互动交流类指标得分分析

厅直单位林业网站尚未建立互动交流栏目。建议该类单位网站能及时建立互动交流栏目，对民众提供在线咨询、投诉等互动渠道，实现民众在线提交信件，对信件及时有效回复与反馈；设置多样化的互动渠道，如网上调查、民意征集等，为林业网站决策提供民意参考。

（四）用户体验类指标得分分析

用户体验得分率相对较高，平均绩效得分率为 58%。从图 14 看出，网站可用性指标得分率较高，达到 75%；其次为日均访问量，得分率为 50.91%；信息呈现形式得分率为 50%。可见，网站栏目设置较为合理，信息内容编排整齐，网页内容与图片基本显示正常，错误链接、空链接情况较少，网站后台技术支持能够基本满足网站的功能需求。但该类网站的信息呈现形式需要不断丰富，访问量需要快速提升。建议网站能够采用视频、图片等形式展现信息，提升林业网站形象的同时，为浏览者带来更便捷、更愉悦的上网体验，吸引更多用户使用林业网站的服务。

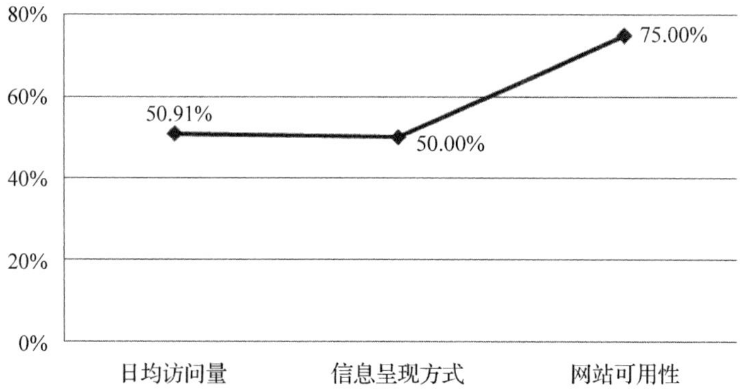

图 14　厅直单位林业网站用户体验各三级指标得分分析图

（五）网站管理类指标得分分析

厅直单位林业网站在网站管理方面表现良好，总体得分率为 70.23%。根据评估数据显示（图 15），领导小组、工作机制、配备人员、职责完成情况、职责配合指标得分率均达到 90% 以上，厅直单位林业网站在人才投入、领导班子建设、工作机制完善方面做了充足的准备，为推进网站建设打下了坚实的基础。职责完成情况得分率为 90.91%，说明人员队伍基本能够根据自身职责完成相应工作，但各单位应尽最大努力，保证 100% 完成自身工作。信息报送是体现对省林业网主站贡献的一项指标，得分率仅分别为 3%，各单位对主站支持的力度不足，报送信息的积极性不高。河南省林业厅网站是全省林业局政府网的主站，支持力度的强弱直接影响全省林业网的整体水平，因此，需要引起各单位高度重视。

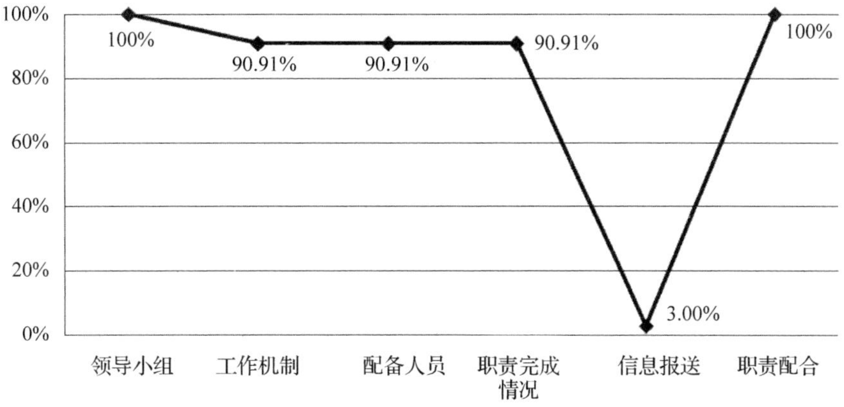

图 15　厅直单位林业网站管理各三级指标得分分析图

第五章　省直管试点县林业网站评估结果分析

一、省直管试点县林业网站整体得分分析

(一)评估得分分析

评估的 10 家省直管试点县林业网站中，永城市林业局以 66. 8 分位居第一，鹿邑县林业局、长垣县林业局分列第二、三位。从总体来看，10 家单位有 5 家单位高于 60 分，低于及格水平的单位有 5 家，得分最低的单位与排名第一的相差 24. 5 分，差距较大。可见省直管试点县林业网站建设整体走向发展阶段，但两级分化较为明显，仍有一部分网站水平较低，提升空间较大(表 6)。

表 6　2013 年省直管试点县林业网站评估综合排名表

单位名称	2013 年排名	2013 年得分	信息发布 30 分	在线服务 20 分	互动交流 15 分	用户体验 12 分	媒体影响力 5 分	网站管理 18 分
永城市	1	66. 8	17. 0	12. 5	13	8. 8	0	15. 5
鹿邑县	2	65. 8	20. 0	11. 5	10	8. 8	0	15. 5
长垣县	3	64. 8	17. 0	9. 0	14	9. 8	0	15. 0
巩义市	4	63. 8	23. 0	3. 0	10	9. 8	0	18. 0
汝州市	5	60. 3	17. 0	8. 0	10	9. 8	0	15. 5
固始县	6	58. 8	17. 0	8. 0	9	9. 8	0	15. 0
邓州市	7	49. 3	12. 5	3. 0	10	8. 8	0	15. 0

（续）

单位名称	2013年排名	2013年得分	信息发布30分	在线服务20分	互动交流15分	用户体验12分	媒体影响力5分	网站管理18分
兰考县	8	45.3	10.5	3.0	10	8.8	0	13.0
新蔡县	9	44.3	10.5	3.0	10	8.8	0	12.0
滑县	10	42.3	10.5	3.0	10	8.8	0	10.0
平均得分		**56.15**	**15.5**	**6.4**	**10.6**	**9.2**	**0**	**14.45**
平均得分率		**56.15%**	**51.67%**	**32.00%**	**70.67%**	**76.67%**	**0**	**80.28%**

（二）发展阶段分析

10个省直管试点县林业网站中，5个网站达到发展阶段(60～75分)、5个网站处于建设阶段(30～60分)，分别占被评单位的50%、50%，但未有网站步入优秀阶段（图16）。这表明省直管试点县林业网站的发展整体比较均衡，但仍有相当一部分网站需要从建设、发展阶段向优秀、卓越阶段提升。为此，各单位应加强在资金投入、人才培养和制度保障上的建设力度。

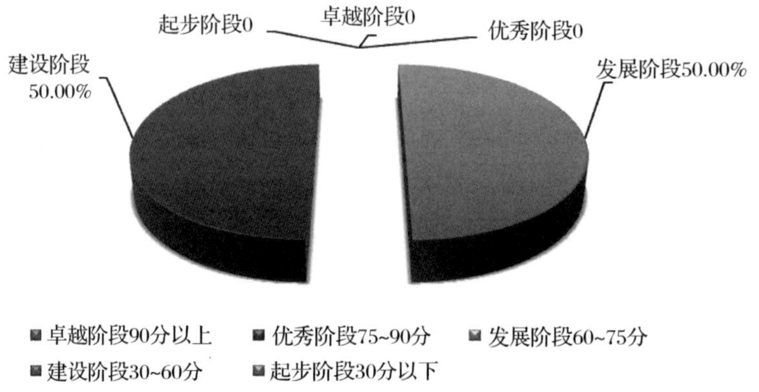

图16　2013年省直管试点县林业网站发展阶段图

（二）功能指标得分分析

在各大功能指标中，网站管理指标得分率最高，达到了80.28%（图17）；其次是用户体验和互动交流指标，得分率分别为76.67%、70.67%，在线服务指标得分率为32%。由此反映出对在线办事重视程度不够，各网站应在行政事项服务的基础上，整合社会性服务资源作为补充，进一步加强网站服务功能与林业业务系统的有机结合，实现为公众和企业提供网上申请、网上办理、网上查询和网上咨询等服务，切实提高在线办事能力。对于新增加的媒体影响力指标，得分率为0，由此可见，此类网站亟待开设多语种版本、微博、微信、APP 或无障碍浏览等服务。

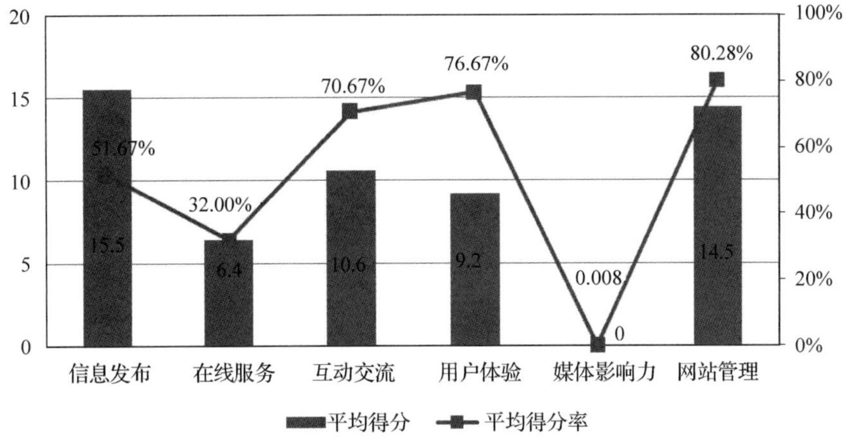

图 17　2013 年省直管试点县林业网站各类指标得分分析图

二、各大类指标单项得分分析

(一)信息发布类指标得分分析

省直管试点县林业网站信息公开指标总体得分率为 51. 67% ，从三级指标得分情况来看(图 18)，虽然公开目录、工作动态、通知公告指标得分率均在 70% 以上，但公开指南、公开年度报告、规划计划、统计信息、专题建设、信息更新量、信息更新频度指标得分率均未达到及格水平，值得注意的是，规划计划、统计信息两项指标是政务公开工作的关键性指标。因此，可见省直管试点县林业网站信息发布的工作重点不够突出。

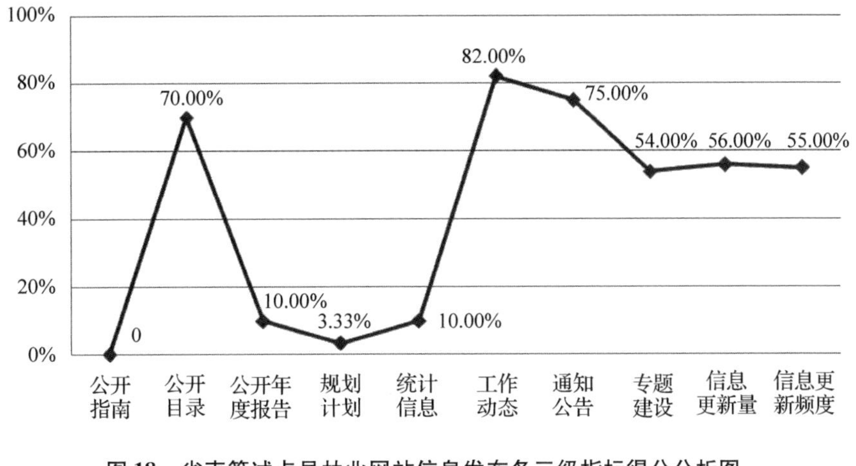

图 18　省直管试点县林业网站信息发布各三级指标得分分析图

（二）在线服务类指标得分分析

省直管试点县林业网站在线服务功能仍有较大的提升空间，从三级指标得分情况来看，仅服务整合指标得分率为60%，功能可用性、科普知识、专业服务指标得分率普遍较低，分别为4%、36%、28%。因此应重点提高在线服务功能的可用性及服务整合力度，从而从根本上提升市县级林业网站的在线服务水平（图19）。

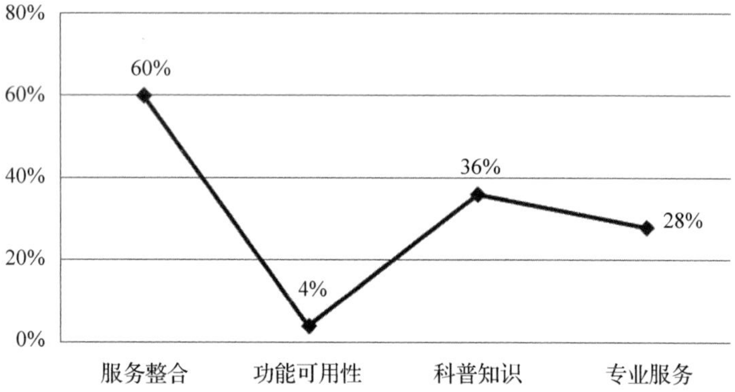

图19　省直管试点县林业网站在线服务各三级指标得分分析图

（三）互动交流类指标得分分析

省直管试点县林业网站的互动交流整体得分率为70.67%，网站实现与民沟通的渠道比较畅通，透过三级指标的得分情况不难发现（图20），领导信箱、民意征集的建设都很好，得分率分别为100%、96%。但结果反馈的时效性、有效性的建设均不太理想，得分率均低于40%。说明省直管试点县林业网站互动交流渠道匮乏，已建的渠道没有真正起到政府与民众之间的桥梁作用。在这种情况下，林业部门应积极调整工作定位，在与民众

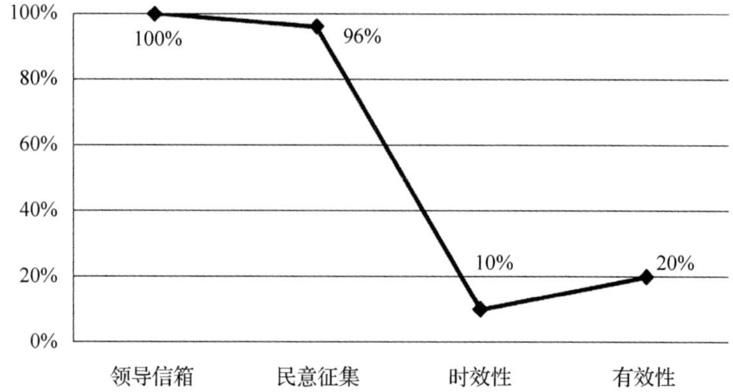

图20　省直管试点县林业网站互动交流各三级指标得分分析图

交流互动的过程中应占据积极主动地位，注重对互动栏目的建设管理，以实时可用的多形式互动渠道实现政民之间的互动交流，提高公众参与积极性，提升网站应用绩效。

（四）用户体验类指标得分分析

省直管试点县林业网站的用户体验指标总体得分率为 76.67%，用户体验情况良好。多数网站的标识建设规范，体现了林业系统网站的统一风格，搜索功能、首页布局、栏目设置等方面的建设都较为专业。但多数网站在导航链接（得分率为 40%）、信息呈现方式（得分率为 40%）、辅助信息（得分率为 25%）等细节方面仍有待加强。因此要进一步提高省直管试点县林业网站的用户体验水平，需注意网站细节建设，不断丰富网站各类信息的呈现形式（图 21）。

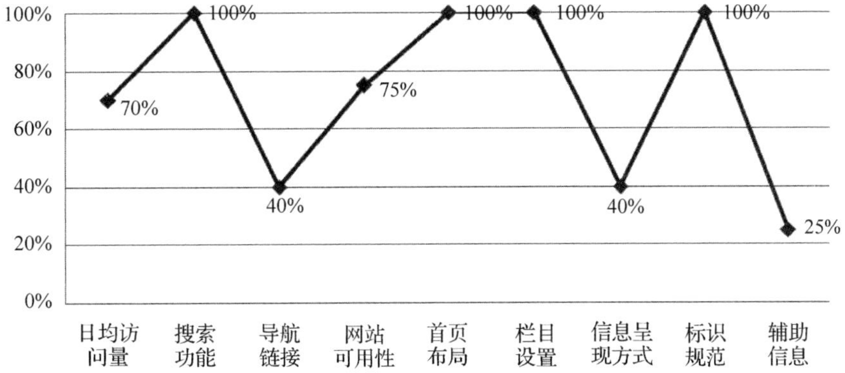

图 21　省直管试点县林业网站用户体验各三级指标得分分析图图

（五）媒体影响力类指标得分分析

省直管试点县林业网站的媒体影响力还相对薄弱，不容乐观。说明省直管试点县林业网站建设没有充分利用新媒体资源进行宣传推广。因此建议相关部门充分利用微博、微信、APP、微门户、无障碍浏览等新技术手段来进一步拓宽网站的服务范围，同时根据当地实际情况建设繁体版、英文版等其他版本，以便于网站服务于更多人群。

（六）网站管理类指标得分分析

省直管试点县林业网站的网站管理平均绩效得分为 14.45 分（满分 18 分），平均绩效得分率为 80.28%，在省直管试点县林业网站的各一级指标中得分率最高。由图 22 看出，领导小组、管理人员、管理制度、访问检查、内容审核、职责配合指标做得很好，得分率分别为 100%、100%、95%、90%、90%、100%。其中巩义市林业局在网站管理中得分率为 100%，永城市林业局、鹿邑县林业局、汝州市林业局得分率都为 86.11%，说明各网站注重管理、功能建设与维护。

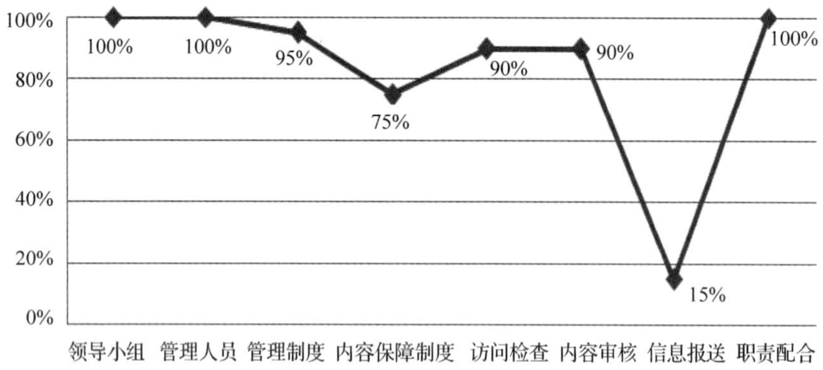

图22　省直管试点县林业网站网站管理各三级指标得分分析图

第六章　优秀网站点评

一、省辖市林业网站

(一)新乡市林业局

本网站的总得分为79.65分，在18个省辖市林业网站中绩效排名第一。本站的信息公开体系建设完善，公开内容较为全面，如在首页“政府信息公开”栏目下提供了信息公开指南、公开目录、公开年报、计划规划、财政公开等内容，公开的信息涉及面广，如政策文件、工作动态、依申请公开等，且各类信息分类科学合理，同时提供检索服务，进一步有利于信息的便捷查找。同时，本站能紧跟移动互联网、新媒体的发展潮流，在网站主页上提供了二维码，为用户及时获取本站信息提供了另一种有效渠道。另外，本站还提供了与林业相关的供应信息和求购信息，以及一些本地区的林业企业，便于用户了解本地林业的发展状况。此外，能结合本单位职责、围绕公众关心的热点问题开设专题专栏，且热点专题的主题明确、信息丰富、更新及时、表现形式较好(图23)。

(二)洛阳市林业局

本网站总得分为74.8分，在18个省辖市林业网站中绩效排名第二。本网站能根据自身职能特点开设了“重点工程”、“狠抓落实”、“献计献策”、“森林旅游”、“资源保护”等特色栏目，且信息发布总量高，更新速度快，时效性强。本站的一大亮点在于在介绍本地区林业发展状况的同时，也简要介绍了国内外的一些重要的林业新闻，便于公众了解本地

http：//www.hnly.gov.cn/xinxiang/index.htm

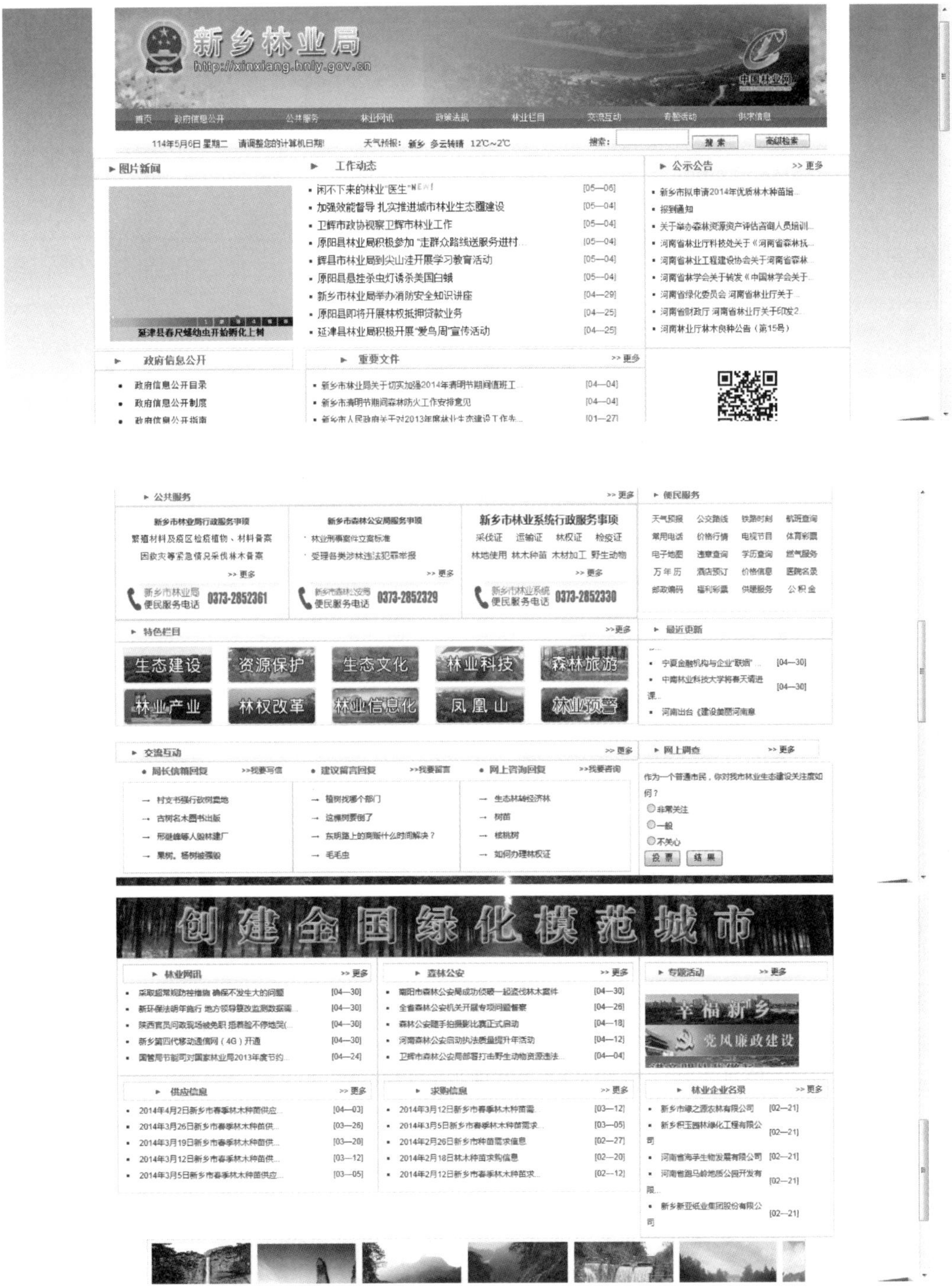

图23　新乡市林业局网站截图

区林业发展水平的同时，能跟上国内外林业发展的脚步。此外，网站信息发布较为全面，能够及时、主动的公开本单位的基本概况，并能对公众关注的法规政策、发展规划、项目成果、业务信息、通知公告等信息进行公开，便于用户知晓(图24)。

http：//www. lyfn. gov. cn/

图24　洛阳市林业局网站截图

(三)南阳市林业局

本网站的总得分为70.6分，在18个省辖市林业网站中绩效排名第三。本站的一大亮点在于局长信箱和网上咨询这两个栏目设置在网站比较醒目的位置，便于用户对本单位的工作提供意见与建议以及了解林业方面的相关疑问。此外，“林业科技”与“生态建设”两个板块也是本站的一大亮点，不仅给用户展示了最新的科技成果和实用技术，还使用户了解到了本地区的生态建设情况。此外，开设了“政策法规”栏目，公开了林业法律、林业法规、司法解释、部门规章、规范性文件等信息，文件分类合理，对政策法规信息公开完整、发布及时，有利于林业政策的实施(图 25)。

http：//www. hnly. gov. cn/nanyang/index. htm

图 25　南阳市林业局网站截图

二、省直管试点县林业网站

(一) 永城市林业局

本网站以 66. 8 分的总分位列省直管县林业网站绩效第一名。网页布局比较合理，信息发布比较全面，内容整合度较高，且网站管理比较规范，有专门的组织领导和制度规范。此外，“专题活动”栏目更新度高、时效性强，有利于用户了解有关林业的相关资讯(图 26)。

http：//yongcheng. hnly. gov. cn/yongcheng/index. htm

图 26　永城市林业局网站截图

(二)鹿邑县林业局

本网站以 65.8 分的总分位列省直管县林业网站绩效第二名。网站“互动交流”表现突出，在“互动交流”栏目下设有“领导访谈”、“局长信箱”、“网上留言”、“建议留言”等渠道，从公示信件的回复情况来看，信件回复及时有效，回复质量高，能解决用户问题，真正为公众答疑解惑，且各互动渠道操作便捷，可用性强(图 27)。

http：//luyi. hnly. gov. cn/luyi/index. htm

图 27　鹿邑县林业局网站截图

(三) 长垣县林业局

本网站以 64. 8 分的总分位列省直管县林业网站绩效第三名，网站布局较合理，信息发布比较全面。另外，本站在“生态建设”与“工程造林”两个板块做的不错，更新度高、时效性强，便于用户浏览时了解本地区的生态建设情况与工程造林状况(图 28)。

http：//changyuan. hnly. gov. cn/changyuan/index. htm

图 28　长垣县林业局网站截图

三、省厅直单位林业网站

（一）河南省林业调查规划院

河南省林业调查规划院以总分 61 位列省厅直单位网站绩效第一名。本网站能根据自身职能特点开设了“成果业绩”、“监测期刊”、“司法鉴定”、“飞播造林”、“电子书库”等板块，尤其是精神文明建设和精彩瞬间两个模块，不仅向用户展示了本单位取得的成果，也向外界展示了良好的精神风貌（图 29）。

http：//ghy. hnly. gov. cn/ghy/index. htm

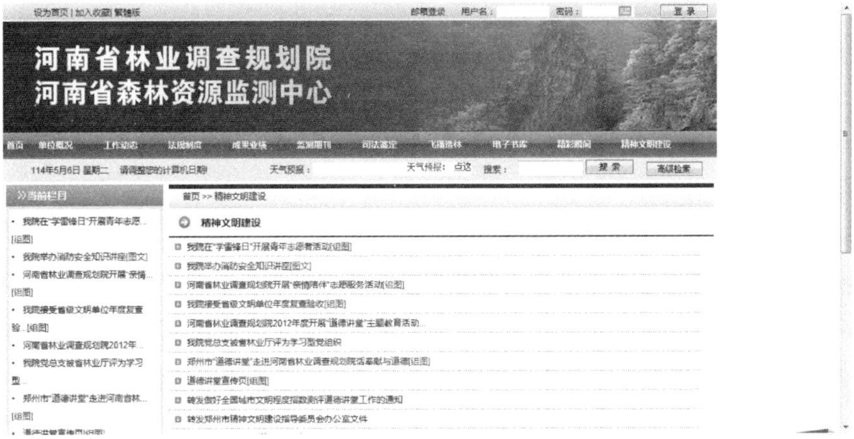

图 29　河南省林业调查规划院网站截图

(二)河南省林业产业发展中心

省林业产业发展中心以55分的总分位列省厅直单位网站绩效第二名。本站能够根据自身的职能特点开设了“名特产品”、“招商引资”、“供求信息”、“外资项目”、“基地建设”等板块，为本地区的林业发展提供了各种资讯，同时也为吸引外资打下了基础。省级重点龙头企业板块则综合了本地区的所有知名的林业企业，这也是本网站的一大亮点(图30)。

http：//cyb. hnly. gov. cn/cyzx/news/A0418index_ 1. htm

http：//cyb. hnly. gov. cn/cyzx/index. htm

图30　河南省林业产业发展中心网站截图

(三)河南省经济林和林木种苗工作站

省经济林和林木种苗工作站以 49.5 分的总分位列省厅直单位网站绩效的第三名。本站能够根据自身职能特点整合相应的服务，如“林木品种审定”、“经济林花卉”、“技术规程”、“基地建设”等。本站的另一大亮点就是“思想教育”模块，不仅有助于提高人们保护环境的意识以及文明旅游的素质，而且也有助于提高本单位人员的思想教育水平(图 31)。

http：//zmz. hnly. gov. cn/zhongmiaozhan/index. htm

图 31　河南省经济林和林木种苗工作站网站截图

第七章　主要建议

切实解决好全省林业网站发展中出现的各类问题，认真学习推广全省优秀林业网站的先进做法，总结经验，扬长补短，扎实工作，全面提升全省林业网站的整体水平。结合评估结果提出如下建议。

一、进一步提高认识，加大网站建设的运维力度

林业网站是林业部门运用信息化手段对社会提供管理和服务的主窗口，它不仅代表着各部门信息化发展的程度，也显示出林业总体发展程度。因此，要进一步提高认识，把林业网站建设作为林业信息化建设的一个重要指标，切实建好管好。单位领导应重视网站的建设与运维，建立直接领导负责制，在网站前期规划、建设和后期运维过程中高度关注，并提出指导性意见；网站建设、管理责任部门要建立健全网站运行、管理工作制度，对网站进行实时监督检查与维护更新，保障网站的正常运行；从人力、资金等各方面给予大力支撑，确保网站的发展能有一个良好的基础条件。

二、加强交流与学习，借鉴优秀网站建设经验

全省林业系统网站发展的不平衡，说明各单位在网站建设的认识与管理上，存在着一定程度的差距。因此，各单位间应加强学习和交流，落后网站要主动学习和借鉴优秀网站的成功经验，以优秀网站为发展标杆，加强网站建设和投入力度；同时优秀网站应再接再厉，使网站的建设水平更上一个台阶。此外，各单位内部应加强对网站管理维护相关的培训和学习，不断提升业务人员专业水平，强化网站建设管理技能，给网站的健康发展提供坚实的保障。

三、拓宽政务信息渠道，完善信息目录体系

信息公开是林业网站的基本功能，要根据林业部门的组织结构与职能的对应关系，梳理各部门承担的政务工作，以及工作中产生的政务信息，特别是与企业和社会公众相联系的信息应当依法公开。要形成信息公开目录，明确应当公开的内容及承担公开工作的处（科）室或公务人员，以制度的形式固定下来，用于指导和规范信息公开工作，从而使社会的知情权得到最大限度保障。要加大重点信息的公开力度，如规划计划、统计信息、财政信息、人事信息、政策法规等，信息的表现形式，除了文字外，还应更多地采用全感官刺激类手段，通过图片、图表、声音、动画、视频等形式，全方位地带给浏览者更多的信息。

四、提升办事服务水平，强化林业专项服务能力

办事服务是提高行政效率、打造为民服务平台的重要措施。各林业网站应积极探索开展“在线办事”应用，不断整合服务项目，将与公众联系紧密的办事事项搬上网络，方便公众网上办事，特别是省直管试点县和厅直单位林业网站需提高办事服务能力，为用户提供100%的下载服务及在线申报功能。林业网站同时承担着提供林业专项服务的重要任务，各网站应加强林业信息资源的梳理和服务资源的整合，提供生态建设、生态旅游、林业产

业、林业科技（科普知识、实用技术）等专项服务信息。此外，各专题子站还需根据不同的职能提供多样化的专项服务，及时更新服务内容。

五、健全互动交流功能，提高公众参与程度

互动交流栏目是林业网站服务内容的重要组成部分，是提升科学执政、民主执政能力的重要手段。建立健全各种互动渠道，一方面能够充分利用林业网站平台的功能，丰富林业网站的内容；另一方面也能够促进各林业部门提高认识，关注政务工作在群众中的反映和影响，了解社情民意，掌握用户需求。应重点完善四类互动交流渠道，一是信箱类渠道，二是访谈直播渠道，三是调查类渠道，四是留言论坛类渠道。此外，需特别重视各类互动交流渠道的维护与管理，及时更新主题，加强对咨询、投诉等各类问题的处理与反馈，提高公众参与的积极性。

六、优化用户体验，提高网站媒体影响力

各网站需不断优化网站设计和操作功能，使网站更加好用、易用，并紧跟新趋势的发展需求增加网站个性化服务等功能，深化网站用户体验效果。随着移动网络技术、移动终端的飞速发展，越来越多的用户开始使用智能手机、平板电脑等便携式移动终端获取政府服务，且获取的方式不仅限于网站，还可通过微博、微信等其他方式，获取信息的对象也多样化，不仅限于本省用户，也有外省用户。有条件的林业网站应迎合信息化发展的主要趋势，积极应用新技术，并开通多语种版本，使林业服务走向移动化、国际化、便利化，提高林业资源的使用效率和价值。

七、持续做好网站评估工作，引导网站健康发展

评估是网站发展的助推器，通过评估能推动网站各方面的发展。近几年来河南省林业厅已连续开展全省林业网站评估工作，并扩大了评估范围，通过评估工作有效推动了林业行业网站的建设和发展，使林业系统网站整体水平有了快速的提升。目前林业系统网站建设还存在多方面的制约因素，继续做好网站评估工作，是引导林业系统网站健康快速发展的关键环节，需要通过持续的网站评估来强化对以评促建、以评促进、以评促管、以评促用的效果。

附 录

FU LU

林业信息化
Forestry Informatization

中国林业网网站管理办法

（林办发〔2010〕185 号　2010 年 7 月 8 日）

第一章　总　则

第一条　为加强中国林业网的规范管理，构建长效运行机制，根据国家有关法律法规及规定，制定本办法。

第二条　本办法适用于国家林业局各司局、各直属单位，地方各级林业主管部门、各森工集团、新疆生产建设兵团林业主管部门（以下简称地方各单位）。

第三条　中国林业网与国家林业局政府网、国家生态网一网三名（域名：http：//www. forestry. gov. cn），为国家林业局唯一官方网站。

第四条　中国林业网采用网站群架构模式，由国家林业局主站和各司局、各直属单位、地方各单位子站和业务主题子站组成，具有信息发布、在线办事、互动交流和林业展示等功能。

第五条　中国林业网实行"统一建设、分级维护、资源共享、强化服务"的基本原则，努力塑造中国林业第一门户网站。

第二章　职责分工

第六条　国家林业局信息化管理办公室（信息中心）是中国林业网建设管理主管部门，负责中国林业网规划建设、内容保障、运行维护、升级改造和日常管理等工作，并指导和监督各子站内容维护与运行安全。

第七条　国家林业局各司局、各直属单位负责所属子站内容维护及主站相关栏目内容更新工作，负责提供主站场景式服务、留言回复、意见回复等在线咨询服务，负责提出子站及主站栏目建设需求。

第八条　地方各单位负责本单位子站建设和日常运行维护等工作，向主站报送本单位政务信息，参与主站在线办事、互动交流栏目的内容维护工作。

第三章　网站建设

第九条　中国林业网建设项目的立项、申报、建设、验收等工作应在国家林业局信息办的统筹协调下进行，并严格执行国家基本建设程序有关规定。

第十条 中国林业网建设项目的确定应符合《全国林业信息化建设纲要》和《全国林业信息化建设技术指南》要求，并基于林业信息化统一平台上建设。

第十一条 国家林业局各司局、各直属单位结合工作实际，提出子站建设和主站栏目增设需求，经国家林业局信息办审核并组合包装成建设项目，统一进行项目立项、申报并组织实施。

第十二条 地方各单位网站建设由所在单位自行规划、建设与管理，并作为主题子站链接至中国林业网主站。

第四章 信息发布

第十三条 凡确定为社会公开的国家林业局文件、国家林业局办公室文件等公文、信息，均应在文件、信息发送后的15个工作日内在中国林业网上发布。

第十四条 制定与公众利益密切相关的部门规章、政策，应通过中国林业网相关栏目广泛征求社会各界意见；出台或发布后，应同步在中国林业网上进行政策解读。

第十五条 发生突发重大公共事件时，相关单位应在中国林业网相关栏目及时发布权威信息，积极引导社会舆论。

第十六条 坚持"谁制作、谁审核、谁发布"的原则，对需在中国林业网上发布的公文、信息或事项，相关单位应对其真实性、准确性、权威性，是否涉密、能否公开负全责。

第十七条 中国林业网各子站必须发布的信息：

（一）本单位机构设置及职责分工。

（二）与本单位业务有关的法律、法规、部门规章及政策。

（三）本单位的行政审批事项，包括审批程序、具体事项、标准时限、办事机构、联系方式及电子服务方式等。

（四）本单位按规定需要向社会发布的公告、公示、通知、工作动态、业务数据等。

（五）本单位的公众信箱或联系方式。

第五章 在线办事与互动交流

第十八条 承办单位应及时发布行政许可依据、条件、数量、办理流程、期限、需提交的材料目录、申请示范文本及审批结果等信息，并按照规范格式及时发布未实现在线办理的可公开的行政许可决定或行政审批结果。有关其他公共服务事项，应及时发布服务指南。

第十九条 召开全国性重要会议、新闻发布会、听证会，会议主办单位应提前3日向国家林业局信息办提出网上直播申请，由信息办统一组织实时图文直播或网络视频播出。

第二十条 结合林业发展新形势，针对林业重点工作和社会公众关注的热点问题，信息办应及时会同相关单位，研究确定访谈主题和内容，积极组织策划在线访谈活动。

第二十一条　通过局长信箱、网上调查等互动栏目征集到的重要公众留言和公众意见，经国家林业局信息办统一整理后转相关单位提供答复内容，由信息办统一上网反馈。

第六章　运行维护与内容更新

第二十二条　内容维护按照《中国林业网内容维护职责分工》（见附表）有关要求执行。

第二十三条　各司局、各直属单位及地方各单位应明确一名负责人分管中国林业网相关工作，指定一名网站信息员具体承办相关工作。网站信息员因工作等原因调离原岗位时，所在单位应提前重新确定信息员并报局信息办备案。网站信息员应具有较高的政治素质、文字功底和专业技能，并经系统培训后持证上岗。

第二十四条　中国林业网日常运行管理和内容维护经费从国家林业局财政专项经费中列支，执行财政专项经费使用有关规定。

第七章　信息安全

第二十五条　凡涉及国家秘密、工作秘密和商业秘密的文件、敏感信息严禁上网发布。任何人不得泄露网站后台密码。

第二十六条　根据公安部等《关于信息安全等级保护工作的实施意见》有关要求，中国林业网执行三级网站建设有关要求与技术规范。

第二十七条　中国林业网中心机房应实时备份网站系统和信息数据，实时监控系统和网页防篡改等安全系统，每周出具网站运行及内容更新等情况的监测报告。

第二十八条　一旦发生突发事件，立即启动《国家林业局网络信息安全应急处置预案》做好应急工作。

第八章　奖　惩

第二十九条　国家林业局信息办定期对中国林业网管理和运行维护工作进行考核，按季度通报各司局、各直属单位和地方各单位信息报送和采用情况，按年度评选优秀信息员。

第三十条　国家林业局信息办每年组织开展一次主站各栏目和各主题子站的绩效评估工作，对优秀子站和栏目给予表彰和奖励；对于信息内容长期得不到及时更新的子站或主站栏目，将进行通报或实施关闭处理。

第三十一条　未履行审核程序擅自在中国林业网上发布信息、上网内容出现虚假信息或存在较多错误等情况，给予通报批评；造成失泄密的，将依据国家有关法律法规和规定，追究有关领导和直接责任人的责任。

第九章 附 则

第三十二条 本办法由国家林业局信息办负责解释。

第三十三条 本办法自印发之日起实施，《国家林业局网站管理暂行办法》(办发字〔2005〕21 号)同时作废。

全国林业网站绩效评估办法(试行)

(办信字〔2010〕187号　2010年12月15日)

一、目的意义

开展全国林业网站绩效评估是全面了解和掌握林业主管部门网站现状的重要工具和手段，也是推动林业主管部门网站体系建设的有力抓手。对于持续改进与优化网站功能与服务，促进均衡发展，规范全国林业系统网站建设与管理全面发展具有重要意义。

二、评估目标

围绕建设透明、服务型政府的要求，深化政府网站“信息公开、在线服务、公众参与”三大功能定位，逐步实现以评促建和以评促用的目的，引导和推动全国林业网站不断科学发展，树立林业网站良好窗口形象，为全面推进现代林业建设营造良好舆论氛围。

三、评估范围

国家林业局各司局、各直属单位子站；各省、自治区、直辖市林业厅(局)，内蒙古、吉林、龙江、大兴安岭森工(林业)集团公司，新疆生产建设兵团林业局，各计划单列市林业局网站。

四、评估依据

以中国林业网智能监管系统提供的各网站日访问量、信息加载量、向主站信息报送量等日常监测数据为主要依据，按照《全国林业网站绩效评估标准》(试行)的指标体系和评估分值，结合各网站的信息质量、网站功能、网站设计与管理、运行维护等有关情况，进行综合打分与绩效评估。

五、评估方式

运用科学的评估手段和客观的评估指标，根据政府网站建设的有关要求，采取人工访问、人工核查和专家评审委员会考评相结合的方式，对网站的功能定位、结构设计、运行维护、展示效果等进行检验和评价。

（一）人工访问：由不少于20名的信息技术专家、林业专家和网站管理专家等，登录国家林业局各司局、各直属单位子站和各省、自治区、直辖市林业厅（局），内蒙古、吉林、龙江、大兴安岭森工（林业）集团公司，新疆生产建设兵团林业局，各计划单列市林业局网站，对照《全国林业网站绩效评估标准》（试行）进行评分。

（二）人工核查：由不少于2名的信息技术专家，登录各单位网站逐项进行核查评分，必要时根据需要进行模拟用户访问。

（三）专家评审委员会考评：聘请不少于5名具有高级职称/职务的专家组成专家评审委员会，在专家考评会上进行综合评议。

六、评估时间

每年12月5～20日进行网站评估，12月25～30日发布评估结果。

七、评估步骤

（一）采集各网站评估数据并整理分析；

（二）统计评估数据并撰写评估报告；

（三）组织召开评估结果专家评审会；

（四）发布评估结果。

八、评估组织

全国林业网站绩效评估工作由国家林业局信息办统一组织，聘请有关技术人员和专家采集数据并实施评估工作。必要时聘请第三方网站绩效评估或评测专业技术队伍，进行第三方评估。

历年全国林业信息化发展水平评测结果一览表

省份	2008年		2009年		2010年		2011年		2012年		2013年	
	名次	得分	名次	得分	名次	得分	名次	得分	名次	得分	名次	得分
辽　宁	2	87.84	1	93.09	1	95.19	1	95.20	2	95.3	1	95.6
湖　南	1	91.60	2	92.71	2	94.05	2	94.20	1	97.0	3	95.4
北　京	3	87.56	3	87.80	3	92.00	3	93.90	3	94.2	2	95.5
福　建	4	79.37	4	86.00	4	87.93	4	88.80	5	86.0	10	85.2
浙　江	7	75.37	6	80.51	5	86.53	5	87.20	4	90.2	6	87.9
广　东	6	77.09	5	81.61	6	83.19	6	83.50	6	84.6	4	89.1
江　西	8	74.96	8	76.00	12	73.89	7	82.50	10	81.0	9	85.3
河　南	10	70.63	10	74.52	10	74.63	8	82.10	10	81.0	10	85.2
上　海	14	62.70	14	66.20	9	75.12	9	81.70	10	81.0	15	83.1
内　蒙	13	67.80	13	69.54	13	73.24	10	81.20	13	78.3	18	78.3
陕　西	11	70.08	11	74.27	11	73.91	11	80.90	16	76.0	22	75.5
吉　林	17	60.90	15	64.10	18	69.69	12	80.60	8	82.7	5	88.3
山　东	5	77.26	7	79.76	7	80.39	13	80.50	18	73.0	17	79.7
安　徽	28	50.64	27	54.64	8	78.10	14	78.70	22	70.3	21	76.1
吉林森工	9	73.73	9	74.80	15	71.18	15	74.20	15	76.1	13	84.1
河　北	24	56.50	20	60.04	17	69.73	16	72.10	25	64.8	14	83.4
湖　北	15	61.76	17	63.74	16	70.64	17	71.38	7	83.6	6	87.9
青　海	19	59.82	25	56.54	19	69.00	18	71.10	17	74.7	24	75.4
四　川	20	59.10	22	59.60	22	63.95	19	69.20	9	81.9	8	86.7
江　苏	25	55.45	28	53.45	23	63.09	20	68.60	19	72.2	26	73.7
山　西	12	68.00	12	69.80	21	65.30	21	67.80	28	60.3	25	74.8
宁　夏	16	60.93	18	62.43	24	62.97	22	67.10	30	58.9	37	56.6
宁　波	33	44.85	34	45.85	20	66.67	23	66.80	23	70.1	33	67.1
大兴安岭	18	60.20	21	59.90	14	71.85	24	66.50	35	55.7	19	78.2

（续）

省份	2008 年		2009 年		2010 年		2011 年		2012 年		2013 年	
	名次	得分	名次	得分	名次	得分	名次	得分	名次	得分	名次	得分
青　岛	21	58.95	23	58.95	33	45.98	25	57.10	26	63.0	32	65.8
广　西	26	54.27	26	54.82	30	48.41	26	56.80	21	71.0	16	80.5
大　连	23	57.99	19	61.41	26	55.03	27	56.74	32	57.3	27	73.4
海　南	32	46.62	37	43.05	25	56.69	28	56.70	34	56.4	39	51.8
甘　肃	39	33.64	39	38.73	39	30.85	29	54.80	14	76.2	10	85.2
黑龙江	27	51.16	24	56.88	31	48.40	30	53.60	28	60.3	27	73.4
深　圳	22	58.28	16	63.82	32	47.08	31	52.30	27	61.0	30	71.6
龙江森工	34	44.84	29	52.61	29	49.96	32	51.70	33	57.0	29	72.0
新　疆	29	50.60	32	51.61	27	51.04	33	51.44	37	54.8	38	51.9
天　津	35	44.40	36	43.56	37	34.81	34	51.30	31	57.8	35	59.1
贵　州	36	41.88	35	43.90	35	41.46	35	50.90	38	54.1	31	70.8
云　南	37	40.25	31	51.75	28	50.11	36	50.23	23	70.1	22	75.5
重　庆	30	50.39	30	52.53	34	44.94	37	45.10	40	51.2	41	42.1
厦　门	31	49.61	33	49.61	38	33.54	38	41.90	39	52.9	34	64.0
新疆兵团	38	38.70	38	42.60	40	26.32	39	41.20	36	55.1	36	57.0
内蒙森工	40	32.98	40	37.72	36	40.87	40	40.97	41	35.0	42	32.5
西　藏	41	20.36	41	22.00	41	24.88	41	32.00	42	33.6	40	49.1

历年全国林业网站绩效评估结果一览表

省份	2010年		2011年		2012年		2013年	
	名次	得分	名次	得分	名次	得分	名次	得分
上海市林业局	1	73.7	4	83.75	7	85.8	3	86.1
北京市园林绿化局	2	71.3	1	90.00	1	91.8	2	87.6
福建省林业厅	3	68.9	2	89.80	3	89.0	1	89.5
浙江省林业厅	4	68.6	6	79.25	14	82.3	10	81.3
辽宁省林业厅	5	66.7	9	77.00	10	83.2	16	73.9
广东省林业局	6	66.4	7	78.50	5	86.6	7	82.9
河北省林业局	7	64.5	18	59.15	29	61.9	31	59.8
湖南省林业厅	8	64.0	10	76.50	8	83.6	9	81.6
河南省林业厅	9	62.8	5	79.40	10	83.2	10	81.3
江西省林业厅	10	60.9	12	72.05	15	80.8	14	78.0
吉林省林业厅	11	60.8	19	54.80	27	62.9	21	69.9
江苏省林业局	12	60.5	3	86.80	4	88.0	6	85.5
湖北省林业厅	13	57.1	8	78.08	2	89.7	4	85.8
重庆市林业局	14	56.9	21	51.40	34	56.0	36	47.6
云南省林业厅	15	53.9	30	42.00	21	65.2	30	60.0
陕西省林业厅	16	53.8	22	50.10	20	70.2	24	64.4
四川省林业厅	17	53.3	11	72.60	6	86.3	4	85.8
吉林森工集团	18	49.3	27	43.70	28	62.0	28	60.3
安徽省林业厅	19	47.6	13	71.50	18	73.1	20	70.2
山西省林业厅	20	45.8	20	52.20	26	63.3	27	61.6
黑龙江省林业厅	21	45.5	17	60.80	10	83.2	10	81.3
青海省林业局	22	44.1	29	42.05	36	49.5	31	59.8
山东省林业局	23	42.5	34	36.75	22	65.0	19	70.9
龙江森工集团	24	42.0	39	27.78	37	45.1	37	47.4

（续）

省份	2010年		2011年		2012年		2013年	
	名次	得分	名次	得分	名次	得分	名次	得分
海南省林业局	25	41.9	31	40.80	32	59.4	26	63.5
贵州省林业厅	26	41.9	28	42.05	35	51.3	33	59.6
广西壮族自治区林业厅	27	41.3	36	32.77	25	64.4	22	69.1
内蒙古森工集团	28	38.6	25	45.56	39	37.5	38	46.9
新疆维吾尔自治区林业厅	29	37.4	33	39.15	38	39.8	34	56.7
大兴安岭林业集团	30	36.9	41	26.17	30	61.5	28	60.3
甘肃省林业厅	31	31.8	38	28.30	9	83.5	8	81.9
天津市林业局	32	28.7	37	29.68	40	34.4	40	36.6
内蒙古自治区林业厅	33	28.0	32	39.90	30	61.5	25	64.0
宁夏回族自治区林业局	34	27.2	24	48.50	33	56.9	35	51.9
西藏自治区林业厅			40	27.60	41	33.1	41	35.7
新疆建设兵团			42	25.30	42	33.0	39	40.0
大连市林业局			14	68.85	16	78.6	17	71.3
青岛市林业局			35	33.10	24	64.8	23	67.0
宁波市林业局			16	62.00	16	78.6	13	80.8
深圳市城市管理局			26	43.73	13	82.7	18	71.0
厦门市林业局			15	65.10	19	70.4	15	75.5
沈阳市林业局			23	49.10	22	65.0		

后 记

全国林业信息化发展水平评测和全国林业网站绩效评估工作从2008年开始，已经连续开展了多年。评测和评估工作从整体上把握了林业信息化的发展现状，促进了林业信息化科学发展，同时查检了林业信息化发展过程中的问题，矫正不足之处，总结林业信息化建设优秀地区的先进经验，为各地林业信息化主管部门科学决策提供参考依据或优化建议，有效推动了林业信息化的建设和发展，对提升林业信息化发展水平起到了重要的推动作用。

评测和评估工作贯穿于全年林业信息化工作的始终，每年确定评测和评估范围，制定评测和评估标准体系，下发通知。对各省区市报送来的调查数据，集中收集整理，并对部分数据进行核实查证。对照评测和评估标准体系，通过定性分析及定量分析，对各省区市的调查数据进行综合评分，评测和评估结果报有关专家和领导审定后，得出当年的评测和评估结果，并对分项指标得分情况进行分析，编写评测和评估报告。通过全国林业信息化发展水平评测和全国林业网站绩效评估起到以评促建、以评促进、以评促用，使各地林业信息化建设不断总结经验，弥补不足，推动全国林业信息化建设水平整体发展。

随着信息技术的日新月异，全国林业信息化发展理念、信息技术、应用与时俱进，不断创新发展。五年来，林业信息化基础设施建设日益成熟，保障体系稳步推进，建设重心向应用效益转移，在新的形势下，需要充分利用云计算、大数据、移动互联网、物联网等信息技术，充分发挥全国林业信息化发展水平评测和林业网站绩效评估作用，有效提升林业信息化综合服务能力和科学化水平，为林业系统网站建设的良性循环和跨越发展提供依据和思路，以此保障林业信息化整体更上一个台阶，为智慧林业发展奠定良好基础。

编　者

2014年7月